法学国家特色建设专业实验实践教学系列教材

总主编 吴建依

U0729053

非诉讼法律行为演练

郑曙光 编著

ZHEJIANG UNIVERSITY PRESS
浙江大学出版社

法学国家特色建设专业实验实践教学系列教材

编写委员会

总主编　吴建依

编　委　吴建依　郑曙光　王　伟

　　　　陈海波　尹　力　石　慧

前　　言

　　《非诉讼法律行为演练》系宁波大学法学专业 2005 年教学计划修订后新增设的一门课程,也是目前国内高校法学专业中我校率先开设的一门实践类课程。经过十多个单元体验式的运行和实践,总体上收到了良好的教学效果,学生们认为这是一门"将知识技能化,将素质行为化"且具有较强互动性的课程。

一、非诉讼法律行为演练教学的基本特点

1. 《非诉讼法律行为演练》课程教学的基本内容

　　《非诉讼法律行为演练》课程教学的重点在于"非诉讼法律行为"与"演练"这两个关键词的把握上。非诉讼法律行为是针对诉讼行为而言的,通常是指具有法律行为特征的法务谈判、签约、法律项目运作等一系列法律行为之总称,而演练则是指让学生在接受未经任何加工的鲜活材料的基础上,按照预先设定的要求,在教师讲解和指导下进行训练,通俗地说就是"边说边做"。

　　《非诉讼法律行为演练》采用课堂教学方式进行。在教学大纲指引下,由任课教师制订教学计划和教学日历,在此基础上,确定一定数量的演练项目,下发演练素材,逐一进行要点讲解,然后要求学生分组在非诉讼行为实验室进行演练和讨论,并将演练成果制作纸质文本或电子文本。每次演练结束,任课教师进行点评与总结,指出演练中存在的问题,帮助学生改正。

　　《非诉讼法律行为演练》作为一种实训类教学课程,考核有其自己的特点。在考核方式选择上注重平时演练业绩的考核,按照各个演练项目的成绩总和计入课程考核成绩。在考核目标确定上,注重法律思维能力、法律表达能力和对法律事务的综合处理能力的考核。

2. 《非诉讼法律行为演练》课程教学的基本特点

　　《非诉讼法律行为演练》所采用的教学方法为演练教学法,在整个教学活动中有其自身的特点。

　　(1)非诉讼法律行为演练教学法不同于案例教学法。案例教学法是通过对案例的分析讨论,以此来分析、理解法律的一种教学方法,由于起源于 19 世纪70 年代的美国哈佛大学法学院,亦称哈佛教学法。案例教学法的基本内容是,教师筛选有代表性的判例,编纂成各种判例集作为教材发给学生学习。学生在

1

课前必须预习,事前准备,阅读与案例相关的大量参考书。教学的基本方式是问答式或讨论式。① 案例教学法的目标是为了训练学生的职业技巧和技能,促使学生积极思维,独立思考,以此来掌握广泛的法律知识与规则。

非诉讼法律行为演练教学法与案例教学法虽然均以案例作为教学的素材,都需要通过对案例的分析来得出对相关问题的看法,都具有对职业素养培养的意图,但是它们之间的区别是明显的。首先,案例教学法重点是对诉讼案例的分析与概括,而非诉讼法律行为演练法则是对非诉讼法律行为的实战性"作业";其次,案例教学法所要解决的是法律的原则与法律的适用,非诉讼法律行为演练所要提炼的是解决问题的方案,以及可供解决纠纷的对策建议;再次,案例教学法所收集的案例主要是来自法院的判案,而非诉讼法律行为演练所收集的素材大多是企业组织业已发生的尚未进入到诉讼的一些原始素材,以及较为典型的投资项目、融资项目的过程性材料。最后,训练的要求不同。案例教学法实施的要求是体味案例所反映的法律真谛,从中来丰富对法律条文的理解,从我国目前的现状看,案例教学实际成为讲授式教学中进行问题分析的一个例证式教学。而非诉行为演练法的基本要求是培养对实务性问题的分析与解决能力,为学生毕业后从事非诉讼性法律事务提供可供借鉴的运作路径。

(2)非诉讼法律行为演练教学法不同于情景模拟教学法。情景模拟教学法主要是通过对事件或事物发展环境、过程的模拟或虚拟再现,让学生"身临其境",以此来达到教学效果。情景模拟教学法可以激发学生认真思考问题、积极参与教学活动的主动性,从而进一步提高分析判断实情和处置各种突发事件的能力。

非诉讼法律行为演练教学法与情景模拟教学法虽然都具有"实景再现"特色,都需要通过选择典型的素材,具备相应的情景来加以完成,且学生在"实训"结束后,由老师对学生完成的作业逐一进行点评,分析得当与否,提出改进意见,但是它们之间的区别也是明显的。首先,情景模拟教学法具有较强的模拟性,一些场景的设计和环境的构造并不十分强调原生性;而非诉讼法律行为演练教学法则具有仿真性,它所收集的演练素材是未经任何加工的,其目的就是让学生未走出课堂就能运用鲜活的素材进行演练操作。其次,情景模拟演练需要通过播放相关的背景片或场景模拟来渲染"情景"和气氛,而非诉讼法律行为演练则以演练素材所记载的"事实"作为情景则可,无需渲染演练时的"情景"气氛。再次,情景模拟教学法的目的是通过逼真的模拟场景训练,考验学生的判断能力、反应

---

① 汤能松:《美国高等法学教育概述》,载陈明华、汤能松编:《法学教育研究》,中国政法大学出版社,1998 年版,第 443 页。

能力、决策能力。而演练教学法的重点在于让学生去完成演练素材尚未揭示的后续性的"作业"内容,以此来培养学生如何在占有和分析现有资料的基础上处理实务问题的能力。

(3)非诉讼法律行为演练教学法不同于诊所教学法。"法律诊所式课程"(Clinical Legal Education)是20世纪60年代在美国法学院兴起的一种新型的法学教育方法。其基本方法是设立法律诊所,让学生在接触真实当事人和处理真实案件的过程中学习和运用法律。它的教学目标是培养学生从事法律工作必备的职业道德、办案经验和综合处理疑难问题的技能。非诉讼法律行为演练教学法与法律诊所教学法均以获取一定的典型素材作为教学手段,均属于"实战式"作业性质,均具有培养学生的法律职业素养的教学意图。但两者的区别在于:首先,诊所教学法在法学专业中通常采用非课堂教学方法进行,而非诉讼法律行为演练则以课堂教学(实验室实训)为主要教学方法。其次,诊所教学法以学生值班坐诊来收集案源,具有案源的不确定性和分散性,而非诉讼行为演练则以教师提供演练素材由学生进行演练为教学手段,具有教学内容固定、教学目的可预测性等优点。最后,法律诊所的活动是一项接触实践的系列性活动,从当事人来访、立案受理到出庭代理或非诉讼协商解决,最终到结案,程序复杂,过程漫长,诉讼行为与非诉讼行为交错运行,而非诉讼法律行为演练则突出非诉讼法律行为的处理,教学环节和教学过程比较容易控制。

(4)非诉讼法律行为演练教学法不同于体验式教学法。从目前高校各类专业所开展的体验式教学的基本形式分析,主要是通过"走出去"的方式进行,如采用现场教学、社会考察、模拟法庭、庭审观摩等。体验式教学所坚持的是"开放办学"理念,通过"走出去"方法来丰富教学内容。由于强调"体验",对实务性的操作要求并不十分重视,无论从教学内容的安排还是教学目的的设计,体验毕竟不同于演练。非诉讼法律行为演练教学虽然也具有体验式教学的内容,但是这种体验是通过在实验室里对相关的素材进行演练反映出来的,它强调的是将知识技能化,将素质行为化的教学目标。因此,非诉讼法律行为演练教学法对实务问题的分析与处理能力远远高于体验式教学的要求。

二、非诉讼法律行为演练教学体系

1.《非诉讼法律行为演练》课程的教学计划设计

基于《非诉讼法律行为演练》课程教学时数为36学时,在安排演练项目时力求"精"和"点",按一些实践性较强的学科(主要是民商法和经济法学科)来设计和组织10个相关的演练项目。

教学计划

演练项目	教学课时	演练要求
1.法务谈判演练	讲解、点评2学时	法务谈判的组织、法务谈判的技巧、法务谈判后意向书、备忘录、会谈纪要的制作
	集中演练、讨论2学时	
2.法律意见书制作演练	讲解、点评1学时	以典型的演练素材为中心,进行规范化的法律意见书制作
	集中演练、讨论2学时	
3.商事合同争议事务演练	讲解、点评2学时	以典型的商事合同纠纷素材为中心,梳理相关法律关系,概括纠纷焦点问题,提出商事纠纷解决的方案和对策
	集中演练、讨论2学时	
4.公司制改建法律事务演练	讲解、点评2学时	以典型的公司改制事务素材为中心,提出公司改建可供选择的方案,改建过程中原企业与新设企业、职工安置、债权债务处理方案的选择
	集中演练、讨论2学时	
5.公司法律事务演练	讲解、点评2学时	以典型公司事务素材为中心,演练公司设立、公司运行、股权转让、公司清算等相的法律事务
	集中演练、讨论2学时	
6.特许经营法律事务演练	讲解、点评1学时	以特许经营项目素材为中心,演练商业领域特许经营合同的签订与项目选择方案,投资领域的特许经营项目的法律运作事务
	集中演练、讨论2学时	
7.外商投资项目法律事务演练	讲解、点评2学时	以外商投资项目素材为中心,演练"三资企业"设立、外资并购项目法律运作事务
	集中演练、讨论2学时	
8.不动产买卖及租赁法律事务演练	讲解、点评2学时	以不动产买卖及租赁素材为中心,演练商品房买卖中的法律事务,不动产租赁中的法律事务
	集中演练、讨论2学时	
9.产品责任法律事务演练	讲解、点评1学时	以产品质量缺陷损害赔偿素材为中心,演练产品质量纠纷非诉讼解决的法律途径及赔偿项目的法律运作
	集中演练、讨论2学时	
10.劳动争议法律事务演练	讲解、点评1学时	以劳动争议事务素材为中心,演练劳动争议处理的基本途径与解决方案
	集中演练、讨论2学时	

2. 实施《非诉讼法律行为演练》教学应具备的基本条件

（1）实验室。非诉讼法律行为演练教学需要在课堂中进行,应配置专门的教学设施。宁波大学法学院于2004年建立了非诉讼法律行为实验室,面积161平方米,配备计算机60台,投资37万元,该实验室具有网络教学的相关功能,能用于模拟立法、模拟谈判等非诉讼教学活动,基本上能完成演练过程中的讨论、讲演、点评等相关环节。由于具有网络功能,小组讨论可实行网上在线进行,强化了演练教学的互动性效果。

（2）演练素材。演练教学法对演练素材要求较高,没有一套结合课程教学特点的演练素材,就难以开展此项教学活动。演练素材的收集、筛选及编制是一项艰巨的劳作,收集和筛选的演练素材最好是任课教师自己亲自经办过的一些非诉讼法律行为实案,由于任课教师已经有过处理实际问题的体验,对组织课堂教学将会起到事半功倍的效果;如果任课教师难以做到这一点,也可以向法律服务机构、企业单位的法务人员收集和筛选演练素材,然后进行必要的编制,提炼出演练的要点,装订成册。由于演练素材具有鲜活性的特点,任课教师可结合本演练项目相关内容自行进行收集和整理。因此,本教程未将演练素材编入其中。

(3)师资条件。演练教学法的实施必须有一支"创新型的、双师型的"教师队伍,作为强有力的"软件"支持。它要求教师能结合演练素材,具有运用相关的法律法规和法理进行综合判断能力、问题概括能力和解决问题的方案筛选能力。担任此类课程的教师不仅需要对相关的法学理论以及对演练项目所涉及的知识点较为精通,而且还应有过代理诉讼、非诉讼法律行为实践、经历。因此,担任此类课程的教师最好是在有过律师执业背景的教师中选任,或由在司法机关担任过审判工作、企业单位中担任过法务工作的兼职教授聘任。

(4)选课学生。演练教学法应在高年级的学生中开设,在本科专业中,我们将其安排在第 5 学期开设,主要考虑到选修此类课程时需有相关的法学知识背景,如已经学过民法、刑法、经济法、商法、行政法、劳动法等相关课程。

三、非诉讼法律行为演练教学蕴含的价值意义与进一步完善对策

1.《非诉讼法律行为演练》蕴含的价值意义

我们曾经对选修此类课程的学生做过问卷调查,其中有一项调查项目为:"当初你选修该课程是基于什么考虑:A. 课程的名称吸引我来学一学;B. 信任任课教师;C. 理论课已学得比较多了,该实践一下了;D. 其他(由学生自己概括)。"学生中普遍回答是:"理论课已学得比较多了,该实践一下了。"从中说明学生选修这门课程主要在于强化实践环节,这已成为高年级学生的自觉行动。

我们认为,《非诉讼法律行为演练》课程教学所蕴含的价值意义主要在于以下方面:

(1)有利于培养职业化法律人才。演练教学法作为一种新型的教学方法具有理论结合实际、案例素材原始且直观、贴近现实经济生活等特点,受到学生欢迎。它在配合包括民商法与经济法课程在内的一些实务类课程教学,培养学生的实际操作能力方面起到其他教学法所难以起到的功效。今天,以培养实践能力为重点的素质教育已成为教育改革的主旋律,课堂教学是培养学生实践能力的主阵地,如何使课堂教学方法多样起来始终是教学工作中应当直面和探索的现实性问题。实践表明,通过演练教学,学生不仅学到了有关知识,而且也学到

了理论教学以外的技巧、能力、职业道德,学会了如何把抽象的法律条文适用到具体的实际案件之中的能力。

(2)营造平等、民主的课堂气氛,点燃学生发散思维的火花。著名教育家陶行知先生曾提出应对学生实行"六大解放":"解放他们的头脑让他们去想,解放他们的双手让他们去做,解放他们的眼睛让他们去看,解放他们的嘴皮让他们去说,解放他们的时间让他们去做自己喜欢的事,解放他们的空间让其自由发展。"①演练教学就其性质而言,属于实训类教学,从其形式而言,是在"教"与"学"为主线的各个阶段和环节中进行的。教学过程中的"教"仅限于第一阶段的"梳理"与最后阶段的"点评"上,绝大多数时间是在学生的"学"中受到训练和能力锻炼;演练教学的特点决定了教师要重视感情投资,把自己对实践活动的真挚感悟和对问题分析的理性传递给学生,便于点燃学生发散思维的星星之火;演练教学的整个教学过程从分析问题入手,最后寻求到解决问题的办法时止,既是师生同台磋商问题的过程,也是师生共同寻求解决方案和相互改错的过程,这种民主的课堂气氛为学生创造发散思维提供机会。

(3)有利于培养学生对法律知识的综合运用。法学是关于法律的本质和规律的科学,实践性是法学的一个显著特点。北大学者苏力教授曾指出:"司法职业就是这样的一个领域或职业,从事这种司法职业的人,例如法官,需要有一定的文字阅读和表达能力,从而能够运用书本告知的法律知识,但是一位合格法官的最基本能力是他的基于经验的判断力。"②法科学生的实践能力是作为法律人应当具备的职业素质,它包括法律思维能力、法律表达能力和对法律事实的探索能力。③ 非诉讼法律行为演练法可以大大提高法律专业学生的职业素养,缩小学校与社会、与学生个体"心"与"手"的距离,提高学生参与解决实际问题的信心,加快从知识到能力的转化进程。

(4)进一步完善了法科类专业实践类课程体系。目前法科专业的实践类课程体系由法律诊所、模拟法庭、物证技术试验、社会实践(包括毕业实习)所组成,通过构建实践教学平台,力图把"经院式"的法学教育转变为理论和实践融为一体的培养高素质的法律人才的教育模式。不过,这些实践类课程教学体系基本上是围绕着与诉讼相关的司法活动展开的,很少考虑相当部分的毕业生毕业后在一些企业单位或法律服务机构从事法务工作所应具备的非诉讼法律行为操作的基本技能,成为实践教学的一个盲点。开设《非诉讼法律行为演练》课程较好

---

① 葛建枢:《论创新教育与教育创新》,载《扬州大学学报》(高教研究版)2003 年第 2 期。

② 苏力:《法官素质与法学院的教育》,载《法商研究》2004 年第 3 期。

③ 邓建民:《论法学实践教学形式的完善和更新》,载《西南民族大学学报》2006 年第 10 期。

地解决了这一问题,因而深受一些立志在企事业单位和法律服务机构从事非诉讼法律行为业务的学生的欢迎。

2.《非诉讼法律行为演练》教学环节的完善对策

演练教学有其自身的教学规律,在教学活动中应遵循和践行其教学规律,重视教学方法论的探讨和教学环节的完善。

(1)强化演练素材的收集和筛选。对演练素材的收集、筛选,我们的体会是应以教学计划和计划大纲为核心,注重原始性、针对性和可演练性。原始性是指演练素材应来自于实践,不作任何人为的加工和装饰,给学生以实战式作业之感受;针对性是指演练素材的收集、筛选应与课程的设计要求相符合,突出演练的目的和目标;可演练性是指演练素材所反映出来的法律性问题应具有复杂性,在演练过程中会产生不同的观点和方案,促使学生在演绎推理、论证讨论中提出若干解决问题的方案,并比较、筛选最佳方案,从中留下深刻的印象,以达到演练教学的实际效果。

(2)加强演练指导书编制工作。非诉讼法律行为演练课程一般难以出版统一的教材,需要通过演练指导书的形式来弥补这一问题。编制演练指导书是将非诉讼法律行为演练走向规范化的必要手段。演练指导书在编制时应严格按照教学大纲与教学计划进行,确保教学大纲、教学计划与演练指导书三者之间在知识点构建、教学时数设计以及教学内容安排上的一致性。演练指导书应重点突出演练过程的规范化问题,如演练前理论准备的要点和过程、演练素材提供的过程与步骤、演练的过程与步骤、演练点评的要求。针对不同的演练素材,应分别写出演练指导意见。这样做的目的是将结果控制细化为过程控制,有利于提高课程教学质量。

(3)注重对演练过程的控制。演练过程控制的目的,一是及时发现、了解个体学习者在认知能力上的差异状况,为修正或改进后续教学活动提供直接依据;体现在演练教学中,可以实施阶段性控制。在演练阶段,无论是在课堂小组讨论还是课后收集和查阅相关资料,教师以扮演小组旁观者或评估者的角色为宜,尽量不要参与其中。教师心里必须清楚,让学生自主分析探究解决问题,是培养学生形成个性化自学能力最关键环节。在演练活动的归纳总结阶段,教师的工作重心主要是点评和规范指引,让学生明白自己的演练成果是否达到了教学计划设计的要求,是否达到了作为一个法律职业人应该达到的专业水准。在对学生演练业绩的考核阶段,教师应加强对评价比重的控制。强化形成性考评,淡化终结性考评。

目　录
CONTENTS

1

第一讲　法务谈判演练

第一部分　教师讲解

一、法务谈判的概念及其特点

1. 法务谈判概念

法务谈判是指那些为促成具有法务性项目，或为解决法律争议和纠纷所进行的谈判。

法务谈判，具有谈判的基本属性。所谓"谈"，就是谈各自需要解决的问题和有关的合作意向；所谓"判"，就是对谈判中所涉及的问题与合作事项可能所引起的权利分享、责任承担、风险分担、亏损或盈利的分配等，作出数量、范围、时限等方面的判定。

法务谈判是谈判的一种，大多发生于商事主体之间。谈判各方为了满足各自一定的经济目的，彼此阐述意愿、磋商协议、协调关系，争取达成一致意见。法务谈判具有时空性，表现为参与谈判各方赢得或维护经济利益的一种行为和过程。

2. 法务谈判基本特点

法务谈判中的谈判事务具有法律意义。有些商务谈判，由于涉及从法律上界定行为的性质，防范行为的风险，这些商务谈判就具有法务谈判的属性；而有些法务谈判则根本不属于商务谈判领域，如财产权属的处理，侵权责任的追究等。

要明确界定商务谈判与法务谈判的界限有时是困难的，实务中，通常以谈判领域涉及法律专业领域，以及谈判内容涉及法律问题来区分是商务谈判还是法务谈判。

对法务谈判的基本特点，可以概括为以下方面：

（1）谈判主体的独立性与不确定性。法务谈判的主体绝大多数是经济组织或个人，它们具有独立的民商事主体资格，都在为了个体上的经济利益而进行谈

1

判活动。这一特点表明,法务谈判不同于军事谈判与政治谈判。另外,经济的全球化以及市场竞争的日益加剧使得在法务活动过程中有机会和条件选择更多的谈判对象,法务合作的对象越来越广泛,唯一性的合作伙伴几乎不存在,这就使得谈判对象具有不确定性,也要求利益主体多方位选择谈判对象并增强自身谈判实力,以确保在法务谈判过程中立于不败之地。

(2)谈判内容的特定性。法务谈判的内容主要是法务合作项目谈判与解决纠纷谈判两大类。其中,法务合作项目谈判具有商务谈判的某些属性,但因此类谈判涉及复杂的法律关系及各方的权利义务关系,故此类谈判按法务谈判进行组织,并按法务谈判标准研判谈判的物化成果,显然比一般商务谈判更具有现实意义。在解决争议谈判中,法务谈判的目的是为了尽可能以协商方式解决争议和纠纷,使争议避免通过诉讼或仲裁等法律程序。

(3)目标指向的经济性。法务谈判以获得经济利益为目的,谈判内容的确定、谈判效果的衡量与评价都是围绕经济利益进行的。不讲求经济效益的法务谈判就失去了价值和意义。所以,人们通常以获取经济效益的好坏来评价一项法务谈判的成功与否。这在为解决法律争议和纠纷所进行的谈判中体现得尤为明显。通过诉讼或仲裁等法律程序来解决纠纷,不仅要花费额外的法律程序费用和律师费,对于证据和相关业务背景的调查了解,也是相当耗时和费力的,而通过协商解决纠纷,往往可基于双方对业务和交易过程的理解,对事实作出判断,这就可省却大量的成本。另外一个原因是,法院与仲裁机构对某些优劣势不十分明显案件的判决结果,对双方都是难以预料的,任何一方坚持进行诉讼或仲裁,都可能要冒一定的败诉风险,为免于承担这样的风险和压力,双方也会倾向于选择通过和解方式来解决纠纷。因此,对卷入争议的任何一方来说,尽管通过和解方式解决纠纷,都可能未必能够实现最理想的结果,但通过谈判和解方式解决纠纷,会减少大量的调查、取证和法律程序的时间,还可避免矛盾被公开化或激化,因此,通过谈判和解方式解决纠纷是一个有利的选择。

(4)谈判主体间的互利性与趋同性。法务谈判本身虽具有一定的对抗性,但这种对抗主要体现在经济利益上的竞争,不构成对人格和人身的伤害,不牵涉价值立场与政治主张,这与政治、军事等谈判中你死我活、明枪暗箭的斗争在性质上是截然不同的。因此,法务谈判的对抗是有"度"的,它主要的目的还是要维系谈判主体间的趋同性,也就是要充分考虑利益双方的需求与承受力,体现的是等价有偿原则。如果在法务谈判中未能充分注意到互利性与趋同性,谈判要么陷入僵局,要么破裂,这些都不是谈判双方愿意看到的结果。

3. 影响谈判冲突或合作的因素

在市场经济条件下,经济组织与个人为了实现自己的经济利益,以自己的名义与对方进行磋商十分普遍。谈判的过程是利益整合的过程,是给与取的博弈过程,是增加合作、减少冲突的过程,也是最终达到互惠和共赢的过程。美国谈判学会会长,著名律师杰勒德·尼尔伦伯格在《谈判艺术》一书中所阐明的观点更加明确,他说:"谈判的定义最为简单,而涉及的范围却最为广泛,每一个要求满足的愿望和每一项寻求满足的需要,至少都是诱发人们展开谈判过程的潜因。只要人们为了改变相互关系而交换观点,只要人们是为了取得一致而磋商协议,他们就是在进行谈判。"①

谈判兼具"合作"与"冲突"两种成分。在不同的谈判场合,对于不同的谈判主题,其合作与冲突的程度显然是不同的。决定谈判的冲突或合作的因素主要有:

(1)谈判各方所希望取得的成果越固定,则谈判越具有冲突性。

(2)单一的谈判主题要比多项的谈判主题更具有冲突性。比如,交易双方只针对价格进行谈判,则其中冲突较为集中,因为,对卖方越有利的价格,必定对买方越不利,但若双方同时针对价格、付款条件、交货条件、售后服务等主题进行谈判,则冲突性可随之减低,因为交易双方对某些主题产生的分歧,可借其他主题予以缓和。例如,当买方坚持削价时,卖方可要求一次性付款等,以提高谈判的合作性。

(3)谈判双方依赖程度越高,谈判时各方不得不考虑对方的利益和意愿,则谈判越具有合作性。

(4)谈判者个人的性格极易影响谈判的合作程度。巧取豪夺型的人物能使谈判富于冲突性,而理智型的谈判者则能使谈判具有合作性。

(5)谈判各方所运用的时间越长,谈判更易趋向合作性。反之,谈判各方所能运用的时间越短,则在时限的压力下,谈判将具有冲突性。

(6)谈判各方的实力相差悬殊时,实力较强者往往因以强凌弱的姿态进行谈判,致使谈判具有冲突性。反之,当谈判各方势均力敌时,谈判具有合作性。

二、法务谈判的基本形态

1. 法务谈判一般形态

(1)"赢—输"式

"赢—输"式谈判是人们较为熟悉的一种谈判形态。例如,在合作双方分配红利时,由于分配的总额固定在100%,甲方取得的比例越大时,乙方取得的比例就越小,在这种情况下,谈判的双方处于利害关系的正面冲突中。换言之,在

---

① ［美］杰勒德·尼尔伦伯格著:《谈判艺术》,曹景行、陆延译,上海翻译出版公司1986年版。

这种谈判中,倘若甲方是赢家,那么乙方必然是输家。谈判后,一方对谈判的结果感到满意,而另一方则对谈判的结果表示不满意。

(2)"赢—赢"式

在"赢—赢"式谈判中,谈判双方能通过彼此的通力合作而各得其利,反之,若彼此相互冲突,将各受其害。谈判的结果是双方都是赢家,都对谈判结果表示满意。

(3)介于上述两种形态之间的形态

上述两种谈判形态只是谈判的两种常见形态,在许多场合下,谈判的结果往往使各方难以判断赢输结果,或者当谈判刚结束时还一时判断不了赢输问题,只是等一定的时间后,随着商事情势的发展才能呈现出赢输局面。

2. 法务谈判成败的评判标准

一场成功的谈判,双方都是胜者,因此,谈判不是一场棋赛,也不是一场战争,谈判并不是要把对方置于死地,相反,谈判是一项合作的事业。具体地讲,衡量一场谈判是否成败的标准有:

(1)谈判目标是否实现。即自身的需要是否因谈判而获得了满足;谈判的结果是否可以公平地解决谈判各方的利益冲突,同时还综合地考虑到了符合公众利益与社会利益。

(2)谈判是否富于效率。有时一场艰难的谈判虽然达成了预定的目标,但同时花费了过多的精力、时间与金钱,则这种谈判并不被认为是很成功的。效率高的谈判使双方都有更多的精力拓展商业机会。

(3)人际关系是否保持良好。主要表现为谈判对手之间的个人关系是否保持良好。"船舶航行在大海上,总会有在码头上一起停泊的机会"。现实的谈判永远没有"终局",也并非仅仅只有这样一次谈判的机会。除非以后与谈判对手再无进行任何一种谈判的可能,否则就不应该忽视与任何谈判对手之间的长期友好关系。

在现实生活中,目标、效率和人际关系三者在大多数情形下是相互矛盾、相互冲突的,在这种情况下,杰出的谈判者必须能在三者之间作出一定程度的取舍,使三者关系处于某种合适的均衡状态。

三、谈判前的准备

1. 谈判目标的确立

谈判目标是指一种在主观分析基础上的预期与决策,是谈判所要争取和追求的关键所在。

谈判目标应考虑层次性,即定出上、中、下限目标。必须达到的目标为下限目标,希望达到的目标为中限目标,乐于达到的目标为上限目标。不能盲目乐观地将全部精力放在乐于达到的目标上,而很少考虑谈判过程中会出现的种种困难,这样做往往会造成束手无策的被动局面。谈判目标要有一定的弹性,根据谈判实际情况随机应变、调整目标。

2. 有关资料的收集

一旦谈判目标确立后,即应着手进行与谈判主题有关的资料的收集工作。与谈判主题相关的资料收集得越多,就越能避免在谈判中受对手的误导,而且对自己所主张的谈判目标越具有信心。

对谈判对手的了解通常有四种途径:①向曾经与对方交往过的人进行调查;②汇集与研读有关谈判对手的书面资料,如从网络上收集对方公司的介绍资料等;③通过直接与对方联系的方式进行,如安排非正式的预备性的接触等;④委托他人(比如资信调查机构、律师事务所)进行资信调查,了解该公司的工商登记材料。

3. 相关法规的研阅

法务谈判具有较强的法律风险性,要认定一项合作项目能否得以开展,并不仅仅要考虑经济上是否合理,技术上是否可行,还得研判在法律上是否合法有效。因此,为防范法律风险,在法务谈判开展前集中进行法规的研阅是必要的,必要时还可以举行小型讨论会,邀请该领域内的法律专家就谈判相关的话题进行法律上的论证。

4. 谈判计划的制订

谈判计划是谈判人员在谈判前预先拟定的具体内容和步骤,是谈判者行动的指针或方向。其基本原则是:谈判计划应当简洁;谈判计划应当具体;谈判计划应当灵活。

确定谈判计划,应明确相关的步骤:

第一步:确定谈判主题。如针对产品质量索赔事件,将谈判主题确定为"争取在法定赔偿数额的范围内以非诉和解的方式解决纠纷"。

第二步:确定谈判要点。谈判要点通常包括谈判目标、会谈议程、谈判进度安排以及谈判人员确定等。就谈判议程而言,至少包括以下内容:即谈判应在何时举行,为期多长;谈判应在何处举行;谈判应列入哪些议项,如何编排议项的先后顺序。

5. 对自身实力的认定

在谈判活动中认清自身的实力是非常重要的。比如在大型设备的买卖合同签约谈判中,作为谈判的一方是卖方,就得充分考虑在多大的让利情况下能做出出卖计划,不至于经营亏损;作为买方,有多大的融资能力,以至于实施一次性付款计划还是分期付款计划。

6. 谈判组的组成

(1)一人谈判与组成谈判组谈判问题。一人谈判,其优点在于:①可以避免谈判对手对己方较弱的成员发动攻势;②可以避免谈判对手制造己方成员的意见分歧;③可以当机立断地作出退让,或接受对手的退让,从而达成协议。由于谈判具有专业性,当谈判需要大量的情报知识和专业知识,个人力所不能时,就必须依靠别人的帮助,为此,就需要组成谈判组进行谈判。

多人组成谈判组的优势在于:①可以集思广益,谈判中遇到重大问题集体讨论解决;②不同背景与不同专长的人共同参加,可以发挥各自的优势,扬长避短。但谈判组谈判也因各自观点不同而形不成谈判合力,如果谈判组组长统领能力不强,往往起不到集思广益的作用。

(2)谈判组人员规模的控制问题。究竟多大的规模比较合适呢?普遍的看法是3~4人较为合适,其理由主要有:①从谈判组效率来考虑。谈判组规模过大,反而会使利益和观点难以保持一致。②从对谈判组的控制考虑。谈判组规模过大,会影响谈判组组长对团队的协调和谈判过程的控制。③从所需的知识范围考虑。根据每一次谈判的需要来看,其专门知识不过3~4项,因此谈判组也不应超过3~4人。④对谈判组人员调换的角度考虑。参加谈判人员一般不应经常调换,但也不是一成不变的,可随着谈判的进展,所需人员作些调整。即使有些谈判项目涉及的经济、技术、法律问题很多,也不必都通过增加谈判组成员来进行,也可以通过幕后的方式为谈判人员出谋划策。

(3)谈判组组长的确定问题。什么样的人能充当谈判组的组长?首先,要有领导与协调能力;其次,在通常情况下具有商务工作经验的人比生产技术人员更适合充当谈判组的组长。

(4)谈判组内部协调配合问题。谈判组内部的协调配合是十分重要的。成员之间无论在口头上还是在行动上都应得到相互支持。

谈判刚开始时,谈判组组长向对方介绍自己成员的方式对谈判有很大的影响。比如,同样是介绍自己的同事,一位谈判组组长向对方介绍自己的同事时说:"这是我们的会计王××。"而在另一次谈判前,另一位谈判组组长这样把王会计介绍给对方:"这是王××先生,是我们公司的财务主管,他有十五年财务工作的经验,并曾经手过几年融资合作业务。"显然,后一次的介绍往往会给谈判对手以较深的印象。

谈判组的每一个成员在谈判中的发言,必要时得到本谈判组同事的随口性肯定,在谈判活动中也显得非常重要。实际谈判中,经常会使用"的确如此"之类的语言来加强对同事发言的效果,使对方在心理上承认此话的可靠性。比如在一位生产技术人员谈及产品质量问题时说:"产品引发一些使用中的问题,不外乎产品自身质量问题与操作使用不当问题,我公司生产的该款产品已经有10多年的历史了,还没有出现被用户投诉与索赔问题,我们感到意外的是,贵方竟会引发这样的伤害事故。"之后,法务人员可以强调说:"我方正在寻找生产与设计上的原因,但也不能排除贵方员工在操作使用上的原因所导致。"技术主管与法务人员在发言中的前后呼应,加强了给对方的影响,催促对方尽快拿出解决方案。

表1-1 谈判角色分配表

角 色	责 任	
谈判组长(一般坐在自己方阵的中间)	由最具专业水平,并具有协调能力的人担当,不一定是小组中职位最高的人。	(1)指挥谈判; (2)需要时召集他人; (3)裁决谈判中出现的问题; (4)对谈判作出休会建议或接受对方方案; (5)与上级部门进行汇报与沟通。
谈判组组员(坐在组长两边)	由不同专业或工作背景的成员担当。协助组长围绕谈判主题开展工作。	(1)从某一专业领域辅助组长开展工作; (2)一些试探性的方案由组员提出,最终让组长作出认可或否定; (3)围绕己方的谈判目标,提出对对方的方案表示理解或难以接受的事实与理由; (4)观察并记录谈判的进程,使谈判小组讨论集中在谈判目标上。

(5)谈判组的后援力量问题。谈判工作需要得到本部门负责人和其他人员的协助。谈判组成员在谈判时要明确自己的职责范围,及时与企业中的负责人沟通情报,取得联系,以得到他们的支持。有些大的谈判项目,可在谈判班子之外组成一个顾问班子,以增加谈判中的后援力量。

四、法务谈判策略

1. 谈判开局策略

谈判开局的过程也是谈判气氛的形成过程,究竟形成什么样的气氛,是热烈还是冷漠,是友好还是猜疑防范,是轻松活泼还是拘谨紧张,直接影响到谈判的进展。

由于法务谈判追求的是互惠利益,追求的是在公平、合理、有效的前提下解决问题与寻找合作机会,因此,谈判开局策略的关键性问题是如何去创造和谐的谈判气氛。

创造一个和谐的气氛,需要依靠谈判各方的努力。其基本策略有:

（1）在双方接触之初不宜直接进入到谈判主题。通过开场白使双方找到共同语言。

请看下面一段对话：

"见到你很高兴,欢迎你到我公司来。"

"我也很高兴认识你,近来公司经营如何?"

"这次谈判所要解决的问题对贵我双方都至关重要,但首先请允许我对你们的平安抵达表示祝贺,旅途愉快吗?"

"十分愉快,谢谢!"

"先休息一下,喝点茶还是咖啡?"

（2）要创造相互信任的谈判气氛,就要争取给对方留下良好的"第一印象"。

"第一印象"主要在于双方接触之初谈判者的姿势、表情、仪表、谈判会场的布置等,应注意谈判气氛的营造。如果双方在初次交往中,一方对另一方的言行举止、风度、气质感觉良好,就会产生好感、信任,并愿意继续保持交往;反之就会疏远,而且这种印象一旦形成就很难改变。

在谈判人员的礼仪礼节方面,主要包括:①日常交往中的礼节。要做到遵守时间,尊重各国的风俗习惯,要有落落大方、端庄稳重的举止和自然诚恳、蔼然可亲的面部表情等。②见面时的礼节。主要包括在交际场合介绍对方谈判人员的先后顺序,递交名片时的先后顺序,握手时的举止行为等。③交谈中的礼节。主要包括谈话时的表情、语言以及手势,以及谈话的内容。④服饰礼仪。主要指谈判过程中的着装是否遵循了 TPO 原则。TPO 系"time"、"place"、"objects"三个词首字母的缩写。其中"T"代表时间、季节、时令时代;"P"代表地点、场合、职位;"O"代表目的、对象。着装的 TPO 原则是世界通行的着装打扮的最基本的原则。

（3）掌握谈判议程。在谈判开场时,双方将会讨论谈判的议题,以及议题的顺序编排与时间安排,这是确定谈判议程的过程。确定谈判议题首先是根据谈判目标,将与之相关的所有问题都列出来;其次是根据己方利益保障原则,按照对己方有利和不利的程度,将罗列出来的问题排序;尽可能将对己方有利的问题列入谈判议题。

议题的顺序编排可以分为两大类:架构和细节。架构是指谈判中解决所有问题的总的原则性的方案。细节是谈判中讨论的具体问题。议题排序的原则为架构置于细节之前。

2. 报价策略

在涉及投融资业务、索赔事务中经常会运用这一策略。这里的报价是指有关整个谈判业务中的各项条件,并非仅指价格条款。报价是谈判过程中的一个核心问题,一方面,报价的策略与技巧的应用很大程度上决定了与此相关的合作项目是否能够达成;另一方面,一旦项目达成,还将在很大程度上决定是赢利还是亏损。为此,掌握报价阶段的策略与技巧是法务谈判中必须做到的。

(1)报价原则。在报价时不仅要考虑报价所能获得的利益,还要考虑报价能否被接受,即报价成功的概率。报价的原则是综合两个效果:对报价者最有利和成功的可能性最大。

(2)报价起点的确定。在报价前,应当为自己设定一个"最低可接纳水平"。所谓最低可接纳水平是指最差的但可以勉强接受的谈判终极结果。报价前确定一个最低的可接受的水平有以下好处:一是谈判者可据此避免拒绝有利条件;二是谈判者可据此避免接受不利条件;三是谈判者可据此避免一时的鲁莽举动;四是有多个谈判人员参加的场合,可以据此避免谈判者各行其是。

(3)如何报价。首先,报价时态度要坚决果断,不应迟疑,也不应让对手感到有保留。其次,报价要非常明确,以便对手准确地了解报价方的期望。再次,报价可报得高一些,但绝不是漫天要价、毫无控制。如果报价过高,又讲不出道理,对方必然会认为报价方缺少谈判的诚意,或者被逼无奈而中止谈判扬长而去;或者以其人之道还治其人之身,相对地来个"漫天要价";或者一一提出质疑,而报价方又无法解释,其结果只好是被迫无条件地让步。可见,报价脱离现实,便会自找麻烦。

(4)对对手报价的处理。首先,切忌干扰对手报价。因为任何干预无疑迫使对手在报价时中途突然停顿,这对对手是不礼貌的,也难以洞察到对方的真实意图。其次,听完对手的报价之后,当对手报价涉及的内容很多,报价主题并不十分明确时,最好能马上复述对手报价的主要内容,以确认自己已经真正了解了对手的报价。再次,若遇到对手的报价不合理的情况,不应马上予以全面的回绝。在谈判中不管自己的理由多么充分,立即回绝对手的提议将被视为鲁莽草率,而且将被解释为对对手及其提议缺乏敬意,欠缺考虑。在这种情况下,一个比较可行的做法是,要求对方解释何以其报价如此之高,然后向其指出另一方需要时间考虑,并建议暂时休会。当然,如果对对手的报价已经胸有成竹,那么,在对手澄清了报高价的理由之后,不妨提出自己的建议。另外还有一个可行的做法是,考虑对手提出的报价中哪一部分有进一步谈判的可能,哪一部分是无法接纳的,以此让对手了解其应该进一步斟酌的是哪一些事项,这种做法对进一步谈判显然是有利的。

(5)谁先报价。报价先后在某种程度上对谈判结果会产生实质性的影响。因此,谈判人员一般对此比较注意,就要认真分析谁先报价问题。

一方面,先报价比后报价(还价)更具有影响力。因此,先报价不仅能够为谈判结果确定一个无可逾越的上限(卖方的报价)或下限(买方的报价),而且在整个谈判中将或多或少地支配对手的期望水平。如买方先报低价,则双方的议价范围即在卖方预期价位与买方所报价位之间;如卖方先报高价,双方议价及成交价位应当在买方预期价位与卖方所报价格之间。

另一方面,先报价也有一些不利之处。主要表现在:①在一方报价之后,对手可能根据一方的报价对自己原订的报价水平作临时性的调整,比如,在索赔业务中,一方报出"5万元赔偿款并分期支付"的条件之后,对手的还价可能由原定的"6万元赔偿款并一次性支付"临时变为"5万元并分期支付"上;②在一方先报价后,对手并不还价,但却不断地挑剔一方的报价并且逼该方让步,从而使先报价方摸不透对方的真实意图。

谁先报价,可以参考以下要领:

第一,在预期谈判将会出现激烈竞争的场合中,或者说在冲突气氛较浓的场合中,应当先报价以争取较大的影响。"先下手为强"可以争取在谈判开始就占据主动;但在合作气氛较浓的谈判场合中,先报价与后报价并没有什么实质性的影响。

第二,就一般而言,发起谈判的人应带头报价。

第三,双方均为"行家"时,谁先报价关系不会太大;如对手是"行家"时,则让对手先报价,这样己方可从对手的报价中扩大自己的视野。

3. 价格策略

这是在合同谈判中经常使用的策略。主要有抬价或压价策略、最后价格策略、价格让步策略三种。

(1)抬价或压价策略。即双方在经过初步的价格磋商,并已对价格有初步协议的情况下,一方为了避免另一方提出进一步的价格要求而采取的一种虚张声势的做法。

曾有这样一个谈判实例:张先生想买一套住房,与房主磋商后,房主同意承担每月100元的房屋清洁费用,双方准备次日签约。张先生看到这套房屋内有一些旧家具、电器设备,打算在签约时向房主提出把这几样东西免费列入交易之中。第二天,张先生还未开口,房主就转移了张先生的注意力,称不愿意承担房屋清洁费用。张先生很着急,马上与房主就此争论起来。最后张先生还是说服了房主提供每月100元的清洁费,同时以较低价格买下了那些旧家具,张先生对此很满意。显然,房主极为成功地通过改变前一轮谈判内容的办法,控制了张先生在后一轮谈判中的新要求,使张先生不由自主地降低了要求。

在合同谈判中,谈判双方常常会以改变其他交易条件的办法,换取有利于己方的谈判价格。例如:在产品买卖合同谈判中,一方总是会发问:"如果我方增加订货数量或减少一半数量,贵方给个什么价?"或:"如果我方与贵方订立长期合同,是否可以得到优惠价格?"或:"如果我方自己提供原材料和辅料,以及相关加工技术,贵方能出什么价格?"或:"如果我方一次付清全部价款,价格可以优惠多少?"或:"如果我方一次买几种商品,均价多少?"或:"如果我方接受贵方的包装、交货时间要求,价格调整幅度多少?"或:"如果我方接受贵方分期付款要求,价格应当调整为多少?"等等。

在合同谈判中,遇到对方不合理地抬价或压价时,另一方可以采用以下方法应对:一是及时识别并直截了当地加以指出,坚持原有立场;二是采用反抬价策略,推翻己方原来已承诺的一些条件,迫使对方回到原来立场;三是在对方最初承诺时,要求对方作出某种形式的保证,避免事后反悔。

(2)最后价格策略。这一策略的基本内容是,采用最后通牒式的语言,给对方设置心理障碍,增加对方确定最后价格的紧迫感。例如,"这是我方能提供的最低价格条件",或"我方已经报出了最优惠的索赔要求,不可能让步了"。

运用最后价格策略时,必须说得很巧妙,以取信于对方,使对方感觉不接受这个价格(款项)条件,就会失去这笔交易业务;或失去此次以非诉和解解决纠纷的机会,从而有可能双方会在法庭上见。而作为另一方,则应对对方的最后价格(款项)条件仔细研究,根据实际情况作出合理的应对。如果确知对方的最后价格只不过是个探测气球,可不予理睬;如果资料表明对方的最后价格(款项)条件根本站不住脚时,可以事实反驳对方;还可以用改变某个交易条件的办法,使对方改变最后价格水平;如果对方态度强硬,而己方又无法接受这个最后价格(款项)时,则可暂时终止谈判或考虑退出谈判。

(3)还价与让步策略。还价以前,先弄清两个问题,其一是弄清对方为何报此价,即对手的真正期望;其二是谈判的形势,分析讨价还价的实力对比情况。

让步的原则是:①在每一阶段的谈判中不要作太大的让步,以降低对手的期待水平。②双方让步应同时进行。即自己在每一次让步以后,都必须要对手作相应的让步,在对手作出相应的让步前,不能再让步。③不要作无谓的让步。即让步是为了换取己方在其他方面的利益。④让对手意识到己方的每一次让步都是重大的让步,让其产生一种谈判的成就感,为己方在其他方面的不让步或进一步合作打下基础。

4. 打破僵局策略

谈判中的僵局是指在谈判过程中,双方因暂时不可调和的矛盾而形成的对峙。出现僵局不等于谈判破裂,但它会严重影响谈判的进程,如不能很好地解决,就会导致谈判破裂。

并不一定在每次谈判中都会出现僵局,但也可能一次谈判出现几次僵局。

那么,在什么情况下,僵局可能出现呢?在现实生活中主要有以下情形:

(1)谈判双方势均力敌,同时,双方各自的目的、利益都集中在某几个问题上。比如,一项产品质量索赔事务谈判,对产品是存在质量问题还是买方操作不当所引起,在尚未作出产品质量鉴定前双方本身就存在意见上的分歧,双方之所以会坐在一张谈判桌上直面问题,主要是基于过去有较好的合作关系,且通过委托第三方鉴定或走诉讼之路会有诉累。如果在谈判中,双方通融、协调的余地比较小,很容易在此问题上互不让步,形成僵局。

(2)双方对谈判所设定的条件差别较大,也容易形成僵局。例如,一宗进口机械设备买卖,卖方要价为 20 万元,而买方报价仅为 10 万元;卖方要一次性付款,如果实行分期付款,须保留所有权买卖,买方则坚持分二期付清。这样一来,要协调双方的利益就比较困难。通常的办法是都作同等让步,以 15 万元的价格成交。如有任何一方不妥协,僵局就会形成。

(3)在谈判中,由于一方言行不慎,伤害对方的感情或使对方丢面子,也会形成谈判僵局,而且这种僵局最难处理,也是最不愿意发生的。

(4)在谈判中,以坚持立场的方式磋商问题也容易使谈判陷入僵局。一方宣称要做什么、不做什么,另一方也针锋相对,这就大大缩小了双方回旋的余地,增加了妥协的难度。

应该看到,僵局的出现对双方都不利。打破僵局的主要策略有:

(1)亮出法规底牌。在法务谈判中,虽然会有法务人员参与,但由于法务人员的专业能力的差异,以及从事法务领域的不同,可能在谈判中对法律、法规的认知能力会有所不同。比如对合同的有效与无效的理解与把握、对人身损害赔偿标准与范围的理解与把握、对合同履行中违约责任承担方式的理解与把握等。如己方法务人员认为对方存在对法律、法规理解上的问题时,可以直接援引相关法条,甚至还可将有关司法解释、司法案例提供给对方,让双方明了,如果通过本次谈判不能解决,通过诉讼或仲裁途径对对方不一定是有利的,以此来打破谈判僵局,促使对方珍惜本次来之不易的谈判机会。

(2)避重就轻。转移视线不失为一个有效方法。有时谈判所出现的僵局,是僵持在某个问题上。这时,可以把这个问题避开,磋商其他条款或其他谈判条件。例如,双方在价格条款上互不相让,僵持不下,可以把这一问题暂时抛在一边,洽谈交货日期、付款方式、运输、保险等条款。如果在这些问题处理上双方都比较满意,就可能坚定了解决问题的信心。如果一方特别满意,很可能对价格条件作出适当让步。

(3)运用休会策略。谈判出现僵局,双方情绪都比较激动、紧张,会谈一时也难以继续进行。这时,提出休会是一个较好的缓和办法,东道主可征得客人的同意,宣布休会。双方可借休会时机冷静下来,仔细考虑争议的问题,然后为下一次继续谈判打下基础。

(4)推出调节人。寻找一个双方都能够接受的中间人作为调节人或仲裁人。由调节人提出符合实际的解决办法;或出面邀请对立的双方继续会谈;或启发双方提出有创造性的建议;或不带偏见地倾听和采纳双方的意见;或综合双方观点,提出妥协的方案,促进交易达成。

(5)改变原有的谈判方式。如以互惠式谈判来代替传统的谈判方式;如采取灵活的横向谈判方式;如改变一下谈判环境,以增进合作气氛。

五、法务谈判中的法务人员

1. 法务人员的谈判能力

商务谈判由业务人员主导,法务和其他专业人员提供支持。而在法务谈判中,尤其是纠纷争议的法务谈判,应当由法务人员来主导,即使谈判组组长为企业的行政负责人,其谈判活动也应由法务人员来具体谋划,谈判中的每一个阶段性工作应听取法务人员的意见。这里所讲的法务人员可以是公司外聘的法律顾问或专项服务律师,也可以是公司自己的法务人员。

从知识层面上讲,企业法务人员应当掌握有关法务谈判的相关法律规定和职业规范。法务谈判一般涉及双方主体四类人员:当事人、法务人员、对方当事人和对方法务人员。法务人员和当事人之间,以及法务人员与对方当事人和对方法务人员之间,都有着不同的谈判角色和职业规范。此外,法务谈判对诉讼时效有何影响,谈判内容和谈判记录是否可作为诉讼证据,如何作为诉讼证据,都涉及专门的法律知识,必须掌握和仔细考量。从技能方面讲,良好的谈判技能已成为衡量法务人员工作质量的主要依据。如何设局,如何挖掘和分析案情,如何陈述事实,如何沟通和妥协,都依赖于法务人员的谈判技能。

在一个公司企业中,对于经营性业务,经过业务人员的合理努力未能妥善解决的,使争议和纠纷可能升级而进入法律程序的,都要通报或直接移交给法务部门,由法务人员主导处理。法务工作对交易的顺利进行起着协调、推动和监督的作用。当交易出现问题或者商务谈判处于僵局时,就需要法务人员在明确问题实质、平衡各方商业利益的基础上,通过提出建设性的方案,甚至主持谈判予以解决。

企业应建立一个行之有效的争议纠纷管理流程,避免使业务人员将争议纠纷的处理滞留在自己手里、自行处理的做法。这是因为,业务人员在处理纠纷过程中,由于没有相应的法律知识和经验,可能会在一些不适当的时机,错误地披露、承认或否定一些事实,从而给下一步的谈判,甚至未来的诉讼带来毁灭性的影响。这样的事例,在一些没有完善的法律争议和纠纷管理流程的企业不胜枚举。

2. 法务人员的决策参与

法务人员参与法务谈判的过程,实际上是参与企业经营决策活动的过程。法务人员坐在谈判桌上,代表公司进行谈判,在谈判之前,要做大量的准备性工作,且应让法务人员实实在在地参与到公司的决策活动中。

(1)决策内容的法律调查。它是依法决策的前提,有些经营决策会涉及其内容上的合法性与有效性,需要由法务人员在谈判之前进行调研,做到知己知彼。如某钢铁公司欲向某研究所购买炉渣综合利用技术,双方草签了技术转让"意向书",后经钢铁公司的法务人员调查得知该研究所虽然从事过炉渣综合利用的研究工作,但并未取得最后的研究成果,尚无现有技术可转让,因此,该项技术转让合同的标的是不存在的。由于技术转让合同是当事人就现有的特定技术权益的转让所订立的明确相互权利义务关系的协议,既然该项技术根本不存在,技术转让合同就不应当签订。最后,法务人员建议双方改签技术开发合同,减少了法律风险。

调研工作可从以下几个方面开展工作:①了解决策事项的有关背景。即通过对决策问题、决策目标、决策对象、决策的初步方案进行了解、分析,初步作出在法律上是否具有可行性的判断。②了解有关当事人的资信情况。即通过对有关当事人的企业性质、经营规模、经营范围、经营者的水平能力、资产负债、产品技术、履行合同情况等进行调查,在此基础上,对当事人相关法律问题作出初步的法律分析。③了解有关法律、法规、规章和政策。即将决策的内容与现行法律、法规和政策结合起来,审视决策的每一项具体内容是否符合现行法律、法规和政策的规定。

(2)决策内容的法律审查。可以由企业的法务人员直接参与企业重大经营决策,并对决策的内容进行法律审查。如某有限公司拟在双方共同投资新设立的有限公司中将董事会董事成员增加至 15 人,就此提议方案,在召开股东会之前,与另一方股东进行会商,该公司法务人员在会商会议上指出,我国《公司法》规定,有限责任公司董事会不得超过 13 人,避免了因不符合法律规定而导致股东会决议无效的情形。

企业法务人员参与企业重大经营决策主要通过以下五种方式进行:①以正式成员或列席人员的身份参加企业的各种决策会议;②以口头或书面形式为决策机构或决策者提供法律咨询意见;③通过起草、修改、审核有关法律文件参与企业重大经营决策;④通过调研发现企业管理中存在的重大问题,主动向企业决策者提出依法改进的建议和方案;⑤对企业重大经营决策设计的法律问题出具法律意见书。

（3）决策内容的法律检查。决策内容的法律检查,就是吸收法务人员检查决策在执行规程中是否存在违规、违法操作情况,将有关信息反馈到决策机构。决策者依据反馈的信息,及时跟踪决策实施情况,对局部与既定目标相偏离的及某个或某些操作环节与法律规定相违的,采取纠正措施,以保证既定目标的实现。如2009年3月,A公司向某银行借款2000万元,约定还款期限为1年,并由资信良好的B公司作为连带责任保证人,保证合同中未约定保证期间。后A公司无力偿还贷款,银行于2011年10月向法院起诉B公司,要求其承担保证责任。按照我国《担保法》规定,连带责任保证的保证人与债权人未约定保证期间的,债权人有权自债务履行期届满之日起6个月内要求保证人承担保证责任。超过这一期限,保证人免除保证责任。B公司根据这一规定,向银行提出抗辩,法院最终裁决B公司免除保证责任。该案表明,如果该银行重视合同执行情况的法律检查,就可避免担保债权落空这一结果的发生。因此,企业必须重视吸收法务人员对决策执行情况的检查。

（4）决策过程的法务谈判。企业重大决策在实施过程中,需要相对方的配合与合作,此时,谈判活动就必不可少。法务人员积极参与企业的法务谈判,才有可能将决策计划转化为实际结果。

六、法务谈判的业务领域

1. 投融资业务

通常是指企业所开展的资本投资业务,以股权收购、资产收购、融资租赁等方式进行的旨在对目标公司拥有股权、债权或经营权的商业活动。投融资业务涉及许多法律规定,是法律事务谈判中一个较为常见、也较为复杂的谈判种类。

中小企业投融资业务包括间接投融资模式与直接投融资模式两种。

间接投融资模式包括:①股权转让投资,是指向部分股东拟转让的全部或部分股权为投资标的的投资。②增资扩股投资,是指在原股东之外,吸收投资方作为股东入股,并相应增加融资方注册资本的投资。

直接投融资模式包括:①具有贷款/委托贷款性质的投资方式,以及其他依法可行并经投、融资双方认可的投资方式。②通过小贷公司、典当公司、投资担保公司等非银行机构的资金运作模式进行借贷模式的投资。③融资租赁等其他形式的投融资方式。

中小企业投融资的全过程可以分为:投融资预备阶段、投融资意向阶段、尽职调查阶段、投融资协议签署阶段、投融资协议执行阶段、投资资本退出阶段。在每一个阶段中,从事专业领域的法务人员都可以提供相应的法律服务,为当事人避免及减少法律风险,为投融资项目的顺利进行提供保障。

2. 产权交易业务

主要是指企业产权出售事务、产权并购事务。企业产权出售是指企业产权的所有权人出卖企业的产权于买受人,由买受人支付相应对价的行为。企业产权出售,从一般意义上讲,它应属于买卖的范畴,但是这种产权买卖不同于一般商品的买卖。

在企业产权交易中,除了企业清盘后净资产买卖以外,更多的是通过企业并购行为进行的,包括合并与收购。其中,合并有吸收式合并和新设合并之分,而企业收购则是一家企业购买另一个企业的股份或资产以获得对该家企业本身或资产的实际控制权的行为。收购一家企业,有时通过购买该企业的股权来进行,有时也可以通过购买该企业的资产来达到目的。

3. 索赔业务

通常是指合同一方当事人因另一方当事人违约使其遭受损失而向对方提出要求损害赔偿的行为,或侵权行为使受害人遭受损失,受害人向侵权人提出损害赔偿的行为。

索赔在实践中不仅指向责任方提出损害赔偿的要求,它还包括行使法律上规定的其他救济方法,如解除合同、拒收货物、实际履行、损失补偿等。理赔是指责任方对索赔的处理。索赔与理赔,可以说是同一问题的两个方面。要认真做好调查研究,弄清事实,分清责任,要合理确定损失程度、金额和赔付办法。开展索赔事务时,各方当事人先进行面对面的谈判,以此寻求双方都可接受的赔偿条件,往往是解决问题的最有效方式。

4. 劳动争议事务

通常是指发生于劳动者与用人单位之间因履行劳动合同而引发的争议处理业务。常见的有工伤事故的认定或赔偿、劳动合同的终止与经济补偿、社保基金缴付争议的处理等。劳动争议通过谈判解决更有利于稳定和谐的劳资关系。

5. 知识产权争议事务

知识产权纠纷按照纠纷性质大致可以划分为三种类型:①知识产权合同纠纷,包括转让合同和许可合同;②知识产权侵权纠纷,包括著作权、专利权、商标权等权利侵权纠纷;③知识产权确权纠纷,通常是关于知识产权权利归属主体及权利是否有效的纠纷。上述纠纷形态通常发生在知识产权的取得、使用、转让、不法仿制等过程中。针对知识产权不同的纠纷,需要能够满足纠纷解决个性化需求的方式加以解决。这其中,诉讼是最典型的解决方式,但未必是最能够满足解决需求的方式。在纠纷解决的整个过程中,对解决模式和方法的选择应贯彻当事人主义,由当事人综合衡量通过谈判解决还是通过诉讼、仲裁解决的优劣后行使程序选择权,但每种解决方式的程序和法律效果必须明确有效。

6. 纠纷非诉解决事务

这是从广义上来界定法务谈判领域的。法务谈判活动有些是基于项目的合作,有些基于纠纷的非诉讼解决。法务人员参与法务谈判,相当数量是处理纠纷,尤其是合同或侵权纠纷,通过法务谈判解决纠纷,以避免双方进入诉讼阶段。

七、谈判成果

1. 达成协议

达成协议,即签订合同。协议成为双方当事人明确各自权利与义务关系的依据。

通过谈判达成的协议,应注意以下问题:①协议尽可能采取书面形式。口头的或其他的形式由于存在一些形式欠缺,尽量少采用。②协议应由双方单位加盖公章,或由法定代表人或代理人签字。只有代理人签字而没有加盖公章的,应提交授权委托书。③协议中的原件应由各方保存。各方保存的原件内容应是相同的。④达成的协议切忌一方在签字盖章后通过邮件送交给对方去签字盖章。对一些标的额大、内容复杂的协议书,有效的做法是经办人员与协议文件不离身,这样既可以防止邮寄丢失,也可以防范对方在协议上另加条款作出修改后将原协议的其中一份寄回,从而改变邮寄方的真实意思表示。⑤争取协议初稿由我方来起草。

2. 达成意向书

意向书是双方当事人通过初步洽商,就各自的意愿或原则达成一致认识而签订的书面文件,是双方进行下一阶段实质性谈判的依据,是签订协议(合同)的前奏。一般而言,意向书没有法律效力,但也不是绝对的,有时也可按照合同法上的缔约过失责任来追究一方的缔约过失责任。

3. 达成备忘录

备忘录通常是指将双方在谈判中所持有的意见或观点,以文本的形式概括性地记载下来。它可以是单方面意见的陈述,也可以是补充已表示过的意见,它没有法律约束力,对方可以同意,也可以否定,可以当即回答,也可以留待以后的会谈中再予答复。在中外合营项目的谈判中,双方以备忘录的形式交换意见是很常见的。

4. 制作会谈纪要

会谈纪要是指对每次谈判的情况作出比较完整的书面记载,以保证会谈的连续性。这种文件一般都要双方谈判代表签署,虽然没有单独的法律效力,也不是协议、合同的组成部分,但它对协议、合同的产生起着重要作用。会谈纪要的内容是没有限制的,可以是单一的一个问题,也可分门别类地包含几个内容;可以包括双方一致的意见,也可以分列各方的分歧与意见予以记载。

第二部分　演练要点

一、法务谈判过程演练

法务谈判过程演练的目的是让所有选修本课程的学生有担当谈判角色的机会,并从实战中获得谈判技巧。如谈判组织技能、谈判过程控制技能、沟通技能、谈判文书写作技能等。

法务谈判过程演练的重点应放在谈判活动中。演练活动应注重基本环节。

(1)谈判组的组成。根据演练素材的具体情况,可将一个谈判议题分为2～3个组。每一个组以2～3人为宜。学生的谈判角色可以是当事人,也可以是法务工作者。

(2)各谈判组演练活动前的精心准备。围绕教师提供的演练素材,准备工作包括谈判计划的确定、谈判组内部的分工、谈判策略的运用等。要求学生写出有一定质量的谈判活动实施方案。

(3)谈判时间的控制。围绕一个谈判议题,各谈判组共同商定一个确定的谈判时间。控制30分钟以内为宜。

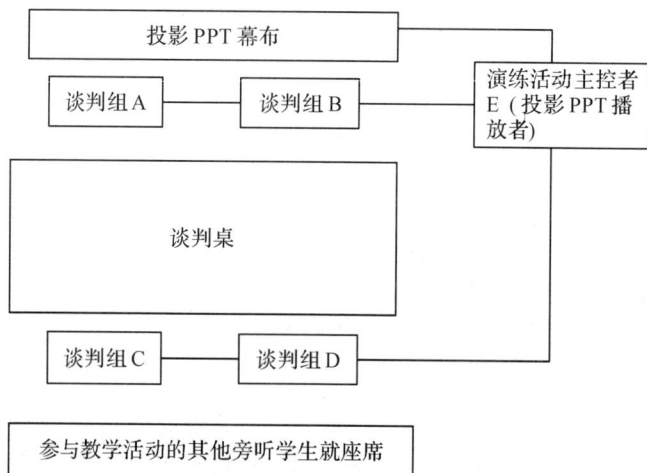

图 1-1　非诉行为模拟实验室内谈判演示图

(4)模拟实验室内的谈判演示。为使谈判演练活动保持整体性,可指定一名学生作为谈判活动阶段性进程的主控者,将各组谈判过程中的若干个重点环节或阶段性工作进行导引,最终将谈判的成果(或谈判纪要、或备忘录、或意向书、或协议书)以标准文本的形式展示给课堂中的其他学生,并作为学生讨论与教师现场点评的依据。

二、法务谈判文书写作演练

1. 意向书写作演练要点

(1)意向书的概念与特征

意向书,是双方或多方就合作项目或双方争议问题在进入实质性谈判后,根据初步接触所形成的带有原则性、意愿性和趋向性意见的文书。意向书和合同的性质很相似,都是用以表达双方通过谈判而获得共同意向或共同决定的一种形式。但意向书不具有强制性的法律效力,其作用主要表现在两个方面:一是有利于双方进行下一步的实质性接触和谈判;二是作为下一步实质性谈判客观的、基本的依据。

意向书一般具有四个特点:

其一,目标的导向性。意向书是双方为了表示某项合作意愿而签订的文书,可为下一步磋商奠定良好的基础。因此,它只是一种导向性文书,合作目标只求总体轮廓清楚,不求描述具体;合作意向只求大体方向一致,不求进程具体和步骤明确。

其二,条款的原则性。意向书的各项条款只是就一些重大问题作出原则性的确定,不求一些具体问题分项列款表述,更不涉及具体细则。在内容表述上求同存异,为下一步谈判留有余地。

其三,行文的灵活性。意向书的行文措词一般比较灵活、原则,以便在条款文字中洋溢一种友好的气氛,同时不至于太拘泥死板。意向书由一方作出后,对方作部分改变或全盘改变都是可能的。

其四,内容的临时性。意向书是协商过程中各方基本观点的记录,一旦达成正式协议,便完成了意向性的使命。意向书不像协议(合同)那样具有法律效力。

(2)意向书的写作格式

意向书一般由标题、导语、正文和尾部四块组成。

标题。常用标题有三种形式:一是文种式标题,即写明"意向书"字样,这种写法较少;二是简明式标题,由事由和文种两项组成,例如,"关于合作投资意向书";三是完全式标题,一般由合作双方名称、合作项目和文种三项组成,如"××公司和××经济合作社合作经营××度假村意向书"。

导语。导语通常要说明以下内容:①签订意向书的单位;②明确该意向书的指导思想和政策依据;③列出该意向书需要实现的总体目标,最好用承上启下的惯用语结束引言,导出正文。

正文。正文是意向书所要实现的总体目标的具体化,一般都以分项排列条款的形式来表述,各项条款之间的界限要清楚,内容要相对完整,既不要交叉叠叙,也不要过于琐碎,更不能有所疏漏。

正文后部一般以"未尽事宜,在正式签订合同或协议书时予以补充"作结语,以便留有余地。

尾部。尾部写各方谈判代表签字、签订时间和抄印份数、报送单位等。

(3)意向书写作中应注意事项

其一,不要表现出一方对关键问题的要求。如前所述,意向书仅仅是表明双方对某个合作项目或某项涉案事项友好谈判的意愿和趋向,而不是对该项目和事项的完全确认,加之各自对对方资信情况的了解也有待继续深化。因此,在编写项目意向书时,一方对项目中的关键问题的要求不宜写入,以便在下一步洽谈时,能进退自如,取得主动。

其二,一方要求上级或其他部门才能解决的问题,不宜写入意向书。兴办一个项目,必然涉及很多有关部门,上级或其他部门给予解决的问题绝不是项目承办单位能单独解决的。因此,在拟订项目意向书时必须谨慎从事,不可将不适当的承诺写入意向书。

其三,不要写入超越一方工作范围的意向条款。

其四,不要写入与我国现行政策和法规相抵触的内容。

其五,思考要周密,用词要准确。不要随便使用肯定性的词句,尤其是关系到双方权益的问题,务必慎用肯定性词句,以便留有余地。

2. 备忘录写作演练要点

(1)备忘录的含义与特征

备忘录是指各方在谈判过程中将有关的观点、意见以文本的形式记载下来,作为录以备忘的文书。在文书函件中,它的等级是比较低的,主要用来提醒、督促对方,或就某个问题提出自己的意见或看法。在业务上,它一般用来补充正式文件的不足。

备忘录的基本特征在于叙事与备忘。从叙事的角度分析,备忘录应将双方洽谈的主要内容作出概括,表明各方的意见与观点;从备忘的角度分析,其记载的目的在于便于相关当事人回忆,起到一个提醒、督促作用。

(2)备忘录的写作格式

备忘录一般由事因、正文、结束语所组成。

事因主要是明确制作备忘的缘由,正文主要是记载备忘录的内容,结束语主要是概括地表明制作备忘录的目的。

谈判备忘录基本格式有:①标题。"备忘录"或"×××谈判备忘录"。②谈判双方情况。包括双方单位、名称、谈判代表姓名、会谈时间、地点、会谈内容等。③事项。双方通过谈判后,各自作出的承诺。④签署。双方谈判代表署名,并写明时间。

3. 会谈纪要写作演练要点

(1)会谈纪要的概念与特点

会议纪要是记载和传达会议情况和议定事项使用的一种法律性文书,是明确记载会谈内容和巩固会谈成果的书面依据。从词意上理解,"纪"有综合、整理的意思,"要"指要点。会议纪要就是把谈判的主要情况、主要精神加以综合整理,形成文字。

会谈纪要产生于会谈后期或者会后,属纪实性文书。其基本特点为:

其一,内容的纪实性。会谈纪要如实地反映会议内容,它不能离开会议实际搞再创作,不能搞人为的拔高、深化和填平补齐。否则,就会失去其内容的客观真实性,违反纪实的要求。

其二,表达的要点性。会谈纪要是依据会谈情况综合而成的。撰写会谈纪要应围绕会谈主旨及主要成果来整理、提炼和概括。重点应放在介绍会谈成果,而不是叙述会谈的过程,切忌记流水账。会谈纪要是根据会谈情况、会谈记录和各种会谈材料,经过综合整理而形成的概括性强、凝练度高的文件。会谈纪要必须精其髓,概其要,以极为简洁精炼的文字高度概括会谈的内容和结论。既要反映与会者的一致意见,又要兼顾个别与会者有价值的看法。

其三,称谓的特殊性。会谈纪要一般采用第三人称写法。由于会谈纪要反映的是与会人员的集体意志和意向,常以"双方"作为表述主体,"双方认为"、"双方指出"、"双方决定"、"双方要求"、"双方愿意"等就是称谓特殊性的表现。

会议纪要是在会议记录等材料的基础上整理而成的,但它与会议记录有很大的区别。二者的主要区别是:①性质不同。会议记录是讨论发言的实录,属事务文书。会谈纪要只记要点,是一种公文性文书。②功能不同。会议记录一般不公开,无须传达或传阅,只作资料存档;会谈纪要通常要在一定范围内传达或传阅,要求贯彻执行,也可以作为解决商事纠纷事宜与商事合作事宜的依据,具有一定的约束力。③程式不同。会议记录是顺时实录式结构;会谈纪要则以整理过的总分式结构为基本框架。

(2)会谈纪要的写作格式

会谈纪要通常由标题、正文、主送部门、抄送单位构成。

标题。有两种情况,一是会谈名称加纪要,如《合作经营养鸡场会谈纪要》。二是组织会谈的单位加内容加纪要,如《××市投资控股公司与××造船厂股权收购会谈纪要》。

正文。正文一般由导言和核心内容两部分组成。具体写法依会谈内容和类型而定。

导言。主要用于概述会谈基本情况。其内容一般包括会谈名称、会期会址、参加人员、主持人和会议议程等。具体写法常见的有两种:第一种:平列式。将会谈的时间、地点,参加人员和主持人、会谈议程等基本情况采用分条列出的写法。这种写法多见于办公会议纪要。第二种:鱼贯式。将会谈的基本情况作为一段概述,使人看后对会谈有个轮廓了解。

核心内容。这是会谈纪要的核心部分。主要介绍会谈涉及的问题、会谈中的意见、作出的决定、各方的要求等。常见的写法有三种:①条文式写法。就是把会谈议定的事项分点写出来。工作会议纪要多用这种写法。②综述式写法。就是将会谈所讨论、研究的问题综合成若干部分,每个部分谈一个方面的内容。较复杂的工作会谈纪要多用这种写法。③摘记式写法。就是把与会人员的发言要点记录下来。一般在记录发言人首次发言时,在其姓名后用括号注明发言人所在单位和职务。一些重要的座谈会纪要,常用这种写法。

第三部分 演练素材收编及演练组织

一、演练素材的收编

1. 收编演练素材的要求

精选此类实案时应满足本单元以下演练要求:①可分组作法务谈判;②具有较强的可谈判性;③争议的焦点相对集中,但散发的问题又比较广泛,学生在谈判时需要认真制订相关的谈判方案,引发学生通过谈判来解决纠纷的兴趣。

另外,在收编本单元演练素材时还应注意,可作为演练的材料是未经过加工的在当事人之间业已形成的相关业务材料。可以是一个实际已发生过的合作项目案例,也可以是经济纠纷处理案例。指导教师在提供这些演练材料时应认真分析相关案情,结合演练活动的要求,给出案情简介以及演练内容。

2. 宁波大学演练课程所采用的素材内容

(1)演练宗旨:法务谈判

(2)案情简介

业主韩×在 2004 年 11 月 12 日与奚××签订了一份房屋租赁合同,将位于××区皇冠大厦整个二层 1946 平方米的商住面积出租给奚××开设宾馆,月租金 26500 元。合同签订后,承租方向××区消防中队申报装修设计时,被消防中队拒绝。该区消防中队在 2004 年 12 月 9 日的审核意见中指出:"该大厦三楼已有制衣车间,二楼开设宾馆不符合《中华人民共和国消防法》第 15 条规定。"为此,奚××向韩×表明拒付租金到允许宾馆装修之日止。

该三楼开设的制衣车间系××区斌龙工贸有限公司所为。斌龙工贸有限公司曾于 2001 年 10 月 18 日与××区联合经纪人事务所签订了一份《房产租赁合同》,将承租的房屋作为厂房使用。

业主韩×多次与斌龙工贸有限公司交涉无果,便向该区区长值班室、区国土资源局、区工商局投诉。2005 年向区所在地法院以相邻关系为由提起诉讼,后又提出撤诉处理。

(3)演练素材提供(复印件)

1)韩×与奚××《房屋租赁合同》1 份;

2)××区公安局消防支队《建筑工程消防设计审核意见》和说明各 1 份;

3)奚××《个体工商户营业执照》1 份;

4)斌龙工贸有限公司《企业法人营业执照》1 份;

5)斌龙工贸有限公司与区联合经纪人事务所《租赁合同》1 份;

6)区国土资源局出具的《关于小港联合区域皇冠大厦土地用途的说明》1 份;

7)关于要求查处斌龙工贸有限公司异地经营情况的函 1 份;

8)小港皇冠大厦斌龙工贸有限公司异地经营情况查处进程函 1 份;

9)韩×出具给斌龙工贸有限公司函件 1 份;

10)区法院民事裁定书 1 份。

3. 演练内容

(1)分小组进行法务谈判。可分韩×组、斌龙公司组、奚××组三个小组在一个谈判室中进行谈判。

(2)各组在谈判前拟定谈判提纲、提出谈判计划。

(3)各组通过材料的综合分析提出谈判主题和谈判目标。

(4)将谈判结果起草备忘录、或谈判纪要、或意向书、或协议书。

二、演练活动的组织

1. 分组演练

每一谈判组成员以 2~3 人为宜,进行法务谈判。

2. 谈判组成员的角色定位

结合案情,本次谈判活动采取三方共同商谈的方式进行,谈判活动发起者为韩×组,而奚××组与斌龙工贸有限公司组为谈判参与者。作为发起者,应做好谈判开局的准备工作。

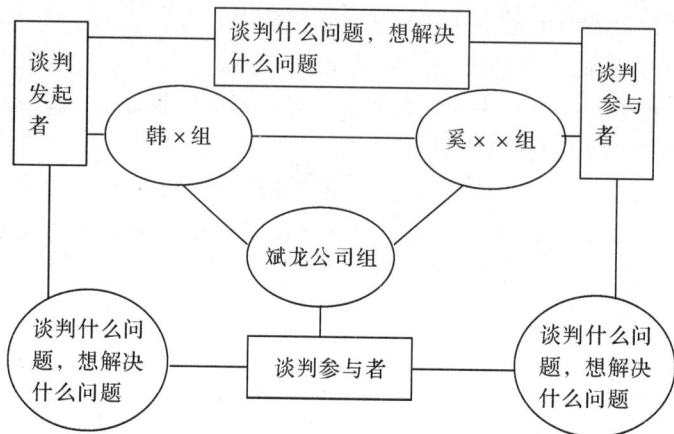

图 1-2　三方谈判组角色定位

3. 谈判活动的阶段性控制

包括谈判活动的组织、法务谈判活动的进行、法务谈判结果的文书制作等。

三、教师对演练活动的点评

1. 教师的过程监控

教师讲解是演练活动的始点。教师讲解在教学演练中的作用在于,解说演练的内容,指导演练的要点,控制演练的过程,承启演练的阶段性活动。而教师对演练活动的点评则是演练活动的终点。教师点评学生的演练内容,主要在于总结演练工作,肯定演练活动中规范性之处,指出演练活动中的不足之点,从而使学生在使知识转化为技能方面迈出扎实的步伐。

2. 点评要点

(1)谈判组各组成员是否已熟悉案情,是否进入角色;

(2)谈判组各组是否为谈判工作做了必要的准备工作;

(3)谈判组成员内部是否进行了分工,分工是否合理;

(4)谈判开局策略运用情况以及其他策划运用是否恰当;

(5)谈判结局是否获得"赢—赢"式结果;

(6)谈判文书制作是否符合规范性要求。

对本项演练点评成绩评定分值表如下(表1-2):

表1-2　演练项目评定分值分配表

观测点	评定要点	权重(%)	分值范围			
			优良	中等	及格	不及格
1.谈判组角色模拟能力	(1)谈判组各组成员是否已熟悉案情,是否进入角色 (2)谈判组各组成员内部是否进行了分工,分工是否合理	30	30～25	25以下～20	20以下～18	18以下
2.谈判活动的运筹能力	(1)谈判组各组是否为谈判工作做了必要的准备工作 (2)是否针对性地确定了与演练素材相对应的谈判主题、谈判计划、谈判议程 (3)谈判开局策略运用情况以及其他策划运用是否恰当	40	40～35	35以下～30	30以下～24	24以下
3.谈判结局的结果及实现的目标水平	(1)谈判结局是否获得"赢—赢"式结果 (2)谈判文书制作是否符合规范性要求	30	30～25	25以下～20	20以下～18	18以下
总分		100	100～85	85以下～70	70以下～60	60以下

3. 成绩登录

演练活动结束后,教师将参与演练学生的评定成绩记入平时成绩中。因当课演示时间上的原因,部分未参加当课演示的学生,要求其课后提供纸质作业,或将自己的演练作业进入演练模拟系统内,由教师进行成绩评定。

第四部分 辅助材料导读

一、意向书例文

意向书例文之一：

关于共建"江苏数据备份服务有限公司"的合作意向书

美国 Edascape 公司、翼硕科技有限公司、江苏省电子商务有限公司、江苏新经营战略研究院和江苏国际技术转移中心等五方经反复协商,愿意就共同发展建立"江苏数据备份服务有限公司"达成以下一致意向:

1. 五方共同发起建立"江苏数据备份服务有限公司"。

2. 目前数据存储在中国拥有庞大的市场及美好的前景,江苏数据备份服务有限公司成立后将积极参与数据存储技术的开发,特别是将立足于江苏和全国市场开展全方位的市场服务。公司成立后将积极争取政府、社会和企业多方位的支持和帮助,积极推动"江苏数据备份服务中心"的建设。

3. 五方在江苏数据服务有限公司的股份比例待进一步协商确定。

美国 Edascape 公司代表:

翼硕科技有限公司代表:

江苏省电子商务有限公司代表:

江苏新经营战略研究院代表:

江苏国际技术转移中心代表:

2006 年 7 月 24 日

意向书例文之二：

合资兴建建筑陶瓷工程并生产经营陶瓷产品意向书

甲方:中国石化总公司××石化总厂

乙方:香港××国际有限公司

日期:×年×月×日

地点:××石化总厂宾馆北楼

双方为合资兴建建筑陶瓷工程并生产经营陶瓷产品事宜,签订本意向书。

第一章 基本构想

1. 适用法律及合资原则

双方按照《中华人民共和国中外合资经营企业法》及中国政府的有关规定，在平等互利、友好协商的原则指导下，进行合资经营活动。

2. 合资形式及项目名称

双方合资组建有限责任公司。公司名称为"×××陶瓷有限公司"（以下简称"公司"）。

3. 经营范围和规模

建筑陶瓷的生产和经营。规模为墙地砖（品种待双方再定）200×104M2／Y。

4. 合资公司地址

中国××省××市××区

5. 合资期限

从领取营业执照之日起计算15年。

6. 资金筹措

投资总额1250万美元。

注册资本按《国家工商行政管理局关于中外合资经营企业注册资本与投资总额比例暂行规定》，定为600万美元。

注册资本甲方投入60%，乙方投入40%，双方皆以现汇或现金投入，以美元计算（甲方固定资产投入或租赁双方再定）。

注册资本之外的资金，公司向中国境内外贷款解决，双方各以投资比例承担债务。

7. 设备来源及资产

保证质量、降低消耗、安全和长周期生产的必需设备由中国境外引进，配套及国内可满足要求的设备由国内供应。

公司界区所有的设备、设施、建筑及界区外的排洪设施为公司所有；界区之外与之配套的工程和设施，包括职工生活服务由甲方提供有偿服务。

8. 技术

生产设备采用国际上已工业化的先进技术；产品按CEN标准生产。

9. 生产用原材料供应

中国国内能满足技术要求的原材料及辅料在国内采购；国内无法保证的材料向国外购买。

公司生产所需的水、电由甲方按甲方平均价供应，燃料由甲方按国际市场价×当天汇率提供。

10. 产品销售方针

公司产品一级品 70% 以上外销。

11. 优惠待遇

公司享有国家法律规定之中外合资的优惠待遇,甲方为之承担办理的责任,费用由合资合司支付。

第二章　合资工作实施

该意向书签字生效后,双方即开始实质性工作:

1. 可行性研究报告、环境影响报告

环境影响报告甲方已经完成评估,乙方认可。

可行性研究报告甲方已委托××建筑设计院完成草拟工作,双方进一步协商后,作为正式报告出版并组织评估。

如项目可行,以上工作的费用,由合资企业支付。

2. 筹建工作

待可行性研究报告评估之后,若双方同意合资,即签订合资协议,协商成立董事会,具体安排合资公司的筹建工作。

第三章　其　他

1. 有效期从签字生效起两年内有效。

2. 终止

(1)双方缔结了进一步的条约。

(2)超过有效期。

(3)双方表示不再探讨合资办厂。

3. 份数:中文 4 份,双方各 2 份。

甲方:	乙方:
中国×总公司×石化总厂	香港×国际有限公司
代表:×××	代表:×××
××年×月×日	××年×月×日

二、备忘录例文

备忘录例文之一:

龙湖公司与××公司会谈备忘录

中国××龙湖公司(简称甲方)与××国××公司(简称乙方)的代表,于××年×月×日在××市甲方总部就兴办合资项目进行了初步协商,双方交换了意见,并作出有关承诺。

为便于将来继续洽谈,形成备忘条款如下:

（一）依据双方的交谈，乙方同意就合资经营××项目进行投资，投资金额大约为×××万美元。投资方式待进一步磋商。甲方用厂房、场地、机器设备作为投资，其作价原则和办法，亦待进一步协商。

（二）关于利润分配的原则，没有取得一致意见。乙方认为自己的投入既有资金，又有技术，应该占60%～70%，甲方则认为应该按投资比例分成。乙方代表表示，利润分配比例愿意考虑甲方的意见，希望另定时间协商确定。

（三）合资项目生产的××产品，乙方承诺在国际市场上销售产量的45%，甲方希望乙方将销售额提高到70%～75%，其余的在中国市场上销售。

中国龙湖公司　　　　　　　　　　××国××公司

·　代表×××（签章）：　　　　　　代表×××（签章）：

××年×月×日

备忘录例文之二：

备 忘 录

（××年××月××日）

中国××公司××分公司（简称甲方）与××国××公司（简称乙方）的代表，于××年××月××日在中国××市就兴办合资项目进行初步协商，双方交接了意见，达到了谅解，双方的承诺如下：

（一）依据双方的交谈，乙方同意就合资经营××项目进行投资，投资金额大约××万美元。投资方式待进一步磋商。甲方所用于投资的厂房、场地、机器设备的作价原则和办法，亦待进一步协商。

（二）关于利润的分配原则，乙方认为自己的投入既有资金，又出技术，应该占60%～70%，甲方则认为应该按投资比例分成。没有取得一致意见。但乙方代表表示，利润分配比例愿意考虑甲方的意见，另定时间进行协商确定。

（三）合资项目生产的××产品，乙方承诺在国际市场上销售产量的45%，甲方希望乙方提高销售额，达到70%，其余的在中国国内市场上销售。

（四）工厂的规模、合营年限以及其他有关事项，均没有详细地加以讨论，双方都认为待第二项事情向各自的上级汇报确定后，其他问题都好办。

（五）这次洽谈，虽未能解决主要问题，但双方都表达了合作的愿望。期望在今后的两个月再行接触，以便进一步商洽合作事宜，具体时间待双方磋商后再定。

中国××公司　　　　　　　　　　××国××股份有限公司

代表××（签章）：　　　　　　　代表××（签章）：

备忘录例文之三：

备 忘 录

甲方：

乙方：

本备忘录于××年××月××日在××签订。

甲方××××，一家根据中国法律成立并存续的××××，法定地址位于×××××

乙方××××，一家根据××法律成立并存续的××××，法定地址位于×××××

甲方和乙方以下单独称为"一方"，合成为"双方"。

前　言

1. 甲方情况简介

2. 乙方情况简介

3. 双方拟从事的交易情况简介

4. 双方同意，在本项目实施前，双方需各自取得公司内部所有必要批准以签订具有约束力的合同（以下统称"项目合同"）。项目合同具体条款待双方协商达成一致。

5. 双方希望通过本备忘录记录本项目目前的状况，本项目具体内容经过随后谈判由双方签署的项目合同最终确定。

协议内容

基于上述事实，双方达成协议如下：

1. 双方已达成初步谅解的事项

1.1（略）

1.2（略）

2. 双方需要进一步磋商的事项

2.1（略）

2.2（略）

3. 双方签订备忘录以后应采取的行动

3.1（略）

3.2（略）

4. 保密资料

4.1 本备忘录签署前以及在本备忘录有效期内，一方（"披露方"）曾经或可能不时向对方（"受方"）披露该方的商业、营销、技术、科学或其他资料，这些资料在披露当时被指定为保密资料（或类似标注），或者在保密的情况下披露，或者经

双方的合理商业判断为保密资料("保密资料")。在本备忘录有效期内以及随后×年(月)内,受方必须:

A.对保密资料进行保密;

B.不得用于除本备忘录明确规定的目的外其他目的;

C.除为履行其职责而确有必要知悉保密资料的该方雇员(或其关联机构、该方律师、会计师或其他顾问人员)外,不向其他任何人披露,且上述人员须签署书面保密协议,其中保密义务的严格程度不得低于本第×条的规定。

4.2 上述第4.1条的条款对以下资料不适用:

A.受方有在披露方向其披露前存在的书面记录证明其已经掌握;

B.并非由于受方违反本备忘录而已经或者在将来进入公共领域;或

C.受方从对该信息无保密义务的第三方获得。

4.3 本备忘录期满或终止后,受方应(1)向对方归还(或经对方要求销毁)包含对方保密资料的所有材料(含复印件),并且(2)在对方提出此项要求后十日内向对方书面保证已经归还或销毁上述材料。

5.独家谈判

在××年××月××日前,任何一方不得直接或间接与第三方就本备忘录标的事项进行任何磋商、谈判,达成谅解或任何形式的协议或安排。

6.本备忘录内容保密

除非按照法律规定有合理必要,未经另一方事先书面同意,任何一方不得就本备忘录发表任何公开声明或进行任何披露。

7.知识产权

双方确认一方并未因本备忘录从另一方获得该方任何知识产权(包括但不限于著作权、商标、商业秘密、专业技术等)或针对该知识产权的权利。

8 本备忘录的修改

对本备忘录进行修改,需双方共同书面同意方可进行。

9.本备忘录具有/不具有约束力的条款

双方确认,除第××条、第4条至第13条(包括第4条、第13条)对双方具有约束力外,本备忘录不是具有约束力或可强制履行的协议或项目合同,也不在双方之间设定实施任何行为的义务,无论该行为是否在本备忘录中明确规定应实施还是拟实施。

10.本备忘录的转让

未经对方事先书面同意,任何一方不得转让本备忘录。

11.各方承担各自费用

除非本备忘录另有明确约定,任何一方应负担其从事本备忘录规定的活动所发生的费用。

12. 不承担间接损失

任何一方对与本备忘录有关的任何间接或附带损失或损害、商誉的损失或者损害或者收入或利润的损失不承担责任。

13. 本备忘录的生效和终止

本备忘录经双方签字生效,至下列日期终止(以最早者为准):

A. 双方用项目合同或本备忘录标的事项的进一步的协议取代本备忘录;

B. 任何一方无须提供任何理由,提前一个月书面通知另一方终止本备忘录;或

C. 本备忘录签署 60 天后。

第 4、5、9、10、11、12 和 13 条在本备忘录终止后继续有效。

14. 适用法律和仲裁

本备忘录适用××法律。双方之间由于本备忘录产生的任何争议应在 30 日内通过友好协商解决;如果未能解决,任何一方可以将争议提交××,按照××,以××语言进行仲裁。

双方正式授权代表已于文首所载日期签署本备忘录,以兹证明。

甲方: 乙方:

                                              ××年×月×日

三、会谈纪要例文

大型设备采购合同履行问题会谈纪要

××年×月×日下午,××实业有限公司与××设备制造有限公司在宁波泛太平洋酒店二楼商务会议室召开大型设备采购合同履行问题会谈会议。××实业有限公司副总经理张××、总工李××、法务部刘××,××设备制造有限公司副总经理王××、总工张××、技术员李××、法务人员侯××参加了会谈。

在会谈前一天,双方实地观测了设备的安装、运行情况,当场由××实业有限公司操作工黄××进行开车操作,并记录了相关数据(双方已签字)。

现将会谈事项纪要如下:

一、关于该项设备组件清单的交接

会议讨论了该项设备文件清单的交接事宜。××实业有限公司提出,设备文件交接存在问题,由于一部分配件系由第三方提供,最终使得该相关配件未能及时交接造成设备试车存在一些问题;××设备制造有限公司确认在设备文件交接中,确有三套组件系由第三方提供,但从他们目前了解的情况看第三方已经提供了相关组件,待回公司后进一步核实,3 日内进行回复。

二、关于设备运行中产生的噪音与故障问题

××设备制造有限公司在实地试车中发现该设备噪音异常，但引发的原因究竟是安装上的问题还是工艺上的原因，有待进一步分析。双方建议各自派出1名工程师集中进行试车数据分析，进一步寻找原因。时间安排在本次会谈后10日内进行。

对于故障问题，××设备制造有限公司认为，这是公司操作工操作不当引起的，建议公司操作工赴××设备制造有限公司曾经提供过相同产品的相关公司进行上岗培训，掌握操作要领。××实业有限公司认为，对操作工进行岗位培训可以接受，但对故障系操作原因引起持保留意见。

三、关于工程款支付问题

双方确认，××实业有限公司至今尚有57万元工程款未予以支付。××实业有限公司认为该设备不合格是引起该款项未予以支付的原因；××设备制造有限公司则认为，该设备在交付时双方已经验收程序，确认合格，目前在试车运行中存在的问题，不能认为是产品不合格问题，因此，不应作为扣款的理由。但按合同约定，最后尾款15万元可以在交付后1年内付清。

四、关于后续工作指定代表人员问题

双方都认为，为解决业已存在的问题（包括但不限于设备组件问题、噪音与故障问题、设备款支付问题、试车试验问题等），推进后续工作很有必要。为明确后续工作的相关职责，××实业有限公司确认副总经理张××的签字行为可以代表本公司；××设备制造有限公司确认副总经理王××的签字行为可以代表本公司。

会议最后强调，双方应进一步加强沟通，增强工作的针对性和有效性，切实解决大型设备采购合同履行中的相关问题。

　　××实业有限公司　　　　　　　　××设备制造有限公司

　　参与人员签字：　　　　　　　　　参与人员签字：

　　日期：　　　　　　　　　　　　　日期：

第二讲　法律意见书制作

第一部分　教师讲解

一、法律意见书的概念与适用范围

1. 法律意见书的概念

法律意见书是法务专业机构（通常是律师事务所）受当事人的委托，对某一法律事实、法律行为或者具有法律意义的文书，依据相关法律规定，运用法学理论和专业技能进行分析、阐述和认定，向司法机关、行政机关或者当事人提出意见和建议的一种专业性的业务文书。

在实践中，法学专家接受委托人委托出具法律意见书也时有出现。但从本教材演练的内容设计而言，应将重点放在律师事务所的律师出具法律意见书这一教学内容上。

法律意见书是律师执业中的重要文书，制作法律意见书是律师执业的主要技能，也是律师办理非诉讼法律事务的常规业务之一。

法律意见书具有较强的针对性，它体现着律师的判断、意见和建议，其意义在于给委托人建立起一种法律判断体系，或改变委托人原来的判断和态度；给获取法律意见书的第三人（如司法机关、行政机关或其他组织）以一种分析与解决法律问题的全新的观点与建议。

法律意见书有较强的专业性，一份形式严谨、结构缜密、分析准确、论证精当的法律意见书不仅是律师为客户提供专业法律服务的工作指南，同时也是律师对纷繁复杂的各种法律关系进行宏观驾驭的能力反映。它既能起到梳理法律关系的作用，又能成为解决纷争的依据。

法律意见书还具有较强的独立性，它反映了律师的独立见解，并不一味迎合委托人的意见，只依据法律和事实去维护委托人的合法权益。

由于律师意见书是律师以法律的眼光和观点对某一事件所作的法律评价和风险估计，其所包含的法律尺度和经验判断必然使得委托人或者每一个阅读者都会有意识地将所述事实与实际情况及法律规定作一番比较,得出自己的"法律评价",甚至作出法律风险估计。可以这样说,法律意见书以其精辟的法理分析,将给委托人或每一个阅读者以一个快速"洗脑",迫使他们从一般的思维转向法律思维,或从某种法律思维转向更加准确全面的另一种法律思维,这种作用是一般商业信函所难以企及的。

在非诉讼法律行为演练中,选择法律意见书制作作为演练的一项内容,主要是让法科的学生具有对以证据材料所反映的事实(即由当事人提供的具有鲜活性的能反映事实经过的事实材料)作出独立的分析意见,为委托人提供具有专业水准的法律意见书。

2. 法律意见书的种类

目前律师出具的法律意见书,按其性质,大致可以分为三类:

(1)具有认定性质的法律意见书。这是指律师接受当事人的委托,对某个非诉讼事件或行为,运用法律、政策出具是否具有真实性、合法性、可行性认定的意见书。

(2)具有建议性质的法律意见书。这是指律师建议委托人按照法律规定可为某种行为或不能为某种行为的意见书。常见的有三种:①律师为法律顾问单位委托办理的法律事务作出的书面答复;②律师对已经发生或正在发生的案件,向案件受理机关或其上级主管部门提交的书面意见;③对已经处理或判决的行政案件或民商事诉讼案件,认为处理或判决不当而向有关司法机关、行政机关提出建议纠正的意见。

(3)具有代理性质的法律意见书。此类法律意见书主要出现在诉讼代理和申诉代理过程中。对案件或案件中的某一具体问题不便以代理词或辩护词的形式陈述时,便以法律意见书的形式表达律师代理意见。

3. 法律意见书的适用范围

目前,法律意见书的主要使用对象已比较广泛,主要有:

(1)为委托人提供项目经营上的法律分析。委托人在开展一些经营项目时,对某些行为的法律界定问题认识不足,如传销与直销在法律上的区别,特许经营与商事代理在法律上区别等,通过律师出具法律意见书,为委托人开展生产经营活动的合法性提供决策依据。

(2)作为委托人开展项目活动的必备材料。这通常在产权交易活动、项目投资活动、融资活动中较为常见。在委托人开展上述项目活动时,有关部门通常会要求委托人提交书面申请文件,而书面申请文件中就含有法律意见书。

(3)为国外投资者提供法律分析意见。国外投资者来华开展投资业务或经营业务,担心对我国的法律了解不全面而产生法律风险,一般会要求具有独立的法律执业机构就有关项目在法律上可行性问题出具法律分析意见。

二、法律意见书与相关文书的区别

1. 法律意见书与律师函的异同点

律师函是指律师接受当事人的委托就有关事实或法律问题进行披露、评价，进而提出要求，以达到一定效果而制作、发送的专业法律文书，如律师出具的声明、公告、催款函等。律师函一般具有以下作用：①有预防和制止某种侵权行为的发生和继续发生的作用，如对侵权行为的制止声明；②有敦促某项义务履行的作用，如债务催讨函；③有公示某项事实或权利的作用，如律师对某种行为发表的声明；④从诉讼与仲裁的角度讲，巧用律师函还可以起到中断诉讼时效的效用。律师函在催讨债务活动中使用较多，往往由债权人委托律师发一份催讨函件，对债务人予以提示和警告，如债务人仍拒绝向债权人履行债务，则债权人通过诉讼或仲裁等方式解决。

法律意见书与律师函所记载和反映的内容不同，所要达到的目标也不同。律师函重在披露事实及法律主张，具有一定的警示性和威慑性，如催讨函中表示律师的态度，若对方仍未履行付款义务，就意味着将会通过诉讼或仲裁的方式解决。

2. 法律意见书与律师见证文书的异同点

律师见证是指律师根据当事人的委托，以律师事务所的名义，对当事人的申请事项的真实性、合法性进行审查并予以证明的活动。它的意义在于，促使当事人认真、严肃地对待其所实施的法律行为，增强其责任感，从而保证双方建立的法律关系的合法性、稳定性，且有利于执行。律师事务所及承办律师对律师见证承担相应法律责任。

律师出具法律意见书或见证书，都要遵守法律、法规，勤勉尽责，遵行真实合法原则、便民及时原则、保密原则、回避原则等，但二者的区别是明显的。律师见证文书重在对当事人的某项行为是否合法、有效、真实作出鉴证意见，具有一定的证据效力；而法律意见书重在对当事人的某项行为的法律性质与可能产生的后果作出研判，以阐明具有专业水准的法律意见。

三、法律意见书制作与出具的基本要求

1. 法律意见书制作的基本要求

（1）严格依据有关事实和法律。要以事实为依据，以法律为准绳；要熟练掌握法律基本知识，尤其要掌握所出具法律意见相关的法律、法规，绝不能单靠记忆和感觉而简单、任意为之。要求律师应具备比较扎实的写作功底和文字运用

的基础,做到布局合理、观点明确、论述有据、语言流畅、言简意赅。

(2)内容表达清晰。法律意见书的格式只是其"形",内在的质量才是其"神"。形神兼备固然最佳,但无论如何,"神"才是关键,"形"只不过是服务于"神"。有形无神,纵然再规范也吸引不了委托人,再高效也解决不了实际问题,再多的声明也不可能真正地保证自己的安全。

(3)逻辑结构严密。在法律意见书中,应较好地处理事实陈述与法律分析之间的关系,重要的关键性问题与次要问题的关系,总论与分论、论据之间的联系,形成一个环环相扣的链形结构,从而突出所要说明的问题。

2. 法律意见书出具的基本要求

(1)强化工作的责任性。出具的法律意见书有误(如法律定性错误,将违法行为定性为合法有效行为)而致当事人损失的,出具该意见书的律师及律师事务所要承担相应的法律责任。因此委托人在委托律师时,也应慎重选择信誉度高的律师事务所和长期从事该专业领域的律师,以确保服务的质量和可靠性。

为尽可能地减少出具法律意见书所带来的法律风险,要求执业律师要有工作责任性。对风险比较大的项目可进行律师执业风险投保。

执业律师承办该项业务时应考量一下自己是否在这一方面具有专长,如果自己不具有这一方面专长,应在具有这一方面专长的律师指引下开展这项工作。

(2)应保存法律意见书的工作底稿。工作底稿是律师在为委托人制作法律意见书的过程中形成的工作记录和获取的资料。

工作底稿应包括但不限于以下内容:①律师承担项目的基本情况,包括委托人名称、项目名称、制作项目的时间或期间、工作量统计;②为制作法律意见书所制订的工作计划及其操作程序的记录;③委托人向经办律师所作的相关陈述记录;④委托人提供的相关材料;⑤经办律师的调查取证材料;⑥律师事务所对相关问题的讨论纪要;⑦与政府有关部门、司法机关、中介机构、委托人等单位及相关人员相互沟通情况的记录,对委托人提供资料进行调查的访问记录、往来函件、现场查验记录、查阅文件清单等相关的资料及详细说明;⑧法律意见书草稿;⑨内部讨论、复核的记录。上述资料应注明来源。凡涉及律师向有关当事人调查所作的记录,应由当事人和律师本人签名。

工作底稿由承办律师根据《律师业务档案立卷归档办法》的规定立卷归档。

(3)在法律意见书的适当位置应作出"免责声明"。免责声明是律师自我保护的一种手段,免责声明并非是经办律师推卸责任,而是告知委托人或第三人应正确认识法律意见书的有效性。法律意见书是否具有对问题分析的针对性,解决问题方案的合法性,除律师的专业水准外,还会受到法律行为在实施中的不可预见性,委托人提供材料是否具有全面性与真实性等相关因素的影响。"免责声明"在写作时应恰如其分,如"本法律意见书仅根据委托人所披露的相关事实所作出,事实披露的完整状况直接会影响我们的法律分析意见","本法律意见书仅供委托人决策时参考",或"本法律意见书不作为第三人作出某项法律行为时的决策依据使用",等等。

(4)合乎法律意见书的出具程序。法律意见书出具的基本程序有:①签订委托合同。法律意见书虽是受当事人的委托出具的,但律师与律师事务是以独立、公正的身份进行的,且经办律师需以律师事务所的名义对外签订委托合同。②律师审查与询问。经办律师制订委托人提供相关材料的清单,要求委托人签字确认;如对相关过程需要进一步了解,经办律师还应询问委托人,作必要的询问笔录。③制作并出具法律意见书。在出具法律意见书之前,将有关初稿先送委托人审阅,以便进一步核实相关事实,有的放矢。④委托人的反馈意见。法律意见书提交委托人后,经办律师应关注委托人对法律意见书的反馈意见。如提出疑问的,律师认为有必要,可以出具补充法律意见书。

(5)为委托人保密。在委托专业法务人员提供法律帮助,进而出具法律意见书时,委托人往往提供了相关的业务性材料,供专业法务人员作分析之用,这些业务性材料,有可能涉及个人隐私或商业秘密,专业法务人员应为委托人保密,这是专业法务人员应有的职业操守。另外,委托人提供的业务性材料,在法律意见书制作完成后,原件应退还给委托人,工作底稿中保存的业务性材料为复印件即可。为确保复印件与原件的一致性,可制作一份委托人提供的业务材料清单,由委托人签字认可。

第二部分 演练要点

一、法律事务受理过程演练

1. 接受委托过程演练

(1)在演练安排上,应充分注意到当事人要求咨询、解决的是法务上的问题而非经济、技术上的问题。

(2)在演练安排上,应充分注意到当事人解决的问题是可以通过出具法律意见书予以解决的问题,而非通过法务谈判或其他方式解决的问题。

(3)接受当事人委托应由所在的律师事务所指定两位执业律师参与。

(4)审查与受理当事人提供的相关材料的基本做法。

(5)签订非诉讼委托代理合同的基本做法。

2. 法律意见书制作过程演练

(1)法务人员的讨论及对焦点性问题的分析。

(2)法务人员必要的尽职调查工作。

(3)委托人提供的相关事实材料的研判。

(4)相关法律性文件与司法实践案件的研读。

(5)法律意见书总体框架的拟定。

(6)法律意见书工作底稿的形成与保存。

二、法律意见书制作程式与制作规范演练

1. 法律意见书制作程式演练

目前,法律意见书的法律文书格式样本尚未统一和固定。但就各地的使用情况看,基本形成了如下一种写作程式。

(1)首部

由标题、致送单位、解答内容的缘起和依据三方面组成。

标题。实践中一般有两种写法,一是直接写"法律意见书";二是具体写明法律意见书的性质,例如:"关于××银行贷前审查的法律意见书"。此外还应有法律意见书的编号。

致送单位。在标题的下一行顶格写明接受文书的单位名称或自然人的姓名。如:"呈致××有限责任公司"、"尊敬的××国××××先生(女士)"、"××董事长"等。

解答内容的缘起和依据。要求用简明扼要的文字概括交代委托事项,以及需要解答的内容,即就提出的什么问题予以答复,这是法律意见书的开头部分。如"国浩律师集团(杭州)事务所接受浙江××股份有限公司的委托,担任专项法律顾问,为××股权分置改革出具法律意见"。

(2)正文

正文为法律意见书的主体部分。正文通过对相关事实的梳理与分析,运用法律、法规来详细解答委托人所提出的问题;或受委托人之提议,解答、分析某一事项所产生的法律问题,并作出独立的分析意见或建议。

正文在制作时一般包含以下内容:针对委托人咨询事项,委托人提供了哪些材料,律师已阅读研究了哪些相关文件;律师对相关事实的认定意见;律师对委托事项的基本分析;律师对委托事项的处理意见。

一般而言,正文的内容需要进行严密的论证和科学的分析,从而给委托人一个圆满的答案。

在结构安排上,正文的内容既可单列一项,就问作答,也可以分为若干个问

题,用分题标号形式一一作答,具体如何安排结构,可根据委托人所提问题的多少作出决定。

法律分析是法律意见书的主体部分,应做到观点明确、论述有据、语言流畅、言简意赅。应对于事实和法律规定作详细的分析,引用法律法规甚至司法解释应完整具体。如有必要还应进行法理上的阐述、学理上的解释。

结论部分是实现法律意见书目的的载体,因而对于委托人和其他利害关系人具有重要意义,也是委托人和其他利害关系人作出决策的最为直接的依据,所以在措辞上应该严谨缜密、客观直接。

在正文的最后,一般还应有声明和提示条款。声明条款涉及法律意见书的责任问题,对于任何一方当事人来说都具有重要性,声明条款的内容包括责任限定条款,即出具人对于自己应该承担的责任予以限制和排除的条款;提示条款是出具人提示委托人和其他利害关系人应特别注意的条款,也关系到委托人可能承担的责任。

（3）结尾

正文写完之后应另起一段,对已展开的法律意见进行总结和概括,起到归纳全文的作用。

最后,在文末右下角写出律师的工作单位、律师姓名,并注明制作日期。

2. 法律意见书制作的基本流程演练

（1）法律意见书制作的基本流程

基本流程可概括为:

1）制作准备阶段。重点可放在以下环节上,一是认定基本事实;二是明确法律关系;三是寻找问题焦点;四是查询法律依据;五是分析焦点问题。对于一些疑难的法律问题的分析,必要时召开小范围内的法务人员论证讨论会,集中法务人员集体的智慧。

2）制作阶段。重点可放在文本框架结构的搭建、文本语言的写作、文本的审查与定稿。

3）呈送阶段:法律意见书收件人为法律意见书的委托人。法律意见书应当载明收件人的全称。

（2）法律意见书制作的基本要求

1）事实部分的制作。制作法律意见书要以事实为依据,以法律为准绳,从客观中立的角度为当事人进行法律分析。这样做的目的是为了向委托人或委托人指定的第三人提供一份客观的、可以作为用来辅助其未来决策行为的专业分析参考资料。要进行正确的法律分析,必须以把握事实真实为前提。因此,要对当事人提供的书面材料及口头陈述进行梳理,必要时,还要对相关事实及证据材料进行进一步的调查取证,尽可能多地搜集案件的真实材料。在此基础上,寻找出案件的焦点问题,定义出准确的法律关系。

对事实部分的制作,应注意以下方面:一是内容要完整。具体包括运用背景材料要充分,显示因果关系,注明真假虚实,剔除多余事项。二是表述要清晰。不要遗漏必须揭露的情节,要写出争议焦点所在,重点写清关键细节。三是要以时间为序。如按不同来源的材料分别表述;按不同性质的材料分别表述;按不同事实的材料分别表述;按不同时段的材料分别表述;以委托人现有意向起始表述。四是详略要得当。要注意把握表述重点;注意重点变化;注意选材、剪裁;力求行文简约。五是要做到叙引结合。一叙一议,言之有据。

2)法律分析部分的制作。在着手法律分析之前,要对与本案有关的法律、法规、规章、立法解释、司法解释乃至相关判例等进行充分查询。在诉讼案件中,往往一个明确的法条或司法解释就可以起到扭转全局的作用,甚至可能直接影响到案件的审理结果。在非诉讼业务中,出具的法律意见书要经得起诉讼的考验同样需要有现有的法规、规章、司法解释作依据。值得一提的是,对判例的查询也十分重要,虽然我国是成文法国家,判例不作为审判依据,但在审判实践中,一些新的专业领域中出现的案件,在没有相关的法律规定的情况下,以往的判例则被作为司法机关办理案件重要的参考依据。

对法律分析部分的制作,应注意以下方面:一是要严格依法。不要无原则地迎合委托人心理,为委托人着想并不是为委托人的所谓"利益"而视法律与事实不顾。二是要明确分析范围,重点突出,针对性强。三是要注意分析方法。要抓准关键,分清主次。

法律分析可以遵循的路径是:是否存在法律上的风险→存在什么样的法律风险→法律风险发生的条件是什么→法律风险本身发生的概率有多大→避免或者降低法律风险的途径和措施是什么→如风险发生如何应对。

3)结尾部分的制作。结尾部分的制作应注意的问题有:一是要简明扼要地点明法律意见或解决方案。法律意见书在结尾时须给当事人一个完整而精要的答复,以便当事人根据这一结论性意见去思考下一步的行动。解决方案包括建议、措施、步骤、对策、操作方式与流程等。二是由两名以上具有执业资格的律师制作成书面形式,加盖律师印鉴及律师事务所公章。

第三部分　演练素材收编及演练组织

一、演练素材的收编

1. 收编演练素材的基本要求

可作为法律意见书制作演练的实案材料,主要是一方当事人在开展经营性活动时与相对方业已发生的相关事实性材料,或该委托方拟作出某一重大决策计划,又担心在法律上是否具有合法性与有效性,要求法务人员对此作出准确的判断或分析。

此类实案在精选时应满足以下演练要求:①提供的材料以当事人业已发生的相关事实为分析的出发点,材料所反映的内容为当事人比较纠结的一些法律上的问题;②提供的材料具有进行法律分析的必要性,可以是涉及法律内容的有关项目筹谋的法律分析,也可以是业已形成法律上纠纷但尚未进入诉讼活动的法律分析,便于学生出具法律意见书;③某些法律上的问题具有一定的复杂性,可分析问题的焦点相对集中,但散发的问题又比较广泛,学生在作法律分析时需要对相关专业领域进行认真的学习与思考,引发学生通过出具法律意见书来梳理法律关系、提出解决问题对策的兴趣;④便于指导教师引导学生在演练时从多种途径去思考相关的问题,最终在综合比较中落实到一个较为清晰的法律结论上。

2. 宁波大学演练课程所采用的素材内容

(1)演练宗旨:接受当事人委托,制作与出具法律意见书。

(2)案情简介

宁波大学成教学院(原地址为浙江水产学院宁波分院院址,因两校合并并入宁波大学)有两幢学生宿舍,分别建于 1987 年(名为 3 号楼)与 1994 年(名为 4 号楼),其中 1987 年建成的 3 号楼领取过《宁波市城乡建设规划局建筑许可证》,并取得《房屋所有权证》。1994 年建造的 4 号楼进行过建设工程规划许可证申请,但最终未领取到。

因成教学院南侧地块由宁波××房地产联合开发公司建造 20 层住宅楼工程,在地下室基坑开挖过程中,造成宁波大学成教学院 3 号楼、4 号楼墙体产生裂缝、倾斜等危险情况,经有关部门鉴定,4 号楼为危房。4 号楼鉴定为危房后,宁波市江北区房地产管理处要求宁波大学成教学院立即采取措施,学生外迁。

宁波大学与宁波××房地产联合开发公司交涉。通过律师函提出:①立即向宁波大学成教学院提供学生住宿的过渡用房,以确保正常的教学和生活;②立即对 3 号、4 号楼进行修缮,并付诸实施;③立即向宁波大学支付房屋安全鉴定费 11202.96 元。但发函后,宁波××房地产联合开发公司未采取积极的行动,其主要理由是 4 号楼是违章建筑,本应该拆除,即使系房产公司原因造成开裂和倾斜也无须赔偿。

(3)演练素材提供(复印件)

1)建管字第 8703 号《宁波市城乡规划局建筑许可证》1 份;

2)3 号楼《房屋所有权证》1 份;

3)甬房鉴字(2007)第 9 号《房屋安全鉴定报告》1 份;

4)房屋安全鉴定协议和鉴定费发票各 1 份;

5)《律师函》1 份;

6)《宁波市城市房屋使用安全条例》1 份。

(4)演练内容

接受宁波大学委托,向委托人出具一份《法律意见书》,针对宁波××房地产联合开发公司的抗辩理由提出详细的法律分析意见及解决处理方案。

二、演练活动实施

1. 分组演练

可以 2~3 人为工作小组,完成法律意见书的制作与出具工作。

2. 情景模拟

(1)委托人(演练甲组)与承办律师(演练乙组)各为一方,形成演练方阵。

(2)委托人:已准备了相关的材料,到律师事务所接受律师咨询,请求律师出具相关的法律意见书。

承办律师:通过听取委托人的陈述,审阅委托人所提供的材料,并经过专业分析,同意为委托人出具法律意见书。

双方就出具法律意见书事宜进行洽谈,形成《律师办理非诉事务委托合同》。

承办律师接案后进行相关工作,工作底稿的形成。

法律意见书的形成及出具过程。

三、教师对演练活动的点评

1. 点评要点

教师点评前,应全面分析本项演练活动重点应掌握的问题与技能。

(1)委托人(组)与律师(组)是否已熟悉案情,是否进入角色;

(2)委托人(组)与律师(组)是否作了必要的准备工作;

（3）委托人与承办律师的业务沟通能力；

（4）法律意见书的规范性与专业水准；

（5）律师（组）形成的工作底稿的完整性；

（6）律师（组）所承办非诉事务（法律意见书）程序的规范性。

对本项演练点评成绩评定分值表如下（表2-1）：

表 2-1　演练项目评定分值分配表

观测点	评定要点	权重（％）	分值范围			
			优良	中等	及格	不及格
1. 各组角色模拟能力	（1）委托人（组）与律师（组）是否已熟悉案情，是否进入角色； （2）委托人（组）与律师（组）是否做了必要的准备工作。	30	30～25	25以下～20	20以下～18	18以下
2. 法律意见书的规范性与专业水准	（1）法律意见书的规范性与专业水准； （2）律师（组）形成的工作底稿的完整性； （3）律师（组）承办非诉事务（法律意见书）程序的规范性。	40	40～35	35以下～30	30以下～24	24以下
3. 委托人与承办律师的业务沟通能力	（1）委托合同的草拟； （2）委托人对《法律意见书》初稿的反馈意见。	30	30～25	25以下～20	20以下～18	18以下
总分		100	100～85	85以下～70	70以下～60	60以下

2. 成绩登录

演练活动结束后，教师将参与演练学生的评定成绩记入平时成绩中。因当课演示时间上的原因，部分未参加当课演示的学生，要求其课后提供纸质作业，或将自己的演练作业进入演练模拟系统内，由教师进行成绩评定。

第四部分　材料导读

一、律师制作法律意见书和工作报告规范

律师制作法律意见书和工作报告规范

甘肃炜城律师事务所

1　目的和主题内容

1.1　为了指导律师制作法律意见书和工作报告,制订本规范。

1.2　本规范规定了律师出具法律意见书和工作报告的范围和基本要求、基本内容、出具程序、修改程序、反馈意见及工作底稿等。

2　适用范围

2.1　本规范适用于本所全体律师。

2.2　本所律师应通晓本规范。

2.3　本所业务辅助人员应了解本规范。

3　术语

3.1　法律意见书:是指律师对有关的法律问题明确发表的结论性意见。

3.2　律师工作报告:是指律师详尽、完整地阐述所履行尽职调查的情况,在法律意见书中所发表意见或结论的依据、进行有关核查验证的过程、所涉及的必要资料或文件的文本。

3.3　工作底稿:是指律师在制作法律意见书和工作报告过程中形成的工作记录及在工作中获取的文件、会议纪要、谈话记录等资料。

4　职责

本规范的编制和修订由本所标准化委员会提出,经合伙人会议批准后,由主任颁布。

5　引用法律、规章

《中华人民共和国公司法》;

《中华人民共和国证券法》;

中国证监会《公开发行证券公司信息披露的编报规则(第12号)》。

6　出具范围和基本要求

6.1　在下列情况下,律师可以向委托人出具法律意见书或律师工作报告:

(1)有关法律、法规、规章要求律师制作的法律意见书、律师工作报告为必备文件的;

(2)委托人要求律师就有关的法律问题明确发表结论性意见的;

(3)本所作业文件要求的;

(4)律师在承办案件或法律事务过程中认为有必要出具法律意见书和律师工作报告的。

6.2 有关法律、法规、规章和本所作业文件对法律意见书和律师工作报告的内容有明确规定的,律师在制作法律意见书和律师工作报告时应符合有关规定。某些具体规定确实对委托人不适用的,律师可根据实际情况作适当变更,但应向委托人说明变更的原因。

6.3 律师出具法律意见书和律师工作报告所用的语词应简洁明晰,不得使用"基本符合条件"或"除××以外,基本符合条件"一类的措辞。对不符合有关法律、法规、规章、本所作业文件规定的事项,或已勤勉尽责仍不能对其法律性质或其合法性作出准确判断的事项,律师应发表保留意见,并说明相应的理由。

7 基本内容

7.1 法律意见书的基本内容

7.1.1 法律意见书开头部分

(1)法律意见书开头部分应载明,律师是否根据有关法律、法规和规章的规定,按照律师行业公认的业务标准、道德规范和勤勉尽责精神,出具法律意见书。

(2)律师应承诺依据有关法律、法规和规章的规定及本法律意见书出具日以前已发生或存在的事实发表法律意见。

(3)律师应承诺已严格履行法定职责,遵循了勤勉尽责和诚实信用原则,对委托人委托事项的合法、合规、真实、有效性进行了充分的核查验证,保证法律意见书和律师工作报告不存在虚假记载、误导性陈述及重大遗漏。

(4)律师应承诺同意对法律意见书和律师工作报告承担相应的法律责任。

(5)律师应承诺同意委托人部分或全部引用法律意见书或律师工作报告的内容,但委托人作上述引用时,不得因引用而导致法律上的歧义或曲解。

(6)律师可作出其他适当声明,但不得作出违反律师行业公认的业务标准、道德规范和勤勉尽责精神的免责声明。

7.1.2 法律意见书正文

律师应在进行充分核查验证的基础上,对委托人委托的事项明确发表结论性意见。所发表的结论性意见应包括是否合法合规、是否真实有效,是否存在纠纷或潜在风险。

7.1.3 总体结论性意见

(1)律师应对委托人委托的事项是否存在违法违规,明确发表总体结论性意见。

(2)律师已勤勉尽责仍不能发表肯定性意见的,应发表保留意见,并说明相应的理由。

7.2 律师工作报告的基本内容

7.2.1 律师工作报告开头部分

律师工作报告开头部分应载明,律师是否根据有关法律、法规和规章的规定,按照律师行业公认的业务标准、道德规范和勤勉尽责精神,出具律师工作报告。

7.2.2 律师工作报告引言

(1)可以简介律师及律师事务所,包括(但不限于)注册地及时间、业务范围、执业律师人数、本次签名律师的执业记录及其主要经历、联系方式等。

(2)说明律师制作法律意见书的工作过程,包括(但不限于)与委托人相互沟通的情况,对委托人提供材料的查验、走访、谈话记录、现场勘查记录、查阅文件的情况,以及工作时间等。

7.2.3 律师工作报告正文

(1)根据有关法律、法规、规章以及委托人的章程等规定,委托事项是否合法有效,是否存在法律障碍、可能引致的风险等。

(2)律师认为需要说明的其他问题。

8 出具程序

8.1 提交委托人的法律意见书和律师工作报告应是经至少一名以上执业律师签名,并经本所加盖公章、签署日期的正式文本。

8.2 法律意见书和律师工作报告在经本所盖章前,应经至少两名以上合伙人审阅并签署"同意"意见。

9 修改和反馈意见

9.1 律师签署的法律意见书和律师工作报告提交委托人后,不得收回进行修改。如律师认为需补充或更正,应另行出具补充法律意见书和律师工作报告。

9.2 法律意见书和律师工作报告提交委托人后,律师应关注委托人的反馈意见。委托人对法律意见书和律师工作报告提出疑问的,律师认为有必要,可以出具补充法律意见书和补充报告。

10 工作底稿

10.1 律师在制作法律意见书和律师工作报告的同时,应制作工作底稿。

10.2 律师应及时、准确、真实地制作工作底稿,工作底稿的质量是判断律师是否勤勉尽责的重要依据。

10.3 工作底稿应包括(但不限于)以下内容:

(1)律师承担项目的基本情况,包括委托人名称、项目名称、制作项目的时间

或期间、工作量统计;

（2）为制作法律意见书和律师工作报告制订的工作计划及其操作程序的记录;

（3）委托人设立及历史沿革有关的资料,如设立批准证书、营业执照、合同、章程等文件或变更文件的复印件;

（4）重大合同、协议及其他重要文件和会议记录的摘要或副本;

（5）与委托人及相关人员相互沟通情况的记录,对委托人提供资料的检查、调查访问记录、往来函件、现场勘察记录、查阅文件清单等相关的资料及详细说明;

（6）委托人及相关人员的书面保证或声明书的复印件;

（7）对保留意见及疑难问题所作的说明;

（8）其他与出具法律意见书和律师工作报告相关的重要资料。

10.4　上述资料应注明来源。凡涉及律师向有关当事人调查所作的记录,应由当事人和律师本人签名。

10.5　工作底稿由承办律师根据 TY/GL05.03《律师业务档案立卷归档办法》的规定立卷归档。

11　引用文件

TY/GL02.01《律师执业规范》

TY/GL02.02《律师职业道德和执业纪律规范》

TY/GL05.03《律师业务档案立卷归档办法》

甘肃炜城律师事务所
2006 年 5 月 9 日

二、法律意见书范例

范例之一:

法律意见书

致:中国建设银行××市分行××支行

作为中国建设银行××市分行××支行委托指定的个人住房贷款业务法律事务承办机构,××市××律师事务所指派律师王××、仇××对贷款申请人 A 先生提供的借款申请资料进行了审查,依据国家有关法律、法规、规章等,出具本法律意见书。

（一）借款申请人 A 先生,购买××花园××号房屋,房屋面积××平方米,总价款为人民币××万元,购房合同编号为××,并选择了"开发商保证"担保方式向中国建设银行××市分行申请个人住房贷款,同时提供了相关的贷款资信文件,具体内容详见附件。

(二)出具本法律意见书的主要依据:

1.《中华人民共和国合同法》;

2.《中华人民共和国担保法》;

3.《借款合同条例》;

4.《中国人民银行个人住房贷款管理办法》;

5.《中国建设银行北京市分行住房担保细则》;

6.《北京市房地产抵押管理办法》;

7.《北京市商品房销售价格管理暂行办法》;

8.《律师事务所、公证处承办个人住房贷款业务中有关法律事务的规范意见》;

9.中国建设银行北京市分行与北京市公证处签订的《委托协议》;

10.中国建设银行北京市分行与房地产发展商签订的《住房贷款合作协议》;

11.国家和北京市其他有关法律、法规和规章。

(三)根据本法律意见书第一条所述资信文件(包括复印件)和第二条所述有关法律、法规、规章和协议的规定,并根据我们与A先生的谈话,确认如下事实:

1.借款申请人A,××××年××月××日出生,身份证号为××××,××学历,现住××市××区××路××号,具有××市城镇正式常住户。

2.借款申请人A先生具备必要的还款能力。A先生自19××年××月起在××公司工作,任经理职务。其19××年税后月平均收入为××元人民币;×××年××月至××月税后月平均收入为××元人民币。借款申请人现持有××公司的股份。该公司于××××年注册成立,注册资本为××万元人民币。

3.借款申请人意思表示真实。

(1)借款申请人A填写了《个人住房贷款申请表》;申请20年××万元个人住房贷款,约占购房价款的70%,其余30%的购房款××万元已支付给发展商××房地产开发有限公司。

(2)借款申请人A自愿选择"开发商保证"的担保方式申请贷款,并愿以其所购买的××花园××号房屋作为抵押物,于××××年××月×日在我们面前分别签署了《承诺书》、预售房屋登记《授权委托书》、办理抵押登记《授权委托书》,借款申请人A所填《个人住房借款申请表》中的担保人××房地产开发有限公司之印鉴属实。

(3)抵押物的保险符合《中国建设银行北京市分行个人住房担保细则》的规定。

基于以上事实,我们认为借款申请人 A 先生提供的资料真实、齐备,基本符合中国建设银行××市分行个人住房贷款条件,且初步申贷手续已履行完毕,具备签订个人住房贷款借款合同的资格。

本法律意见书仅用于借款申请人 A 先生向贵行申请个人住房抵押贷款并由贵行办理申请抵押贷款事宜。

本法律意见书正文共 3 页,其后之附件均为本法律意见书不可分割之组成部分。相关法律文件的复印件与原件无异。

范例之二:

关于美欣达股权分置改革的补充法律意见书

××律师集团(杭州)事务所

××律师集团(杭州)事务所(以下简称"本所")接受浙江美欣达××集团股份有限公司(以下简称"美欣达"或"公司")的委托,担任专项法律顾问,为美欣达股权分置改革出具法律意见。

根据《中华人民共和国公司法》、《中华人民共和国证券法》、《国务院关于推进资本市场改革开放和稳定发展的若干意见》、《关于上市公司股权分置改革的指导意见》、《上市公司股权分置改革管理办法》、《上市公司股权分置改革业务操作指引》等法律、法规和规范性文件的规定,本所于××××年×月×日为美欣达股权分置改革事宜出具了法律意见。

美欣达股权分置改革方案自××××年×月×日刊登公告以来,在公司董事会的协助下,公司非流通股股东通过热线电话、走访投资者等多种形式与流通股股东进行了沟通。

根据双方沟通协商的结果,美欣达对本次股权分置改革方案的部分内容进行了修改。本所律师依据有关法律、法规和规范性文件的规定,对美欣达本次股权分置改革方案的修改部分出具本补充法律意见。

本所于××××年×月×日出具的《××律师集团(杭州)事务所关于浙江美欣达印染集团股份有限公司股权分置改革的法律意见书》中有关本所的声明适用于本补充法律意见,与本补充法律意见内容不一致的以本补充法律意见书为准。

本所律师按照中国现行有效的法律、法规及律师行业公认的业务标准、道德规范和勤勉尽责的精神,对美欣达本次股权分置改革方案的修改内容进行了核查,现出具法律意见如下:

一、美欣达股权分置改革方案的修改内容

(一)关于对价安排的修改

美欣达本次股权分置改革方案关于对价安排的原内容为:

公司全体非流通股股东按持股比例将各自持有的部分股份给予全体流通股股东,以获取所持有的原非流通股份的上市流通权。根据本股权分置改革方案,流通股股东每持有 10 股将获得 3.2 股的对价股份,全体非流通股股东向流通股股东给予的股份总数为 8294400 股。

现修改为:

公司全体非流通股股东按持股比例将各自持有的部分股份给予全体流通股股东,以获取所持有的原非流通股份的上市流通权。根据本股权分置改革方案,流通股股东每持有 10 股将获得 3.6 股的对价股份,全体非流通股股东向流通股股东给予的股份总数为 9331200 股。

(二)关于部分非流通股股东承诺事项的修改

公司控股股东单××及其控制的湖州美欣达控股集团有限公司原承诺为:

在法定承诺规定期满后,通过证券交易所挂牌交易出售原非流通股股份占美欣达股份总数的比例在 12 个月内不超过 3％,在 24 个月内不超过 6％;自改革方案实施之日起的 36 个月内,通过证券交易所挂牌交易出售所持有的美欣达股份的价格不低于每股人民币 10 元,该价格将在美欣达股份或股东权益发生变化时作相应调整,包括美欣达派发股份红利、转增股本、增资扩股(包括若公司发行可转债后由可转债转换的股本)、配股、派息等。

现修改为:

在法定承诺规定期满后,通过证券交易所挂牌交易出售原非流通股股份占美欣达股份总数的比例在 12 个月内不超过 3％,在 24 个月内不超过 6％;自改革方案实施之日起的 36 个月内,通过证券交易所挂牌交易出售所持有的美欣达股份的价格不低于每股人民币 12 元,该价格将在美欣达股份或股东权益发生变化时作相应调整,包括美欣达派发股份红利、转增股本、增资扩股(包括若公司发行可转债后由可转债转换的股本)、配股、派息等。

本所律师认为,美欣达本次股权分置改革方案的修改内容符合有关法律、法规和规范性文件的规定。

二、关于股权分置改革方案修改的程序

经本所律师核查,美欣达本次股权分置改革方案的修改履行了以下程序:

1. 美欣达董事会制作了《股权分置改革说明书(修改稿)》及摘要。

2. 美欣达控股股东单××及其控制的湖州美欣达控股集团有限公司就股权分置改革方案中承诺事项的修改出具了承诺书。

3. 美欣达的独立董事赵××、俞××、张××对公司股权分置改革方案的修改出具了独立董事意见。

4. 保荐机构××证券股份有限公司就美欣达本次股权分置改革方案的修

改出具了补充保荐意见。

本所律师认为,美欣达本次股权分置改革方案的修改已履行了必要的法律程序。根据有关法律法规和规范性文件的规定,美欣达本次修改后的股权分置改革方案尚需经公司相关股东会议审议批准。

三、结论意见

综上所述,本所律师认为,美欣达本次股权分置改革方案的修改符合有关法律、法规和规范性文件的规定。修改后的股权分置改革方案经公告后可提交美欣达相关股东会议表决,修改后的股权分置改革方案经美欣达相关股东会议批准后实施。

本补充法律意见书正本三份,无副本。

本补充法律意见书出具日为××××年×月×日。

××律师集团(杭州)事务所

经办律师:徐××　刘××

三、办案心得

如何写好法律意见书①

律师　谢长宇

几年前,当国务院将为国有企业改制项目出具法律意见书列为律师的法定业务时,我欢欣鼓舞,因为总算又有了一个律师的法定非诉讼业务了。在此之前,大型融资项目,比如证券上市、发行债券等均需要合格的律师事务所出具法律意见书。这些业务,我至今都没有缘分接触过,虽然我在以前一段时期反反复复地研习它们的写作方法以及技巧,似乎这将是个屠龙之术了。实际上,法律意见书在被广泛地使用着,我的理解是,就是因为它的广泛使用,有重要的作用,才会被管理部门端上台面。

在我看来,法律意见书是唯一能最完整显示律师的法律家素质的实用法律文件。一位律师,在诉讼上屡屡获胜,不见得理论功底深厚。能够顺利完成一件大型的收购,很可能是因为善于运作经营,但要完成一件无可挑剔的法律意见书,那可能就要求其具备一个专业领域的专家级的理论素养和实践能力了。

同样是律师的执业文件,法律意见书和律师函的区别在于:1)前者大多发往客户,为客户解决特定问题,后者发往客户的对方,让对方为客户解决问题;2)前者长于说理,偏于务虚,后者长于实际,着眼务实;3)前者多有特定格式,后者不

---

① 谢长宇:《如何写好法律意见书》,http://fanxin0909.blog.163.com/blog/static/1343950212009 11162201853/

拘格式；4）前者多为一项业务的终结或者段落，后者即将展开一项业务。

法律意见书制作的目的在于专门为具体的客户解决某一个或者一系列法律问题而量身定做，会花费律师大量的人力成本，并且律师还必定会为亲笔签署的书面的文件而承担责任。法律意见书不单纯是法律咨询，它比法律咨询更加严谨和高端，它要解决的问题不是口头法律咨询能够解决的。所以，法律咨询可以免费，法律意见书决不能免费，大型项目的法律意见书绝对要造价昂贵。西方的一句法谚请牢记："免费的法律意见一钱不值。"

如何写作法律意见书？我曾经在书市中见到过一本关于法律意见书的写作方法的律师专著。我有幸拜读过，并用书中的一些原则去对照自己写过的法律意见书，让我学习到了很多方法技巧。

这些不是我今天想说的，我估计还没有哪个老师愿意让助理们独立去完成一件法律意见书并署名交给客户，除非他想丢掉自己的业务或者这个助理的能力已经让他觉得完全胜任了。大多数的情况是，老师会将一叠资料交给助理，然后让助理们整理出一个线索，起草一个初步的轮廓就行。我还没有足够的本钱向你卖弄写作这份至关重要的文件的技巧，我大致向你描述一下这个文件的写作方法就行，至于更高级的修炼，不是我这个文章能够解决得了的。

第一步：收集整理文件。

我收到的最多的一个出具法律意见书的案卷材料有将近700页，时间跨度有4年。你要在这样一堆文件中先理清头绪，整理出最初和最末的文件，并将不同类别的文件归类。这个工作的方法，我记得曾经说到过，那就是运用工作底稿和索引。

你可以向客户提出文件方面的缺陷，比如复印不清、短缺页码、缺少某个类别的文件、缺少某个时间段的文件等等。文件的缺陷，将直接导致无法作出正确的法律意见。这需要不断的整理和补充。

同时，你应该将那些与出具法律意见无关的文件暂时放在一边，或者将它们作为参考或者退回客户。

第二步：罗列并研究文件。

法律意见书中，应该论述并详细罗列你收到的文件，这有点像判决文书中对证据的认证。这个段落可以为你减少风险，因为你仅仅对你掌握的事实进行分析并出具意见，你无法对没有掌握的情况负责任。

每一份文件，你都应该仔细阅读并详尽的研究。标识出该文件要说明的事项以及它的后续文件或者引申文件。

第三步：寻找法律依据并指出法律后果。

在研究事实的基础上，你需要寻找法律依据，并详细阐述该项目的法律后果。这其实就是法律意见书的最后一步,也是逻辑结构中最关键的环节。你收集并固定了事实,围绕这些事实又收集了相关法律规范,你最终的结论也只是一个推导过程的结果。法律意见书的结论部分的固定格式有,对项目的合法性发表意见或者是对项目的可操作性作出规划和分析,还有的是为了论述一个有争议的法律问题而出具法律意见。

第四步:提笔写作。

成竹在胸方能笔下滔滔,你最好在弄好前三步后,再提笔。非法定用途的法律意见书的基本格式一般是:1)首部。说明意见书的标题和交付的对象。比如,关于××事项的法律意见书,编号(××)字××号。2)罗列文件材料,并指出"贵公司对上述文件的真实性负责,我们的责任是根据上述资料结合相关法律规定发表法律意见"。这个陈述可以为你规避责任。3)主文。你的论述过程。4)结论。

你写好法律意见书后,建议你一定给同行律师作出评判,你第一份意见书被划成一道一道的可能性非常的大,请你不要有挫折感,慢慢的这些道道会减少。在论述问题的时候,请不要简单地引述法律条文,而应该展开来阐述。你给客户的意见书,可能决定一个几百上千万的项目,你可不能就两页纸、千把字打发掉,否则你的稿费可能就是世界上最昂贵的了。

第三讲　商事合同争议事务演练

第一部分　教师讲解

一、商事合同争议的概念及表现

1. 商事合同争议的概念

商事合同争议，又称商事合同纠纷，是指商事合同当事人之间对合同成立、效力、订立、履行等相关内容及由此产生的法律后果所发生的各种纠纷。

商事合同通常是指商事主体参与合同行为的合同，它区别于民事合同在于合同主体多为商事主体，且具有营利性。其种类多、法律关系复杂，争议标的额大，再加上商事合同具有技术性、协作性等特点，使之合同各方当事人引发争议后往往就如何解决争议，以致能否继续保持良好的业务关系成为各方考虑的一个重要问题。

"商事合同争议"应作广义的解释，凡是合同当事人对合同成立、合同效力、合同内容、合同的履行、违约责任，以及合同的变更、中止、转让、解除、终止等发生的争议，均应包括在内。

在现实生活中，合同签订后，当事人之间因各种客观情况或者主观原因难免会发生合同争议。发生合同争议并不可怕，关键在于企业的法务人员是否具有解决争议的途径与技能，从而决定着解决商事争议的效率与成败。

2. 商事合同争议的表现

（1）因合同订立引起的争议

在商事合同争议中，大量的是因双方当事人在订立合同时不认真，内容（条款）规定不具体、不明确，合同的形式和订立程序不符合法律、法规规定而造成的。这方面的争议主要包括：

1）因合同主体不合法而引发的争议。例如，有的是商事主体的内设职能部门对外签订合同，引起合同争议；有的是未经工商登记的组织对外签订合同，引起合同争议；有的是超出依法登记的经营范围而签订合同，引起合同争议；有的借口单位领导不同意,否认已签订的合同,引起合同争议。

2)因合同订立形式引发的争议。例如,因口头合同,一方不履行而发生争议;有的虽采用书面形式,但对其性质究竟是意向书还是合同引起争议。

3)因合同订立程序不合规定而引发的争议。例如,在合同签订过程中的要约、承诺程序不合法而引起争议;因签订合同手续不全,引起争议;因未履行相关的批准程序、登记程序,以合同未成立、未生效为由不履行合同,引起争议。

4)因代签合同引发的争议。代签合同应有代理资格,但在现实经济生活中,由于代理权的取得未履行相应的程序,时有争议发生。例如,有的主管机关未经企业同意,为企业代签合同,企业不承认,拒绝履行合同,从而引起争议;有的因委托他人签订合同,企业推卸责任事后不认可而引发合同争议;有的是委托书记载的委托事项、权限不明,签订合同时引发委托人、代理人、合同相对人之间的纠纷;有的是凭盖了单位公章(含合同专用章)的空白合同对外签订合同,提供空白合同的单位事后以他人冒签、盗盖公章为由不认可而引起争议。

5)因合同订立时条款不明确引发的争议。例如,有的因合同质量条款约定不明确,成交后发生争议;有的因合同数量条款约定不明确,在履行中发生争议;有的因交货日期在合同中没有写明,导致合同争议等。

(2)因合同履行发生的争议。就买卖合同而言,这类合同争议主要有:违反合同约定不交货引发的争议;不按合同约定收货引发的争议;不按合同约定的数量交货(多交或者少交)引发的争议;不按合同约定的质量条件履行合同而发生的争议;不按合同约定的产品规格履行合同而引起的争议;产品包装不符合合同约定引起的争议;不按合同约定的履行期限履行合同发生的争议;不按合同约定的价格交付价金引起的争议;不按合同约定的履行方式履行引起的争议;拖欠货款引起的争议。

(3)因变更或者解除合同而引发的争议。在实践中,有的是原订合同主体因为关、停、并、转或者分立,发生变更后合同约定的义务由谁履行不明确而引发争议;有的是因合同内容经协商变更后,一方反悔而引发争议;也有因不按法律或者合同约定的方式、程序变更或者解除合同而引发争议。

(4)因合同的成立、效力而引发争议。合同签订后,该合同是否满足成立要件,该合同是否依法有效,该合同是否生效,以及该合同是否应依法撤销等时有争议发生。尤其是作为公用企业与消费者所签订的格式合同或格式条款在履行过程中是否属于合同法所规制的无效合同情形,争议也时有发生。

二、商事合同争议的非诉讼解决

1. 合同争议的解决方式

解决合同争议的方式有四种,即:当事人自行协商;第三人调解;仲裁机构仲裁;法院诉讼。

上述四种方式是《合同法》规定的解决合同争议的方式,至于当事人选择什么方式来解决其合同争议,取决于当事人自己的意愿。对于解决的方式,当事人双方可以在签订合同时作出选择,并把选择出的方法以合同条款形式写入合同中,也可以在发生争议后就解决办法达成协议。需要注意的是,如果在合同条款中约定了仲裁条款的,就不可以再以仲裁不服再提起诉讼,或既约定仲裁又约定诉讼。

在解决合同争议过程中,任何一方当事人都不得采取非法手段,否则将依法追究违法者的法律责任。

2. 非诉方式解决合同争议的意义

合同争议的解决不能坐等通过仲裁或诉讼方式解决,也不要急于冒进寻求仲裁或诉讼方式解决,应当首先寻求通过非诉讼方式解决争议的可能性与途径。仲裁或诉讼解决争议的方法可作为防备措施,在万不得已的情况下才使用。

通过非诉讼方式解决争议有其特有的作用和意义。概括之,主要有:①有利于合同当事人之间今后业务上的合作;②比较及时有效;③解决纠纷的成本与费用相对较低;④便于对争议风险的实际控制。

3. 非诉解决合同争议的基本技能

(1)了解、分析合同签订、履行的过程,找出纠纷产生的原因及双方争执的焦点问题。可从签约主体→签约程序→合同内容→合同履行行为→违约责任条款这几个路径进行查找与分析。

(2)分析合同效力,明确过错责任。在分析合同效力时,可从"是无效合同还是有效合同,是无效合同还是未成立合同,是无效合同还是可撤销合同,是有效合同还是效力待定合同"等方面作认真的分析。

(3)分析、认定与合同相关证据材料。在合同订立与履行中会发生大量业务材料,对相关业务材料应进行综合分析,运用合同法思维,认定哪些业务材料可以作为明确各方权利与义务关系,明了合同责任的证据材料。

(4)提出解决纠纷的方案。在方案选择上,可考虑是继续履行合同,还是解除合同;是要求对方支付违约金还是赔偿损失;是坚持定金罚则还是单独选择违约金适用等,所有这些均是需要作认真谋划的。

4. 用 ADR 方式解决合同争议

ADR(Alternative dispute resolution)可译为替代性纠纷解决机制,指除诉讼以外的争议解决方式,由一组供当事人任意选择用来避免正式对抗性诉讼的办法。包括协商、调解、小型审理、争议评审团(DRB)、仲裁等。

在 ADR 谱系中,协商、调解、仲裁是三种基本方式,而争议陪审团、小型审理、早期中立评估等混合方式是将基本方式的程序、环节、特性加以分解后排列组合的"变种"(Variation)。

争议评审团在美国的一些专业领域,如建筑业等已经取得了一些经验,其实质是争议双方邀请第三者进行居中调解,其运行机制在于由 10 多个建筑业有关机构和代表组成美国建筑业争议解决委员会,协助美国仲裁协会(AAA)制订一种可供建筑业选择使用的争议解决程序。争议评审团成员的组成是由双方各选定一名工程合同方面的专家,该专家要得到对方认可,然后再由被选定的 2 人共同推荐第 3 人作主席组成。评审团在解决大型国际工程合同争端中已日益表现出强大的生命力。有些国际工程合同在其条款中将采用评审团方式在专用条款中予以特别说明。这种争议评审团的优点在于:争议评审团成员都是工程技术合同管理方面的权威,以保证其评审结果的科学性和影响力。费用由合同双方共同负担,易保证公正性和中立性;成员不得与合同任何一方有妨碍其行为公正的联系;争议评审团要在工程一开工就介入工程,并定期走访现场,能够及时了解工程进展、有关合同执行情况、索赔事宜以及潜在的争议。尽管评审结果对合同双方不具有法律上的最终约束力,但大多数情况下都能为双方所接受,即使提交仲裁或诉讼,仲裁机构和法庭大都会尊重评审团的评审结果。

采用争议评审团方式,在纠纷解决上具有及时性、经济性等优点。然而,国内的建设工程合同纠纷(双方能和解的除外)大多采用诉讼的方式,由于法院受理有一个法定的审案期限,使得双方当事人均要花费大量的时间。如果诉讼是在工程实施过程中发生,则往往中断工程的连续性,尤其是分包建筑工程的纠纷,某分项工程引发纠纷,造成全工程无法正常验收和交付,从而无法达到预期的目标。

现阶段的我国,经济体制深刻变革,社会结构深刻变动,利益格局深刻调整,思想观念深刻变化,这种空前的社会变革,给我国发展进步带来巨大活力,也必然带来这样那样的矛盾和问题[1]。这样的变革时代,对采用替代性纠纷解决机制解决纠纷的需求也是空前的,因此,我们在非诉行为中,要学会替代性纠纷解

---

[1] 参见《〈中共中央关于构建社会主义和谐社会若干重大问题的决定〉辅导读本》编写组:《〈中共中央关于构建社会主义和谐社会若干重大问题的决定〉辅导读本》。人民出版社 2006 年版,第 5 页。

决的基本制度,积极寻求诉讼外的各种纠纷解决途径。

什么样的纠纷适宜用什么样的纠纷解决方式,虽没有对号入座式的答案,但实践中总结出来的经验是:

(1)对于既可以通过法院诉讼解决,也可以采用 ADR 方式解决的争议,应鼓励商事主体将其分流到 ADR 程序来解决。好处是有效减轻法院案件负担,同时又支持 ADR 机构的发展和 ADR 程序的运用,当事人则多了一个选项,争取低成本、快速地解决纠纷,有机会得到个性化的、共赢的结果。

(2)由于法院诉讼和 ADR 各有其独特价值,有些纠纷不宜使用 ADR 方式解决的(如涉及社会公共利益保护的案件),应不断认识 ADR 机制存在的固有缺陷,关注诉讼与 ADR 的各自价值和相互关系,给予 ADR 在整个纠纷解决机制中适当的定位。

(3)对于最为适合通过 ADR 方式解决的纠纷,应通过制度设计引导商事主体以 ADR 方式解决。因此,这需要大量实践以积累经验和总结规律,要对具体实施情况进行观察、评估和研究,固定和推广行之有效的方式。[①]

三、解决商事合同争议应注意的问题

1. 合同效力的补正与合同补漏问题

合同效力的补正是指合同欠缺有效要件,能否发生当事人预期的法律效力尚未确定,只有经过权利人的追认,才能化欠缺有效要件为符合有效要件,发生当事人预期的法律效力;权利人在一定时期内不予追认,合同归于无效。

由于这类合同在权利人追认以前处于有效或无效不确定的状态,因而称为效力待定合同。

合同补漏是指在合同订立后,合同当事人对某项内容应订立而未订立而对合同漏洞进行补充,促使合同条款归于完备。由于签订合同的当事人并非都是合同法专家,在签订合同时由于经验不足存在合同漏洞在所难免,所谓"人无完人,金无足赤"。

合同如何补漏,有哪些原则可循?《合同法》第 61 条作了规定:"合同生效后,当事人就质量、价款或者报酬、履行地点等内容没有约定或者约定不明确的,可以协议补充;不能达成协议的,按照合同有关条款或者交易习惯确定。"依此规定,需要补漏的合同需具备三个条件,即:合同应属有效;合同的部分内容存有遗漏;合同内容的遗漏影响了合同的履行。合同补漏可有三种途径:①当事人补充

[①] 项冶萍等:《美国 ADR 对完善我国非诉讼纠纷解决机制的借鉴意义》,载《政府法制研究》,2007年第 9 期。

协议。补充协议可视为是对原合同的组成部分。②按照交易习惯确定。交易习惯也称为交易惯例,是人们在长期实践的基础上形成的,是在某一地区、某一行业在经济交往中普遍采用的做法,成为这一地区、这一行业的当事人所公认并遵守的规则。③按照合同有关条款确定。按照合同有关条款确定,就是《合同法》第125条规定的整体解释方法。之所以要按照合同有关条款确定,是因为,合同一方或双方当事人所运用的条款或表述不是孤立的,应视作整个合同内容的一个不可分割的部分。当合同某些条款欠缺,又不能通过其他相对客观的方式来补充时,需要从整个合同的表述来推定当事人在通常交易上合理的意欲或接受的合同条款。理论上将此称为"补充的合同解释"。④按照合同法的法条规定。

2. 要约邀请、要约、承诺相关问题

要约是希望和他人订立合同的意思表示。发出要约的人称为要约人,接受要约的人称为受要约人或承诺人。要约的构成要件有:①内容具体确定。②要约必须向受要约人发出,原则上应向一个或数个特定人发出。③表明经受要约人承诺,要约人即受该意思表示约束。

要约邀请是指希望他人向自己发出要约以订立合同的意思表示。《合同法》第15条举例说明要约邀请的形式有寄送的价目表、拍卖公告、招标公告、招股说明书、商业广告等。

要约和要约邀请的区别主要有:①要约是希望和他人订立合同的意思表示,以订立合同为目的;要约邀请是希望他人向自己发出要约的意思表示,以促成对方向自己发出要约为日的。②要约一般针对特定的相对人,往往采用对话方式或信函方式,而要约邀请一般针对不特定多数人,往往通过广播、电视、报刊等媒介予以发布。③要约的内容具体确定;要约邀请的内容一般不确定,仅表达希望对方向自己发出要约的意思。

承诺是指受要约人同意要约的条件,愿意同要约人建立合同关系的意思表示。

要约邀请、要约、承诺在合同签订过程中时有采用,应注意区别它们的内涵和法律性质。

3. 缔约过失责任与履约责任的联系与区别

缔约过失责任是指在订立合同过程中,缔约人由于故意或过失违背诚信原则所产生的先合同义务,而向对方当事人所承担的信赖利益的损失赔偿责任。

我国《合同法》第42条规定:当事人在订立合同过程中有下列情形之一,给对方造成损失的,应当承担赔偿责任:①假借订立合同,恶意进行磋商;②故意隐瞒与订立合同有关的重要事实或者提供虚假情况;③有其他违背诚实信用原则的行为。

缔约过失责任实际上是一种对守信当事人的法律救济途径。在订立合同过程中,由于一方违背诚实信用原则,造成合同不能成立、合同无效或者被撤销,以及由于其他缔约上的原因造成合同最终不能成立,给诚实信用的另一方造成损失,这种情形无法用违约责任处理,因为合同尚未依法成立,但它却又发生在合同的磋商过程中,如果按侵权责任处理有时也会很困难,需要寻求一种法律救济途径,这种法律救济途径,合同法就规定为缔约过失责任。

缔约过失责任与违约责任的区别主要在于以下几个方面:

(1)两者责任适用的条件不同。违约责任以合同有效成立为前提,合同未成立或合同无效则无所谓违约责任。而缔约过失责任则相反,它是一种先合同责任,以合同订立过程中合同成立前的一方过错或过失为前提。

(2)承担责任的方式不同。承担违约责任的方式有:支付违约金、赔偿金、继续履行、适用定金罚则、采取其他补救措施等。而缔约过失责任只承担赔偿损失。

(3)赔偿范围不同。违约责任赔偿的是期待利益,而缔约过失责任赔偿的是信赖利益,即诚实信用一方在缔约过程中基于对相对人的信任而遭受的损失。

承担缔约过失责任主要有以下几种情形:①要约人擅自撤销要约;②假借订立合同,恶意进行磋商,使对方错过与第三人订立合同的机会;③在订立合同时一方故意隐瞒与订立合同有关的重要事实或者提供虚假情况;④合同无效或被撤销;⑤违反其他诚实信用原则的行为。如违反如实告知、说明、保密义务等。具体表现为:未尽必要的通知与告知义务,致使对方当事人对合同的性质或者条款产生重大误解而被撤销;悬赏广告人撤销悬赏广告,致使相对人的利益受到损害;违反意向书、备忘录等初步协议中约定的义务;合同因不具备形式要件而被人民法院或仲裁机关认定为未成立或无效;依照法律、行政法规规定经批准或登记才能生效的合同一方不去办理批准和登记手续给对方造成损失的。

缔约过失责任的赔偿范围,一般认为是无过失的一方由于信赖合同有效成立而受到的损失,包括直接损失和间接损失。直接损失包括:①为缔约而支出的费用,包括差旅费等;②准备履行合同而支出的费用;③处理善后问题而支出的费用。

由于缔约过失责任行为发生在合同的缔约阶段,合同尚未成立,双方尚未形成合同法律关系且双方接触时间比较短,因此它比违约责任往往比较轻微,因一方盲动而扩大的损失不应让对方赔偿。

缔约过失责任与侵权责任竞合时,债权人有选择请求权。

4. 商事合同解除问题

(1)如何确定合同解除时间

合同解除的时间节点是对合同法律关系存在与否的重要判断。《合同法》第93条、第94条规定了当事人具有合同解除权的几种情形，《合同法》第96条规定了合同解除的方式。实践中，对当事人是否具有合同解除权，合同是否已经解除，合同解除的时间节点如何确定往往会有不同的意见。

一般情况下，可以分以下三种情况：①诉讼之前，双方当事人协商解除合同的，协商确定之日为合同解除之日；②一方当事人行使合同解除权，对方有异议提起诉讼，经法院或仲裁机关审理后认为行使合同解除权并无不当的，解除合同通知送达之日为合同解除之日；③一方当事人行使合同解除权，对方有异议提起诉讼，经法院或仲裁机关审理认为该当事人无合同解除权，但双方当事人在诉讼中均同意解除合同的，可以在判决或调解书中明确合意解除之日为合同解除之日。

对于当事人是否具有合同解除权，可以依据《合同法》第93条、94和分则中的特别规定作出判断。对合同是否已经解除，也可以通过当事人单方是否具有合同解除权以及是否正确行使了合同解除权进行审查。《合同法》第96条第1款规定："当事人一方依照本法第93条第2款、第94条的规定主张解除合同的，应当通知对方。合同自通知到达对方时解除。对方有异议的，可以请求人民法院或者仲裁机构确认解除合同的效力。"因此，双方当事人就是否有合同解除权产生争议时，经法院或仲裁机关审查认为一方当事人确有解除权的，有解除权一方的通知到达对方时解除权即产生效力，合同解除。这种情况下，由于合同解除是已经存在的事实，法院或仲裁机关通常会在判决或仲裁文书的说理部分确认合同业已解除，如果判决或仲裁文书主文中需要确认合同解除的，应当注意合同解除之日为通知送达之日。经审查认为一方当事人无解除权的，则通知到达对方时并不能产生合同解除的效力，合同应当继续履行。合同继续履行并不排除双方当事人可以在诉讼过程中就解除合同达成一致。

（2）合同解除权消灭的情形

在判断合同解除权是否已经消灭，主要从以下三种情形分析：①双方当事人对合同解除权约定了行使期限的，期限届满权利人不行使的，解除权消灭；②双方未约定解除权行使期限，经对方催告后权利人未在合理期限内行使解除权，解除权消灭；③双方未约定解除权行使期限，对方亦未催告的，权利人未在合理期限内主张解除权的，解除权消灭，该合理期限一般掌握在一年。

权利因主张而成就，因放弃而消灭，合同解除权同样如此。《合同法》第95条规定："法律规定或者当事人约定解除权行使期限，期限届满当事人不行使的，该权利消灭；法律没有规定或者当事人没有约定解除权行使期限，经对方催告后在合理期限内不行使的，该权利消灭。"实践中较难把握的是，法律未规定合同的解除权行使期限,而当权利人怠于行使权利时,将导致权利长期处于一种不确定的状态。这种长期怠于行使权利的状况也是权利消灭的一种情形。最高人民法院在《关于审理商品房买卖合同纠纷案件适用法律若干问题的解释》第15条第2款规定:"法律没有规定或者当事人没有约定,经对方当事人催告后,解除权行使的合理期限为3个月。对方没有催告的,解除权应当在解除权发生之日起1年内行使;逾期不行使的,解除权消灭。"对此,关于其他合同的解除权行使期限可以参照把握。

5．各种违约责任形式及其适用

(1)继续履行

继续履行也称强制履行。是指违约方不履行合同义务或履行合同义务不符合约定时,另一方当事人有权请求人民法院或仲裁机关以公力强制对方履行的一种违约责任方式。

立法将继续履行确定为一种违约责任方式,其意义在于,有利于保护守约方(受害人)利益,避免因对损失赔偿举证不能而遭受不利的局面;也有利于合同目的的最终实现。

两大法系的合同法对继续履行所持的立法态度不甚相同。大陆法系国家把继续履行作为一种可供选择的违约救济方式,而英美法系国家视赔偿为主要的救济方法,将继续履行视为一种例外的救济方式。我国《合同法》的态度是将继续履行作为违约责任的承担方式。

继续履行的构成要件为:①存在违约行为;②守约方有要求对方继续履行的表示。未经其请求,人民法院或仲裁机关不得强制债务人继续履行;③违约方能够继续履行合同。

不适用继续履行的情形有:①履行不可能;②债务的标的不适用于继续履行或者继续履行费用过高;③债权人在合理的期限内未要求履行。

继续履行的表现形式有:①限期履行应履行的债务;②修理、重作、更换。但从《合同法》第107条规定看,是将继续履行与修理、重作、更换这些补救措施相区别开来的。《合同法》第107条规定:"当事人一方不履行合同义务或者履行合同义务不符合约定的,应当承担继续履行、采取补救措施或者赔偿损失等违约责任。"

在司法实践中对继续履行应注意的问题有:继续履行可以与支付违约金、赔偿金等责任形式并用,但不得与定金罚则并用,也不得与解除合同相关的违约救济措施并用。

(2)赔偿损失

赔偿损失是指合同当事人不履行合同义务或者履行合同义务不符合约定

时,依法赔偿对方当事人所受损失的违约责任方式。

我国合同法上所讲的赔偿损失是指金钱赔偿。这与《民法通则》中所讲的返还财产、恢复原状不同,不是以作为物上请求权表现出来的;赔偿也不同于修理、重作、更换,它们不属于同一性质。这里有三个方面比较重要的问题需要讲解:

其一,关于违约损害赔偿的种类及惩罚性赔偿问题。违约损害赔偿大致可分为三大类:

1)约定赔偿。"当事人可以约定一方违约时应当根据违约情况向对方支付一定数额的违约金,也可以约定因违约产生的损失赔偿的计算方法。"(《合同法》第114条)。

2)法定赔偿。按法律确定的赔偿基本原则处理。"当事人一方不履行合同义务或者履行合同义务不符合约定,给对方造成损失的,损失赔偿额应当相当于因违约所造成的损失,包括合同履行后可以获得的利益,但不得超过违反合同一方订立合同时预见到或者应当预见的因违反合同可能造成的损失。"(《合同法》第113条。)

3)特别法定赔偿。由法律基于特殊政策而特别规定的损失赔偿。比较典型的有《合同法》第113条规定的"经营者对消费者提供商品或者服务有欺诈行为的,依照《中华人民共和国消费者权益保护法》的规定承担损害赔偿责任"。即惩罚性赔偿。

应注意的是,在合同法上一般不适用于惩罚性赔偿。在美国法中,惩罚性损害赔偿主要适用于被告具有暴力、滥用权利、恶意欺诈等行为的案件,一般主要适用于侵权案件中,其适用的主要目的在于惩罚不法行为人、制止不法行为发生,抚慰受害人心理上的痛苦。我国在合同法制订时,一些学者也曾建议广泛采用惩罚性赔偿,但多数学者认为不宜采用这种赔偿方法。因为采用这一方式,一方面不符合等价交换原则,另一方面将会给对方当事人带来极大的不确定风险,不符合交易稳定的要求。

其二,关于赔偿的范围问题。在赔偿的范围问题上,除财产损害赔偿外,是否还包括其他非财产上损害?学界持有不同意见。通说认为,赔偿指的是财产损害。但从《合同法》第112条的规定看,似乎有所突破,给条文解释留下了扩张的余地。《合同法》第112规定:"当事人一方不履行合同义务或者履行合同义务不符合约定的,在履行义务或者采取补救措施后,对方还有其他损失的,应当赔偿损失。"其他损失指什么?是否包括非财产损害?从一般原则考虑,精神损害赔偿是针对侵权行为的,合同违约时是否可以考虑?

另外,还有一个赔偿直接损失与间接损失问题。学理上,直接损失是指所受损害;间接损失是指所失利益。从《合同法》第113条所讲的损失赔偿额包括合同履行后可以获得的利益看,对可得利益损失(间接损失),就立法本意是可以赔偿的,但不得超过违反合同一方订立合同时预见到或者应当预见到的因违反合同可能造成的损失。在学理上应注意以下几点:①应将守约方应承担的经营风险与违约方应承担的损失赔偿两者区分开来。如在钢材买卖合同中,合同价格为每吨4000元,到合同履行期到来时市场价格跌到3000元,出卖人迟延交货10日,又下跌到2500元。这样违约方所应承担的10日迟延交货的损失应为每吨500元而不是1500元。②可得利益应当是扣除各种成本和费用后的纯利润。

损害赔偿中的损害应与不履行合同行为有因果关系。其检验的方法是,如果没有被告的违约行为,原告的损害会发生吗? 如果会,那就确定违约行为并非是造成损害的原因。

其三,关于损害赔偿中的减轻损失规则。当事人一方违约后,对方应采取适当的措施而未采取,造成损失扩大的,不得就扩大部分要求违约方承担。

(3)违约金责任

违约金是指由当事人约定或者法律直接规定的在一方当事人不履行合同时向对方当事人所支付的一定数额的金钱。

违约金与赔偿金相比,一个重要的特点是违约金的约定避免了损害赔偿方式在适用中经常遇到的计算损失范围和举证的困难,从而节省了计算上的花费,甚至可避免一些诉讼程序。

在理解违约金责任时,需要注意以下几点:

1)违约金的惩罚性与赔偿性问题。通常认为违约金有惩罚性和赔偿性之说。何谓惩罚性? 过去在理论界通常是从损害后果来比较的,认为一方违约后,对方没有损害后果的,违约金就具有惩罚性;有损害后果的,违约金具有补偿性。实际上,由约定的违约金对违约行为造成的损失相抵,这样违约金又具有抵消性的特点。

从新《合同法》的立法本意来理解,对违约金的二性问题更加倾向于以赔偿性违约金为原则。《合同法》第114条第1款要求依据违约情况向对方支付违约金;第2款则规定违约金与造成的损失两者悬殊时,可以请求人民法院或者仲裁机关调高或调低。其实质是违约金以赔偿性违约金为原则。这反映了立法对违约金的国家干预,以体现合同正义原则。另外,第3款又规定,迟延违约金与履行义务并存,确立了违约金具有惩罚性的法律地位。

违约金的惩罚性还是赔偿性取决于当事人在合同中有明确的约定,属于私法意思自治领域。如果当事人未作约定的,或者约定不明确的,法律对此如何对待? 原则上应认定其为赔偿性的违约金。

2)法定违约金与约定违约金问题。在新合同法颁布以前,法律比较多地规定了法定违约金,而且,当法定违约金与约定违约金有矛盾时,以法定为准。新合同法则没有规定法定违约金,这符合合同自由原则,在此种情况下,违约金属于赔偿损失约定性质。

3)违约金请求调高与调低问题。最高人民法院在《关于适用〈合同法〉若干问题的解答(二)》中曾指出,"当事人依照合同法第114条第2款的规定,请求人民法院增加违约金的,增加后的违约金数额以不超过实际损失额为限。增加违约金以后,当事人又请求对方赔偿损失的,人民法院不予支持。当事人主张约定的违约金过高请求予以适当减少的,人民法院应当以实际损失为基础,兼顾合同的履行情况、当事人的过错程度以及预期利益等综合因素,根据公平原则和诚实信用原则予以衡量,并作出裁决。当事人约定的违约金超过造成损失的30%的,一般可以认定为合同法第114条第2款规定的过分高于造成的损失"。

4)违约金约定无效问题。违约金约定无效的情形主要是针对合同无效而言的,即合同无效时,有关违约金的约定也无效。

5)违约金与定金能否并用的问题。《合同法》第116条规定:"当事人既约定违约金,又约定定金的,一方违约时,对方可以选择适用违约金或者定金条款。"从本条规定可以看出,守约方享有选择权,可以选择适用违约金条款,也可以选择适用定金条款,但二者不能并用。选择适用违约金条款或定金条款,可以达到弥补因违约受到损失的目的;当然,在定金条款对守约方更有利时,守约方也可以适用定金条款,按照定金罚则弥补自己的损失。

(4)定金责任

定金责任也称定金罚则。我国《合同法》第115条对定金的规定是:"当事人可以依照《中华人民共和国担保法》约定一方向对方给付定金作为债权的担保。债务人履行债务后,定金应当抵作价款或者收回。给付定金的一方不履行约定的债务的,无权要求返还定金;收受定金的一方不履行约定的债务的,应当双倍返还定金。"

在定金罚则的适用上应注意以下规则:

1)实际交付定金数额多于或者少于约定数额处理规则。定金金额不能超过货款总额的20%,超出部分可作预付款(订金)处理。少于约定数额的,视为一方变更定金约定,另一方不予同意的,可以催告履行,仍不履行的,可以解除合同。

2)迟延履行或者其他违约行为处理规则。最高人民法院在《关于适用〈中华人民共和国担保法〉若干问题的解释》第120条规定,"因当事人一方迟延履行或者其他违约行为,致使合同目的不能实现,可以适用定金罚则。但法律另有规定或者当事人另有约定的除外"。因此,实践中如果当事人一方延迟履行合同的,应当按照上述规定处理,符合规定条件的,延迟履行部分所占合同约定内容的比例,适用定金罚则。

3)合同部分履行时的定金处理规则。定金是担保的形式之一,作用是指担保主合同债务的履行,那么,其担保的范围应当是全部债务。全部不履行的,当然适用定金罚则,部分不履行,其不履行的部分仍在担保范围之内,定金的效力对其仍具约束力。依照公平原则,当事人一方不完全履行合同债务,应当按照未履行部分与占整个合同的比例,计算未履行部分的定金额,适用定金罚则。所以,那种认为合同部分履行时不适用定金罚则的观点是错误的。

4)未按合同交付定金的处理规则。双方当事人确定了定金条款和数额后,定金条款并不立即生效,须以当事人实际交付定金为准。那么拒绝交付定金的当事人是否应该承担缔约过失责任呢?我们认为不能单凭定金条款的不生效而产生缔约过失责任,因为缔约过失责任是针对整个合同而言的,应综合考察定金条款的生效与否对整个合同成立与效力的影响。同时也不能单凭定金条款的不生效认定当事人违约,更不能裁判当事人承担违约责任,因为认定合同违约其前提是合同须依法成立且生效。如果另一方当事人也未主张定金,由于定金合同不生效,则视为双方均放弃定金约定的条款和数额担保的权利。

5)订约定金的处理规则。在以交付定金作为订立主合同的担保情形下,主合同成立与否,定金合同均有效。最高人民法院在《关于适用〈中华人民共和国担保法〉若干问题的解释》中对订约定金问题做出了详细、明确的规定。该解释第115条规定:"当事人约定以交付定金作为订立主合同的担保的,给付定金的一方拒绝订立主合同的,无权要求返还定金;收受定金的一方拒绝订立主合同的,应当双倍返还定金。"本条是对订约定金作的解释,实践中如果当事人违反订约定金的应当按《担保法》第89条的规定进行处理。

6)解约定金的处理规则。关于解约定金的适用,实践中存在疑问。定金交付后,交付定金的一方可以按照合同的约定以丧失定金代价而解除主合同,收受定金的一方可以双倍返还定金为代价而解除主合同。我们认为实践中一些当事人以承担定金为代价要求解除合同的应当准许。如果另一方当事人起诉到法院要求继续履行合同,人民法院应当驳回,此时,对主合同不能强制履行。而适用定金处罚后,并不排除有损失的一方要求对方损害赔偿,在守约方当事人损失大于定金收益的情况下,承担了定金的当事人仍然应承担赔偿责任,可以根据《合同法》第97条规定确定合同解除后的赔偿责任。

7)不适用定金罚则情形。因不可抗力、意外事件致使主合同不能履行的,不适用定金罚则。本法所说的不可抗力,是指不能预见,不能避免并不能克服的客观情况。根据上述法律条文体现的原则,合同完全因不可归责双方当事人之事由的不可抗力或意外事件致使合同不能履行时,既然双方皆无过错,均应免责,互不赔偿亦不需惩罚,故定金应予返还。如果是不可抗力或意外事件部分影响合同的履行时,应对其作部分免责,其余则按一方过错未履行合同的规则处理。当事人迟延履行后发生不可抗力或意外事件的,不能免除责任。

8)第三人的过错导致合同不能履行适用定金罚则。凡当事人在合同中明确约定给付定金的,在实际交付定金后,如一方不履行合同除有关法定免责的情形外,即应对其适用定金罚则。因合同关系以外第三人的过错导致合同不能履行的,除该合同另有约定外,仍应对违约方适用定金罚则,合同当事人一方在接受定金处罚后,可依法向第三人追偿。

表 3-1　商事合同违约责任关系表

相关关系比较点	比较点展开	理解与分析
（一）继续履行与其他违约责任的关系	1. 继续履行与损害赔偿的关系	（1）两者可并用; （2）从举证责任来看,受害者采用继续履行的补救方式,可以不必承担对实际损失的举证责任,因而在损失难以确定的情况下,继续履行更有利于保护受害者的利益; （3）就受害者而言,在其他补救方式特别是损害赔偿能够有效地维护其利益的情况下,完全可以放弃继续履行而采取其他形式; （4）继续履行不足以补偿损失的,还应赔偿损失。
	2. 继续履行与违约金的关系	（1）违约金的支付独立于履行之外,债务人不得以支付违约金完全代替继续履行; （2）违约金支付后,还应继续履行,二者可并存。
	3. 继续履行与定金的关系	（1）二者可并用; （2）如果当事人特别约定,其设定的定金是解约定金而非违约定金,则当事人可在主张定金罚则后解除合同,免除其履行合同的义务。
（二）解除或变更合同与追究违约责任的关系	1. 解除合同与损害赔偿	（1）合同的变更/解除,不影响当事人要求损失赔偿的权利; （2）通常情况下,合同提前解除时的损害赔偿不应赔偿可得利益的损失,因为可得利益只有在合同完全履行情况下才能产生。
	2. 解除合同与支付违约金的关系	（1）合同的变更/解除,不影响当事人要求支付违约金的权利; （2）合同的变更/解除协议明确规定不追究违约责任的,按变更/解除协议执行; （3）合同的变更/解除属于不可抗力引起的,应视不可抗力对合同履行的影响程度决定是否应追究违约责任。
	3. 解除合同与支付定金的关系	如果当事人特别约定,其设定的定金是解约定金而非违约定金,则当事人可在主张定金罚则后解除合同。

相关关系比较点	比较点展开	理解与分析
（三）损害赔偿与违约金/定金的关系	1. 损害赔偿与违约金的关系	（1）合同中约定的损失计算方法所作出的违约金可视为约定的损害赔偿； （2）若违约金的支付不足以弥补实际损失，受害者还可以要求赔偿损失； （3）损害赔偿主要是一种补偿性的责任形式，通常要与实际损害相符合，而且非违约方要负举证责任； （4）违约金兼具补偿性与惩罚性，其适用不以实际损害发生为前提，没有损害，也应支付违约金。对过高违约金，另一方可以请求调低； （5）损害赔偿与违约金并用时，应以实际损失为基础，约定违约金不宜超过造成损失的30％。
	2. 损害赔偿与定金的关系	（1）两者无法律上的直接联系； （2）支付定金后，并不免除违约行为给对方造成损失的赔偿请求。
（四）定金与违约金的关系	1. 定金与违约金的关系	（1）定金与违约金不可并用，但适用违约金时，交付定金一方可取回定金（基于不当得利的返还）； （2）违约金在具体适用时可请求人民法院或仲裁机构调高或调低，而定金则是固定的； （3）定金最高不得超过标的总额的20％，而违约金则没有法定的比例规定。

6. 合同索赔业务

索赔是指在合同履行过程中，守约方对于对方因违约行为造成的实际损失而向对方提出经济补偿或经济赔偿的要求。索赔是一种正当的权利要求，与守约并不矛盾。由于合同种类不同，索赔业务也不完全一样。

（1）索赔事务中对合同及相关文件的处理原则。索赔必须以合同及相关规定为依据。遇到索赔事件时，法务人员站在客观公正的立场上审查索赔要求的正当性，以及满足索赔要求在合同及相关证据材料上的可行性。由于合同及相关业务文件的内容相当广泛，以工程合同索赔为例，它包括协议、图纸、合同条件、工程量清单、工程变更联系单、其他来往函件和变更通知、工地会议记录、各种施工进度表、工程照片、工程师签认的施工记录、拨款单据、工程检查和验收报告以及其他资料等。它们之间有时能较好地形成索赔的证据链，有时则会自相矛盾。以何种合同性文件为准来明确各方的权利与义务关系，需要在索赔事务开始时作认真思考。通常而言，除合同另有约定外，其组成和解释顺序如下：①投标书及其附件；②中标通知书；③本合同专用条款；④本合同通用条款；⑤标准、规范及有关技术文件；⑥图纸；⑦工程量清单；⑧工程报价单或预算书。

（2）索赔事务管理。合同索赔事务在管理环节上，应重点做好事前控制、事中管理和事后总结三个基本环节。

其一,事前控制。事前控制的目的是进行合同风险预测,并采取相应的防范措施和对策,尽量减轻或控制由于自己的原因而对合同的另一方或第三方造成侵害和损失后果的程度。

其二,事中管理。事中管理是一项具体细致、持续性的工作,而索赔的成立与否,大都与此相关。①监管合同履行中的各种情况,及时提出合同履行过程中的各类问题及需要合同第三方配合的要求,不产生违约行为和让对方索赔的条件。②加强对各类业务人员的培训与教育,强化经营上的风险意识,使风险管理贯穿经营管理与合同索赔管理之中。

其三,事后总结。事后管理是一个总结的过程,在索赔事件结束后,各类索赔文件应及时整理归档,根据各类索赔事件发生的概率及结果,总结分析下步如何更好地规避合同风险。

(3)索赔技巧。当对方在合同履行中发生了合同违约行为,从而给己方造成损失时,如何索赔,既是一项技术性工作,又是一项法务上活动。

其一,把握时机。基于合同组成内容及形式的多样性,不可避免地存在着合同条款的矛盾之处,而这种矛盾正是合同索赔争议之所在,也成为索赔与反索赔的双刃剑。在不同的阶段,处理同一件索赔事件的结果可能完全不同,在合同履行前期,双方当事人对合同的履行总体上处于合作关系之中,双方容易沟通,及时以书面的函件指出对方在合同履行中的违约行为及存在的问题,对方比较容易接受,也大多会以书函的形式予以确认并回复,而这一确认性的回复可以形成相关的证据材料。到了合同履行后期,双方对合同的履行往往走向二极化,要么相互配合,要么形成对抗态势,针对不同情形应把握机会,为明确相关违约事实,可以通过会议纪要(需要对方人员签字)的形式将相关违约事实确定下来,尽可能争取在索赔中的主动性。

其二,优化索赔方案。比如,在建筑工程索赔中,一般分为工期索赔和费用索赔,既有业主与总承包商之间的索赔,又有总承包商与分包商之间的索赔。

在合同履行中对违约方的索赔,守约方应在有效的时间内提出索赔请求,其主要内容有:①索赔信函,信函中应表明索赔主张;②索赔事由,详细说明索赔的事实和理由,说明索赔的合理合法性;③索赔金额,应根据合同约定的方法索赔金额,必要时应有详细计算书与依据。

其三,综合运用索赔谈判技巧。由于双方利益和期望值的差异,在解决索赔谈判过程中常常会出现较大的分歧和争执。实践证明,在谈判中一味地采取强硬态度或软弱立场都是不可取的,都难以获得满意的效果。而采取刚柔结合的立场则容易收到理想的效果,即既有原则性又有灵活性才能应付谈判的复杂局面;在谈判中要随时研究和掌握对方的心理、了解对方的意图;不要用尖刻的话语刺激对方,伤害对方的自尊心,要以理服人,求得对方的理解;要善于利用机会,因势利导,用长远合作的利益来启发和打动对方;应准备几套能进能退的方案,在谈判中争让适度,使双方都能有得有失,共同寻求双方都能接受的折中办法;对谈判要有坚持到底的精神,有经受各种挫折的思想准备,对分歧意见应相互考虑对方的观点,共同寻求妥协的解决办法,双方僵持不下的情况下应及时终止谈判,留到合适的时间再次进行谈判。

四、企业合同管理

1. 建立合同管理机构

在企业内部建立相应的合同管理机构,是企业实施合同管理的组织保障。

企业内部合同管理机构如何组建,可根据企业的实际,不宜采取"一刀切"的做法,应根据企业的规模、经营领域而有所不同。在实践中,有些企业专门建立了法务机构来管理合同等法务性工作,有些企业则在公司办公室配备专职法务人员来强化对合同的管理,也有的企业专门成立合同管理小组,从各部门抽调相关人员对合同实施管理。无论建立何种管理机构,其基本职能是加强对合同签订、履行、终止、纠纷的监管工作,以提高企业的合同履约率,从而提高企业重合同、守信用的意识。

2. 实施合同台账管理

建立合同台账,是将一个企业每年发生的合同统一在一本台账中,从而将分散的合同行为转化为集中的管理行为,将分散进行的合同签约行为、履约状况、违约情况统一在台账中得以反映,从而为企业对合同的监管提供了信息上的便捷性。合同台账管理系统可以借助计算机系统得以实现。合同台账包括合同登记台账、合同检查台账、合同统计台账、合同专用章使用登记台账、合同文本领用登记台账、《授权委托书》使用登记台账等。合同登记台账主要栏目有:合同的编号、合同名称(合同性质)、合同的对方单位、合同的标的、合同的金额、合同的有效期、合同的责任部门及经办人、合同实施的情况等。合同综合管理部门按合同类别建立健全合同汇总台账,分管单位(部门)应建立健全分类台账。

合同台账要及时登记,全面填写。合同台账须装订成册,按档案卷宗标准加贴封面。

3. 强化对合同原件保管

合同原件是真实反映合同情况的基本材料,也是发生纠纷后处理纠纷的直接证据。在合同的履行过程中,会产生一系列具有原始性的业务材料,它真实地记载和反映了整个合同履行过程中的全貌,应切实予以保管。

表 3-2 ××公司合同管理台账

序号	合同编号	合同类型	签约时间	对方名称	担保单位	经办部门	合同主要条款								合同履行情况							合同变更与解除情况	合同违约情况	处理结果
							标的	数量	单价	总金额	质量要求	付款时间	结算方式		交提货时间	交提货数量	付款金额	发货或入库	付款凭证号	质量状况	履行评价			
1																								
2																								
3																								
4																								
5																								
6																								
7																								
8																								

对合同原件的保管,应指定合同的经办人员专案保管,当合同履行完毕后,应将合同的原件材料装订成册,归入档案保管。合同的原件保管还应明确保管期限,最短不应少于2年,这2年期限自合同履行完毕之日起计算。之所以是2年期限,主要是我国的民商事纠纷的诉讼或仲裁时效也是2年。当然,对于某些合同,2年的保管期限显然过短,应适当予以延长。如重要的设备买卖合同、工程安装合同、工程施工合同、企业产权交易合同等,这些合同的保管期限至少应等于或大于它的使用年限或合作期限。比如房屋建造,根据我国规定,一般的民用高层建筑的安全使用期限为50～100年。如果在使用40年后发生倒塌,开发商仍然负有承担责任之可能。这时如果开发商与相关单位的勘察设计合同、工程施工合同、设备安装合同等已经毁损了,那么就会陡然增大开发商向建造单位索赔的难度。

4. 加强合同签约审查环节

(1)合同的形式审查。审查重点为,合同首部(合同名称、编号、双方当事人)、正文(第一条至最后一条)、签署部分(即双方签字盖章和签署时间)是否完整,是否前后矛盾。常见的错误有,当事人名称不一致、不完全,合同名称与实质内容不符,时间签署前后不一,地址、法定代表人错误等。形式审查还要看是否附有对方营业执照、其他证书、法定代表人身份证明书、委托书等相关材料。

（2）合同主体的合法性审查。审查要点有：

其一，合同当事人的主体资格。合同签约主体最好是独立法人，但许多合同中，一方只能同不具备法人资格的当事人签订。根据我国《民事诉讼法》及最高人民法院的司法解释，当与非独立法人的"其他组织"签订合同时，该"其他组织"应当是指合法成立、有一定的组织机构和财产的社会组织。具体包括：①依法登记领取营业执照的私营独资企业、合伙组织；②依法登记领取营业执照的合伙型联营企业；③依法登记领取我国营业执照的中外合作经营企业、外资企业；④经民政部门核准登记领取社会团体登记证的社会团体；⑤法人依法设立并领取营业执照的分支机构；⑥中国人民银行、各专业银行设在各地的分支机构；⑦中国人民保险公司设在各地的分支机构；⑧经核准登记领取营业执照的乡镇、街道、村办企业；⑨符合上述规定条件的其他组织。

其二，经营资格的合法性。在前述审查的基础上，还要考虑签约主体的经营范围、经营方式问题，否则可能会在履行过程中或诉讼活动中带来风险。例如，某些广告公司在执照未注明的情况下从事咨询业务，显然是超越了经营范围。最高人民法院在《关于适用〈中华人民共和国合同法〉若干问题的解释（一）》第10条规定："当事人超越经营范围订立合同，人民法院不因此认定合同无效。但违反国家限制经营、特许经营以及法律、行政法规禁止经营规定的除外。"目前，虽有部分省份取消了工商机关对企业经营范围方面的限制，但更多的省份仍然维持原状，对于超越经营范围，轻者受到工商行政管理部门的行政处罚，后果严重者，被人民法院或仲裁机关确认合同无效。

其三，许可经营的合法性。对限制经营、特许经营以及法律、行政法规禁止经营等问题应进行审查。许多行业除了营业执照外，还需有相关业务归口主管部门的行政许可方得经营。例如，从事金融业不仅仅要有工商行政管理部门颁发的营业执照，还必须拥有银监会颁发的《金融许可证》方得营业。即使是常规性的行业有时仍需其他许可方得经营，如《卫生许可证》等。①

（3）合同内容的审查。包括标的物本身是否合法、履行方式是否合法、合同生效方式是否合法等。

商事主体在商事活动中有法定的义务、也有约定的义务。对于一份比较重要的合同，特别是金额大或交易程序繁琐的合同，如果法律已经赋予当事人可以自行约定某些内容，且这些内容根据交易的性质和实际情况又是需要的，则没有约定这类内容便不能算是一份完整的合同。如果法律已经有了明确规定，且未授权当事人自行约定某些内容，则不要约定与法律规定相矛盾的条款，否则容易

---

① 参见济南律师服务在线，http://www.jnwls.com/NewsShow.asp？id＝13326

将该条约定置于效力不确定的状态之下。例如,某委托合同中约定,"本合同自签订后至履行完毕之前,任何一方不得解除合同,否则必须承担违约责任",这样的条款在许多委托类合同中均有出现。但对于委托类合同,《合同法》分则中明确规定双方均有权随时解除,并且出现过解除委托合同而不承担违约责任的案例。因此,合同中的这类约定未必能够起到阻止中途解约的目的。再如,某企业与另一企业在业务合作中对于客户投诉处理的约定为:"甲方将在收到用户投诉之日起×个工作日内将投诉资料提交乙方,并由乙方负责在收到投诉资料后的×个工作日内最终妥善解决。"这个条款的问题是,用户投诉针对的是买卖合同或消费合同的相对性主体,对外须由被投诉方出面处理,至于业务合作合同内部关系的责任分担,对外不具有对抗用户的效力,这也将为条款带来合法性问题。

另外,在合同条款中,对表述的合法性问题也应纳入审查的范围。例如,在合同中经常出现的"订金"、"押金"等不确定的用语均应以规范的术语"定金"替代。使用术语要保证其内涵外延的前后一致,如有变化要在表述上加以限定,同时注意法律或司法解释对某一术语具有明确解释的,合同中的术语含义应当与其保持一致,否则应以严密的定义以说明;法律或司法解释对某一术语没有明确解释的,合同中的术语含义应与立法本意和在法律条款中所拥有的含义一致。①

第二部分　演练要点

一、商事合同纠纷演练的教学要求

1. 围绕合同纠纷形态组织演练教学

商事合同,在签订之后履行结束之前,纠纷时有发生。凡纠纷之发生,总会表现为一定的纠纷形态,针对不同的纠纷形态应有选择性地组织演练活动。整个演练活动可从以下几个方面展开:

(1)分析合同纠纷产生的原因

合同争议事务处理,在非诉讼事务中占有很大的比重,这是因为,商事主体的经营活动,大多与合同行为有关,因而,发生合同争议后如何寻求非诉讼解决便成为重要的法务性工作。在工作实践中,如果能熟练地运用合同争议非诉讼解决的技能,对于提高商事主体的经济效益,减小因诉讼而引发的风险具有十分

---

① 参见上海企业法律顾问网,http://www.fagu365.com/theArticleContent.asp? ArticleID＝20081203104524756＆sequence＝04020000＆level＝2＆isLeaf＝1

重要的意义。

(2)构建合同条款结构体系

在演练活动中,主要围绕着合同的签订过程、合同条款的设计等进行演练,在实务操作中去体验,合同签订中如何做到条款完备、责任明了、履行具有可能等问题。平时可多收集企业组织所签订的各类合同,对其存在的问题进行修改和完善。

(3)掌握合同纠纷解决的基本途径

合同纠纷发生于合同当事人之间,作为法务工作者,在接手合同纠纷案件时,应首先听取合同当事人对合同签订、履行过程中的陈述,梳理合同各阶段的相关情况,在此基础上找出合同纠纷的焦点性问题,然后从合同是否依法成立、是否有效、合同履行中的违约主体、违约行为、违约责任承担、解决合同纠纷的方案等诸方面来把握合同争议解决的基本路径。

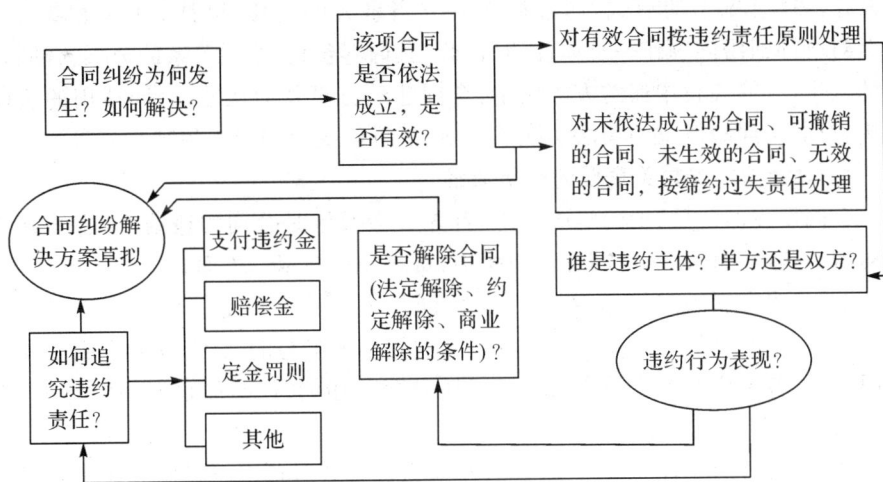

图 3-1 分析与解决合同争议路径图

(4)掌握合同索赔业务。合同纠纷发生后,受损失的一方如何向违约方进行索赔,可针对性地收集这一方面的演练素材,在对违约事实、损失事实作出准确认定的基础上,提出索赔方案,并草拟索赔相关协议。

2. 围绕企业内部合同管理组织演练

商务合同发生纠纷,一定程度上反映出企业在合同内部管理上存在的问题。应深化合同内部管理意识。

合同纠纷产生,从其根源上寻找问题,有些是由企业疏忽合同管理所引发的,作为法务人员,如何为企业的合同管理提出更有效的方案,也应成为本次教学的一项重点内容。可以结合合同纠纷解决的实践,培养学生针对性地为企业草拟合同管理规章,建立合同台账的能力与技能。

二、商事合同纠纷处理演练内容

1. 对合同纠纷总体性研判演练

总体性研判,也可称之为纠纷诊断。这是观察学生对合同法知识综合运用能力的重要途径。当商务合同发生纠纷后,尤其是在多种合同关系错综多变,多重因果关系共同作用时,如何针对性地找出问题的焦点以及解决问题的症结点,不是一件十分容易的事,通过综合性研判,提升学生在合同纠纷处理上的综合运筹能力。

在演练活动中,可以通过分小组撰写合同纠纷法律分析报告,或重演第二讲中制作法律意见书的形式,通过接受一方当事人的委托,出具一份《法律意见书》,对合同纠纷问题作一总体性的研判。其内容包括:合同关系的分析、合同效力的认定、合同履行中违约方的认定、合同违约方责任的认定,合同适用的法律法规、对此类纠纷解决的司法实践的借鉴、非诉解决合同纠纷的基本方案。

2. 对合同纠纷相关责任的分析演练

合同发生纠纷后,如何解决纠纷,首先会涉及谁是合同的违约方,违约方该如何承担违约责任。在此问题的演练中,重点应放在以下方面:

(1)找出合同关系的相对方,以及合同行为的种类界定。在多种合同关系中,应甄别各种类的合同关系是由哪些合同当事人参与的,它们分别形成了哪些合同关系,各类合同关系是全面履行了还是存在违约行为,如存在违约行为,应寻找谁是合同的违约方。

(2)分析合同责任主体。在演练中,应重点查找以证据材料所能证实的违约行为,从而明确违约责任主体。在实践中,既有单方违约的,也有双方违约的,在此情形下,应分析各方所实施的违约行为对合同履行的影响程度,从而明确谁是主要责任主体。

(3)分析合同责任方式。合同责任方式既可以是法定的,也可以是约定的,应认真分析合同责任形式在本案中的适用情形。

(4)分析合同处理的后果。即面对发生纠纷的合同,是寻求非诉讼解决还是寻求诉讼或仲裁解决?如已明确寻求非诉讼解决的,应提出非诉讼解决的具体方案,如明确诉讼解决,则应进一步分析是急于起诉好还是坐等当被告好?如起诉,应向原告所在地法院起诉还是被告所在地法院或第三地法院?起诉的诉讼标的如何确定?应否在起诉前先解除合同,从而在诉讼请求中直接请求法院判令被告承担违约责任？这些都会涉及诉前的一系列准备工作与诉讼、非诉讼解决纠纷的谋划工作。

3. 合同纠纷非诉索赔演练

合同纠纷的非诉索赔在多数情形下是通过法务谈判来进行的。因此，可以综合运用第一讲法务谈判的知识，将其针对性地运用到合同纠纷的非诉索赔中来，以一宗较为典型的合同索赔纠纷案，通过情景式的演练，将合同索赔的技能综合性地呈现出来。

合同纠纷的非诉索赔可以采用"一对一"、"一对二"、或"一对三"的索赔谈判方式来进行。

所谓"一对一"就是针对合同关系的双方当事人之间进行，法律关系相对简单。"一对二"或"一对三"则是指除了双方合同当事人外，还将合同履行中的其他相关当事人参与其中，法律关系相对复杂，在此种索赔时，如何明确双方责任，以及合同双方与合同第三人的责任是一大难点，应在谈判前明确各方的责任以及责任承担的问题。

第三部分　演练素材收编及演练组织

一、演练素材收编

1. 收编演练素材要求

合同演练涉及的内容比较广泛，在实践中可形成的演练素材也会很多。教师在收编演练素材时所设计的演练内容不宜太多、太散，可针对性地选择 1～2 个内容即可。在收编时，应注意收编材料的原始性；收编的素材所披露的相关事实已比较明了，足以让学生进入演练过程。

2. 宁大演练课程所选用的案例素材

（1）演练宗旨：商务合同纠纷处理。

（2）案情简介：宁波湖港石化有限公司与宁波中孚石化有限公司等买卖合同纠纷案。

2002 年 9 月 26 日,宁波湖港石化有限公司（以下简称湖港公司）与宁波中孚石化有限公司（以下简称中孚公司）签订了一份买卖合同。合同约定：中孚公司向湖港公司购买混油（宝钢集团产）10000 吨；单价为 1150 元/吨；质量及检验标准为按照上海宝钢集团同类产品标准为实际标准，并以上海宝钢集团出产检验单为准；物权及风险转移为货物抵达卸货港在买方一次性付清货款后转移给买方;交货方式及日期为第一批在 2002 年 9 月 26 日至 2002 年 10 月 5 日期间交货 5000 吨,买方所租船应在 2002 年 9 月 30 日前抵达上海宝钢集团水渣码头(下称水渣码头),第二批在 2002 年 10 月 8 日至 2002 年 10 月 12 日前抵达宝钢码头;交货地点为湖北省武汉市卸货港;合同还就付款方式、违约责任等作了约定。

合同签订后,双方又于同月 29 日签订一份确认书,对原合同作了修改,物权及风险转移时间改为一次性付清全款后转移至买方;交货日期及方式修改为第一批在 2002 年 10 月 9 日至 2002 年 10 月 13 日期间交付 5000 吨,第二批在 2002 年 10 月 14 日至 2002 年 10 月 18 日期间交付 5000 吨;交货地点修改为宝钢码头;第一批货付款方式修改为买方在承运船舶离开宝钢码头前一次性与卖方结清货款,第二批仍按原合同。签约后,湖港公司按约交付了第一批 5000 吨货物,南京江陵代理公司(以下简称江陵公司)受中孚公司委托以其代理的"通市 3001"轮、"通扬 2003"轮两艘油轮在宝钢码头装妥该 5000 吨混油,但中孚公司未按约付款。10 月 15 日,在中孚公司承诺于次日付款,江陵公司保证在货款未付前不卸货的情况下,湖港公司同意了油轮离港。油轮抵达南通后,因中孚公司未能落实买家,2002 年 10 月 23 日,湖港公司、中孚公司、江陵公司、江苏江浦经贸有限公司(以下称江浦公司)、南京共建运贸公司(以下简称共建公司)五家单位就运油的处理达成了处理协议。

协议签订次日,江陵公司与上海航务公司(以下简称航务公司)签订了一份航次租赁合同,江陵公司向航务公司租用"申虹 6 号"过驳运输混油。"申虹 6 号"轮于 2002 年 11 月 1 日开始过驳作业,11 月 7 日过驳完毕起航往广州黄埔港,11 月 11 日到达。在过驳过程中,湖港公司与中孚公司两方代表于 2002 年 11 月 2 日、3 日分别登上"通市 3001"轮、"通扬 2003"轮查看,发现"通扬 2003"轮混油已转至"申虹 6 号"轮,但在"通市 3001"轮船舱有较多明水。湖港公司因此于 11 月 4 日向其他四家单位发函,表明湖港公司已无法按五方协议约定接收该批混油。若其他四家单位能在南通脱除混油中的水分,则湖港公司可以接收,否则,对脱水、脱水费用及混油的数量计算等问题应进行处理。次日,江陵公司发传真给中孚公司,要求中孚公司对已含有明水的约 5000 吨混油是否继续卸货给予明确的答复。2003 年 11 月 11 日,混油到达广州当天,江陵公司发传真给湖港公司,通知湖港公司接收货物,并说明有关货物质量问题可另行解决。湖港公司以混油有明水为由拒收。11 月 19 日,江陵公司致函中孚公司,要求为解决压船问题尽快安排卸货,中孚公司表示同意并将该函转致湖港公司,要求湖港公司卸货。11 月 22 日,因湖港公司申请,中国进出口商品检验广州公司黄埔分公司对"申虹 6 号"轮进行重量/品质检验,经抽样检验,以油品比重黏度较大、油液面有水层、油层底部有明水不适宜船舱计量为由,未予计量。湖港公司为解决压船问题于11月23日通知"申虹6号"轮将该批混油运往宁波,油轮于11月28日起航,11月30日抵达宁波。宁波商检12月3日检验混油重量为4858.47吨,混油经内河船舶过驳最终存放于浙江大榭燃料油运销有限公司油库。为运输及储存,湖港公司共支出的费用有:广州到宁波的运费392000元,宁波港内驳运费123600元,宁波港过驳作业费51500元,码头中转、仓储费367500元。

同年12月13日,湖港公司针对11月19日中孚公司要求卸货的函件复函给其他四个单位,告知混油已在宁波油库暂存,并以含水导致质量变化为由不同意按"处理协议"接受"归还",要求四个单位在12月17日前提出处理意见。但四个单位一直未与湖港公司进行协商处理。2003年1月16日,湖港公司再次致函给四家单位,以油库涉及规划即将拆迁为由,要求四家单位于同月25日前拿出处理方案,否则湖港公司将按市场价格进行销售处理,损失由四家单位承担。

经有关价格评估机构评估,该批存有明水的混油在2003年4月2日当天的市场价格为单价630元/吨。

(3)演练素材提供(复印件)

1)2002年9月26日湖港公司与中孚公司之间签订的《买卖合同》;

2)2002年9月29日湖港公司与中孚公司之间签订的《确认书》;

3)2002年10月15日江陵公司出具给中孚公司的《保证书》以及中孚公司给湖港公司的批复意见;

4)2002年10月23日五家单位之间签订的《处理协议》;

5)2002年10月24日江陵公司与上海航务公司签订的《航次租赁合同》;

6)2002年11月4日湖港公司发现混油中有明水致四家单位的函件;

7)2002年11月5日江陵公司致中孚公司的函件;

8)2002年11月9日中孚公司致湖港公司的函件;

9)2002年11月11日江陵公司致湖港公司的函件;

10)2002年11月12日中孚公司致江陵公司的函件;

11)2002年11月19日江陵公司致中孚公司的函件(附中孚公司的批复);

12)2002年11月23日湖港公司签发的开航通知;

13)2002年11月29日中国进出口商检广东黄埔分公司的检验情况说明;

14)2002年12月3日中国进出口商品检验总公司宁波分公司的商检证书;

15)2002年12月13日湖港公司致四家单位的函件;

16)2003年1月13日浙江大榭燃料油运销有限公司致湖港公司的函件;

17)2003年1月16日湖港公司致四家单位的函件;

18) 2003 年 4 月 8 日上海宝钢化工有限公司化工销售公司的《情况说明》；

19) 湖港公司在广州至宁波之间的支付费用清单(略)，费用有：广州到宁波的运费 392000 元，宁波港内驳运费 123600 元，宁波港过驳作业费 51500 元，码头中转、仓储费 367500 元；

20) 评估报告(略)，2003 年 4 月 2 日当天的市场价格为单价 630 元/吨。

二、演练内容与演练组织

1. 演练内容设计

(1)分湖港公司组、中孚公司组、担保公司组，学生主动进入角色。

(2)各小组各自写出 1 份法律分析报告(内含各方当事人之间业已形成的合同关系分析、本案争议的焦点、担保人担保责任的范围、争议通过非诉解决的基本方案)

(3)以公正分配责任原则，拟订一份处理协议。

(4)以小组为单位在非诉讼行为实验室中进行一场对抗性辩论。

2. 演练组织

(1)分组演练。2～3 人为一个演练组，进入角色。

(2)演练活动的组织

1)湖港公司组与中孚公司组对抗性辩论。

2)湖港公司组与担保公司组对抗性辩论。

3)湖港公司组、中孚公司组与担保公司组对抗性辩论。

三、教师对演练活动的点评

1. 点评要点

主要围绕学生在掌握合同法基本理论的基础上，考查学生对问题的判断能力与解决问题的基本技能。结合本案实际，点评要点可从以下方面进行。

(1)对本案涉及各方当事人之间合同关系的梳理能力；

(2)对本案焦点问题的概括能力；

(3)对本案当事人之间相关合同履行中违约行为的认定能力；

(4)对本案相关当事人担保责任的认定能力；

(5)对通过非诉讼谈判方式解决纠纷的方案设计水平。

对本项演练点评或成绩评定的观测点及分值列表如下(表 3-2)：

表 3-2　演练项目评定分值分配表

观测点	评定要点	权重(%)	分值范围			
			优良	中等	及格	不及格
1.合同关系的梳理能力	(1)本案存在诸种合同关系类型; (2)各类合同关系的相对性及相互影响性。	25	25～21	21以下～14	14以下～12	12以下
2.对案情焦点问题的概括能力	(1)本案争议的焦点问题提炼; (2)各方抗辩事由的概括; (3)各方抗辩事由的可行性分析。	25	25～21	21以下～14	14以下～12	12以下
3.对各方违约行为的认定能力	(1)本案中的违约主体确定; (2)本案中的违约行为认定; (2)本案中违约责任承担方式的确定。	25	25～21	21以下～14	14以下～12	12以下
4.对各担保人担保责任的认定能力	(1)担保范围的认定; (2)担保责任形式的认定。	25	25～21	21以下～14	14以下～12	12以下
5.非诉解决纠纷的方案设计水平	(1)非诉解决纠纷的双方利益平衡点分析; (2)解决纠纷协议的设计。	25	25～21	21以下～14	14以下～12	12以下
总　分		100	100～85	85以下～70	70以下～60	60以下

3. 成绩登录

演练活动结束后,教师将参与演练学生的评定成绩记入平时成绩中。因当课演示时间上的原因,部分未参加当课演示的学生,要求其课后提供纸质作业,或将自己的演练作业进入演练模拟系统内,由教师进行成绩评定

第四部分　辅助材料导读

一、办案心得

实践中的法律——析一例施工合同纠纷案①

引　言

如果以法律的实施为标准，法律可以分为文本意义上的法律和实践中的法律。但文本上的法律本身并不是目的，而是为了指导实践，并在实践中得到阐释和发展，所以更确切地说，"法律更多的是经验而不是逻辑"。近几年来，关于房地产方面的立法层出不穷，但对于在房地产领域打拼的人们来说，法律条文如何规定本身并没有多大的意义，他们真正关心的是这些法律规定在实践中怎么影响其行为的效力和后果，以及怎么在这种法律体系中最大限度地赢取利润、减少损失，即在了解实践中的法律的基础上适应和利用其为自己的目的服务。基于此，本文依据对自己参与的一个案例的分析，希望对施工合同纠纷案件的部分共同问题进行简要的分析，以期揭示施工合同履行实践中的法律。

需要说明的是，国内几乎所有的案例分析都是对案件所涉及的法律问题甚至是学理问题的分析，很少涉及对案件证据的分析和论证（包括国内的判决书都很少对证据的采信与否及其理由作出具体说明）。本文也不例外，这是由于本案涉及证据较多，而且对证据的分析和论证是一项繁琐而艰巨的工程，在如此短的篇幅内根本不可能说清楚。但对一个专业律师来说，代理一起案件的最主要的工作是对证据的收集和处理，所以才有"打官司就是打证据"的说法。如何安排自己的证据、反驳对方的证据是一门高深的学问和艺术，相信以后会逐渐有更多的文章研究这一问题。

案情简介

2001年3月23日，B公司和A公司签订了《北京市建设工程施工合同》（以下简称"施工合同"），由B公司负责A公司开发的M住宅楼的施工。施工合同约定工程开工日期为2001年4月1日，竣工日期为2002年6月24日；同时约定工程全部由B公司垫资建设，结构部分月结，乙方垫付50％。施工合同签订后，B公司将工程交给下属单位C施工。后B公司和C由于内部事务处理产生

---

① 资料来源于百度广库，作者为夏欲钦。http://wenku.baidu.com/view/e9f73aebf8c75fbfc77db2f4.html

矛盾,发生所谓"C 强占工地"的情况,导致 M 楼的施工无法正常进行。2002 年 4 月 19 日,A 公司与 B 公司签署《终止施工合同协议书》,正式终止施工合同,并对工程款的结算作出明确约定。之后,A 公司通过招投标程序,选定另一家公司负责剩余工程的施工。2003 年 7 月 31 日,B 公司向北京仲裁委员会提出仲裁申请,要求撤销《终止施工合同协议书》并要求 A 公司支付拖欠的工程款及其利息和经济损失,之后,A 公司提出反请求,要求 B 公司支付违约金并赔偿损失。

争议焦点

任何一项仲裁申请都是当事人行使自己的民事请求权的体现。本案中双方仲裁申请中针锋相对的就是违约损害赔偿请求权,而该请求权的基础就是确认违约责任。所以,本案的焦点自然也就转化为确定违约责任主体。而违约有单方违约和双方违约之分,单方违约由违约方承担相应的违约责任,而双方违约则依据双方过错程度分担责任。具体到本案而言,如果认定 B 公司违约,则其不仅无权要求 A 公司支付利息和损失,而且还应该向 A 公司支付违约金并赔偿其损失;相反,如果认定 A 公司违约,则 B 公司不仅有权要求 A 公司支付利息和损失,而且有权要求 A 公司按照施工合同要求支付违约金(本案审理过程中 B 公司在《变更仲裁申请》中即增加了该项仲裁申请)。庭审过程中,双方也正是依据双方的证据材料重点说明对方的违约责任。

B 公司关于 A 公司违约的主要观点如下:(1)A 公司是通过欺诈和胁迫的手段签署《终止施工合同协议书》,违反施工合同的约定;(2)A 公司违反施工合同的约定迟延支付工程款。

A 公司关于 B 公司违约的主要观点如下:由于 B 公司的内部矛盾导致 M 楼工期严重滞后,违反施工合同的约定。对此 B 公司应该承担相应的违约责任并赔偿由此给 A 公司造成的一切损失。

针对 B 公司的理由,A 公司答辩如下:由于 B 公司内部原因导致工程长期停工,为维护自己的合法权益,A 公司发函要求 B 公司"解决好内部问题,全面展开施工",之后双方签署《终止施工合同协议书》,但 B 公司停止退场,在此情况下,A 公司再次发函要求 B 公司落实具体解决方案,否则将"采取一切必要手段处理此事"。这一切完全是通过合法手段维护自己合法权利的行为,根本不构成"胁迫";而关于后续施工单位的选定是通过合法的招投标确定的,也不构成欺诈。至于工程款,由于 B 公司提交结算文件违反施工合同的约定,不符合支付工程款的条件。

针对 A 公司的理由,B 公司反驳如下:停止施工是 A 公司违约迟延支付工程进度款造成的,是依法行使留置权。对此,A 公司认为在建工程属于不动产,不适用《担保法》当中有关"留置"的规定;而施工合同关于留置的规定因为违反《担保法》的规定而无效,该施工合同也仅仅约定了拖欠工程尾款时的所谓"留置权",在施工过程中不能行使该"权利"。

最终裁决

北京仲裁委员会在经过多次开庭审理之后,于2004年3月4日做出生效裁决,其中关于违约责任的认定为:B公司与A公司之间签署的《终止施工合同协议书》是双方真实意思表示,合法有效,B公司主张的撤销理由不能成立。而B公司没有提供证据证明双方对工程款支付的期限有具体约定,也没有证据证明停止施工是A公司未按时支付工程款所造成。相反,施工合同约定的竣工日期为2002年6月24日,由于申请人B公司的原因致使工程自2001年11月30日停止施工,2002年4月19日签订了《终止施工合同协议书》,2002年5月9日双方对工程进行盘点,6月21日双方已交接了工程资料,A公司又对剩余工程于2002年7月经过招标程序重新确定施工单位之后,已超过了原合同约定的工程竣工期间。上述事实充分证明了停止施工、导致工期延误的责任在B公司,B公司理应承担违约责任。

简要评析

本所作为A公司的代理人,由陈××、刘××律师全程参与了案件的审理过程,他们通过对证据的合理运用、对法律的透彻分析说服了仲裁庭。

笔者在本案的审理过程中多次随陈××、刘××律师一起与当事人交流,帮忙准备资料并有幸出庭旁听案件的审理。通过对本案的分析,对比自己目前正代理的另一起施工合同纠纷案件,我认为施工合同纠纷案件主要涉及如下法律问题:

1.关于工程款。在施工合同中,施工单位在负责施工的同时有权要求建设单位按照合同约定支付工程款,该请求权既有《合同法》关于发包人支付工程款的明文规定,也有施工合同中的具体规定。即使如此,在施工合同的履行过程中出现问题最多的仍然是工程款纠纷。

按照民法的基本规则,当事人履行义务需要具备两个条件:一个是该义务已届履行期或者说履行义务的条件已经成就;另一个条件是履行义务一方不存在抗辩理由(比如同时履行抗辩等)。具体到支付工程款而言,第一个条件是要求施工方按照施工合同的约定履行了义务,且在程序上已经提交了竣工资料和结算资料(针对工程尾款而言),而第二个条件则是建设单位不存在其他抗辩理由(实践中建设单位往往以工程存在质量问题等拒绝支付工程款)。对于第一个条件,目前建设工程施工合同有着明确而规范的约定,但实践中双方对这些条款却没有给予足够的重视,尤其是竣工资料和结算资料不完整、不规范,导致工程款结算迟延不能顺利进行,这也为建设单位以结算为借口拖延支付工程款提供了方便。这就要求施工单位一方面要依据施工情况客观地进行工程结算,防止高估、虚夸结算报价,另一方面也需要施工单位在施工过程中准备好相关资料尤其是结算资料,以保证结算工作的顺利进行。

至于第二个条件,在下面关于工程质量和工期延误中将专门加以说明。

关于工程质量和工期延误。保质保量地完成施工合同约定的工程是施工单位的主要义务,于是工程质量缺陷和工期延误自然成为建设单位拒付工程款的主要理由,也成为建设单位向施工单位主张赔偿责任的主要依据。这里存在以下几个问题:(1)建设单位以工程质量缺陷和工期延误为由拒绝支付工程款的依据是什么?(2)施工单位针对建设单位就工程质量和工期延误提出的索赔一般有何抗辩理由?

民法上任何一种权利的依据无非法律规定和合同约定两种,建设单位拒绝支付工程款同样如此:如果合同对此有明确规定则直接参照合同约定,而实际中往往以工程竣工验收合格并办理结算为支付工程尾款的条件,这实际上间接规定了建设单位有权以工程质量和工期问题拒绝支付工程款。

但上述情况主要针对工程没有交接的情况,如果工程已经交接并竣工验收合格,建设单位是否仍然可以以工程存在质量缺陷和工期延误问题要求抵扣工程款,并在双方就此问题没有达成一致意见时拒绝支付工程款呢?笔者认为在合同对此没有明确约定,而合同约定的付款条件已经成立的情况下,建设单位不能以工程的质量缺陷和工期延误的赔偿问题没有解决而拒绝支付工程款。因为后者是建设单位针对施工单位的违约行为成立的一种新的请求权,即损害赔偿请求权,与施工单位要求支付工程价款的请求权不是同一法律关系,在法院或仲裁机构没有认定之前,建设单位不能自行扣除或者以此为理由拒绝支付工程款,否则应该承担相应的违约责任,包括施工单位的利息损失等。当然,建设单位在估计迟延付款的违约责任的基础上,考虑到为便于追究施工单位工程质量缺陷和工期延误责任,决定拒绝支付工程款则完全是一种商业考虑,并不能由此推定建设单位有权以此拒绝支付工程款。

至于施工单位的抗辩权,关于工期延误主要不外乎洽商导致工期延长,或者不可抗力,或者建设单位(或其聘请的工程分包方)的过错导致工期延误等;而关于工程质量,则主要着眼于质量缺陷由谁造成的等。

结 语

写到这里,东方已经隐隐发白,新的一天即将开始。在这难得寂静的北京城,我不由想起自己进大学之后听的第一个讲座:在昌平校园,一群幼稚的大一学生聚精会神地聆听何兵博士讲述其代理的一个案子——刘燕文诉北京大学案。结束时,他作了激情昂扬的总结:"一切都在变化,一切都在流淌,不变的是对正义的追求。一切都在变化,一切都在流淌,不变的是对法律的信仰!"一时掌声雷动,这代表了一个象牙塔里的学者对法律的理解和追求。如今,我们的这位师兄在法学理论界已经小有名气,而当初幼稚的大一学生如今都已经奋斗在各大律所,为了当事人的利益,也为了自己的事业而代理着一起起各式各样的案件,只是不知道在代理每个案子的时候,能否再有当年的激情?

做律师需要激情,需要对战斗的渴望,对胜利的渴望,对当事人利益的关注。只有这样,才可能换回客户的掌声,甚至是法官的掌声——正如当年那群大一学生那样发自内心的掌声!

二、公司内部合同管理制度

××公司合同管理办法

1. 目　的

规范集团公司合同管理程序,明确管理职责,界定管理层面,防范经营风险,提高管理效能。

2. 适用范围

本制度适用于集团公司本部、分支机构和其他直属单位。集团公司全资、控股子公司依据法定程序执行。

3. 定　义

3.1　所属单位:特指集团公司所属各全资企业、其他直属单位,以及依照法定程序应当执行本制度的集团公司控股企业。

3.2　合同:是指除劳动合同外,集团公司及其全资、控股成员企业及其他直属单位与平等主体的自然人、法人和其他组织之间,以及集团内各平等主体之间设立、变更、终止民事权利义务关系的协议。

3.3　合同管理:是指对合同立项、意向接触、资信调查、商务谈判、合同条款拟定、审查会签、签字、备案审核、履行、变更、中止、解除、纠纷处理、立卷归档等全过程的管理。

4. 管理体制、组织形式与相关规定

4.1　合同管理实行分级归口管理与有限的集中控制相结合的管理体制,具体组织形式包括:

4.1.1　所属单位下列合同,如果是隶属于集团公司直接管理的项目,由集团公司相关业务主管部门审核同意后方可签订;非隶属于集团公司直接管理的项目,以及其他属于集团公司授权分支机构或其他直管单位管理的项目,需经具有相应管理权限的集团公司分支机构或其他直管单位审核同意后签订,并由审

核或直接办理单位报集团公司备案。其中,需由集团公司提供担保的项目合同,应当经集团公司审核同意后签订:

4.1.1.1　电力项目利用外资合同。

4.1.1.2　投资、借(贷)款及其他融资、企业财产保险、资产转让、出售、收购、租赁合同(房屋租赁合同除外)。

4.1.1.3　集团公司直管所属单位的购售电合同、并网调度协议、电厂运营、机组检修合同。

4.1.1.4　企业合并、兼并、联营合同,以及担保合同。

4.1.1.5　限额以上的买卖合同。

4.1.1.6　集团公司或具有管理权限的所属单位认为有必要审核或备案的其他合同。

4.1.2　集团公司本部各类合同,以及所属单位除4.1.1规定范围以外的其他合同,由集团公司及所属单位分别按本办法关于单位内部合同管理的相关规定,自行办理。

4.1.3　集团公司控股企业,对4.1.1规定事项,按《公司法》及公司章程规定的股东权利及程序办理。

4.2　管理规定

4.2.1　签订合同,除即时清结外,都必须采用书面形式。

4.2.2　集团公司本部及所属单位法律事务工作机构或者法律顾问所在的综合管理部门,为合同归口管理部门。

4.2.3　需要以集团公司或者所属单位名义订立各种具有履约性质的协议、文件的部门,为合同承办部门。承办部门应根据合同项目需要指定承办人,借调、借用人员不得被指定为承办人。

4.2.4　审计、监察部门依其职责对合同订立、履行、变更、解除全过程进行审计、监察。

4.2.5　合同签订之前应当经财务、审计、归口管理部门,以及合同项目所涉及的相关业务管理部门审查会签。相关业务管理部门范围,由承办部门根据项目所涉及的计划、归口管理、综合事务、劳动、人事、安全、技术、生产、建设、股权、市场、国际合作等问题确定。

4.2.6　合同管理实行承办部门负责制与审查会签责任制相结合的责任制度。

4.2.6.1　合同承办部门对合同订立、履行和执行的全过程全面负责,合同承办人为直接责任人。

4.2.6.2　审查会签部门根据本部门职责及本办法的规定,对合同项目中应当提出相关意见而未提出的,应当承担相应的责任。

4.2.7　集团公司及所属单位内部的部(处、科、室)等职能部门一律不得以自己的名义对外签订合同或者其他具有履约性质的任何书面文件;具有营业执照的分支机构以自己的名义对外签订合同,应当具有集团公司的授权委托。

4.2.8　法定代表人不亲自签署而授权代理人签署合同,应当按《集团公司法定代表人授权委托管理办法》的规定,办理授权委托书。

4.2.9　合同承办部门和合同归口管理部门应当分别建立合同台账,实行履约跟踪统计报告责任制。

4.2.10　在合同的订立、履行中,对有下列行为之一,且产生较大影响或严重后果的,由监察部门按照有关规定进行查处,并会同人事部门追究责任单位(部门)负责人和直接责任人的责任。涉嫌犯罪的,移交司法机关处理:

4.2.10.1　不按本办法规定签订、履行合同的。

4.2.10.2　订有重大缺陷或无效合同的。

4.2.10.3　审查人员延误审查时间或未审出合同缺陷的。

4.2.10.4　不按法律或本办法规定履行变更或解除合同职责的。

4.2.10.5　应当追究对方违约责任而擅自放弃的。

4.2.10.6　提供虚假资料的。

4.2.10.7　不履行内部管理程序、超越授权或滥用授权签约的。

4.2.10.8　未按规定进行授权或擅自转委托的。

4.2.10.9　与对方或第三人恶意串通、收受贿赂的。

4.2.10.10　泄露合同意向、商业秘密或有关机密的。

4.2.10.11　延误纠纷处理法定时效期间的。

4.2.10.12　在合同管理、签订、审核、履行过程中有其他失职行为的。

5.职　责

5.1　归口管理部门职责

5.1.1　贯彻执行合同管理的法律、法规和规章制度,为合同承办部门提供法律服务。

5.1.2　建立健全本单位合同管理制度,监督、检查考核各部门及所属、所管单位合同管理情况。

5.1.3　参与重大合同的论证、谈判、起草、审查、签订及合同纠纷的处理。

5.1.4　统一管理法定代表人授权委托书和公证、鉴证事宜,管理合同专用章。

5.1.5　负责合同备案文本的管理,执行合同登记、统计及报告制度。

5.1.6　组织合同管理知识培训,负责合同承办人员资格审查。

5.1.7　在会签或参与重大合同谈判过程中,负责审查合同主体、内容、形式的合法性、严密性、可行性。

5.1.8　其他相关管理工作。

5.2　合同承办部门职责

5.2.1　负责合同立项,指定合同承办人,进行可行性论证,意向接触,资信调查,报请主管领导审批。

5.2.2　组织合同的谈判。

5.2.3　起草合同文本,并组织审查会签。

5.2.4　组织合同的签订,办理所需的法定代表人授权委托书。

5.2.5　负责合同的履行、变更、解除及纠纷处理。

5.2.6　负责合同档案的管理。

5.2.7　负责所属单位报送集团公司审核合同事项的办理。

5.2.8　收集本办法的执行情况信息,并按集团公司年度制度建设计划,提出修改意见。

5.3　合同审查会签

附:公司合同签约申报表

序号:

合同名称				编号	
来文单位			收文日期	页数	
签约单位	甲方		办理时限	密级	
	乙方		存档单位	经办人	
合同要点	签约时间				
	履行期限				
	交易内容				
	标的额度				
	付款方式				
签约单位负责人意见				签章: 日期:	
发展部意见				签章: 日期:	
集团领导意见				签章: 日期:	
处理意见					

三、一起买卖合同拟订、审查示例分析①

电视机购销合同

供方:北京蓝天电视机有限公司上海分公司

需方:南京白云百货有限公司家电中心

签订地点:广州市××区

签订时间:2000 年 4 月 18 日

第一条　产品名称、商标、型号、数量、金额、供货时间及数量:电视机、蓝天牌、29 寸平面、100 台、1500 元/台、150000 元、争取三季度交货;

第二条　质量要求技术标准:按有关标准执行;

第三条　供方对质量负责的期限、条件:按国家有关规定执行;

第四条　交(提)货方式:供方仓库交货;

第五条　运输方式及到达站(港)的费用负担:需方负责;

第六条　合理损耗计算方法:无;

第七条　包装标准、包装物的供应与回收和费用负担:(空白);

第八条　验收方式及提出异议期限:当场验收合格后 10 天内;

第九条　随机备品、配件工具数量及供应办法:配件为:每台电视机遥控器 1 件;

第十条　结算方式及期限:带款提货,现金结算;

第十一条　如需提供担保,另立合同担保书,作为本合同附件。

第十二条　违约责任:需方应当预付定金款 50000 元,违约金 30000 元。违约方负责赔偿对方全部经济损失;

第十三条　解决合同纠纷的方式:按合同法规定执行;

第十四条　其他约定事项:(无)。

由于当事人是在会展期间订立的买卖合同,该合同是使用有关格式合同范本填写制订的。表面上看符合合同法规定的内容要求。但是,从法务角度来看,该合同还是存在缺陷,需要从合同各条款具体进行逐一分析。

(一)合同主体资格问题

本合同签订双方是北京蓝天电视机公司上海分公司与南京百货公司家电中心。表面上看没什么问题,因为双方都是企业负责购销业务的部门。但是,必须

---

① 作者为金泽清,选用时略有删改。资料来源:http://www.lawtime.cn/info/hetong/mmht/20110113/105152.html

注意到,购销双方都是企业的分支机构(分公司与家电中心),按照《民法通则》的有关规定,分支机构不具有独立法人资格,是不能独立承担民事责任的其他组织。分支机构可以对外签订合同,但应考虑其履行合同的能力,如果履行合同能力有限,应该由北京电视机公司与南京百货公司作为法人单位进行合同签订。

(二) 合同标的约定问题

1. 产品名称过于笼统。电视机有彩色与黑白两种,加上彩色电视机就比较完备,防止对方因为合同中没有约定是"彩色"而钻空子。

2. 产品商标是否是生产者有权合法使用的商标。对方提供的产品其商标是否是合法持有,防止因为购买了侵犯他人商标的产品,而导致被追究法律责任的情况。

3. 产品型号规定模糊。29寸是普通的型号标准,而"平面"则是个模糊概念,目前市场上主要有"纯平"与"超平"两种,其价格相差很大。也许会因此导致对产品的重大误解,从而容易导致争议发生。

4. 产品供应时间与数量不明确。"力争三季度交货"是很不规范的说法。因为没有具体时间限制,那么双方对合同履行时间就有了争议隐患。三季度有6、7、8三个月份,究竟是哪一天呢?所以应该在签订合同中进行明确,当然可以留下一定的余地,但是绝不可以有"季度"之类过于宽泛的时间。

5. 产品花色没有规定。现实生活中,产品是丰富多彩的。电视机颜色也一样,可以是黑、白、红、蓝、绿、灰等等。对于买方而言,花色丰富也是其销售利益之一。所以应该加上诸如颜色、款式等等约定,这样也避免因单一花色发生争议。

(三) 质量条款问题不明确

1. 合同第二条,质量要求技术标准:按有关标准执行。该条款含糊不清。因为,技术标准是非常重要的。一旦发生质量争议,那么就需要一个客观标准进行衡量来确定责任。按照合同法的有关规定:质量要求不明确的,按照国家标准、行业标准履行;没有国家标准、行业标准的,按照通常标准或者符合合同目的的特定标准履行。所以为防止争议发生,建议可以把该条款改为:"按国家规定、行业规定的技术标准执行,如无此国家标准或行业标准的,则按生产厂商的技术标准执行,如果有争议将以国家技术监督部门的检验结果为准。"

2. 第三条,供方对质量负责的期限、条件:按国家有关规定。该条款缺乏要件。合同范本中该条款是规定卖方对其产品的质量保证义务的。卖方对产品质量并不是无限期、无条件负责任的,而是要有时间与条件的限制。为此合同双方应就此对卖方承担质量责任的时间和期限作出明确的规定。只要是在一个限度内发生的质量问题,买方就有权利要求卖方承担责任;超过这一限度,卖方不再承担质量责任。如果只是含糊说按有关规定执行的话,那么究竟是按什么规定执行呢?又是埋伏下争议的焦点。应该按行业惯例和国家产品质量法的有关规定进行明确。另外,还需要注意的是买方是零售企业,其采购的电视机销售给消费者,那么无论买卖双方都要承担《消费者权益保护法》中对产品质量不合格造成消费者人身、财产损失的责任。如果没有明确质量负责条件与期限的话,对于买卖双方企业而言就无从分清责任,结果是两败俱伤。

(四)合同履行的交提货方式、期限约定过于模糊

买卖合同中交提货方式有以下几种:(1)由卖方自备运输工具送货的,以买方收货戳记时为准;(2)由卖方代运的,以发运产品时承运部门的戳记时为准;(3)买方自提的,以卖方通知提货的时间为准。本案中,合同规定了供方仓库交货作为履行合同地点,但是缺乏时间约束,那么也就造成买方何时提货的问题。同时,没有明确仓库地址(究竟是北京电视机公司仓库,还是上海分公司仓库?)所以应该在提货时间、提货地点上进行明确。

(五)没有规定产品的包装

产品的包装是产品安全运输和完好储存的重要保证,必须在合同中进行明确规定(即使是散货,也要依据行业惯例进行约定)。特别是对化工产品、受自然条件影响大的产品和怕碰撞的产品更要注意对包装的规定。本案中电视机就是属于怕碰撞与颠簸的电子产品。因此需要明确以下几点:

1. 确定包装标准。包括外包装的材质、内包装或者填充物保护的说明,以及买方对防潮、防火、防撞击颠簸的要求依照行业特色与惯例进行确定。采用国家标准或行业标准的,应该写明标准名称、代号或编号。

2. 确定包装标记。包括在产品外包装明显处表明产品有关情况的文字、图形、记号等。

3. 确定包装费用。一般包装费用由卖方负担,可计入产品成本,不得向买方另外收费。如果买方有特殊需要的,可以协商收取费用。

(六)验收条款(第八条)不完善

合同对验收条款只规定了验收期限和地点,没有规定验收标准、验收方法。因此需要进行明确:

1. 验收标准。双方约定是按国家或行业标准验收的(注意要与前面质量条款约定的质量标准一致或者特别规定的,从其规定),需要说明标准名称编号等;如果是按样品成交的,则需要双方共同封存样品,按样品验收。

2. 验收方法。验收方法要明确是按全面验收还是抽样验收、是感官验收还是理化验收等。如果是抽样验收,还要明确抽样的比例、标准与时间。

3. 验收期限。本案已经明确了是10天。所以在合同签订时注意确定双方对质量和风险责任承担的界限。

4．验收地点。一般实践中卖方送货或代运的，以买方所在地为验收地点；买方自提的，则以卖方所在地为验收地点。当然也可以约定其他地点，本案中明确了卖方仓库交货，因此验收地点就是卖方所在地的仓库。

（七）结算方式不合规范

本合同第十条规定了带款提货，现金结算。前者意思是到卖方所在地验收后，支付货款（买方履行支付义务与卖方履行交货义务同步进行），这是法律所允许的。但是，卖方为了保证货款及时收取，要求现金结算，这就与国家有关现金管理规定相违背。应该以票据形式进行，即以支票、本票、汇票或者电汇等形式进行。

另外，本案中没有规定支付货款是否是全部货款。虽然从交易惯例上可以推定是全部付款，但是没有明确约定全部支付的话，买方完全可以说是部分履行。这也就为结算上发生争议埋下伏笔，所以加上"全部"货款就比较合理。

（八）违约责任规定明显有错误

合同中第十二条规定了违约责任：需方应当预付定金款 50000 元，违约金 30000 元。违约方负责赔偿对方全部经济损失。这一约定存在的问题是：如果把上面 50000 元理解为定金的话，那么按照合同法第 116 条规定："当事人既约定违约金，又约定定金的，一方违约时，对方可以选择适用违约金或者定金条款。"就是说也只能在 50000 元定金与 30000 元违约金中选择一个作为责任承担方式。另外，定金规定是合同标的金额 20%，也就是说 30000 元比较合适。

所以，合同应该修改为："卖方支付定金 30000 元作为合同担保，合同履行后可冲抵货款；一方违约造成对方实际经济损失的，承担赔偿责任。"也就是把定金罚则的担保责任与赔偿损失的违约民事责任放在一起，起到约束双方的作用。

（九）合同争议解决方式空洞

合同第十三条对合同争议解决方式，只是约定"按合同法规定执行"。这样的约定是非常空洞无约束力的。在合同该条款实际上是分几步骤的：先确定双方能否协商解决，如果不能，是否可以请求第三方调解？一般实践中买卖双方会选择到争议发生地的工商行政部门进行调解，因为考虑到工商部门对合同行为具有的行政权，所以一般工商部门主持的调解比较有说服力。但是必须注意，工商部门的调解并不因为行政机关职权而有强制力，双方不服还是可以诉讼或仲裁的。另外，在实务中，约定由第三人居中调解的并不多见。其次，如果和解与调解均不能成功，那么就要约定是仲裁还是诉讼？因为，一般选择了仲裁，法院是不会受理诉讼请求的；如果选择了诉讼，而没有仲裁协议，仲裁机构也不会受理。同时选择仲裁的话，需要就仲裁机构、仲裁事项、要求仲裁意思表示进行明确。比如:"买卖双方一致同意本合同履行过程中发生争议,由××仲裁委员会仲裁。"仲裁机构可以是在上海、北京、南京、广州或者其他地方,如果双方怕在各自所在地进行仲裁发生地方保护倾向,完全可以找其他地方的仲裁机构进行。最后,如果是选择了"诉讼"解决的话。那么就需要进行"协议管辖",按照《民事诉讼法》规定:合同的双方当事人可以在书面合同中协议选择原告住所地、被告住所地、合同履行地、合同签订地、标的物所在地人民法院管辖,但不得违反对级别管辖和专属管辖的规定。所以本案中上海、北京、广州、南京法院都有管辖权,那么就需要合同中进行约定,一般而言先拟订文本的一方会选择自己所在地的法院,因为这样节省费用而且便于参加诉讼活动(比如开庭等),但是另一方也会有这样的考虑。所以这里只能够提供大家一个思路,可以约定"如发生争议协商不成,各自可向自己住所地法院提起诉讼,但以最先起诉的为协议约定的管辖法院。"

(十) 其他问题

很多当事人在制订合同时往往忽略了一些条款,比如合理损耗计算方法、随机备品、配件工具数量及供应办法等。本案中就对电视机配件(如遥控器等)进行了约定,这是行业特征所决定的,但是笔者在实际工作中发现,很多企业在签订合同中往往对合同随附义务的规定,比如一些机器设备、电子仪器等需要对用户(通常是买方)进行技术指导与培训等、一些备用零件更替等缺乏详细约定。

四、合同法司法解释

1. 最高人民法院关于适用《中华人民共和国合同法》若干问题的解释(一)
【发布单位】最高人民法院
【发布文号】法释〔1999〕19号
【发布日期】1999-12-19
【生效日期】1999-12-29

2. 最高人民法院关于适用《中华人民共和国合同法》若干问题的解释(二)
【发布单位】最高人民法院
【发布文号】法释〔2009〕5号
【发布日期】2009-04-24
【生效日期】2009-04-24

3. 最高人民法院关于审理商品房买卖合同纠纷案件适用法律若干问题的解释
【发布单位】最高人民法院
【发布文号】法释〔2003〕7号

【发布日期】2003-04-28

【生效日期】2003-04-28

4. 最高人民法院关于审理建设工程施工合同纠纷案件适用法律问题的解释

【发布单位】最高人民法院

【发布文号】法释〔2004〕14 号

【发布日期】2004-10-25

【生效日期】2005-01-01

5. 最高人民法院关于审理技术合同纠纷案件适用法律若干问题的解释

【发布单位】最高人民法院

【发布文号】法释〔2004〕20 号

【发布日期】2004-12-16

【生效日期】2005-01-01

6. 最高人民法院关于审理涉及国有土地使用权合同纠纷案件适用法律问题的解释

【发布单位】最高人民法院

【发布文号】法释〔2005〕5 号

【发布日期】2005-06-18

【生效日期】2005-08-01

7. 最高人民法院关于审理农业承包合同纠纷案件若干问题的规定(试行)

【发布单位】最高人民法院

【发布文号】法释〔1999〕15 号

【发布日期】1999-06-28

【生效日期】1999-07-08

8. 最高人民法院关于审理涉外民商事合同纠纷案的规定

【发布单位】最高人民法院

【发布文号】法释〔2007〕14 号

【发布日期】2007-06-11

【生效日期】2007-08-08

9. 最高人民法院关于审理买卖合同纠纷案件适用法律问题的解释

【发布单位】最高人民法院

【发布文号】法释〔2012〕8 号

【发布日期】2012-05-10

【生效日期】2012-07-01

第四讲　企业产权交易法律事务演练

第一部分　教师讲解

一、企业改制形式选择

1. 企业改制类型

我国国有企业改革从 20 世纪 80 年代的国家与企业分配制度改革（利改税）开始,近 20 年来着手进行经营机制转换,到产权制度改革,再到党的十八大提出的产权量化股权并以股权转让的形式交叉持股这些阶段性改革。

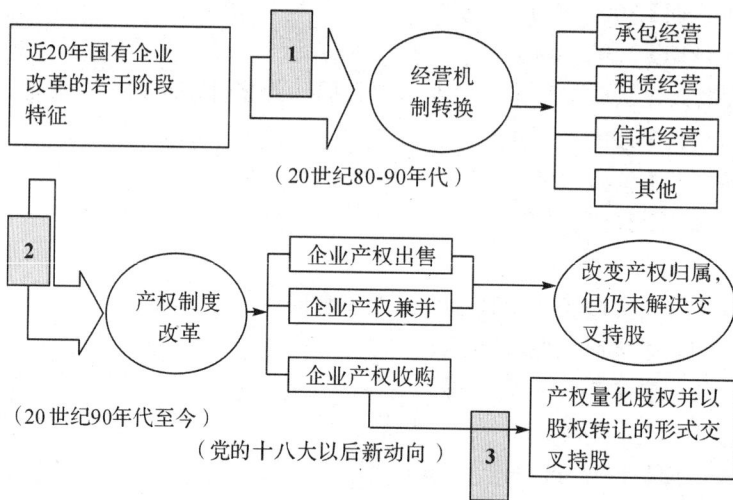

图 4-1　我国国有企业阶段性改革路线图

目前,国有企业、集体企业改制的形式多样,行政行为和企业行为相互交织,规范和不规范的改制行为相伴而生。企业改制中的法律关系十分复杂,既有行政管理职能形成的行政法律关系,又有民商事法律关系,两者之间混同的结果是导致改建工作中的障碍因素增加,因而加剧多种冲突现象。

就企业改制可供选择的途径分析,主要有:

(1)企业并购

企业并购,即企业合并或收购的简称。它实质上是一种产权转让行为,即两个以上的法定主体之间所发生的财产所有权及派生的占有权、使用权、收益权和处分权等多项权能有偿转移的法律行为。

(2)企业"剥离"经营

企业实行"剥离"经营是指将原企业的资产抽出一部分,另行组成新的企业。"剥离"经营行为实则是企业法人的分立行为。在现实运作中,有"剥离"带走企业的部分资产,同时也带走相应债务的,也有"剥离"只带走原企业的优质资产而不带走债务的,还有"剥离"经营时带走或不带走企业职工的,种种行为何种为合法,何种为非法,如何规范化运作值得探索。

(3)托管经营

托管是指企业主体或企业主管部门委托方,通过有偿经营的形式,把国有小型企业的财产权交给有经营管理能力的法人组织进行经营管理。其法律特征是不改变所有权关系,即在所有权不变的条件下实现政企相对分离,强化利益激励机制的一种比较简单的改革形式。从现实运作情况看,托管经营的方式主要有:①将企业的财产、设备委托他人经营管理,这实质上是一种资产租赁关系;②将企业的财产、设备连同企业员工一起委托他人经营管理,在合同期限内考核受托人对资产增值与保值责任,这实质上是一种信托关系。总之,对托管经营,应首先界定各种行为的性质,然而,通过相应的协议形式,明确各方的权利与义务关系,在实务运作中不应把它做成"四不像"。

(4)拍卖出售

将企业的净资产经过评估后按照公平、公开和公正的原则,有偿转让给本企业的职工或其他法人或自然人。这是当前比较普遍采用的一种产权转让的改革方式。

(5)外资嫁接

通过引进外资,兴办合资企业,将国有资本、法人资本与外来资本实现有效的对接,其法律性质实质上是组建中外合资经营企业和中外合作经营企业。

(6)股份制改造

包括公司制改造和股份合作制改造。公司制改造是指将非公司制企业改制为有限责任公司或股份有限公司;股份合作制改造是指将企业改组为股份合作企业。无论是采取何种形式进行股份制改造,其核心是将原有的一些国有企业与集体企业进行产权改造,建立起产权清晰、权责明确、政企分开、管理科学的现代企业制度。

(7)破产重组

对亏损严重、资不抵债企业,依法定程序进行破产,对破产资产通过公开招标、拍卖或协议转让的形式,落实受让方,阻断与原企业的产权关系,重组企业,使破产后的有效资产及时得到调整和利用。这实际上是一种破产行为,也是新企业的重组行为,在操作时应严格按照破产法的相关规定认定其性质和法律效力。

2. 对改制类型的评析

国有企业、集体企业在改制时采用哪种类型,既取决于企业经营现状,也取决于国家的产业政策、当地政府的愿望以及经济承受能力。

就企业经营现状而言,主要涉及改制企业经营规模、经济效益、资产与债务状况、职工意愿等;就国家产业政策而言,主要涉及国有经济布局的战略性调整,对于竞争领域中属于"国退民进"的企业、对于国计民生不是非常重要的产业领域,国家在产业政策导向上准许企业改制。实际上,国有企业、集体企业是否选择改制,以及选择何种类型改建,还会涉及当地财政的承受能力、民营资本与外资并购的环境及可能性等。

国有企业、集体企业改建为公司制企业,并非只是企业名称的转换,实质上是一次企业制度的创新,是企业面向市场的一次深刻的改革。因此,应依照法律、行政法规规定的条件和要求,有步骤地清产核资,界定产权,清理债权债务,评估资产,规范治理结构。

上述七种企业改制方式中,只有股份制改造才与公司制相联系。因此,企业改制与股份制改造两者之间的关系是一种包容关系,而不是等同关系。国有、集体企业实施公司制改建是国有企业改制的一种形式,而不是唯一的形式。

二、企业实施公司制改建方案选择

1. 国有企业、集体企业与公司制企业异同点

组织体的改建,即从一种组织体改建为另一种组织体,其前提是各种组织体在性质上是不同的,其组织形态上是存在差异的。国有企业、集体企业与公司制企业,虽然它们都具有企业法人资格,但在组织体特征上是存在差异的。它们的不同点主要表现在以下方面:

(1)设立的法律依据不同。传统的国有企业是按我国《全民所有制工业企业法》及相关的国有企业法规设立的,集体企业是按照国务院《城镇集体企业暂行条例》、《乡村集体企业暂行条例》、《乡镇企业法》等相关集体企业法规设立的;而公司制企业是按照我国《公司法》设立的。国有企业、集体企业表现为非公司制企业,因此,在传统的国有企业和集体企业的企业名称中不含有"有限公司"和"股份公司"的字样。

(2)投资开办主体不同。传统的国有企业是在政府对国有企业资产管理"政资不分"的旧体制下提出来的,出资人表现为国有企业的开办者,即国家,由于国家的抽象性,具体到每一个国有企业,究竟由谁来行使出资人权利,在现行的法律框架下有时是不清晰的。集体企业的开办者为集体经济组织,或部分集体经济组织的成员,由于集体组织所有是一个所有制上的概念,集体关系是因对财产的集体共同所有而结成的,集体组织所享受的权利不可以量化到每一个成员而由成员去享有,因而,集体企业的产权同样存在模糊性问题;公司制企业的投资主体则被称之为股东,具有投资主体多元化之特点,一般认为凡是具有从事商事活动能力者均具有创办公司之投资资格。

(3)企业内部组织机构设置模式不同。我国国有企业长期来在其内部组织机构设置上形成了自己独有的一套组织制度体系,实行"主管部门—企业"模式下的厂长(经理)负责制。具体而言,传统国有企业的法人组织机构发展到今天由厂长经理负责制、企业管理委员会制、职工代表大会制和外部稽查制所构成。实际上,传统国有企业内部领导体制是有过沿革过程的,从最早的"三人团"到"一长"制,再到"党委领导下的厂长经理负责制",最后到"厂长(经理)负责制"。集体企业的内部组织机构视城镇集体企业和乡镇集体企业有所不同。城镇集体企业的权力机构为职工代表大会,并实行厂长(经理)负责制,乡村集体企业的权力机构为乡村经济组织或农民代表大会,实行厂长(经理)负责制;而公司制企业的法人治理结构则是由股东会、董事会、监事会所组成,形成分权与制衡原则,适应了现代企业投资主体多元化和决策科学性之特点,建立起了在所有权与控制权相分离情形下委托—代理关系中的激励与约束机制。

(4)企业的财产权归属不同。传统国有企业的财产所有权归国家,国有企业按照所有权与经营权相分离的原则,对国家授权经营的财产享有占有、使用、收益和处分的权利。集体企业的财产所有权归集体企业所有。而公司制企业是按照法人财产权理论构建的,公司具有独立的财产和独立的责任。当股东出资后,该出资财产所有权属于公司,公司需对外承担民事责任时,应当以公司的全部资产对外承担责任,而股东以其认缴的出资额为限或所持有的股份额为限对公司承担责任。

(5)资本制度的差异性。传统国有企业、集体企业没有"资本"的概念,只有"资金"术语,涉及资本制度时显得含糊。而公司制企业则有确定的资本制度。在出资形式、出资认缴等相关制度构建上体现出法定性和统一性特点。

2. 企业改建为公司制企业的改建方案设计

(1)企业改建为公司制企业的形式

国有、集体企业改建为公司制企业的形式主要有两种,即组建有限责任公司与股份有限公司。

有限责任公司与股份有限公司两者在选择上应有所不同,对于不同的公司形态应区别对待。有限公司与股份有限公司的主要区别是:

1)从出资人数看。有限公司出资者是 50 人以下,而股份公司发起人是 2 人以上,200 人以下。

2)从股份划分看,有限责任公司的股份不必划为等额股份,其资本按股东各自所认缴的出资额划分,计算出资比例。股份有限公司的股份是等额的,股份体现为股票形式。

3)从发起人筹集资金的方式看。有限责任公司只能由发起人集资,不能向社会公开募集资金,其股份不可以公开发行,更不可能上市交易,而股份有限公司可以通过发起设立或募集设立向社会筹集资金,具备条件的,其股票可以公开发行并上市交易。

4)从设立程序看。有限公司的设立程序比较简单,而股份公司的设立可分为发起设立和募集设立,设立程序相对复杂,尤其是采取募集设立。

5)从法人治理结构的内容看。有限责任公司股东人数少,组织机构相对简单,对于一些股东人数少,经营规模不大的有限公司,如 2 人投资的有限公司可只设股东会,不设董事会或监事会,由 1 名执行董事或 1 名监事来行使董事会或监事会的职权;对于一人公司,可只设立董事会而不设股东会或监事会;对于国有独资有限公司,可以不设股东会,但必须设立董事会与监事会。因此,有限责任公司治理结构的设置具有一定的灵活性。股份有限公司由于股东人数众多且相对分散,需要设置规范化的公司治理结构,上市公司还有独立董事的要求。

6)从股权转让的条件限制看。有限责任公司的股东可以依法自由转让其全部或部分股权;股东依法向公司以外人员转让股权时,法律要求有过半数股东同意方可实行;在转让股权的同等条件下,公司其他股东享有优先权。股份有限公司的股东所拥有股票可以在证券交易场所或国务院规定的其他转让方式进行交易和转让。

7)从股权的证明形式看。有限责任公司的股权证明是公司签发的出资证明书;股份有限公司的股权证明是公司签发的股票。

8)从财务状况公开程度看。有限责任公司的财务状况,只需按公司章程规定的期限交各股东即可,无须公告和备查,财务状况相对保密;股份有限公司,由于其设立程序复杂,并且要定期公布财务状况,比较而言难以操作和难以保密。

3. 企业改制为有限公司的法律实务

(1)有限公司设立登记中的法律实务

1)办理申请登记前,应对相关事项进行实质性审查。如股东资格审查、股东人数审查、注册资本认缴审查、出资形式审查、担任公司董事经理监事资格审查、公司章程审查等。

2)按相关规定履行设立程序。如名称预先核准(名称预先核准时应提交全体股东签署的公司名称预先核准申请书,股东的法人资格证明和自然人的身份证明。名称核准后保留6个月)。向登记机关提交申请设立公司的有关文件,如公司董事长签署的设立申请书、全体股东指定代表或者共同委托代理人的证明、公司章程、公司董事经理监事产生的相关证明、公司法定代表人的任职文件和身份证明、公司名称预先核准通知书、公司住所证明。

在按相关程序提出设立申请时还应注意的问题有:一是行政审批问题,涉及特定的产业领域和经营项目应实行审批前置。二是公司章程起草与审议问题,在办理申请之前,应草拟出符合本公司实际和相关公司法规定的公司章程。

3)领取执照、缴纳登记费。

(2)有限责任公司机构组建中的法律实务

改建为有限责任公司,一般性程序可概括为以下方面。

其一,申请与发起。现有企业改建为有限公司,可以由企业行政主管部门决定,也可以由企业自己提出申请,经其上级主管部门和授权部门同意。如由企业自己提出申请,申请报告是申请的一项基本文件。申请报告的主要内容包括:①申请理由和事项;②原企业概况介绍;③原企业主要财务指标;④改建公司形式及股份设置方案;⑤公司改组与发展规划。申请书可附企业财务报告、资产目录、债权债务清册等。企业行政主管部门或者国家授权的其他部门在收到企业改建申请书后进行审核,作出同意或不同意改建的决定。若同意,企业即可进行下一阶段工作,确定公司发起人。

公司发起人实则是原企业资产的购买者,或公司新股的投资者。企业改制时,在资产评估的基础上,应当将企业资产扣除原企业债务后折合成等额股份。对于买断式改建的,应当优先考虑由经营体群体(多数为企业中的经营层职工)按照股份数额投资入股,职工即成为出资人;对于原企业投资主体与职工共建式公司制改造的,在职工投资入股的基础上保留部分原产权关系,该部分产权形成法人股,由原企业投资者所持有;对于增资扩股式改造的,增资部分须向社会募集。

在改制过程中,职工一旦成为公司股东不能退股,但亦不得使用强制手段要求职工投资入股,强迫职工投资入股的行为应当认定为无效。由于该无效行为不影响企业整体改制的效力,因此,以强制手段迫使职工入股的,相应股份可以由其他职工购买。

在改制过程中,应确定职工的出资方式。股东一般应以货币出资,也可以用实物、知识产权等出资,但是劳务和债权不能作为出资的标的。

为了防止国有、集体资产的不当流失,属于国家和集体所有的净资产,在改制时应当按照市场原则有偿转让,不能将国有、集体的净资产无偿分给个人。但是这并不影响以"零"值转让产权给职工进行负债经营。

其二,清理和评估企业存量资产。清理企业存量资产是指对原有企业的所有资产(包括固定资产、流动资产、无形资产)进行清理,同时还指对原有企业的债权、债务进行清理。在清理过程中应编制财产清册、报表,原有企业存量资产清理后的财产清册一般包括以下几项:①企业初始投资情况;②企业存量资产现状。企业存量资产清理完毕,编制财产清册、报表后应委托具有资质的资产评估机构进行资产评估。

在清理企业存量资产时,值得注意的一个现实性问题是或有债务问题。所谓或有债务,也称为隐蔽债务,它是相对于明显债务(账面债务)而言的,如企业担保所生之债,企业履行合同违约所生之债,因主客观原因未记入财务资料的其他应付款等。在清理企业存量资产,编制财产清册、报表前应对或有债务问题有一个充分的调查、清查和了解,使之编制的报表更符合企业实际,并为存量资产评估提供更加准确的数据材料。

存量资产评估如属于国有资产,应按《国有资产评估管理办法》有关规定进行。在评估程序上,应由改组企业向政府国有资产管理部门递交资产评估立项申请书。按照目前分级管理的国有资产管理体制,企业的立项申请,属于地方企业的,应报地方政府国有资产管理部门审批,属于中央企业的,报国家国有资产管理部门审批。在政府国有资产管理部门对企业资产评估立项申请批复后,企业即可正式委托资产评估机构进行资产评估。当资产评估机构对企业的资产价值评估完成之后,应由评估机构向政府国有资产管理部门提交资产评估报告。评估报告经政府国有资产管理部门审核批复后正式生效。评估后的企业资产价值作为国有股权设置的法律依据。

其三,界定产权。界定产权的前提是先清理企业原始投资情况,弄清楚单方投资还是多方投资,投资者是谁,投资数额多少。其次,弄清楚原始投资的增殖情况,增殖的比例及具体数额,以及现有净资产数额。如果原始投资者对于上述情况的结论没有异议,可以协商界定彼此在企业存量资产总额中所享有的产权比例,以及折合人民币的具体数额。在企业产权界定中,如发生产权归属争议的,不宜简单地以企业法人登记的经济性质而简单地界定资产的性质,而要追溯到企业初始投资的资金来源,按多种经济成分"谁投资、谁所有、谁受益"的原则确定。

其四,设置股权。如果说界定产权关系是对原企业过去利益的肯定,那么设置股权则是对经改造重组后的公司利益的基本分配。因此,股权设置过程,是一种产权调整过程,也是一种利益再分配过程。在设置股权时,首先应考虑改建后的公司是有限责任公司还是股份有限公司。有限责任公司股份具有不等额性,股东出资具体表现为确定的出资比例,股权又体现在出资证明上。股份有限公司的股份具有等额股权平等性,如果是上市公司还体现为股份的证券性,以可在证券交易市场流通的股票为表现形式。

其五,审批与注册登记。原国有企业改建为有限责任公司的应按照企业资产管理关系,分别报各级政府授权部门审批。

原国有企业改建为股份有限公司同样应按企业资产管辖关系,分别报各级政府授权部门审批。原有集体企业、联营企业或无上级主管部门的企业应改建为有限公司的,如何办理批准手续,立法未作更明确的规定。按北京市的做法,应由企业职工(代表)大会或股东大会作出决议后,向工商登记机关申请改建登记,有投资主办单位的,还应由投资主办单位批准。① 改制公司应向工商管理机关办理注册登记。是办理原企业变更登记还是新设登记,视改制情况区别对待。

三、国有企业、集体企业改建为中外合资企业方案选择

1. 外资进入国内市场的三种选择模式

自 20 世纪 70 年代以来,外商进入国内市场的形式在不断地发生变化,概括之,主要有三种选择模式:

(1)以新建企业的方式进入。新设外商独资、中外合资、中外合作等企业。

(2)以兼并企业的方式进入。外资兼并内资企业。

(3)以收购企业的方式进入。外资收购内资企业的部分产权,形成控股关系。

在上述三种模式中,第一种进入模式与国有企业、集体企业改制并无直接关联,但第二、第三种进入形式中就可能涉及国有企业、集体企业的公司制改建问题。

2. 外商以收购方式与国有企业发生股权关系中的法律实务

(1)外商以收购方式进入中国市场的途径选择。一般有两种途径:

其一,以外国投资者身份收购中国的企业。收购又有三种:

---

① 参见《北京市原有企业改建为公司登记试行办法》,1998 年 2 月 10 日,京工商发〔1998〕22 号。

1)重组控股式收购。即参与中国原有企业的重组,收购企业50%以上的股份,以达到控制企业经营管理的目的。例如,20世纪90年代初期,香港中策公司与泉州37家国有企业合资,设立集团股份有限公司,其中中策注资2.4亿元,控股60%,中策还分别收购了大连、太原、杭州、宁波等不同行业与地区的180多家企业。中策对每家企业的控股均在51%以上。

2)增资控股式收购。即在原中外合资企业的基础上,由外资增资扩股,中方不参加增资,相应降低所持股份,从而使外商由参股变为控股。

3)股票认购式收购。即外商对中国那些同时上市发行A股和B股或H股的公司,通过大量增持股份的方式,达到参股或控股的目的。

其二,以中国法人的身份收购中国的企业。外国投资者在中国设有外商投资企业,在收购中国企业时,可以适用外商投资法的相关规定。

根据原外经贸部、国家工商局联合出台的《外商投资企业投资者股权变更的若干规定》,外商投资企业可以通过下列方式对中国的企业实施全部或部分收购。①企业投资者之间协议转让股权;②企业投资者经其他各方投资者同意向其关联企业或其他受让人转让股权;③企业投资者协议调整企业注册资本导致变更各方投资者股权;④企业投资者经其他各方投资者同意将其股权质押给债权人,质权人或受益人依照法律规定和合同约定取得该投资股权。

(2)外商收购中国企业的法律程序。包括"调查→执行→履行"三个阶段。

3. 外商对中国企业收购实务中的共性问题

(1)外商投资指引。国家制订《指导外商投资方向的暂行规定》,《外商投资产业指导目录》。在具体个案操作中应结合收购实践甄别是鼓励的投资方向和产业,还是限制的、禁止的投资方向和产业。

(2)评估与定价。在并购中,定价是一个关键的问题。在我国,并购的价格并不是完全由并购各方协商决定,而是受到许多限制。根据我国国有资产管理有关规定,国有资产和国有股权的出售,包括外商投资企业中的中方以国有资产投资形式的出资的转让,均须经过有资格的评估机构评估,并经国有资产管理部门确认评估的结果。经确认的评估价作为定价的基础。

(3)审批。审批会涉及相关部门以及相关审批目的。①行业主管部门批准,这是对企业形态变更的确认,以履行主管部门管理职责;②国资部门对资产交易价格的确认、批准,这是对资产转让价格的确认,以确保国有资产增值与保值;③外资审批机关的审批,这是对外资准入的确认,以审查外资企业的条件以及产业安全的影响;④向中国证监会报告和公告及强制要约程序,这主要是针对上市公司的收购,应根据《证券法》与《反垄断法》规定,主要是针对反垄断行为进行审查。

（4）企业兼并后职工的安置。

（5）税务安排。并购所涉及的税收问题比较复杂。一般而言,资产转让和股权转让的所得须征所得税。出售机器设备所得须征增值税,出售无形资产须征营业税,转让股份须征印花税。税收部门就具体项目,尤其是收购国有企业,可能给予减免有关税收的待遇。

并购外商投资企业所涉及的税收问题,有专门的法规规定。国家税务总局在 1997 年 4 月颁布了《外商投资企业合并、分立、股权重组、资产转让等重组业务所得税处理暂行规定》,对外商投资企业重组业务(包括并购业务)中有关营业活动的延续性的确定、资产计价、税收优惠和亏损结转等税务处理都作了明确的规定。简单地说,并购后的企业的生产经营活动如果符合《外商投资企业和外国企业所得税法》及其实施细则规定的外商税收优惠待遇的适用范围,应承继并购前的税收待遇。

四、公司制改建中的财务与税务安排

1. 改建企业土地的处理

在企业改制中,国有企业土地处置是经常遇到的一个问题。按照现行规定,企业实行公司制改建,对占有的国有划拨土地应当进行评估并按照土地主管机关的规定履行相关手续后,共有三种处理办法:①采取作价入股方式的,评估后将国有土地使用权作价投资,随同改建企业国有资本一并折股,增加公司制企业的国有股份;②采取出让方式,由公司制企业购买国有土地使用权,按照规定支付土地使用权出让金;③采用租赁方式,由公司制企业租赁使用,按照规定支付租金。

在企业改制中,有的地方政府收回原地处城市中心的国有企业土地。在其支付的价款中,可能含有国有企业职工安置款、国有企业经营亏损补贴。对此,改制企业应当在收到土地转让价款时,将国有企业职工安置款、国有企业经营亏损补贴计算并先予以扣除后,余额与账面土地价值差额作为营业外收支处理。此外,对于改制企业原国有企业职工安置款,一般应在改制方案中明确,从国有净资产中预先抵扣,留作其他长期负债,用于职工安置。

2. 资产评估基准日后实现净利润的归属问题

资产评估基准日至资产重组完成日或公司改制完成日实现净利润的归属,一直是会计实务界探讨的问题。例如,某公司为实施集团内部资产的战略性调整,盘活集团的存量资产,进一步发展壮大公司的实力,提高市场竞争力和抗风险能力,拟进行资产重组。公司资产评估日为 2004 年 6 月 30 日,完成资产重组日为 2004 年 11 月 30 日。公司自 2004 年 1 月 1 日至 11 月 30 日实现的净利润为500万元,其中,2004年1月1日至2004年6月30日实现的净利润为300万元,2004年7月1日至2004年11月30日实现的净利润为200万元,上述会计报表均已经会计师事务所审计。这一实例的会计核心问题是:基准日至资产重组完成日之间实现的净利润归属,是老股东所有还是新老股东共享。一般情况下,由资产重组方案决定。

这个问题类似一般企业资产评估日至改制完成日实现净利润的归属处理。对非上市公司而言,可以参照上市公司的有关规定处理。中国证监会发行监管部《股票发行审核标准备忘录第一号》中指出:"九、关于评估基准日至公司设立日期间已实现利润的分配问题。公司应在会计报表附注的'其他重要事项'中披露评估基准日至公司设立日期间公司已实现利润的分配情况。如果上述期间实现的利润已分配给发起人的,且自评估基准日起存货、固定资产、无形资产等资产未根据评估价值进行成本结转或调整折旧或摊销计提数的,公司应当说明上述利润分配是否会导致发起人出资不实,影响公司资本保全;并明确由此产生出资不实或影响资本保全的责任及具体解决办法。"不过这部分利润由新老股东共享,比较公平合理,也较容易为股票发行审核委员会审核通过。需要注意的是,国有企业改制还有特别要求。财政部有关文件规定,原国有企业改制,自评估基准日到公司制企业设立登记日的有效期内,原企业实现利润而增加的净资产,应当上缴国有资本持有单位,或经国有资本持有单位同意,作为公司制企业国家独享资本公积管理,留待以后年度扩股时转增国有股份;对原企业经营亏损而减少的净资产,由国有资产持有单位补足,或者由公司制企业用以后年度国有股份应分得的股利补足。

3. 职工身份置换经济补偿金的会计处理

企业公司制改建,要实现双置换,即国有资本和职工身份的置换。对职工身份的置换要给予经济补偿,企业在公司制改建过程中,依照国家有关规定支付解除劳动合同的职工的经济补偿金,以及为移交社会保障机构管理的职工一次性缴付的社会保险费,可从改建企业净资产中扣除或者以改建企业剥离资产的出售收入优先支付。

五、法务人员从事国有、集体企业改建工作要求

1. 改制前的准备

(1)应对企业概况有所了解。包括企业的历史沿革、企业的初始投资人的情况、企业经济效益变动情况、企业产品的市场销售情况、企业的发展前景等。第一,法务人员应对企业的职工情况有充分的了解。包括企业的在职职工的自然状况、企业的退休职工的情况。第二,法务人员应对企业的社会保障情况有所了

解。包括：①企业职工养老保险的状况；②企业改制一次性应向社会保险机构支付多少退休职工养老保险金和医疗保险金；③企业改制时应一次性扣多少职工的大病统筹基金、多少失业保险金、多少工伤费、多少职业病诊疗费。

(2)应进行企业现有资产的清查工作。企业应先组织内部的财务部门对现有资产进行逐项清查。通过清查，法务人员应对企业的流动资产、长期投资、固定资产、无形资产、递延资产等各类资产的存量有所了解。同时要注意了解企业的经营性资产和非经营性资产的状况和企业的工资基金、福利基金、教育基金、风险抵押金和公益金的结余状况以及企业资产负债率和负债的分布情况。

法务人员应掌握企业的净资产状况。所谓净资产，就是企业的总资产和负债的差额，在会计学上称为所有者权益，包括企业投资人对企业的投入资本和留存收益。留存收益包括资本公积、盈余公积和未分配利润。资本公积包括股本溢价、法定财产重估增值和接受捐赠的财产。盈余公积金包括法定盈余公积金和任意盈余公积金。企业提取的公益金也在盈余公积金账户内核算。

(3)制订企业改制的实施方案。方案包括：改制的目的、改制的方式、新设公司的资本结构、股权结构、法人治理结构、企业资产的处置办法、企业职工的安置办法、企业债权、债务处置办法、企业改制的步骤等。

2. 改制有关事项的处置

(1)新设企业的资本结构。在经济学上，资本包括两种：一种是权益资本(注册资本)，在会计上称为所有者权益；一种是借贷资本，在会计上称为负债。一定的负债，不仅不会增加公司的负担，相反在公司经营良好的情况下还可以起到减税、减少股金闲置、增加公司积累的效果。国际上流行的理论认为，资产负债率应在45%左右为宜。法务人员在改制中，可以帮助企业正确确定权益资本和借贷资本的投入比例。

(2)新设企业的股权结构。根据投资主体的不同，股权设置的形式有：①国家股，为国有资产管理部门或有权代表国家投资的部门或机构以国有资产向公司投资形成的股份。②法人股，为企业法人以其依法可支配或所有的资产向公司投资形成的股份，或具有法人资格的事业单位和社会团体以国家允许其经营的资产向公司投资形成的股份。③个人股，为自然人以其个人合法财产向公司投资形成的股份。在早期的改建做法中，按照投资主体的不同，可分为社会个人股和内部职工股。内部职工股可以职工持股会名义参股。对上述几种股份，法务人员在制订方案时要根据具体情况确定各自合理的比例。

(3)企业资产的处置。对企业的资产，应分清经营性资产和非经营性资产。在公司制改造中将经营性资产重组到企业，对非经营性资产则予以剥离。如果非经营性资产占企业总资产10%左右的则可不予剥离。对企业的坏账损失、库存损失、欠缴的职工养老保险金和失业保险金,以及以后年度(10~15 年)应缴的离退休人员的养老保险金,企业改制前企业承担的医药费、抚恤费、工伤和职业病职工的医疗费等,应一次性从企业的净资产中扣除。对改制企业结余的工资基金、福利基金、教育基金、风险抵押金及形成的增值积累,归企业职工集体所有,作为负债处理。可以根据职工的年龄、工龄、职务、贡献等折股分配给职工。改制企业的家属宿舍从总资产中剥离,按有关房改政策另行处理。改制企业土地使用权的处置办法有:①作价入股。改制企业的土地使用权经评估后作为国家股归新成立的公司所有。②出让给新成立的公司。③由新成立的公司租赁。

(4)职工安置办法。原则上企业职工由公司全员安置。对改制企业的下岗职工,可进入劳动力市场,其安置费同时划拨劳动力市场,由劳动力市场在两年内提供不少于两次的职业介绍机会,失业期间的生活费由劳动力市场发放;不再让劳动部门安置的安置费发给职工本人;改制企业的脱岗人员,经通知不按期返厂参加改制的,按自动离职处理,不给任何经济补偿;只办理招工手续在企业的挂名不上岗人员,可按非正式职工对待,限期清退。

(5)企业债权、债务的处置办法。企业债权、债务由改制后的公司承继。对企业欠职工的工资、福利、集资款及外欠款项(不含银行借款)等,经过协商可转为股权。目前,国有企业的欠款大多为银行借款。对这一部分债务,企业可以要求借款行相应的资产经营公司将借款接收并转为该经营公司对新成立公司的股权。

3. 相关协议的签订

以企业改建中的兼并行为为例,兼并协议应包括的主要条款有:

(1)各方当事人。即兼并企业和被兼并企业。

(2)兼并形式(类型)。即在协议中应明确是吸收式兼并还是新设式兼并,这两种兼并的法律特征、效力不同,决定了兼并协议的内容与兼并程序也不完全相同。正是由于这两种形式的不同,决定了兼并协议必须首先正确确定兼并的形式。这样,才能正确确定协议的其他内容和兼并的法律适用。

(3)兼并对价。涉及改建对价的支付方式和对价的数额问题。对价的支付方式是指以现金支付还是股票形式支付或现金与股票结合方式支付。对价的数额又称兼并的价格,是指存续或新设企业为取得消灭企业的财产而支付的对价的数量。

(4)兼并各方企业的资产、债权债务状况。兼并各方企业(主要是因兼并而解散的企业)的资产、债权债务状况是决定企业兼并价格的基本要素,对兼并价格的科学确定,进而对兼并是否成功具有重要意义。因此,兼并协议中对此应作明确记载。此项协议条款的详细内容可以附件形式的资产负债表来反映。但对资产负债表不能反映而又十分重要的债务(如或有债务—担保债务)应在协议中列明。被并(消灭)企业的债权债务处理办法不必作为专门条款规定,因为法律已明确规定债权债务由存续企业或新设企业承继。但在协议中,应将债权债务的种类、数额及履行方式等作出明确约定,并作为决定兼并价格的重要因素。在记载企业资产、债权债务状况时,兼并双方应遵守诚实信用原则,如实记载,不得作不实记载。

(5)职工吸纳或安置办法。职工安置办法条款只适用因兼并而消灭的企业(包括新设兼并的各方企业)。因为同消灭企业的职工相比,兼并中存续企业职工其利益受到兼并的影响程度要小。随着国有企业改革的法定化,国有企业历史遗留下来问题的解决和社会保障机制的完善,国有企业将同其他企业一样,按照国家劳动法的有关规定在兼并中依法承继劳动关系或依法解除劳动合同并给予解除劳动合同的补偿。

(6)违约责任。兼并协议中应对双方当事人的违约情形及其责任作出明确约定。由于兼并行为事关各方切身利益,一方未依约履行往往会对另一方造成巨额损失,因此,在协议中应就违约情形、违约金的数额及支付方式,损失赔偿计算方法等问题作出约定。

(7)改建程序与改建日期。兼并协议应对兼并程序、时间等作出约定,以确保兼并工作能按约定的进程日期切实履行。

(8)改建协议的变更与解除。兼并协议应对协议履行过程中有关变更、解除事项作出约定,包括变更、解除的条件、程序等。

此外,兼并协议还可以对协议争议的解决作出规定,明确因兼并协议发生纠纷时通过何种途径解决,如协商、仲裁或诉讼。

4. 新设企业注册登记

企业改制方案经批准后,即开始发起设立工作。向公司登记机关申请设立登记,需提交以下文件:①设立登记申请书;②全体股东指定代表或委托代理人的证明;③公司章程;④具有法定资格的验资机构出具的验资证明(如法规对此项有特别要求);⑤股东的法人资格证明或自然人身份证;⑥载明公司董事、监事、经理的姓名、住所的文件及有关委派、选举或聘用的证明;⑦公司法定代表人任职文件和证明;⑧企业名称预先核准通知书;⑨公司住所证明;⑩政府批准改建为有限公司的文件。一经登记注册,即标志着有限责任公司依法设立。在履行工商登记后,如涉及产权变动的,还应依法办理产权过户登记。

5. 相关改建纠纷的协调和处理

国有企业、集体企业在改建公司制企业、外商投资企业时,时有纠纷发生。从一定意义上讲,企业产权的交易过程必然伴随着企业产权的归属确认、产权的置换行为的发生。由于我国国有企业、集体企业的产权存在着不清晰问题,产权交易过程中的权属纠纷在所难免。再加上企业产权交易中的仓促性,一些权属不明的产权进入交易的情形时有发生,这在一定程度上加剧了产权交易纠纷的发生。

(1)企业产权的归属纠纷处理。在对企业产权的归属纠纷处理上,应从投资主体、原始资产来源等方面依法进行认定,然后确定投资主体与资产权属的归属。

(2)土地权属纠纷的处理。在对土地权属纠纷的处理上,首先应明确国有企业占有土地的取得方式,即系行政划拨取得还是通过出让方式取得。其次,在具体相关的争议与纠纷处理上,重点可放在以下方面:①国有企业占有土地,享有土地使用权应属于企业产权的组成部分,但考虑到土地所有权在现行的法律上有特殊的规定,所以,集体企业土地所有权不作为企业产权组成部分。②只要企业已经办理了国有企业土地产权证书应当确认其权属,以土地产权登记为依据,且不经变更登记手续,不改变权属关系。③政府对无偿划拨的土地使用权,在转让价格明显低于市场价格时有优先购买权。对于因为迁移、解散、撤销、破产或其他原因停止使用划拨土地的有无偿收回或出租的权利。

(3)无形产权权属纠纷处理。对无形产权权属纠纷处理上,首先应明确改建过程中无形产权的范围,现实经济生活中常见的纠纷是企业名称权、企业商誉、商标权、专利与非专利技术方面的纠纷。处理的重点是:①在企业改建过程中,企业的名称有改变,在注册人名称变更后,又不及时办理变更手续,应当认定该注册人丧失权利;②在确认无形产权的权利归属时,不仅应考虑到无形产权产生、生效的法律规定,同时又要考虑到他人对该无形产权作出的贡献大小,合理地确认对无形财产权利的分配关系;③应防止他人利用企业改建过程之机,故意侵犯企业的无形财产权利,对非法占有企业无形产权的行为应当坚决制止。

(4)股权纠纷处理。现实生活中常见的股权纠纷有股东权纠纷、股权权益纠纷。对股权权属纠纷的处理重点是首先应确定股权的权利人,然后依照《公司法》有关股权转让的规定进行处理。

(5)第三人的侵权行为产生的争议处理。第三人的侵权行为产生的争议与纠纷多发生在以下情形:开办单位在改建过程中的过错给利害关系人造成损害而引发的争议与纠纷;公司股东与公司法人机关的侵权责任;资产评估机构因未尽职责给利害关系人造成损害而引发的争议与纠纷;法律服务机构在代理过程中未尽工作职责给利害关系人造成损害而引发的争议与纠纷;验资机构未尽工作职责而给利害关系人造成损害而引发的纠纷与争议。

解决此类纠纷的重点和难点在于:首先,应查明侵权事实。不同的侵权主体所实施的侵权行为的表现并不相同,如开办单位或投资单位的侵权行为往往表现为投资不实、抽逃出资或无偿侵占产权交易企业的资产;公司股东与公司法人机关的侵权行为常见形式为挪用、侵占公司财产,非法处分公司财产,违反公司分配制度非法获取股利等;评估机构、验资机构的侵权行为主要表现在改建过程中出具虚假的资信证明或评估报告,存在着验资不实或评估不实情形。其次,应明确承担责任的归责原则。侵权行为的过错在于其行为的违法性,表现形态为不应作为而作为。依一般法理,过错包括故意和过失两种情形。所谓故意通常是侵权行为人明知其行为是违法以及违反职业规范的仍实施该行为而给他人造成损害;所谓过失是指行为人没有严格按照职业规范和规章的要求履行其应有的谨慎和注意义务,而给他人造成损害。责任的形式,既有直接责任,也有连带责任的情形,大多是一种补充性责任。

(6)银行债权债务关系处理。在改建过程中,由于银行债权债务未稳妥处理而产生争议与纠纷也比较常见,有些产权企业借改建过程为名行逃废银行债权之实,严重扰乱了金融秩序。为此,1998年国务院《关于在国有中小企业和集体企业改制过程中加强金融债权管理》的通知中指出,企业在改制过程中,不管采取何种方式进行改制,都必须尊重金融机构保全金融债权的意见,依法落实金融债务。金融债权未落实的企业不能进行改制,有关部门不能为其办理有关改制审批和登记手续,也不能颁发新的营业执照,在本通知下达前已经逃废金融债务的改制企业必须立即纠正并重新确定债权债务关系。

处理这类纠纷的重点和难点在于,首先,应明确银行债权的性质,即是担保债权还是无担保债权,分别按有关规定进行处理;其次,债权的处理原则除遵循一般债权处理原则外,还应把握和了解其一些特殊的处理规则。

(7)职工权益保障纠纷处理。这类纠纷多表现为以下情形:①履行劳动合同争议,尤其是因买断工龄引发的劳动争议。在企业改建过程中,一些企业为了轻装上阵,对那些愿意离开企业的职工,按工龄支付一定的安置费,职工"买断"自己所在企业工龄,终止与企业劳动关系。企业对职工工龄实行买断,一般表现为两种情况。第一种情况是按工龄支付一定的安置费,与其解除劳动关系;第二种情形是已"下海"的职工,不愿与原企业保持劳动关系,要求支付一定数量的费用,将原有工龄买断。以上两种情况都是通过一定数量的经济补偿,终止职工与企业的劳动关系。但因数额问题,有时达不成协议,发生劳动争议。②因入股引发的劳动争议。在改建过程中,原企业的职工有可能出资作为购买者之一购买原企业的产权。劳动者有可能成为公司股份的持有者,因入股引发的争议也时有发生。③因职工集资款引发的争议与纠纷。如对破产重组的企业职工集资款的处理;对兼并、收购、合并的企业职工集资款的处理。处理这类纠纷的重点和难点在于分清纠纷的性质,即为民商事纠纷还是劳动纠纷,并通过现行的劳动法规和产权交易法规的相关规定来解决此类纠纷。

(8)行政纠纷与争议处理。这类纠纷多表现为行政确权纠纷与管理相对人不服行政行为所产生的纠纷。发生纠纷后人民法院是否应予以立案受理,最高人民法院在《关于因政府调整划转企业国有资产引起的纠纷是否受理问题的批复》中所持的态度是:①因政府及其所属主管部门在对企业国有资产调整、划转过程中引起相关国有企业之间的纠纷,应由政府或所属国有资产管理部门处理。国有企业作为当事人向人民法院提起民事诉讼的,人民法院不予受理。②当事人不服政府及其所属主管部门依据有关行政法规作出的调整、划转企业国有资产决定,向人民法院提起行政诉讼,凡符合起诉条件的,人民法院应予受理。

第二部分　演练要点

一、教师指导重点

1. 企业改制行为的类型化问题

企业改制作为企业组织体变迁的一种特殊形式,其种类多样。按上述分析,可有七种选择。不同类型所产生的改制效果并不相同,针对不同类型所设计与实施的改制方案也各有特色。因此,在演练教学时,应引导学生加强对不同改制类型的比较分析,在比较分析中,准确界定不同改制类型在法律行为的性质与内容上的差异性,在此基础上进一步掌握各种改制类型的操作性方案。

2. 企业改制行为的多学科协同性问题

企业改制行为是一项技术性很强的工作,是一项融法学和经济学于一体的非诉讼行为。法科学生平时对经济学、金融学、会计学、税收政策等了解不深,这给企业改制行为的方案比较与操作带来了不少困难。在此类项目演练时,指导教师应告诉学生,企业改制行为涉及多学科领域,需要多学科协同攻关。学生应加强对经济学、金融学、会计学、税收政策等方面的学习与理解,加深对此类学科知识的了解,这对相关非诉业务运作受益匪浅。另外,当此类项目涉及的学科领域复杂时,应由相关专业领域人员共同参与。尽可能确保改制方案在法律上是合法有效的,在经济上是合理的,在财务与税收上是可行的。

这一领域内,法务的重点应放在改建方案的选择分析、改建项目的过程运作、改建相关的协议起草、改建中的纠纷处理等方面。

3. 企业改制协议的复杂性问题

在《合同法》课程教学中,法科学生很少去关注商事组织法视野下的合同(协议)行为。在合同业务的运作中,人们也容易忽视商事组织法下的合同行为与交易法下的合同行为的特点。我国现行的《合同法》对此也没有作出明确的区分,但是在实务运作中,它们的差异性是存在的,应引起注意。

所谓商事组织法下的合同行为多与商事组织体的设立、运行、解散和终止行为有关。如商事组织体在设立中会有合资经营合同、投资协议、合伙协议等;在商事组织体运行中会有股权转让协议、并购协议、资产出售协议、公司合并与分立协议,股票发行中股票发行承销协议,企业债券发行中的企业债券承销协议等。

所谓交易法下的合同行为多与产品交易、服务供给活动有关。

两类合同行为的共性在于:均受我国《合同法》相关合同制度调整;合同行为均为私法行为(但商事组织法下的合同行为中,私法公法化现象较为明显)。

两类合同行为的差异性在于:

(1)从合同内容而言,商事组织法下的合同行为与商事组织体的设立、变更、终止行为相关,如中外合资经营合同、合伙协议的签订直接影响商事组织体(中外合资经营企业、合伙企业)的设立行为;股权转让协议的签订直接影响公司股东的变更;合伙人退伙协议、入伙协议的签订直接影响合伙企业合伙人的变更;公司并购协议的签订直接影响公司股东对经营权的影响或公司组织体的变更。而交易法下的合同行为不会影响商事组织体的性质及其变更问题,其内容多为产品、服务与技术的交易。

(2)从合同主体而言,在商事组织法下的合同行为中,参与主体多为商事组织体与其成员,即使发生商事组织体及成员与第三人的合同行为(如股权转让给股东以外的第三人)也与商事组织体的性质与变更相关。而交易法下的合同行为多发生于商事组织体与商事组织体之间,或商事组织体与第三人之间。

(3)从合同所应履行的程序及相关生效条件而言,在商事组织法下的合同行为中,要求审批、登记、公示程序,这些审批、登记、公示程序有些是作为合同成立要件,有些是作为对抗要件,有些是作为生效要件来把握的。而交易法下的合同行为一般在合同签订后成立,设定审批、登记、公示程序较少见(不动产买卖除外)。

(4)从法律适用而言,在商事组织法下的合同行为中,除适用《合同法》相关规定外,还应适用商事组织法的相关规定,以及公司章程、合伙协议等事关商事组织体运行的自治性规范。而交易法下的合同行为只适用《合同法》相关规定,无须适用商事组织法之规定。

针对这两类合同行为的性质和特点,在业务活动中应注意以下几个方面问题:其一,商事组织法下的合同行为较之交易法下的合同行为相对复杂,在草拟相关的合同条款时,应注意把握不同合同行为的性质;其二,在我国,由于商事组织立法体系较为散乱,因而特别要注重不同商事组织体所特有的一些法律规定,从而准确地理解和运用法律。

二、演练内容

1. 改建方案的选择分析

重点是如何选择在法律上是合法的,在经济上是可行的改建形式。这就需要针对不同类型企业改制实际,对改建后的各种企业形态(有限责任公司、股份有限公司、中外合资经营企业、中外合作经营企业、外商独资企业)有针对性地进行比较分析。

从实体和程序的不同角度为产权交易方案的设计和具体操作把关,指导改建后的企业制订公司章程和构建法人治理结构。确保整个产权交易进程遵循国家颁布的改制法规和政策,不偏离法制轨道。

2. 改建项目的过程运作

重点有:①对整个改建项目的过程、步骤有一个清晰的了解,明了哪些过程是不可省略的,哪些程序是必须完成的。②在国家有关产权交易法规和政策框架内设计合法的、兼顾国家、经营者团队、普通职工、投资者等各方利益的综合方案。尤其是在国有资产的处置、职工的身份置换补偿与安置过程中提供切实可行的工作方案。③熟悉改建企业进行改制过程前、中、后的相关申请、上报审批、登记事项(如土地使用权、工业产权、国有产权批准与审批)。④了解改建企业对原企业的注销、变更或新企业的设立程序。

以实施企业出售形式实施改建项目的,其基本程序如下:

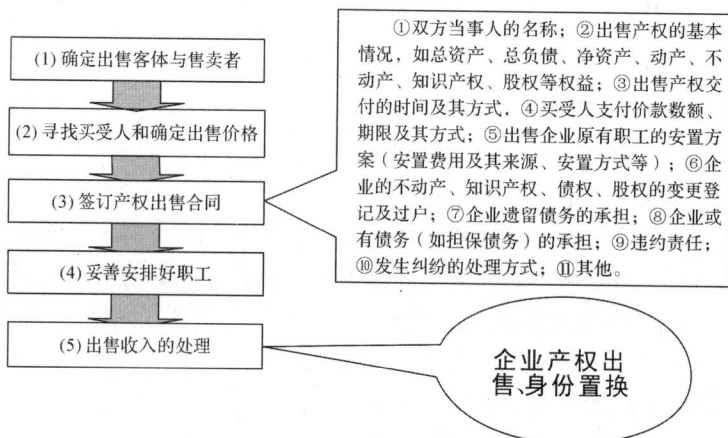

图 4-2　企业出售基本程序图

3. 改建中的协议起草

改建过程中会涉及诸多的协议文本,通过协议来明确相关当事人的权利与义务关系。通过设计协议文本对改建企业的债权、债务进行确认,确保改建过程中债权、债务的稳定性。通过起草并签订债务人的承诺书、双方或多方协议等形式对相关的债权、债务进行确认,对债务的清偿或债权的继受作出切实可行的安排。为改建企业的国有产权持有人或上级单位与战略投资者在协商谈判中,协助起草《投资协议》或《投资备忘录》。这些协议文本是否具有针对性、可履行性,直接影响改建工作的成败,因此,法务人员在参与改建活动时应明确自己的职责之一是草拟相关的协议,并对其进行把关,不出差错。

4. 改建中的纠纷处理

改建过程中由于涉及各种经济上的利害关系,难免会发生纠纷,法务人员要做的主要工作是分析纠纷产生的原因,概括纠纷的焦点问题,梳理解决纠纷的基本路径。

第三部分　演练素材收编及演练组织

一、演练素材收编

1. 演练素材收编要求

(1)这一类的演练案例以企业改制为重点内容。围绕企业改制的方式、企业改制中的工商登记、企业改制前后的债务承担、企业改制中债务遗漏的责任落实等方面,针对性地挑选相关案例。

(2)选择的案例应具有较强的可演练性。注意难易适度,案例所折射出的相关问题应有一定的难度,这样会促使学生根据已学过的知识点进行系统性的研判,从而达到学以致用的教学效果。

(3)选择的案例应满足可辩性要求。该案例可以导致各演练组在演练活动中具有较强的对抗性。

2. 宁波大学演练课程所采用的素材内容

(1)演练主旨:公司改建中的法律实务。

(2)案情简介

宁波市北仑物业有限公司系原宁波市北仑区物业管理公司改制企业,于2000年12月完成改制与工商登记手续。

原宁波市北仑区物业管理公司在改制前是一家国有企业,注册资本为20万元。投资开办单位为北仑区房地产管理处。

在整个改制过程中,原宁波市北仑区物业管理公司的资产与债务状况经宁波市北仑区房地产管理处确认为:净资产 4659.87 元,作为职工安置费处置;转制前的负债资产 87110.13 元由宁波市北仑区房地产管理处负担。最终确定转制企业的资产出让价为零。

转制后的企业登记变更为宁波市北仑区物业管理有限责任公司,由方××、梁××、王××、陈××、徐××、杨××、王××、裴××8 个自然人按零资产出让价购买资产并出资所开办。经宁波市东海会计师事务所验证,8 位自然人分别出资 39.2 万元、6.3 万元、6.3 万元、6.3 万元、6.3 万元、2.8 万元、1.4 万元、1.4 万元,共计 70 万元作为改制后企业的注册资本。

然而,在改制时对原北仑区物业管理公司既存债务状况未作彻底清理,其中按宁波市北仑区人民法院(1998)甬仑经初字第 900 号《民事判决书》判决的 25 万元借款本金与利息,以及北仑区人民法院(1998)甬仑经初字第 901 号《民事调解书》调解的 25 万元借款本金和利息均未列入原物业管理公司的负债之中,导致改制结束后债权人向北仑区人民法院申请强制执行过程中,由北仑区人民法院强制执行了宁波市北仑区物业管理有限公司账户上存款 32 万元(仅为甬仑经初字第 900 号《民事判决书》一案)。

(3)演练素材(复印件)

1)企业名称变更预先核准申请书 1 份;

2)验资报告书 1 份;

3)宁波市北仑区经济体制改革办公室文件 1 份;

4)宁波市北仑区房地产管理处出具给北仑区建设局报告 1 份;

5)宁波市北仑区人民法院民事判决书 1 份;

6)宁波市北仑区人民法院民事调解书 1 份;

7)宁波市北仑区人民法院协助扣划存款通知书 1 份。

二、演练内容与演练组织

1. 演练内容

(1)在梳理相关法律关系的基础上,结合上述事实和相关法律、司法解释分析改制前的债务如何落实,应由谁承担?

(2)由于当时在改制时没有签订过《产权出售协议》,结合上述案例材料针对性地草拟一份改制企业产权出售协议。

2. 演练组织

(1)分小组演练。每一小组由 2～3 人组成。小组可分成北仑房地产管理处组、产权购买人组,进行对抗式演练。

(2)演练活动可围绕有争议的问题展开。先由各小组进行准备,在此基础上在非诉讼行为实验室进行演示与交流。

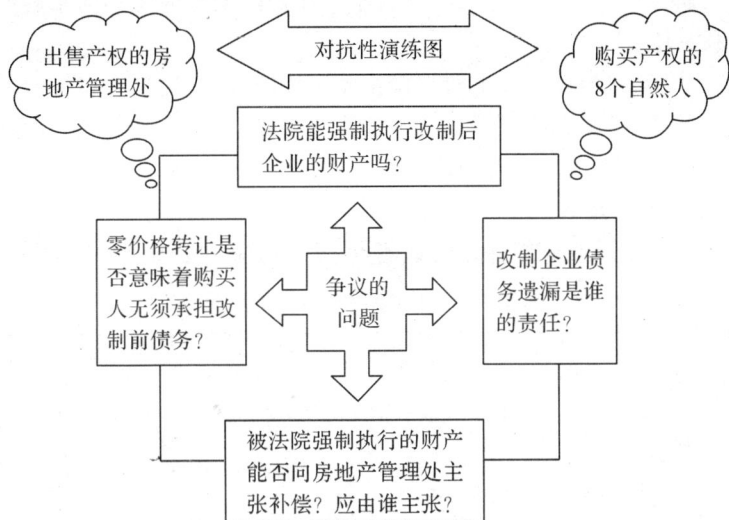

图 4-3　对抗性演练方案指引图

三、教师对演练活动点评

1. 点评重点

(1)演练中是否准确地梳理了法律关系。这是一起产权出售过程中引发的纠纷,演练中应准确把握产权出售法律关系的主体双方分别是房地产管理处和八位自然人。而改制前的物业管理公司的产权只是出售客体而非出售法律关系的主体。

(2)演练中是否注意到了工商登记行为(原企业的变更登记或注销登记)对购买人承担原企业债务的影响性。本案中对法院能强制执行改制后企业的财产关键在于改制后的企业实行的是重新登记还是变更登记。这要求学生在演练时应掌握工商登记行为对企业债务承担的影响性问题。

(3)演练中是否比较准确地厘定了本案债务遗漏的过错方。即,作为八个自然人之一的方××,原系改制企业的法定代表人,是否对该债务的遗漏是明知的? 零价格转让是否意味着购买人无须承担改制前债务? 如何正确适用最高人民法院有关改制的司法解释?

117

(4)演练中是否比较准确地厘定了可主张赔偿的权利主体。即是改制过程中的产权购买人还是改制企业。这会涉及如何构建本案的法律关系。如果从产权出售法律关系分析,应为产权购买者(八个自然人);如果从财产受损主体作为权利主张主体分析,应为改制后的企业,学生在做此演练时是如何来确定可主张赔偿的权利主体。

(5)演练中观测与评价文本的写作技能。按演练要求,结合本案应草拟一份产权出售协议书,以此观测与评价文本的写作技能以及围绕产权出售法律关系构建各方权利与义务关系的实战能力。

2. 演练成绩评定

对本项演练点评或成绩评定的观测点、作业分值列表如下(表 4-1):

表 4-1　演练项目评定分值分配表

观测点	评定要点	权重 (%)	分值范围			
			优良	中等	及格	不及格
1.法律关系的梳理能力	(1)产权出售主体的认定; (2)产权出售法律关系中的各方权利与义务的理解; (3)法院能否执行改制后企业财产的理解。	30	30~25	25以下~20	20以下~18	18以下
2.债务遗漏责任的认定能力	(1)债务遗漏过错方的认定; (2)相关司法解释的运用能力。	40	40~35	35以下~30	30以下~24	24以下
3.产权出售协议书的草拟水平	(1)产权出售协议总体结构安排; (2)产权出售协议条款的全面性; (3)产权出售协议条款的规范性。	30	30~25	25以下~20	20以下~18	18以下
总　分		100	100~85	85以下~70	70以下~60	60以下

3. 成绩登记

演练活动结束后,教师将参与演练学生的评定成绩记入平时成绩中。因当课演示时间上的原因,部分未参加当课演示的学生,要求其课后提供纸质作业,或将自己的演练作业进入演练模拟系统内,由教师进行成绩评定。

118

第四部分 辅助材料导读

一、律师承办企业改制项目业务操作指引

律师承办国有企业改制与相关公司治理业务操作指引
（六届全国律协七次常务理事会审议通过）

目 录

第一章 总 则

第1条 宗旨

为指导律师承办国有企业改制与相关公司治理业务,规范律师执业行为,保障律师依法履行职责,充分发挥律师在国有企业改制与公司治理中的作用,依据《中华人民共和国公司法》(以下简称"公司法")、《关于进一步规范国有企业改制工作的实施意见》(以下简称"60号文")、《企业国有产权转让管理暂行办法》(以下简称"3号令")及其他相关法律、法规、规章和国家关于规范国有企业改制的规范性政策文件(以下简称"规范性政策文件")的规定,制订本指引。

第2条 定义及业务范围

2.1 本指引所称律师承办国有企业改制与相关公司治理业务,是指律师事务所接受改制企业、产权持有单位、其他改制当事人的委托,指派律师为委托人提供与国有企业改制相关的法律服务,协助改制后的企业建立和完善现代企业制度及法人治理结构。

119

2.2 律师承办国有企业改制业务包括但不限于下列范围：

2.2.1 开展尽职调查,编制《尽职调查报告》；

2.2.2 协助产权持有单位或改制企业完成国有产权界定的工作,代理产权持有单位或改制企业处理国有产权方面的纠纷；

2.2.3 制作《改制方案》、《职工安置方案》,涉及国有产权转让的,制作《国有产权转让方案》；

2.2.4 编制各类规范性法律文书,参与谈判,审核其他交易方提供的材料或法律文件；

2.2.5 依法对产权持有单位或改制企业报批的《改制方案》、《国有产权转让方案》出具《法律意见书》,涉及职工安置的,一并发表意见；

2.2.6 对改制企业的职工(代表)大会、董事会、股东(大)会进行见证并出具见证意见,协助完成国有企业各项内部审核与批准程序；

2.2.7 协助改制方案、国有产权转让方案的实施和完成产权交易工作,协助公司或企业办理工商变更登记手续。

2.3 律师承办相关公司治理业务包括但不限于下列内容：

2.3.1 协助改制后公司制企业完善公司治理结构；

2.3.2 协助改制后的公司制企业建立规章制度；

2.3.3 协助改制后的公司制企业健全激励约束机制；

2.3.4 协助改制后的公司制企业完善公司董事诚信体系建设；

2.3.5 协助改制后的公司制企业完善外部治理体系,有效防范法律风险。

第3条 特别事项

3.1 本指引旨在向律师提供办理国有企业改制和相关公司治理业务方面的经验,而非强制性规定,供律师在实践中参考。

3.2 律师从事国有企业改制和相关公司治理业务,依据法律、法规、规章和规范性政策文件,在委托人的授权范围内,独立进行工作。

3.3 律师以律师事务所名义与委托人订立书面的《法律服务合同》,明确约定委托事项、承办人员、提供服务的方式和范围、双方的权利和义务以及收费金额等事项。

律师可以主协调人身份全程参与国企改制与公司治理过程,依据委托人的授权,全面主导改制工作组的活动,安排会计师事务所、资产评估机构等中介机构的相关工作,协调各中介机构的活动,以充分发挥律师在国企改制与公司治理中的作用。

3.4 律师从事与国有企业改制与相关公司治理业务有关的法律服务时,可参照本指引执行。

第二章　国有企业改制业务

第一节　尽职调查与编制《尽职调查报告》

第4条　本指引所称尽职调查,专指法律尽职调查,即在国有企业改制过程中,律师依据改制企业的改制、产权交易等计划,通过对相关资料、文件、信息以及其他事实情况的收集,从法律或规范性政策文件的角度进行调查、研究、分析和判断。

第5条　律师开展尽职调查应当遵循四个基本原则:

5.1　独立性原则。律师开展尽职调查,应当独立于委托人意志,独立于审计、评估等其他中介机构。

5.2　审慎原则。在尽职调查过程中,律师应持审慎的态度,保持合理怀疑。

5.3　专业性原则。在尽职调查过程中,律师应当结合自身优势从法律角度作出专业的判断。

5.4　避免利益冲突原则。律师应履行利益冲突审查义务,在提供服务过程中或服务结束后不应利用获悉的相关信息获取任何利益,也不应在提供服务过程中,代理与产权持有单位或改制企业有直接或间接利益冲突关系的单位或个人的任何诉讼或非诉讼事务。

第6条　律师开展尽职调查,应要求被调查对象在合理或约定时间内向律师提供真实、完整的资料原件或与原件审核一致的复印件。

律师通过对相关被调查人进行口头询问,或对被调查事项进行现场勘查等方式了解情况。律师制作的谈话记录、现场勘查记录等文件材料,除非有相关人员或部门的书面保证或书面证明,否则不能作为制作《尽职调查报告》的依据。

第7条　律师开展尽职调查,一般应当涉及下列事项:

7.1　对"设立、沿革和变更情况"的核查,应包括但不限于下列文件(必要时需要辅之以企业工商登记的查询资料):

7.1.1　改制企业的营业执照;

7.1.2　改制企业历次变更的章程及目前有效的章程;

7.1.3　与改制企业设立相关的政府有权部门的批文;

7.1.4　与业务经营相关的批准、许可或授权;

7.1.5　企业取得的资格认定证书,如业务经营许可证等;

7.1.6　企业变更登记事项的申请与批准文件;

7.1.7　审计、评估报告;

7.1.8　股东会、董事会的会议记录和决议;

7.1.9　企业分支机构和企业对外投资证明;

7.1.10　税务登记证以及有关税收优惠情况说明及批文;

7.1.11 外汇登记证；

7.1.12 海关登记证明；

7.1.13 企业已经取得的优惠政策的相关证明文件；

7.1.14 其他相关证明文件。

7.2 对"基本运营结构"的核查,应包括但不限于下列文件：

7.2.1 企业目前的股本结构或出资人出资情况的说明；

7.2.2 有关企业目前的管理结构、薪酬体系的文件；

7.2.3 有关企业内部管理制度与风险控制制度的文件。

7.3 对"股权情况"的核查,应包括但不限于下列文件：

7.3.1 有关企业的股权结构及其演变过程的证明文件；

7.3.2 股权有无质押或其他形式权利行使障碍的证明文件；

7.3.3 有关股东出资方式、出资金额的证明文件；

7.3.4 股东以非货币财产出资的财产权属证明文件及权属变更登记文件。

7.4 对"有形资产情况"的核查,应包括但不限于下列文件：

7.4.1 企业及其附属机构房屋产权及重要设备的清单；

7.4.2 企业及其附属机构有关房屋及重要设备租赁的文件；

7.4.3 企业及其附属机构有关海关免税的机械设备(车辆)的证明文件；

7.4.4 企业其他有形资产的清单及权属证明文件。

7.5 对"土地使用权及其他无形资产情况"的核查,应包括但不限于下列文件：

7.5.1 企业及其附属机构对各项软件、产品等无形资产所拥有的知识产权清单,包括专利、商标、版权及其他知识产权；

7.5.2 所有与知识产权有关的注册登记证明及协议；

7.5.3 企业及其附属机构土地使用权证、租赁土地的协议；

7.5.4 企业及其附属机构签署的重大知识产权或专有技术相关协议。

7.6 对改制企业所签署或者有关联关系的"重大合同情况"的核查,应包括但不限于下列文件：

7.6.1 任何与企业及其附属机构股权有关的合同；

7.6.2 任何在企业及其附属机构的动产或不动产设定的所有抵押、质押、留置权等担保权益或其他与权益限制相关的合同；

7.6.3 企业及其关联机构的兼并、分立、合并、歇业、清算、破产的相关合同；

7.6.4 企业及其附属机构签署的所有重要服务协议；

7.6.5 企业及其附属机构签署的所有重要许可协议、特许安排及附有条件的买卖合同；

7.6.6 企业及其附属机构签署的所有重要能源与原材料或必需品的供应合同；

7.6.7 企业及其附属机构签署的重大保险合同；

7.6.8 企业及其附属机构改制前签署的任何与合并、联合、重组、收购或出售有关的重要文件；

7.6.9 企业及其附属机构与主要客户签订的其他与其经营有重大影响的合同；

7.6.10 其他重要合同，如联营合同、征用土地合同、大额贷款或拆借合同、重大承包经营、租赁经营合同或投资参/控股及利润共享的合同或协议等等。

7.7 对改制企业"重大债权债务"的核查，应包括但不限于下列文件：

7.7.1 有关公司应收款、其他应收款的真实性及完整性；

7.7.2 应付款项是否与业务相关，有无异常负债；

7.7.3 有无其他或有事项；

7.7.4 有无提供抵押担保的债权债务及具体情况；

7.7.5 有无因债权债务事项而可能引发的纠纷等。

7.8 律师需要调查改制企业所涉及的"重大法律纠纷、行政处罚等情况"的，应包括但不限于下列文件：

7.8.1 企业未了结的诉讼、仲裁、行政处罚、索赔要求及政府部门之调查或质询的详细情况；

7.8.2 企业违反或被告知违反卫生、消防、建筑、规划、安全、环保等方面之法律、法规、通知的情况；

7.8.3 企业所知晓的将来可能涉及诉讼、仲裁、行政处罚、索赔要求、政府部门的调查或质询的事实。

7.9 律师需要调查改制企业"人员基本情况"的，应包括但不限于下列文件：

7.9.1 企业高级管理人员的基本情况；

7.9.2 企业和职工签订的劳动合同样本；

7.9.3 企业工会组织的情况和与工会签订的集体劳动合同或协议；

7.9.4 企业职工福利政策；

7.9.5 企业缴纳社会保险费的情况。

7.10 律师还可以依据改制计划、特点与要求的不同，要求委托人以及被调查对象提供其他各类相关文件或信息。

第8条 律师开展尽职调查，应当注意下列问题：

8.1 律师应当保持与委托人以及被调查对象的良好沟通,以便将律师在调查过程中所发现的问题及解决问题的方法及时反馈给委托人。

8.2 律师应当注意同其他中介机构的配合。律师在工作中应当同其他中介机构相互配合,确保改制项目顺利完成。

8.3 律师开展尽职调查,应当认真审核、比对相关资料。如果发现相关资料存在矛盾或者不一致,应当要求委托人予以核实,也可以商请其他中介机构协助调查,或由律师再次调查,以保证尽职调查的准确性。

8.4 律师开展尽职调查,应当注意收集完整的调查资料,对于因客观原因无法获得与改制或产权转让有重大关系的文件和证据的,应当在有关法律文件中明确说明。

8.5 律师开展尽职调查,应当制作工作底稿以防范执业风险。工作底稿应当真实、完整、记录清晰并适宜长期保存。

8.6 未经产权持有单位或改制企业同意,律师在提供服务过程中或服务结束后均不应将获悉的相关信息透露给任何第三方,履行保密义务。

第9条 编制《尽职调查报告》

《尽职调查报告》一般包括下列内容:

9.1.1 范围与目的。明确律师开展尽职调查工作的范围,出具尽职调查报告的目的;

9.1.2 律师的工作准则。律师是否根据有关法律、法规、规章和规范性政策文件,根据委托人的授权,按照律师行业公认的业务标准、道德规范和勤勉尽责精神,出具工作报告;

9.1.3 律师的工作程序。律师在开展尽职调查过程中的主要工作方式、工作时间以及工作流程;

9.1.4 相关依据。律师获取的各项书面材料和文件、谈话记录、现场勘查记录等;

9.1.5 正文。正文内容应当与律师的工作程序以及律师出具的调查清单所涉及的范围保持一致,如公司概况、经营情况、资产状况、知识产权、诉讼以及处罚情况等,正文部分可以分别对每一个具体问题进行确认、分析与解释;

9.1.6 结尾。律师对尽职调查的结果发表结论性意见。

第二节 编制《改制方案》与《职工安置方案》

第10条 编制《改制方案》

10.1 律师编制改制方案应当依据国家法律、法规、规章和规范性政策文件,处理好改革、发展与稳定的关系,妥善解决改制过程中遇到的问题。

10.2 改制方案一般包括下列内容:

10.2.1 改制企业及拟出资各方的基本情况（历史沿革、主营业务、人员结构、财务状况、近几年的经营情况、组织结构图等）；

10.2.2 改制的目的、必要性和可行性；

10.2.3 改制后企业的发展前景和规划；

10.2.4 改制的基本原则；

10.2.5 拟采取的改制形式；

10.2.6 国有产权受让、资产及债务处置的方式和条件；

10.2.7 职工安置；

10.2.8 党、工、团组织关系的处理；

10.2.9 股权设置及法人治理结构；

10.2.10 改制工作的组织和领导；

10.2.11 改制实施程序和步骤。

10.3 改制方案中涉及股权设置的，根据是否处于国家重点行业和关键领域决定国有控股、参股还是退出时，律师应注意下列问题：

10.3.1 涉及国家安全和经济安全的行业、自然垄断行业、提供重要公共产品和服务的行业、资源性行业和两类企业即支柱产业和高新技术产业中的骨干企业的主业部分，国有经济应继续发挥其控制力、影响力，进行股权重组时，国有股原则上应占到相对控股地位；

10.3.2 根据规模大小决定应当采取整体改制还是主辅分离辅业改制。实施辅业改制后的国有大股东持股比例原则上不能超过75％，律师应当协助改制企业在听取国资监管机构及其所出资企业、拟出资各方和改制企业职工意见的基础上，编制股权重组方案。

10.4 改制方案中涉及"资产和债权债务处置"的，律师应注意下列问题：

10.4.1 接受委托，在清产核资、财务审计的基础上，根据产权持有单位的改制目的和改制企业的具体情况制订债权债务处置方案；

10.4.2 要求改制企业如实告知各项未结债权债务，如果债权人中的金融机构持反对或保留意见，应说明该项金融债权对本次改制的影响；

10.4.3 如涉及或有负债或正在进行的有关债权债务的诉讼、仲裁和执行情况，应重点指出或有负债及诉讼、仲裁事项对本次改制的影响。

10.5 国有企业在改制过程中如将现金补偿转为股权补偿，律师应注意下列事项：

10.5.1 选择股权补偿必须自愿，不得以保留工作岗位为条件强迫职工选择；

10.5.2 职工入股采用自然人持股形式，若人数众多，应建议采取信托方式将职工的表决权和分红权分开,强化分红权,淡化表决权,通过受托人实现表决权的集中,以提高公司治理水平和决策效率。

第 11 条　编制《职工安置方案》

11.1　律师在参与国有企业的改制与重组过程中,应熟悉《劳动法》以及相关的法律、法规、规章和规范性政策文件。

11.2　律师应帮助改制企业按照《劳动法》的有关规定确立和职工之间的劳动关系,建立企业自主用工、劳动者自主择业的市场化机制,妥善安置职工。

11.3　律师应防止有关各方借改制之机侵害职工利益的不法行为出现。同时律师也应谨慎处理改制中发生的各种问题,避免激化矛盾,协助企业和各级政府机关维护社会稳定。

11.4　律师在接受产权持有单位或改制企业委托后,凡是涉及职工合法权益的问题,应建议委托人听取工会或企业职工(代表)大会的意见。

11.5　律师协助产权持有单位或改制企业编制有关改制方案以前应尽可能要求进行有关职工问题的尽职调查。律师开展尽职调查,应按照本指引第二章第一节的相关要求,排除各种干扰,认真收集、审核各项资料,保证尽职调查工作的独立性、真实性和准确性。

11.6　律师应首先了解企业对改制事项的初步意见,并据此寻找尽职调查的重点:

11.6.1　律师应当了解企业改制后是否将导致转让方不再拥有控股地位。如国有股在改制或重组后的企业中不占控股地位,律师对有关职工情况进行尽职调查时,应特别注意了解拖欠工资、医药费、挪用职工住房公积金以及欠缴社会保险费等债务情况;

11.6.2　律师应当了解改制企业准备采取何种方式安置职工。如转让方希望通过一次性补偿置换职工的全民所有制企业职工身份,律师在进行尽职调查时,应要求改制企业整理并列明全体职工的基本情况,特别是职工在改制企业连续工作时间的情况,以便下一步测算职工安置费用。

11.7　律师在尽职调查时应注意搜集和研究改制企业原有的政策文件和规章制度;查阅职工(代表)大会的会议记录及决议;审阅集体合同、劳动合同以及相关协议的样本;审阅已有或正在进行的劳动争议纠纷调解、仲裁或诉讼文件,并要求改制企业提供职工基本情况以及为职工缴纳社会保险及住房公积金情况的说明。

11.8　律师在对改制企业提供的职工基本情况的尽职调查中,应具体了解下列内容:

11.8.1　职工人数、职工参加工作时间以及在改制企业连续工作时间、工资

以及职务、职位的基本情况;

11.8.2　不在岗(包括内退、借调、留职停薪或以其他任何形式分流的)职工的基本情况;

11.8.3　改制企业与职工之间签订的劳动合同是否有违反法律规定的内容或条款;

11.8.4　改制企业是否存在拖欠职工工资或欠缴社会保险以及住房公积金的情况;

11.8.5　职工工伤及职业病情况;

11.8.6　职工与改制企业之间是否有已发生或可能发生的仲裁或诉讼;

11.8.7　改制后有可能受到影响或发生变更的有关福利制度;

11.8.8　改制企业的劳动纪律和规章制度是否符合劳动法的有关规定。

11.9　律师对于改制企业违反劳动法律、法规的情况,应建议企业及时纠正。

11.10　律师应在尽职调查的基础上帮助改制企业起草职工安置方案。职工安置方案一般应包括下列内容:

11.10.1　制订职工安置方案的指导思想、原则和政策依据;

11.10.2　企业的人员状况及分流安置意见;

11.10.3　职工劳动合同的变更、解除及重新签订办法;

11.10.4　解除劳动合同职工的经济补偿金支付办法;

11.10.5　社会保险关系接续情况;

11.10.6　拖欠职工的工资、集资款等债务和企业欠缴的社会保险费处理办法等。

11.11　对产权转让企业,特别是产权转让后国有股不再拥有控股地位的企业,律师应督促企业将职工安置方案提交职工(代表)大会讨论,并要求企业协助职工(代表)大会按法定要求表决通过职工安置方案。律师在起草改制企业国有产权转让合同时,应将职工安置方案的内容包含在内,并将职工(代表)大会通过的决议或决定作为附件,和其他改制方案一起上报有关部门批准。

11.12　律师在对国有企业改制方案出具《法律意见书》时,应对职工安置方案明确提出自己的意见。如果律师认为改制企业在职工安置过程中有任何违法或不当之处,应在保留意见中予以陈述或说明。

11.13　国有企业在改制过程中如对职工安置采取支付经济补偿金方式,律师应对该方式是否合法合规进行认真审核,其中包括:

11.13.1　经济补偿标准是否达到法定最低要求;

11.13.2　经济补偿方式是否有合法依据等。

11.14 律师在帮助改制企业确定方案时应遵守劳动法律、法规和政策,不得损害职工权益。

11.15 律师在帮助改制企业确定经济补偿方式时,除非改制企业确有困难,应首先考虑现金即时兑付方式。如果必须选择其他补偿方式时,应以双方自愿协商,特别是职工一方自愿接受为前提。

11.16 在改制企业中,下列弱势群体,需要律师在工作中予以特别关注,并在安置方案中予以考虑其实际困难和安置方式:

11.16.1 内部退养人员;

11.16.2 距法定退休年龄不到5年的在职人员;

11.16.3 因公负伤或患职业病,丧失或部分丧失劳动能力的人员;

11.16.4 职工遗属;

11.16.5 征地农民工等等。

第三节 报批备案

第12条 律师接受委托,依法协助《改制方案》的报批工作。对报批程序提供咨询意见时,应注意下列问题:

12.1 国有企业改制方案存在下述情况的不得实施:

12.1.1 未按照《企业国有资产监督管理暂行条例》的规定履行决定或批准程序;

12.1.2 未按照国务院国有资产监督管理机构或省、市国有资产监督管理机构的有关规定履行决定或批准程序。

12.2 国有企业改制涉及财政、劳动保障事项的,需预先报经同级人民政府有关部门审核,批准后报国有资产监督管理机构协调审批。

12.3 国有企业改制涉及政府社会公共管理审批事项的,依照国家有关法律法规,报经政府有关部门审批。

12.4 国有企业改制涉及由国有资产监督管理机构出资的企业改制为非国有企业的,改制方案需报同级人民政府批准。

12.5 国有企业改制涉及职工安置的,其职工安置方案须经改制企业所在地劳动保障行政部门核准。

12.6 国有企业改制涉及转让上市公司国有股权的,其审批程序按国资委和证监会的有关规定办理。

12.7 国有企业改制涉及转让银行资产的,其审批程序按国资委和银监会及中国人民银行的有关规定办理。

第13条 律师接受委托,依法协助《国有产权转让方案》的报批、备案工作。律师对报批、备案程序提供咨询意见时,应注意下列操作规范:

13.1　国有企业改制涉及由国有资产监督管理机构出资的企业,其国有产权转让事项应报同级人民政府批准。

13.2　产权持有单位应按照国家有关规定,制订所属企业的国有产权转让管理办法,并报国有资产监督管理机构备案。

13.3　国有资产监督管理机构决定所出资企业的国有产权转让,其中转让行为致使国家不再拥有控股地位的,应报同级人民政府批准。

13.4　产权持有单位决定其出资的子企业的国有产权转让,其中重要子企业的重大国有产权转让事项,应当报同级国有资产监督管理机构批准。

13.5　企业国有产权转让事项经批准或决定后,如转让和受让双方需调整产权转让比例或者企业国有产权转让方案发生重大变化的,产权持有单位应当按照规定程序重新报批。

13.6　产权持有单位向改制企业经营管理者转让国有产权,必须严格执行国家3号令和《企业国有产权向管理层转让暂行规定》等有关规定。

13.7　转让国有产权的价款原则上应当一次结清。一次结清确有困难的,经产权转让双方协商一致,依法报请批准国有企业改制或批准国有产权转让的部门审批后,可采取分期付款的方式。分期付款时,首期付款不得低于总价款的30%,并在产权转让合同签署之日起5个工作日内支付;其余价款应当由受让方提供合法担保,并应当按同期银行贷款利率向转让方支付延期付款期间的利息,付款期限不超过一年。上市公司母公司转让控股股权导致股权性质发生变化的,受让方应当一次付清。

第14条　律师依法协助改制企业与金融机构债权人办理改制确认手续。律师对确认手续所涉及的法律问题提供咨询意见时,应注意下列操作规范:

14.1转让企业国有产权导致转让方不再拥有控股地位的,改制企业应与债权金融机构订立书面的债权债务处置协议,或取得债权金融部门签发的同意改制确认书。

14.2　国有企业改制审批时,改制企业未征得金融机构债权人同意,未提交书面协议或确认书,不得进行改制。

第15条　律师可以对改制企业的清产核资、财务审计、资产评估工作提供法律服务。律师对所涉及的核准或备案程序问题提供咨询意见时,应注意下列操作规范:

15.1　产权持有单位出让国有产权的,应在清产核资和财务审计的基础上委托具有资质的资产评估机构进行资产评估。评估报告依法报经核准或者备案后,作为确定企业国有产权转让价格的参考依据。在产权交易过程中,当交易价格低于评估结果的90%时,应当暂停交易,在获得相关产权转让批准部门同意

129

后方可继续进行。

15.2 企业改制中涉及资产损失认定与处理的,改制企业必须依据有关规定履行批准程序。

第16条 律师接受委托,依法协助"利用外资改组国有企业"有关事项的报批工作。律师对报批程序提供咨询意见时,应注意下列操作规范:

16.1 产权持有单位拟利用外资改组国有企业的,除应向国有资产监督管理机构提出申请,还应参考国家有关外商投资产业目录及商务部的有关规定。

16.2 产权持有单位转让国有产权、债权或出售资产的外汇资金收入,应当凭改组申请和转让协议的批准文件及有关文件报外汇管理部门批准后结汇。

16.3 利用外资改组的改制企业通过增资扩股方式吸收外国投资者投资进行改组的,经外汇管理部门批准,可以开立外汇资本金账户,保留境外投资者投入的外汇资金。

第四节 产权转让与产权交易

第17条 国有产权转让与产权交易概述

17.1 本指引所称国有产权转让,是指国有资产监督管理机构、产权持有单位将所持有的企业国有产权有偿转让给境内外法人、自然人或者其他组织(以下简称受让方)的活动。

17.2 国有产权转让可以采取拍卖、招投标、网络竞价、协议转让以及国家法律、行政法规规定的其他方式进行。涉及上市公司国有股或企业法人股应在规定的证券交易市场进行;破产企业所持有的国有股权除非债务人会议另有决议,由受理破产案件的法院委托拍卖机构进行拍卖。

17.3 国有产权转让应当在依法设立的产权交易机构中公开进行,其中涉及国务院国有资产监督管理机构所出资企业的国有产权的,应在北京产权交易所、上海联合产权交易所、天津产权交易中心进行。律师介入产权交易应当遵循下列原则:

17.3.1 有利于国有资产的保值增值,防止国有资产流失;

17.3.2 使交易各方在等价有偿和诚实信用的前提下完成交易;

17.3.3 符合国家产业政策,有利于资源的优化配置;

17.3.4 有利于引进国内外资金、先进科学技术和管理经验;

17.3.5 不受地区、行业、隶属关系、企业性质的限制。

17.4 律师可以接受委托,协助委托方选择经纪会员。产权交易所一般实行会员代理交易制度,从事产权交易的转让方和受让方应当委托具有产权经纪资质的交易所经纪会员(以下简称"经纪会员")代理进行产权交易。在同一宗产权交易项目中,除下述情况外,一家经纪会员不得同时接受出让方和受让方的委托：

17.4.1　国有独资企业、事业法人下属的全资企业（事业）法人之间的产权交易；

17.4.2　其他经产权交易机构批准同意的产权交易。

第18条　律师可以接受委托，协助企业完成国有产权交易流程：

18.1　律师可以协助转让方或其经纪机构向产权交易机构提交以下文件：

18.1.1　《产权转让申请书》；

18.1.2　转让方和转让标的企业法人营业执照；

18.1.3　转让标的企业国有资产产权登记证；

18.1.4　转让方的内部决策文件；

18.1.5　产权转让有权批准机构同意产权转让的批复或决议；

18.1.6　转让标的企业为有限责任公司的，提交转让标的企业的股东会决议和公司章程；转让标的企业为中外合资或中外合作企业的，提交转让标的企业的董事会决议和公司章程；

18.1.7　涉及职工安置的，提交转让标的企业职工（代表）大会决议；

18.1.8　转让标的企业资产评估报告及其核准表或备案表；

18.1.9　转让标的企业审计报告；

18.1.10　律师事务所出具的法律意见书；

18.1.11　拟向转让标的企业法定代表人转让的，提交法定代表人的经济责任审计报告；

18.1.12　《产权交易委托合同》。

18.2　转让方或其经纪机构提交文件齐备后，产权交易所对文件进行形式审查，审查通过的，向转让方或其经纪机构出具《产权转让申请受理通知书》。

18.3　产权交易项目挂牌公示不少于20个工作日。通过产权交易所网站、电子显示屏及指定的各类媒体对外披露产权交易信息。信息披露内容以《产权转让申请书》内容为主；如项目属于向管理层转让，还需披露《管理层拟受让国有产权申请表》。

18.4　挂牌期间，律师可以接受意向受让方的委托，协助受让方向产权交易所提交以下文件：《产权受让申请书》、受让方的资格证明、机构法人的《企业法人营业执照》副本复印件、自然人的身份证复印件、机构法人的近期资产负债表和损益表、《产权交易委托合同》、有关此次收购的内部决议及批准情况、符合受让条件的相关文件或证明，以及按照交易规则应提交的其他文件、材料。

18.5　挂牌期满，只产生一个意向受让方的，律师应协助转让方或意向受让方与对方签订《产权交易合同》；产生两个及以上意向受让方，采取竞价转让的方式,如拍卖、招投标、网络竞价、评审或其他竞价程序,律师应协助转让方或意向受让方组织或参加竞价程序。

18.6 律师可以协助委托方办理产权交易结算交割,受让方将产权交易价款交产权交易所。如最终受让方属于管理层,价款应来源于管理层本人银行账户。

18.7 交易价款到账后,产权交易所审核并出具产权交易凭证。交易双方将产权交易手续费统一交纳至产权交易所并领取产权交易凭证。

18.8 律师可以代理交易的一方制作工商登记所要求的规范性文件并代理完成工商登记;向产权交易所出具工商部门变更后的公司法人营业执照和工商部门核准的公司章程,协助转让方领取产权交易价款。

第19条 律师协助产权主体或改制企业完成实施国有产权转让方案的具体内容,完成交易挂牌的相关准备工作,主要包括:

19.1 协助产权持有单位或改制企业完成申请或参加产权交易前,依据法律、公司章程及3号令的规定应当完成的内部决策、清产核资、审计和资产评估、审批或备案等相关手续。

19.2 协助产权持有单位或改制企业对受让方的资质、商业信誉、经营情况、财务状况、管理能力、资产规模等提出必要的受让条件,但所提出的受让条件不得出现具有明确指向性或违反公平竞争的内容。

19.3 在产权交易的转让方和受让方按照产权交易规则确定的交易方式成交后,律师可以协助产权持有单位或改制企业与产权交易受让方订立《产权交易合同》,并对合同内容和各项条款提出修改意见。《产权交易合同》一般应当包括下列主要内容:

19.3.1 转让与受让双方的名称与住所;

19.3.2 转让标的企业国有产权的基本情况;

19.3.3 转让标的企业涉及的职工安置方案;

19.3.4 转让标的企业涉及的债权债务处理方案;

19.3.5 转让方式及付款条件;

19.3.6 产权交割事项;

19.3.7 转让涉及的有关税费负担;

19.3.8 合同争议的解决方式;

19.3.9 合同各方的违约责任;

19.3.10 合同变更和解除的条件;

19.3.11 转让和受让双方认为必要的其他条款。

19.4 转让企业国有产权导致转让方不再拥有控股地位的,在签订产权交易合同时,律师可以协助产权持有单位或改制企业与受让方协商提出企业重组方案,包括在同等条件下对转让标的企业职工的优先安置方案。

19.5　采取协议转让方式的,律师可以协助产权持有单位或改制企业与受让方草签《产权交易合同》并按照内部决策程序进行审议,形成书面决议通过后方可正式签订合同。国有独资企业的产权转让,应当由总经理办公会议审议;国有独资公司的产权转让,应当由董事会审议;没有设立董事会的,由总经理办公会议审议。涉及职工合法权益的,律师应当建议改制企业必须听取转让标的企业职工(代表)大会的意见,对职工安置等事项应当经职工(代表)大会讨论通过。

19.6　通过增资扩股方式提高非国有股比例实施国企改制的,律师可以协助产权持有单位或改制企业通过产权交易所等公开方式择优选择拟出资方。

第五节　政策文件的制订与改制辅导

第20条　律师除可以为改制企业编制《改制方案》和《职工安置方案》、《国有产权转让方案》外,还可以根据改制企业的实际情况协助制订其他规范性政策文件,如土地处置方案、债权债务处置方案以及用于安置人员的资产委托管理等相关方案。

第21条　律师为企业改制拟定、编制其他规范性政策文件,应注意下列问题:

21.1　拟定决议类法律文件、公告类法律文件、协议类法律文件、当事人之间承诺或保证类法律文件,为委托人编制向政府提交用于审批、核准或备案的申请报告时,应当根据法律、法规和规范性政策文件规定的程序,在充分听取产权持有单位、改制企业或其他改制当事人意见的基础上进行。

21.2　在拟定公司章程的同时,为改制企业拟定新的规章制度,应符合改制企业建立法人治理结构的需要和要求。

21.3　拟定《集体劳动合同书》和《劳动合同书》,应依据《劳动法》等法律、法规、规章及其他规范性政策文件。

第22条　律师应当为改制企业提供改制辅导,改制辅导目的是通过对《公司法》和国有企业改革政策的宣传同步实现观念更新,观念更新包含四项主要内容:培养股份制意识;形成公司治理文化;树立市场经济的理念;控股股东或出资人代表的平等意识等。改制辅导一般包括下列内容:

22.1　协助改制企业组织职工认真学习国家和所处地区有关国企改革的法律、法规、规章和规范性政策文件,通过会议动员、宣传培训、座谈讨论等形式,统一思想,达成共识。

22.2　帮助职工培养股份制意识是指实现权利意识、法律意识、财务意识、风险意识四种意识的合一。公司治理文化是一种分权制衡为核心的和谐发展文化。制度创新以后,应以分权制衡的公司治理文化取代领导与被领导的传统国有企业文化,应以和谐发展文化取代内耗斗争文化。

第六节　工商登记

第23条　律师应当协助改制后的企业严格按照改制方案、《公司法》《公司登记管理条例》及工商行政管理部门的有关规定,完成新公司设立的各项准备工作。

第24条　公司经公司登记机关依法登记,领取《企业法人营业执照》,方取得企业法人资格。

第25条　设立有限责任公司,应当由全体股东指定的代表或者共同委托的代理人向公司登记机关申请名称预先核准;设立股份有限公司,应当由全体发起人指定的代表或者共同委托的代理人向公司登记机关申请名称预先核准。律师协助设立公司办理申请名称预先核准手续的,应当提交下列文件:

25.1　有限责任公司的全体股东或者股份有限公司的全体发起人签署的公司名称预先核准申请书;

25.2　全体股东或者发起人指定代表或者共同委托代理人的证明;

25.3工商行政管理部门规定要求提交的其他文件。

第26条　申请设立有限责任公司,律师应当协助设立企业向公司登记机关提交下列文件:

26.1　公司法定代表人签署的设立登记申请书;

26.2　全体股东指定代表或者共同委托代理人的证明;

26.3　公司章程;

26.4　依法设立的验资机构出具的验资证明,法律、行政法规另有规定的除外;

26.5　股东首次出资是非货币财产的,应当在公司设立登记时提交已办理其财产权转移手续的证明文件;

26.6　股东的主体资格证明或者自然人身份证明;

26.7　载明公司董事、监事、经理的姓名、住所的文件以及有关委派、选举或者聘用的证明;

26.8　公司法定代表人任职文件和身份证明;

26.9　企业名称预先核准通知书;

26.10　公司住所证明;

26.11工商行政管理部门规定要求提交的其他文件。

法律、行政法规或者国务院决定规定设立有限责任公司必须报经批准的,律师可以协助设立企业提交有关批准文件。

第 27 条　申请设立股份有限公司,应当由董事会向公司登记机关申请设立登记。以募集方式设立股份有限公司的,应当于创立大会结束后 30 日内向公司登记机关申请设立登记。律师可以协助设立企业向公司登记机关提交下列文件:

27.1　公司法定代表人签署的设立登记申请书;

27.2　董事会指定代表或者共同委托代理人的证明;

27.3　公司章程;

27.4　依法设立的验资机构出具的验资证明;

27.5　发起人首次出资是非货币财产的,应当在公司设立登记时提交已办理其财产权转移手续的证明文件;

27.6　发起人的主体资格证明或者自然人身份证明;

27.7　载明公司董事、监事、经理姓名、住所的文件以及有关委派、选举或者聘用的证明;

27.8　公司法定代表人任职文件和身份证明;

27.9　企业名称预先核准通知书;

27.10　公司住所证明;

27.11　工商行政管理部门规定要求提交的其他文件。

第 28 条　律师可以协助新公司召开公司创立大会、登记注册与变更有关手续。律师依照有关规定,可以协助新公司办理公司登记、税务、土地、房屋、车辆等相关手续。

第三章　相关公司治理业务

第 29 条　律师承办相关公司治理业务、参与公司治理制度建设,应当充分体现"以保护股东利益为基本价值取向"的公司治理理念,深入了解企业文化背景、整体发展规划、股东需求、管理层与职工构成、企业所在地及所在产业的实际状况,坚持实事求是、依法创新、规范操作,以律师的职业素养和一般人的谨慎注意,诚信从事公司治理业务,避免损害的发生。

第 30 条　公司治理的主要目标:

30.1　保障改制企业的平稳过渡,推动改制后新公司的规范发展和防止公司僵局的出现;

30.2　协助新公司的国有股东代表、管理层、职工及其他相关人员,转变固有的"上下级指导"、"大股东拍板"、"等、靠、要"等经营管理思路,按公司法的规定和市场经济的要求,理解与完善公司治理;

30.3　使得控股与非控股股东的权利和利益达到有效平衡,在公司法框架下股东均得以有效保护,实现股东价值和长期投资回报最大化,增强投资者的

信心;

30.4　规范股东、董事、经理、监事、职工、债权人等公司参与各方的权利和义务,降低公司运作成本;

30.5　建立风险管理的总体框架,在公司治理层面对公司的组织、资源、资产、投资和整个公司的运作进行有效控制,对管理层、骨干职工的活动和业绩进行监督和保持必要的激励,提高公司整体运作效率。

第31条　公司治理操作应坚持的基本原则:

31.1　根据公司的实际需求进行公司治理设计,在法律框架下,平衡公司参与各方的利益,保障公司稳定发展;

31.2　明确股东、董事、经理和监事的权利与责任,公平地对待所有股东,强化董事与股东之间的有效沟通机制;

31.3　强化单个董事及整个董事会的责任,包括完善董事会的结构与决策程序,确保董事会对公司的战略性指导和对管理人员的有效监督,并确保董事会对公司和股东负责,使董事会的决策和运作真正符合全体股东的根本利益,避免内部人控制或大股东操纵;

31.4　保持董事会应有的独立性,根据企业实际需要设计董事会下属各专业委员会,并明确其职责。

31.5　强化对管理层、职工的业绩和行为的监督与考核机制,有效运用薪酬设计激发个人潜能,促进企业长远发展。

第32条　股权结构设置与公司治理密切相关,不同的股权结构会导致不同的公司治理设计模式。律师承办国有企业改制后的相关公司治理业务时,对股权设置问题应注意以下几个方面的问题:

32.1　结合股权重组具体情况、公司发展战略,适时向重组相关方提出公司性质界定与股权结构设置建议;

32.2　对于众多职工拟参与增资扩股、职工仅倾向于获取股权分红的改制后企业,为避免股东会决策效率降低等后果,律师可以提出信托持股建议,并制作信托持股的法律文件;

32.3　对于因种种原因不参与企业管理、仅获取股权分红的股东,律师了解其合法需求后,可以提供股东表决权信托的法律文件,由该股东与其他相关股东签署;

32.4　对于需要限制管理层股东变化的公司,律师可以提出管理权与股权挂钩的建议,当管理层成员退出时,对其股权作退股处理,并在公司章程等文件中明确有关管理层股权退出的内容,如规定退股方式、退股条件、退股时间、受让方的确定、受让价格的计算等。

第 33 条　律师可以协助改制后企业修订完善公司章程,特别注意区分哪些是公司法中的强制性条款,不得随意变动;哪些是任意性条款,可以自由约定。公司章程修订完善应注意以下几个方面的问题:

33.1　向公司所在地工商行政管理部门进行询问,如果工商部门要求提交统一格式的章程,或存在固定的章程签署格式等要求,律师首先应取得该章程文本,再在其基础上予以设计、完善,避免因格式问题造成章程不被工商部门接收;

33.2　根据公司有关情况,向其所在地工商、税务等职能部门核实对公司性质、经营范围、经营资质、营业期限、出资方式、最低出资额等方面的限制性规定及程序性安排,依政策法规进行章程制作。

33.3　向公司股东等相关人员充分披露、分析讲解公司法规定的公司章程可自由约定事项、特别限制性条款等内容,根据公司各方利益主体的实际需求进行章程设计。就有限公司章程而言,列举如下:

33.3.1　公司的法定代表人可以由董事长、执行董事或者经理担任;

33.3.2　经全体股东约定,可以不按出资比例分取红利;公司章程可以约定,股东表决权不按出资比例行使;股东股权的转让事宜可以自由约定;

33.3.3　公司向其他企业投资或者为他人提供担保,可以由董事会或者股东会决议;对投资或者担保的总额及单项投资或者担保的数额有限额规定的,不得超过规定的限额;公司为公司股东或者实际控制人提供担保的,必须经股东会决议;前款规定的股东或者受前款规定的实际控制人支配的股东,不得参加前款规定事项的表决,该项表决由出席会议的其他股东所持表决权的过半数通过。

33.3.4　公司聘用、解聘承办公司审计业务的会计师事务所,可以由股东会或者董事会决定。

33.3.5　监事会中应有职工代表,职工代表的比例不得低于三分之一,由公司职工通过职工(代表)大会或者其他形式民主选举产生。

33.4　根据改制企业实际情况,合理安排股东会、董事会、经理、监事会的职权,将"公司章程规定的其他职权"与相关各方沟通后,落到实处。

33.5　注意公司章程的内部一致性,避免前后冲突,特别是单独约定事项与整体约定事项的冲突;注意公司章程与公司议事规则、工作制度、管理办法等公司内部规定的一致性,避免实际操作障碍。

第 34 条　公司议事规则与工作制度是公司章程的操作细则,根据公司情况,律师可以协助设计股东会议事规则、董事会议事规则、董事会专业委员会(如薪酬委员会、提名委员会、投资决策委员会等)议事规则、监事会议事规则、监事巡视制度、经理工作制度等文件。议事规则不能与公司章程相冲突,应当包括如下条款:

34.1　会议职权,需与公司章程保持一致,可以进一步细化;

34.2　会议召开,包括:通知、议程、表决等内容;其中要明确:会议有效召开需要多少适格成员的参加;经过多大比例成员通过,会议决议方为有效;

34.3　参会与委托参会,对参加会议及表决的手续进行规定;

34.4　提案的提出、审议、表决、决议等。

第35条　从有效激励、促进公司长远发展的角度,律师可以根据改制后企业情况提出薪酬设计建议,协助公司建立与公司业绩和个人工作表现挂钩的薪酬制度。薪酬设计可以体现在基本工资、年度奖金,以及各种形式的股权激励等方面,薪酬方案视不同情况,包括决策机构、授予人员、涉及的股权总数、行权期限、行权价格、方案变更、操作程序等相关条款。

第36条　根据改制后新公司的委托,律师可以从事该公司的常年法律顾问或其他专项法律服务工作,从日常合同的审查修改、劳动关系的规范、经营风险的防范等诸多方面协助做好公司治理工作。

第37条　律师可以根据改制后新公司的发展变化,协助其不断完善治理机制,帮助其积极介入产品服务竞争市场、经理人才市场、董事市场、债权人市场、劳动力市场、控制权市场等外部治理市场,实现内部治理结构和外部治理市场的良性互动,通过市场约束帮助公司不断提升治理水平。

第38条　律师应当通过业务实践发现公司法律、法规存在的空白、缺陷,从理论上不断总结公司治理业务经验,提出立法建议,不断完善公司法律、行政法规体系。

第四章　法律意见书

第39条　法律意见书,是指律师应当事人的委托或要求,针对某一特定的法律事实、法律行为或法律文书,根据自己所掌握的事实和材料,正确运用法律作出分析、判断,据此向当事人出具的载有正式律师意见的书面法律文件。

法律意见书一般以律师事务所的名义出具,由一至二名承办律师签字;简易事项或其他需要仅以本所名义出具的,可以仅由本所盖章出具;时间紧急或有其他特殊情况的,可以由本所合伙人律师签字出具,事后补盖律师事务所公章。

第40条　法律建议书,是指律师向当事人提供的载有律师对该项问题的想法与处理意见的书面建议性法律文件,不具有法律意见书的效力,其出具可以参照本章相关规定执行。当出现下列情形之一时,律师可以出具法律建议书:时间紧迫不能及时形成正式的法律意见书而当事人需要律师的书面文件的;律师根据相关证明材料无法确定有关事实的;当事人就专项问题的处理方式向律师提出法律咨询的;当事人有其他特别要求的。

第41条　律师就非国有企业改制和相关公司治理事宜出具法律意见书或

法律建议书的,在无其他相关规定时,可参照本指引执行。

第42条　律师在承办国有企业改制和相关公司治理业务中,可以应当事人的委托或要求,就以下事项出具法律意见书:

42.1　整体或专项产权界定;

42.2　改制涉及的资产评估相关事项(该法律意见书应仅从评估机构的资格、评估备案的程序等方面发表意见);

42.3　改制方案;

42.4　职工安置方案;

42.5　国有产权转让方案;

42.6　国有企业改制的操作及审批流程;

42.7　公司治理结构、章程、议事规则、工作制度、薪酬计划、股权变化、会议决议及其调整和安排等。

第43条　律师出具法律意见书要谨防业务风险,在出具法律意见书之前,可以根据项目情况要求委托人出具《委托方承诺》,一般可以包括如下内容:承诺所依据的法律服务委托关系;向律师提供材料的截止时间,材料原件与复印件是一致的;提供给律师的材料是真实、准确且完整的;有关人员就相关事项的说明属实;不干预法律意见书的出具等。

第44条　在承接相关业务时,应当考虑本所指派的律师是否具备下列方面的素质和专业能力:

44.1　通过适当的培训和业务操作,已具备从事类似性质和复杂程度业务的知识和实务经验;

44.2　掌握与所出具的法律意见相关的法律、法规及规范性政策文件的规定;

44.3　对委托人所处的行业有适当的了解,能够把握该行业所特有的法律问题;

44.4　具有相当的职业判断能力和执业素养。

第45条　律师在出具法律意见书时,应参照本指引第二章第一节相关要求进行尽职调查,以保证出具法律意见书所依据的相关资料的真实性、准确性、完整性。

第46条　律师应当选择相关法律、法规及规范性政策文件作为出具法律意见书的依据。如果引用的是部门规章、地方性法规或其他仅适用于特定主体或目的的文件,律师应声明法律意见书的使用应仅限于该特定主体或目的。

第47条　当律师出具法律意见仅服务于特定的使用者,或具有特定目的时,律师应当考虑在法律意见中声明该意见的使用仅限于特定的使用者或特定目的。

第 48 条　法律意见书一般应由首部、主文和结尾组成。

首部包括标题和文件编号，标题一般采用"××律师事务所关于××事项的法律意见书"的形式，编号可以采用本所编号规则；结尾供法律意见书的签署之用，应当说明法律意见书的文本份数，加盖律师事务所公章、由经办律师加盖人名章（或采用打印律师姓名加律师签字的形式），并注明出具日期。

主文是法律意见书的核心部分，应当根据不同的事项确定其主要内容。如有必要，法律意见书可附相应附件，用以补充主文的相应内容；必要时，应委托人的要求，法律意见书的出具律师可以出具法律意见书的补充说明，作为法律意见书的有效组成部分，补充说明的出具参照本章规定执行。

第 49 条　法律意见书的主文部分一般应包括引言、正文。

49.1　引言一般包括五部分内容：

49.1.1　第一部分是律师事务所出具法律意见书所依据的委托关系表述。委托关系可基于律师事务所是委托人的常年法律顾问、本次委托事项的特聘专项法律顾问或其他委托关系，从而说明律师具有出具该法律意见书的合法身份。

49.1.2　第二部分是律师出具法律意见书所引用的法律依据。引用法律依据时律师应当注意适用法律、法规的准确性，正确处理法律和法规的效力冲突等问题，使用司法解释或法理以及规范性政策性文件作为依据时，应当作出适当说明。

49.1.3　第三部分是律师出具法律意见书所引用的证据材料。该证据材料须是与出具法律意见书相关的如下材料：律师依法调查取得的文件；委托人或其他相关主体提供并证明其来源真实、合法的文件；经被调查人签字确认的谈话记录；其他可以作为证据使用的材料。律师应当对证据材料来源进行说明。

49.1.4　第四部分是律师声明事项。律师可以根据具体情况确定声明事项，但不得作出违反律师行业公认的业务标准、道德规范和勤勉尽责精神的免责声明。对于律师出具法律意见过程中受到条件或资料等局限，以至可能影响法律意见的全面性或准确性的，律师应当作出相应的声明。

49.1.5　第五部分是法律意见书的名词释义。当法律意见书中使用简称、专业术语等表述时，应当进行名词释义，避免相关内容的歧义。

49.2　在法律意见书的正文部分，律师应根据出具法律意见书所针对的法律行为、法律事实或法律文书，就其所涉及的具体法律问题分别进行表述。正文部分一般包括委托人或交易事项主体的法律资格的说明、法律意见书所述各种事项决定权的说明、委托人的决策机构情况、委托人的财产情况、相关事项的合法性分析、总体结论性意见，以及律师认为需要说明的其他事项。

49.2.1 对委托人或交易事项的双方主体资格进行说明时,应查验其在有关登记机关登记注册的事项,说明其是否为依法有效存续的企业法人或其他合法主体,是否具有处理相应事项的主体资格,如审查:近期经年检的企业法人营业执照、企业国有资产产权登记证或国有资产产权登记年度检查表等。

49.2.2 关于各种事项决定权的说明,主要说明所述事项是否满足外部(如法律要求)和内部决策(如章程)程序。

在出具国有产权转让的法律意见书时,要注意其内部审议程序有所不同:转让标的企业为国有独资企业的,说明产权转让方案是否为该企业总经理办公会审议,会议的审议程序和审议结果是否合法;转让标的企业为国有独资公司的,说明产权转让方案是否为该公司董事会审议,会议的审议程序和审议结果是否合法;转让标的企业为有限责任公司的,说明该国有产权转让是否已经取得股东会同意。企业国有产权转让涉及职工合法权益的,说明是否听取转让标的企业职工(代表)大会的意见,职工安置事项是否已经职工(代表)大会讨论通过。若内部审议的程序和结果均符合法律规定,说明该企业国有产权转让尚需转让方或有权批准的部门决定或审批;若审批方已经审批通过,则需要核查并说明审批程序及有关文件是否齐备、合法。

49.2.3 关于相关事项的合法性分析,是律师根据相关法律规定作出的合法性判断。

在出具国有产权转让方案的法律意见书时,律师一般应就本所参与制作的相关方案中各项内容逐项发表意见;对于本所前期并未参与相关方案制订的,出具法律意见书前,应当进行尽职调查,审查改制方案、产权转让方案、职工安置方案以及有关附属文件。出具法律意见书时,特别注意如下几点:说明方案中基本情况的介绍、转让行为的论证情况是否与律师查证的相关情况一致;职工安置方案与经职工(代表)大会审议通过的方案内容是否一致;企业拖欠职工的各项费用的解决方案和有关社会保险关系的接续方案是否合法;债权债务的处理方案是否合法;转让收益的处置方案是否合法;有关方案中的数值与资产评估报告中是否一致;转让底价的确定是否合法;期间损益、期后事项的处理是否合法;产权转让公告的主要内容是否合法等。

49.2.4 总体结论性意见,是律师根据委托事项进行概括总结,发表明确的总体结论性意见,包括无保留意见、保留意见、否定意见三种基本形式。对不符合有关法律、法规和相关规定的事项,或已勤勉尽责仍不能对其法律性质或其合法性作出准确判断的事项,律师应发表保留意见,并说明相应的理由。

第50条 律师应及时、准确、真实地制作工作底稿,工作底稿的质量是判断律师是否勤勉尽责的重要依据,也是律师防范执业风险的重要保障。工作底稿是指律师在承办国有企业改制和相关公司治理业务中,在出具法律意见书时形成的工作记录及在工作中获取的所有文件、会议纪要、谈话记录等资料。工作底稿与法律意见书一同归档留存,按本所档案管理规定管理。

第51条 为避免原件丢失或造成其他不必要的误解和责任,律师不应留存有关材料的原件,委托方或有关主体提供的材料应是经核对的原始资料复印件(A4纸复印并加盖提供方骑缝章,或特殊情况下经有关人员齐缝签字确认)。律师的工作底稿应包括但不限于以下内容:

51.1 律师承担项目的基本情况,包括委托单位的名称、项目名称、服务于项目的时间或期间、工作量统计;

51.2 为制作法律意见书制订的工作计划及其操作程序的记录,律师工作组会议记录;

51.3 委托人或交易双方设立及历史沿革的有关资料,如设立批准书、出资协议、合同、章程、营业执照等文件(含变更文件)的复印件;

51.4 重大合同、协议、人员、财务资料,以及其他重要文件和会议记录的摘要或副本;

51.5 与委托人及相关人员相互沟通情况的记录,对其提供资料的检查、调查访问记录、往来函件、现场勘查记录、查阅文件清单等相关的资料及详细说明;

51.6 委托人的书面承诺或声明书的复印件;

51.7 对保留意见及疑难问题所作的说明;

51.8 其他相关的重要资料。

第52条 律师应当要求委托人,在改制方案、产权转让方案或其他方案有任何变动时立即通知律师,并经过委托人书面确认,该书面确认意见或就改动内容出具的法律意见书补充说明,应当立即报送决定或有权批准部门;但企业国有产权转让事项经批准或决定后,如转让或受让双方调整产权转让比例或者企业国有产权转让方案有重大变化的,应当重新出具法律意见书并按照规定程序重新报批。

第五章 附 则

第53条 本指引下列用语的含义:

53.1 改制企业,是指拟改制或正在进行改制的国有企业;

53.2 产权持有单位,是指国有企业出资人或国有产权转让方;

53.3 其他改制当事人,是指国有企业债权人、国有企业职工组织、国有产权受让人等。

第54条 本指引由中华全国律师协会民事专业委员会组织起草并由中华全国律师协会常务理事会负责解释。

第55条 本指引经六届全国律协七次常务理事会审议通过,自发布之日起施行。

二、企业改制司法解释

最高人民法院关于审理与企业改制相关民事纠纷案件若干问题的规定
最高人民法院公告(法释〔2003〕1号)

《最高人民法院关于审理与企业改制相关民事纠纷案件若干问题的规定》已于2002年12月3日由最高人民法院审判委员会第1259次会议通过,现予公布,自2003年2月1日起施行。

2003年1月3日

为了正确审理与企业改制相关的民事纠纷案件,根据《中华人民共和国民法通则》、《中华人民共和国公司法》、《中华人民共和国全民所有制工业企业法》、《中华人民共和国合同法》、《中华人民共和国民事诉讼法》等法律、法规的规定,结合审判实践,制订本规定。

一、案件受理

第一条 人民法院受理以下平等民事主体间在企业产权制度改造中发生的民事纠纷案件:

(一)企业公司制改造中发生的民事纠纷;

(二)企业股份合作制改造中发生的民事纠纷;

(三)企业分立中发生的民事纠纷;

(四)企业债权转股权纠纷;

(五)企业出售合同纠纷;

(六)企业兼并合同纠纷;

(七)与企业改制相关的其他民事纠纷。

第二条 当事人起诉符合本规定第一条所列情形,并符合民事诉讼法第一百零八条规定的起诉条件的,人民法院应当予以受理。

第三条 政府主管部门在对企业国有资产进行行政性调整、划转过程中发生的纠纷,当事人向人民法院提起民事诉讼的,人民法院不予受理。

二、企业公司制改造

第四条 国有企业依公司法整体改造为国有独资有限责任公司的,原企业的债务,由改造后的有限责任公司承担。

第五条 企业通过增资扩股或者转让部分产权,实现他人对企业的参股,将企业整体改造为有限责任公司或者股份有限公司的,原企业债务由改造后的新设公司承担。

第六条　企业以其部分财产和相应债务与他人组建新公司,对所转移的债务债权人认可的,由新组建的公司承担民事责任;对所转移的债务未通知债权人或者虽通知债权人,而债权人不予认可的,由原企业承担民事责任。原企业无力偿还债务,债权人就此向新设公司主张债权的,新设公司在所接收的财产范围内与原企业承担连带民事责任。

第七条　企业以其优质财产与他人组建新公司,而将债务留在原企业,债权人以新设公司和原企业作为共同被告提起诉讼主张债权的,新设公司应当在所接收的财产范围内与原企业共同承担连带责任。

三、企业股份合作制改造

第八条　由企业职工买断企业产权,将原企业改造为股份合作制的,原企业的债务,由改造后的股份合作制企业承担。

第九条　企业向其职工转让部分产权,由企业与职工共同组建股份合作制企业的,原企业的债务由改造后的股份合作制企业承担。

第十条　企业通过其职工投资增资扩股,将原企业改造为股份合作制企业的,原企业的债务由改造后的股份合作制企业承担。

第十一条　企业在进行股份合作制改造时,参照公司法的有关规定,公告通知了债权人。企业股份合作制改造后,债权人就原企业资产管理人(出资人)隐瞒或者遗漏的债务起诉股份合作制企业的,如债权人在公告期内申报过该债权,股份合作制企业在承担民事责任后,可再向原企业资产管理人(出资人)追偿。如债权人在公告期内未申报过该债权,则股份合作制企业不承担民事责任,人民法院可告知债权人另行起诉原企业资产管理人(出资人)。

第十二条　债权人向分立后的企业主张债权,企业分立时对原企业的债务承担有约定,并经债权人认可的,按照当事人的约定处理;企业分立时对原企业债务承担没有约定或者约定不明,或者虽然有约定但债权人不予认可的,分立后的企业应当承担连带责任。

第十三条　分立的企业在承担连带责任后,各分立的企业间对原企业债务承担有约定的,按照约定处理;没有约定或者约定不明的,根据企业分立时的资产比例分担。

四、企业债权转股权

第十四条　债权人与债务人自愿达成债权转股权协议,且不违反法律和行政法规强制性规定的,人民法院在审理相关的民事纠纷案件中,应当确认债权转股权协议有效。

政策性债权转股权,按照国务院有关部门的规定处理。

第十五条　债务人以隐瞒企业资产或者虚列企业资产为手段,骗取债权人与其签订债权转股权协议,债权人在法定期间内行使撤销权的,人民法院应当予以支持。

债权转股权协议被撤销后,债权人有权要求债务人清偿债务。

第十六条　部分债权人进行债权转股权的行为,不影响其他债权人向债务人主张债权。

五、国有小型企业出售

第十七条　以协议转让形式出售企业,企业出售合同未经有审批权的地方人民政府或其授权的职能部门审批的,人民法院在审理相关的民事纠纷案件时,应当确认该企业出售合同不生效。

第十八条　企业出售中,当事人双方恶意串通,损害国家利益的,人民法院在审理相关的民事纠纷案件时,应当确认该企业出售行为无效。

第十九条　企业出售中,出卖人实施的行为具有合同法第五十四条规定的情形,买受人在法定期限内行使撤销权的,人民法院应当予以支持。

第二十条　企业出售合同约定的履行期限届满,一方当事人拒不履行合同,或者未完全履行合同义务,致使合同目的不能实现,对方当事人要求解除合同并要求赔偿损失的,人民法院应当予以支持。

第二十一条　企业出售合同约定的履行期限届满,一方当事人未完全履行合同义务,对方当事人要求继续履行合同并要求赔偿损失的,人民法院应当予以支持。双方当事人均未完全履行合同义务的,应当根据当事人的过错,确定各自应当承担的民事责任。

第二十二条　企业出售时,出卖人对所售企业的资产负债状况、损益状况等重大事项未履行如实告知义务,影响企业出售价格,买受人就此向人民法院起诉主张补偿的,人民法院应当予以支持。

第二十三条　企业出售合同被确认无效或者被撤销的,企业售出后买受人经营企业期间发生的经营盈亏,由买受人享有或者承担。

第二十四条　企业售出后,买受人将所购企业资产纳入本企业或者将所购企业变更为所属分支机构的,所购企业的债务,由买受人承担。但买卖双方另有约定,并经债权人认可的除外。

第二十五条　企业售出后,买受人将所购企业资产作价入股与他人重新组建新公司,所购企业法人予以注销的,对所购企业出售前的债务,买受人应当以其所有财产,包括在新组建公司中的股权承担民事责任。

第二十六条　企业售出后,买受人将所购企业重新注册为新的企业法人,所购企业法人被注销的,所购企业出售前的债务,应当由新注册的企业法人承担。但买卖双方另有约定,并经债权人认可的除外。

第二十七条 企业售出后，应当办理而未办理企业法人注销登记，债权人起诉该企业的，人民法院应当根据企业资产转让后的具体情况，告知债权人追加责任主体，并判令责任主体承担民事责任。

第二十八条 出售企业时，参照公司法的有关规定，出卖人公告通知了债权人。企业售出后，债权人就出卖人隐瞒或者遗漏的原企业债务起诉买受人的，如债权人在公告期内申报过该债权，买受人在承担民事责任后，可再行向出卖人追偿。如债权人在公告期内未申报过该债权，则买受人不承担民事责任。人民法院可告知债权人另行起诉出卖人。

第二十九条 出售企业的行为具有合同法第七十四条规定的情形，债权人在法定期限内行使撤销权的，人民法院应当予以支持。

六、企业兼并

第三十条 企业兼并协议自当事人签字盖章之日起生效。需经政府主管部门批准的，兼并协议自批准之日起生效；未经批准的，企业兼并协议不生效。但当事人在一审法庭辩论终结前补办报批手续的，人民法院应当确认该兼并协议有效。

第三十一条 企业吸收合并后，被兼并企业的债务应当由兼并方承担。

第三十二条 企业进行吸收合并时，参照公司法的有关规定，公告通知了债权人。企业吸收合并后，债权人就被兼并企业原资产管理人（出资人）隐瞒或者遗漏的企业债务起诉兼并方的，如债权人在公告期内申报过该笔债权，兼并方在承担民事责任后，可再行向被兼并企业原资产管理人（出资人）追偿。如债权人在公告期内未申报过该笔债权，则兼并方不承担民事责任。人民法院可告知债权人另行起诉被兼并企业原资产管理人（出资人）。

第三十三条 企业新设合并后，被兼并企业的债务由新设合并后的企业法人承担。

第三十四条 企业吸收合并或新设合并后，被兼并企业应当办理而未办理工商注销登记，债权人起诉被兼并企业的，人民法院应当根据企业兼并后的具体情况，告知债权人追加责任主体，并判令责任主体承担民事责任。

第三十五条 以收购方式实现对企业控股的，被控股企业的债务，仍由其自行承担。但因控股企业抽逃资金、逃避债务，致被控股企业无力偿还债务的，被控股企业的债务则由控股企业承担。

七、附则

第三十六条 本规定自 2003 年 2 月 1 日起施行。在本规定施行前，本院制订的有关企业改制方面的司法解释与本规定相抵触的，不再适用。

第五讲 公司法律事务演练

第一部分 教师讲解

一、公司设立中的法律事务

1. 股东出资的法律要求

按我国《公司法》规定,股东可以用货币出资,也可以用实物、知识产权、土地使用权等可以用货币评估并可办理转让手续的非货币财产出资。但法律、行政法规规定不得作为出资的财产除外。

(1)货币出资方式

货币出资是指股东直接用资金向公司投资,其认缴的股本金额应在公司章程规定的出资期限内履行出资义务。2005 年修订的《公司法》有全体股东的货币出资不得低于注册资本 30% 的要求,2013 年修订的《公司法》取消了这一方面的限制。

(2)实物作价出资方式

实物作价出资是指股东对公司的投资是以实物形态进行的。实物必须是公司生产经营所必需的建筑物、设备、原材料或者其他物资,非公司生产经营活动所需要的物资,一般不应作为实物入股公司。根据《公司法》的规定,实物出资须评估作价,核实财产,不得高估或者低估作价。对于国家事业单位、社会团体、企业以国有资产为实物出资的,实物作价结果应经国有资产管理部门核资、确认。股东以实物作价出资,应办理实物出资的转移手续。

(3)知识产权出资方式

知识产权是一种无形的知识资产,它大体上可分为专利权、商标权、版权、非专利技术等。作为出资向公司入股,股东必须是该知识产权的合法拥有者,并经过法律程序的确认。股东以知识产权作价出资,须对其进行评估作价,不得高估或者低估作价,并应办理转让手续。

(4)土地使用权出资方式

在我国,根据法律的规定,土地归国家和集体所有。股东以土地出资入股,只能是以出让土地使用权出资入股。股东以土地使用权出资,须持有土地管理部门所颁发的国有土地使用证。在公司成立后,股东应将国有土地使用证交给公司,由公司向当地土地管理部门申请变更土地登记。

(5)不得作为公司股东出资方式的情形

按《公司登记管理条例》规定,股东不得以劳务、信用、商誉、特许经营权或者设定担保的财产等作价出资。

2. 有限责任公司股东资格认定

结合我国相关的法律规定,有限责任公司的股东应具备下列特征:①在公司章程上被记载为股东,并在公司章程(包括公司设立协议)上签名盖章,表明自己受公司章程的约束;②向公司投入在章程中承诺投入的资本,履行出资义务;③在工商行政机关登记的公司文件中列名为股东;④在公司成立后取得公司签发的出资证明书;⑤被载入公司股东名册;⑥在公司中享有重大决策、选择管理者、资产受益等权利。

在诉讼中,这些特征就会物化为各种形式的证据,法院应当也只能根据有关证据分析有争议的股东有无上述特征,进而对股东资格作出认定。

实践中,完全具备上述特征的有限责任公司股东并不多见,更多的是只具备部分特征。这就需要通过相关的法理,建立起股东资格认定规则。

(1)关于签署公司章程。公司法规定,公司章程应当记载股东的姓名或者名称、股东的权利义务、出资方式和出资额等,股东应当在公司章程上签名盖章。在公司设立时,应当将公司章程作为重要的设立文件提交公司登记机关,在转让股权时要变更公司章程并要进行变更登记。据此,公司章程载明的股东签署章程的行为,说明行为人有作为公司股东的真实意思表示。股东签署并经工商登记机关登记的公司章程对内是确定股东及其权利义务的主要根据,具有对抗股东之间其他约定的效力;对外具有公示的效力,是相对人据以判断公司股东的依据。因此,投资者在公司章程上未签字认可,就不能轻易地认定其具有股东资格。

(2)关于实际出资。公司法规定,股东应当缴纳公司章程中规定的各自认缴的出资额,股东未按公司章程规定的期限内缴纳所认缴的出资,应当向已足额缴纳出资的股东承担违约责任;出资评估不实、虚假出资的股东应当对公司承担差额补交责任,公司设立时的其他股东承担连带责任;未出资的股东向公司主张股东权(如红利分配)时,公司可按《公司法》第35条"股东按照实缴的出资比例分取红利"对其行使抗辩权;对虚假出资、抽逃出资的股东,工商行政部门可给予罚款、责令改正的行政处罚。因此,是否实际出资不是股东资格的决定性条件,不能仅以未出资否定股东资格,也不能简单地认定实际出资者就是股东。

(3)关于工商行政部门对公司股东的登记。公司注册登记是公司成立的法定程序,公司成立登记客观上具有使出资人成为股东的证权性效果。工商行政部门对公司股东的登记材料可以作为证明股东资格并对抗第三人的表面证据,相反,第三人也有权信赖登记材料的真实性,即使登记有瑕疵,按照商法外观主义原则,第三人仍可认为登记是真实的,并要求所登记的股东按登记的内容对外承担责任,除非存在工商登记机关的登记错误所致。既然将工商登记作为证权效果对待,那么,就不能轻易地得出没有被工商登记机关登记为股东的就必然不是股东的结论。

(4)关于出资证明书。有限责任公司签发的出资证明书与股份有限公司签发的股票一样,只是一种物权性凭证,是证明股东所持出资或股份的凭证。出资证明书是认定股东资格的初步证明,不能仅以出资证明书即认定持有人具有股东资格。现实生活中,有些股东转让了股权,而原有的出资证明书未被公司收回或取消的情形时有发生。因此出资证明书在认定股东资格中也无决定性的效力。

(5)关于股东名册。股东名册的记载具有权利推定力,股东名册上记载的股东通常可确认其股东资格,否认股东名册上记载的股东的权益者应当承担举证责任。但是,股东名册未记载的股东,也不是必然没有股东资格,因为公司拒不作股东登记或登记错误,属于公司履行义务不当,不能产生剥夺股东资格的效力。

通过对上述的股东特征进行分析,可以发现,它们大致可分为两类:一是工商行政部门对公司股东的登记、公司章程和股东名册的记载属于形式特征;二是签署公司章程、实际出资、取得出资证明书、实际享有股东权利(如实际参与股东会议行使表决权)属于实质特征。当上述相关的证据相互之间发生矛盾和冲突时,应当按照争议当事人的具体构成,如股东资格的争议发生在该公司的股东之间,还是股东与公司之间以及股东与公司以外的第三人之间,优先选择适用相应的证据,对股东资格作出正确的认定。

(1)在公司债权人诉请出资不足的股东承担公司债务清偿责任的诉讼中,应根据形式特征特别是工商行政部门的登记来认定股东资格,但根据实质特征,公司设立存在规避法律行为的除外。如工商登记文件中载明的股东一般不能以自己实际上是挂名股东为由,要求免除其对公司债权人应承担的出资不到位的民事责任,但其承担对外责任后可以根据约定向实际股东追偿。

(2)在公司或股东与公司以外的第三人(如股权受让人、股权质权人)因股东资格发生争议时,应根据形式特征,特别是工商行政部门的登记来认定股东资格。

(3)在股东与公司之间就股东资格发生争议时,应优先根据公司章程、股东名册的记载作出认定,但根据实质特征能作出相反认定且股东或公司在行为时应当知情的,依实质特征认定股东资格。如股东虽然实际出资,但未签署公司章程,公司章程、股东名册、工商登记均无记载的,应认定其股东资格尚未取得。又如,股权转让后,股东名册和公司章程未进行变更前,公司知道或应当知道股权转让行为的,应向受让人分配股利,否则公司仍得向转让人分配股利,受让人只能通过个人法上的权利,请求转让人向其退还股利。

(4)在发起人股东(包括挂名股东、实际股东与隐名股东)之间发生争议时,应优先根据实质特征,特别是签署公司章程和实际享有股东权利来认定谁是股东。实质特征不够明显的,可结合形式特征加以认定。如签署公司章程且工商登记或股东名册有记载的,应认定其具有股东资格。如工商登记、公司章程有记载且实际享有股东权利的,即使未实际出资、未签署公司章程,也应当认定其具有股东资格。仅有公司章程、工商登记的记载,但未签署公司章程、未实际出资、未享有股东权利的,应认定其不具有股东资格。仅凭实际出资和持有出资证明书或实际出资和股东名册有记载不能认定其具有股东资格,但已实际出资,且能证明是由于办理注册登记的人的过错致使错误登记的或者漏登的,应当认定该出资人有股东资格。

(5)公司设立时按公司章程规定股东应出资,但股东实际未出资,导致公司空壳成立的,属于虚假出资骗取公司登记的行为。一旦被认定为公司未依法成立并作出撤销公司决定,股东则自始不具有股东资格。

3. 公司设立协议与公司章程关系的厘定

在公司成立之前,成立公司的股东之间通常会有口头或者书面的协议,对成立公司的事务作出约定。那么书面的设立协议与日后的公司章程之间的法律关系如何厘定? 根据法律的规定及司法实践可概括如下:

(1)在设立协议与公司章程并存的情况下,公司章程的效力一般优于设立协议的效力。

(2)在设立协议没有作出约定而公司章程作出规定的情况下,则必然以公司章程为准。

(3)在设立协议有约定,而公司章程没有规定的情况下,如果设立协议的约定并未违反法律的强制性规定,则设立协议的约定应认定有效,对协议相对人之间会产生约束力。

(4)在设立协议和公司章程都没有规定的情况下,则以公司法及相关法律法规的规定为准。

(5)设立协议只在协议相对人(即发起人)之间发生法律效力,不能对抗第三人,而公司章程既可以在公司股东之间产生法律约束力,同时对公司自身、对公司的董事、监事和高级管理人员、对公司员工也具有法律约束力。

4. 公司股权结构设计

公司股权结构如何设计,在公司设立时也是需要法务人员考虑的。比如,成立一家有限责任公司,应如何确定股东人数,在不超过50名股东的前提下,股东人数是多一些好还是少一些好,股权数额如何分配,是均分还是让个别股东持大股,股权结构是建立在同股同表决权基础上进行设计还是通过章程对股权与表决权作出适当的调整。

在同股同表决权基础上进行公司股权结构设计时,应注意的问题有:

(1)股权结构不是简单的股权比例。股权结构设计是以股东股权比例为基础,通过对股东权利、股东会及董事会职权与表决程序等进行一系列调整后的股东权利结构体系。

(2)股权比例对公司管理、公司决策有重大影响。就法理而言,股东只要有投资,就会产生一定的决策权利,差别在于决策参与的程度和影响力。

(3)取得控股股东的简单方式有:其一,实际出资达50%以上;其二,直接实际出资没有达到50%,但股权比例最大,再通过吸收关联公司股东、密切朋友股东、近亲属股东等形式,以联盟形式在公司形成控股局势。

一定的股权集中度是必要的,因为大股东具有限制管理层和小股东谋取自身利益行为的动机及能力,可以更有效地监督经理层的行为,有助于增强并购市场运行的有效性。股权的相对集中也有助于公司决策的形成和执行。当然,在没有监督约束的情况下,股权集中或"一股独大"也有弊端,公司的控制权是掌握在拥有最多股份的大股东手中,大股东凭借所拥有的绝对或相对控制权,可以通过牺牲或剥削小股东获取自身利益,这会引发大股东与小股东的利益冲突问题。实践中这类大股东与小股东争夺经营权的纠纷并不少见。

5. 公司登记注册程序

公司登记注册程序包括两种具体程序:一是申请程序,二是审核程序。

申请程序可细分为:

(1)有限责任公司设立登记。设立有限责任公司,应当由全体股东指定的代表或者共同委托的代理人向公司登记机关申请设立登记。设立国有独资公司,应当由国家授权投资的机构或者国家授权的部门作为申请人,申请设立登记。法律、行政法规规定设立有限责任公司必须报经审批的,应当自批准之日起90日内向公司登记机关申请设立登记;逾期申请设立登记的,申请人应当报审批机关确认原批准文件的效力或者另行报批。申请设立有限责任公司,应当向公司登记机关提交有关文件和证件。

(2)股份有限公司设立登记。设立股份有限公司,董事会应当于创立大会结束后 30 日内向公司登记机关申请设立登记。申请设立股份有限公司,应当向公司登记机关提交有关文件和证件。

(3)分公司设立登记。公司设立分公司的,应当自决定作出之日起 30 日内向公司登记机关申请登记;法律、行政法规规定必须报经有关部门审批的,应当自批准之日起 30 日内向企业登记机关申请登记。分公司的经营范围不得超出公司的经营范围。设立分公司,应当向公司登记机关提交有关文件和证件:①公司法定代表人签署的设立分公司的登记申请书;②公司章程以及由公司登记机关加盖印章的《企业法人营业执照》复印件;③营业场所使用证明;④公司登记机关要求提交的其他文件。如经营范围中有法律、行政法规规定必须报经审批的项目,应提交国家有关部门的批准文件。

审核程序。一般应包含三个步骤。①受理、审查。公司登记机关受理公司登记申请后,由审核人员对申请人提交的登记文件进行审核,并提出具体审核意见。②核准。公司登记机关的法定代表人或者授权的人员,根据审核意见,决定核准公司登记或驳回登记申请。③发照。公司登记机关根据核准结果,核发营业执照或发出不予核准的通知书,并将有关公司登记材料整理归档。

二、公司运营中的法律事务

1. 公司治理结构的安排

公司治理包含二大内容:①公司治理结构的设置。包括股权结构设定、董事会设置、经理层设置、监事会设置。②职业经理人的安排。包括职业经理人的权责设置、职业经理人的激励与约束机制。

2. 公司合并

公司合并是指两个以上的公司,通过订立合并协议,依法定程序合并为一个公司。公司之间合并,可以强化原公司的竞争能力,扩大生产经营规模,促进社会化大生产的发展。通过合并还可以发展协作和多样化经营。

公司合并应当注意区分相关概念,甄别相关行为性质。

(1)公司法中的"公司合并"与公司并购。公司并购是指一切涉及公司控制权转移与合并的行为,它包括资产收购、股权收购和公司合并等方式,其中所谓"并",即公司合并,主要指吸收合并,所谓"购",即购买股权或资产。

(2)公司法中的"公司合并"与证券法中的"公司收购"。证券法中的公司收购是公司并购的一种特殊形式,它与其他并购方式的区别在于实施并购行为的场所不同,并购的法定程序不同。

(3)公司合并与反垄断法中的经营者集中。在反垄断法中,如果一个企业能够通过取得财产、股份、订立合同以及其他方式对另一企业施加支配性影响,这两个企业就有可能产生经营者集中的效果。公司法意义上的合并强调参加合并的公司的主体资格消灭或变更,对公司合并进行规范的目的是为了促使公司在合并时遵循一定的行为准则和程序,以维护公司债权人和股东的合法权益,确保交易的安全和稳定;反垄断法意义上的经营者集中虽然能产生企业主体资格消灭或变更效果,但其侧重点不在于被合并企业的法律人格变化,而在于经营者集中产生或可能产生的对市场竞争关系的影响上。

(4)公司合并中的“新设合并”和“吸收合并”。这是公司法确认的公司合并的两种最基本形式。

公司合并的基本程序主要有:

(1)公司董事会拟定公司合并方案,订立合并协议。

(2)公司股东会作出决议。根据我国《公司法》的规定,在有限责任公司,必须经代表 2/3 以上有表决权的股东通过;在股份有限公司,必须经出席会议的股东所持表决权的 2/3 以上通过。

(3)编制资产负债表及财产清单。可在公司董事会拟定公司合并方案,订立合并协议时一并进行,必要时资产负债表及财产清单可作为合并协议的附件。

(4)对债权人的通知或者公告。因公司合并对债权人的利益影响甚大,法律要求公司在作出合并决议之日起通知或者公告债权人。《公司法》规定:“公司应当自做出合并决议之日起十日内通知债权人,并于三十日内在报纸上公告。债权人自接到通知书之日起三十日内,未接到通知书的自公告之日起四十五日内,可以要求公司清偿债务或者提供相应的担保。”值得注意的是,2005 年修改后的《公司法》对公司合并程序进行了修改,即不再具体规定公告次数,因此,从理论上讲,公告 1 次即为满足法定要求,当然公司也可以选择多次公告;缩短债权人请求权的时限,未接到通知书的债权人对公司提出“清偿债务或者提供相应的担保”要求的时限由“自第一次公告之日起九十日内”改为“自公告之日起四十五日内”;取消了债权人的否决权,废除了原有公司法中“不清偿债务或者不提供相应的担保就不得合并”的规定,体现了鼓励合并的立法理念。

(5)办理合并登记手续。公司合并完成后,应当办理相应的注销、变更或设立登记。根据《公司登记管理条例》的规定,因合并而存续的公司,其登记事项发生变化的,应当申请变更登记;因合并而解散的公司,应当申请注销登记;因合并而新设立的公司,应当申请设立登记。公司合并的,应当自公告之日起 45 日后申请登记,提交合并协议和合并决议或者决定,提交公司在报纸上登载公司合并公告的有关证明,提交债务清偿或者债务担保情况的说明。法律、行政法规或者国务院决定规定公司合并必须报经批准的,还应当提交有关批准文件。因此,只有经过变更或设立登记,签发新的营业执照后,公司合并才算最终完成。

另外应当指出的是,修改后的《公司法》取消了股份有限公司合并时的行政审批程序。

3. 公司的分立

公司的分立,是指一个公司依法定程序分为两个或两个以上公司的法律行为。实践中,公司往往根据专业化分工的需要,将原公司中从事某一类或某一部分业务的机构独立出来,另行成立一个公司法人,使其独立对外承担民事责任,以便独立经营。同合并一样,分立也是公司迅速扩大经营,提高市场竞争力的重要手段。

公司分立有新设分立和派生分立两种形式。所谓新设分立,是指一个公司将其全部资产分割设立两个或两个以上的公司的行为。例如,A 公司将其全部资产一分为二,分别设立了 B、C 两个公司,在 B、C 公司诞生之同时,A 公司归于消灭。在新设分立的情况下,原公司解散,需办理注销登记,新设公司需办理设立登记。所谓派生分立,是指一个公司以其部分资产设立另一个公司的法律行为。例如,A 公司以其部分资产另外设立 B 公司,A 公司不因 B 公司的成立而消灭,只是发生资产额的减少。在派生分立的情况下,原公司虽存续,却减少了注册资本,还会发生股东人数的变更,应依法办理变更登记,派生的公司则应办理设立登记。

我国《公司法》规定了公司分立之后债权债务的承受问题,"公司分立前的债务由分立后的公司承担连带责任。但是,公司在分立前与债权人就债务清偿达成的书面协议另有约定的除外"。《公司法》不仅明确了当事人双方有权就公司分立后的债务清偿问题自主约定,而且新增了连带责任的规定。很显然这一规定对于保护债权人的利益十分有利,而且也有利于实务操作程序的简化和账务处理的便利。

公司分立,因不涉及其他公司,在程序上相对来说比较简单,基本程序有:

(1)作出决定与决议。公司分立,先由公司董事会拟订分立方案,然后由公司的股东(大)会讨论作出决议。由于公司分立属于与股东利益密切相关的重大事项,因此股东(大)会应当以特别决议的方式确定。具体而言,有限责任公司的分立必须经代表 2/3 以上表决权的股东通过;股份有限公司的分立必须经出席会议的股东所持表决权的 2/3 以上通过,通过程序与合并相同。

(2)签署分立协议。公司分立经股东会通过后,由分立后的各公司的代表根据股东会的决议,就资产分割、债权债务的分担、股权安排等事项及其具体实施办法达成一致协议。

（3）编制资产负债表和财产清单，进行财产分割。

（4）通知或公告债权人，履行债权人保护程序。

根据公司法的规定，公司应当自作出分立决议之日起 10 日内通知债权人，并于 30 日内在报纸上公告。2005 年修改后的《公司法》一方面简化了分立的程序，即公司分立决定作出后，30 日内在报纸上公告即可，对公告次数不再要求。另一方面取消了原公司法中公司债权人要求"清偿债务"和"提供担保"的请求权，以及对于分立的否决权；但增加"公司分立前的债务由分立后的公司承担连带责任"，以及一个自治条款，即公司在分立前与债权人就债务清偿达成的书面协议另有约定的除外，从而力图在提高效率的同时杜绝公司分立被恶意利用来逃避债务。

有关合并与分立，均需要对外公告。

4．公司对外投资

2005 年修改后的《公司法》规定，公司可以向其他企业投资；但是，除法律另有规定外，不得成为对所投资企业的债务承担连带责任的出资人。也就是说，公司不能向普通合伙企业投资，只能向有限责任公司或股份有限公司投资。

公司向其他企业投资依照公司章程的规定，由董事会或者股东会、股东大会作出决议；公司章程对投资的总额及单项投资的数额有限额规定的，不得超过规定的限额。公司法把这些方面的权利交给了制订公司章程的股东会。

实践中，一些公司专门制订了对外投资管理办法，促使公司的对外投资行为更加规范化。

5．公司对外担保

2005 年修改后的《公司法》关于公司对外担保的规定，主要体现在第 16 条上，该条规定：

"公司向其他企业投资或者为他人提供担保，依照公司章程的规定，由董事会或者股东会、股东大会决议公司章程对投资或者担保的总额及单项投资或者担保的数额有限额规定的，不得超过规定的限额。

公司为公司股东或者实际控制人提供担保的，必须经股东会或者股东大会决议。

前款规定的股东或者受前款规定的实际控制人支配的股东，不得参加前款规定事项的表决。该项表决由出席会议的其他股东所持表决权的过半数通过。"

该条明确规定了公司对外提供担保的范围、程序和相应限制。

最高人民法院曹士兵博士对第 16 条的理解形象地总结为"一条原则，两个选择,两类担保,两层决策。"①

"一条原则"是指公司对外担保是属于公司意思自治的范畴,由公司制订章程,自行决定对外担保问题。

"两个选择"是指公司章程只能选择董事会或者股东会(含股东大会)作为公司对外担保的决策机构,这是法定的选择范围。公司章程不应选择公司董事长或者总经理来决定公司的对外担保。

"两类担保"是指公司对外担保存在一般及特殊两种担保情形,公司对外特别担保是指公司为有投资关系的股东或者有实际控制力的其他主体提供的担保;一般担保是指为股东以及实际控制人以外的其他法人、经济组织、个人提供的担保。针对两种担保,公司法相应规定了股东会决策和董事会决策,公司对外一般担保,公司章程可以规定由公司股东会或董事会决议行使决策权,提供特殊担保则必须由公司股东会亲自决策。

由于《公司法》第16条对违法担保的后果未作规定,当公司对外担保,在未经股东会或董事会决议,或超越章程规定限额,或控股股东未进行决议回避情形下,其担保行为是否有效,在理论与实务上存在不少争议,平时在学习时可以查阅相关论著与司法案例进行比较分析。收集最高人民法院对公司担保所涉及的担保效力的判决案例,反映出在不同阶段,由于对担保认识的不同,存在不同判决结果问题,发展到现阶段,对在未经股东会或董事会决议,或超越章程规定限额,或控股股东未进行决议回避情形下,除非债权人有明显过错,更倾向于担保合同有效的司法态度。

6. 公司增资扩股

公司增资是指在公司设立后增加注册资本,公司扩股就是扩大单股金额或股份数额。

公司增资扩股的基本程序有:

(1)签署增资扩股协议书等法律文件;

(2)到工商登记机关申请变更登记。办理变更登记所需提交的材料有:①由公司加盖公章的申请报告;②公司委托代理人的证明(委托书)以及委托人的工作证或身份证复印件;③公司法定代表人签署的变更登记申请书;④股东会或董事会作出的增资扩股决议,涉及章程变更的应相应修改公司章程;⑤法律法规规定必须经审批的,应提交国家有关部门的批准文件。

7. 股权质押

股权质押是指为担保债务的履行,债务人或者第三人依法将其持有的公司

---

① 曹士兵:《公司法修订前后关于公司担保的规定》,载《人民司法》2008年第1期。

股权出质给债权人,当债务人不履行债务或者发生当事人约定的实现质权的情形,债权人有权就该出质股权优先受偿。

根据《担保法》第 75 条之规定,一项权利可以作为质押标的,必须具备以下两种要件:第一,须具有财产性。用来提供质押的权利必须是能够估价,以金钱来衡量的。第二,须具有可转让性。质押的权利必须是可供交换的,有变价的可能。

股权虽然是一种适格的质物,但由于法律或公司章程的规定,一些股权出质尚存在着限制,事实上也并非所有的股权都可作为质押的标的。主要包括以下几种情况:

(1)发起人股权质押的限制。为了防止发起人转移投资风险,损害社会公众的利益,《公司法》规定:"发起人持有的本公司股份,自公司成立之日起一年内不得转让。公司公开发行股份前已发行的股份,自公司股票在证券交易所上市交易之日起一年内不得转让。"

(2)国有股权质押的限制。国有股权根据投资主体和产权管理主体的不同可分为国家股和法人股。从理论上讲,国有股由于其关乎国家利益,在质押上设置了较多的限制,具有较强的行政审批色彩,国有股质押须经国有资产管理部门的审批,方能生效。

(3)有限责任公司股权质押的限制。对有限责任公司的股权出质,按照《担保法》第 78 条第 3 款的规定,应"适用公司法股权转让的有关规定"。而《公司法》则规定,有限责任公司股东间可以相互转让其全部出资或部分出资。股东向股东以外人转让其出资时,必须经全体股东过半数同意。可见,如果有限责任公司的股东向股东以外的其他人出质,必须经全体股东过半数同意,否则出质无效,其股权出质受到了一定限制。

(4)董事、监事、高级管理人员等任期内股权出质的限制。2005 年修改后的《公司法》规定:"公司董事、监事、高级管理人员在任职期间每年转让的股份不得超过其所持有本公司股份总数的百分之二十五;所持本公司股份自公司股票上市交易之日起一年内不得转让。上述人员离职后半年内,不得转让其所持有的本公司股份。……"对于股份有限公司董事、监事、高级管理人员在任期内所持有的公司股权的转让进行了限制,实际上也限制了上述人员任期内所持公司股份的质押。

(5)禁止接受本公司股权设定质押的限制。2005 年修改后《公司法》规定:"公司不得接受本公司的股票作为质押权的标的。"《关于外商投资企业股权变更的若干规定》第 6 条也规定:"投资者不得将其股权质押给本企业。"之所以不允许公司接受自己的股票作为质押的标的物,其原因在于,公司作为债权人,如果接受债务人提供质押的标的物为自己公司的股份,在债务没有清偿时,拍卖股份以资抵偿,如果没有人购买时,公司只能自己承受,这相当于公司回购了本公司的股票或股份,使自己成为了公司的股东,违反了公司不能持有本公司股份的规定。法律之所以作出这样的规定,主要是为了维持公司股本的稳定性、持续性、不变性,以确保公司的运营基础。

《物权法》颁布之前,最高人民法院在《关于适用〈中华人民共和国担保法〉若干问题的解释》第 103 条规定:"以非上市公司的股份出质的,质押合同自股份出质记载于股东名册之日起生效。"但此种公示方式实际上根本不能起到维护交易安全性和公正性的作用。因为,实践中许多公司根本没有正式的股东名册,且并非任何人都可以查询股东名册。股东名册登记的公示效力有限。当有限责任公司这种"熟人公司",利用股东名册倒签质押日期逃避债务或删改股东名册影响出质合同效力,从而损害质权人利益时,难以受到法律追究。立法者也充分意识到了此种公示方式的弊端,因而在《物权法》中否定了这种方式,转而要求向工商行政管理部门办理出质登记。

8. 公司解散与清算事务

公司解散是指已成立的公司基于一定的合法事由而使公司消失的法律行为。公司解散的原因主要有一般解散的原因、强制解散的原因、股东请求解散的原因三个大类。

公司依法解散后,除了合并与分立引起的解散事由外,一般都需要组织清算活动。

在公司清算过程中,法务人员的业务性工作有:

(1)为相关单位或个人提供相关清算事务的法律问题解答。这里所讲的相关单位与个人主要是指清算义务人、董事会、监事会、出资人、股东、利害关系人(债权人、职工等)等;解答的法律问题,包括但不限于就企业清算是否符合法定条件、企业清算的法律要求、清算的范围(人员、财物等方面)、企业清算注意事项。

(2)为相关单位或个人提供专项法律服务。包括但不限于出具法律意见书;参与仲裁、诉讼、调解活动;拟定分配剩余财产或承担债务份额责任方案;拟定、审查清算法律文书等。

(3)接受委托参与各方就清算事宜的谈判协调;接受委托主持调解。

(4)代理清算期间的单项诉讼仲裁活动,清收清理债权债务、了结法律事务。

(5)作为托管人接管清算企业。通常由律师事务所作为托管人开展此项服务。

(6)代管清算企业资产。

（7）拟定审查往来清算法律文书、文件。

（8）为清算企业选择清算中介机构，起草或修改中介委托合同协议。

（9）直接作为清算人全面介入清算事务。

（10）代理注销工商、税务登记事务。

（11）其他。

三、有限责任公司股权转让法律事务

1. 股权转让的原则与基本条件

在股权转让原则上，按现行《公司法》相关规定，主要体现以下原则：①自由转让原则；②公司股东人合性原则；③优先权原则；④便捷转让原则。

针对股权转让行为的有效与无效问题，应着重从以下几个方面进行审查：①转让主体是否适格；②转让的股权客体是否存在；③是否侵犯股东的优先购买权；④股权转让后是否符合法定人数要求。

具体落实到股东之间转让与向股东以外的第三人转让股权，各有不同规定。

（1）股东之间转让股权的条件。我国《公司法》规定，股东之间可以相互转让其全部股权或者部分股权，即我国法律不禁止股东之间转让股权，也不需股东会表决通过。但是，我国法律和国家有关政策从其他方面又对股东之间转让股权作出限制。如根据我国的产业政策，像国有股必须控股或相对控股的交通、通信、大中型航运、能源工业、重要原材料、城市公用事业、外经贸等有限责任公司，股东之间转让股权不能使国有股丧失必须控股或相对控股地位，如果根据公司的情况确需非国有股控股，其转让方案需要报国家有关部门审批。

（2）向股东以外的第三人转让股权的条件。股东向股东以外的人转让其股权时，须经其他股东过半数同意；不同意转让的股东应购买该转让的股权，既不同意又不购买，视为同意转让。"需经其他股东过半数同意"充分顾及了有限责任公司兼具"资合性"与"人合性"，比较重视股东之间的信任与合作关系，尽量维护公司股东的稳定，保证公司经营的延续性，这里所定的"过半数"应是指股东人数超过一半，即实行的是一人一票的人数决，而非资本决。

（3）保护股东的优先受让权（购买权）。经股东同意转让的股权，在同等条件下，其他股东对该股权有优先购买权。公司法之所以作这样的规定，其主要目的是为了保证有限责任公司的原有股东可以通过行使优先购买权实现对公司的控制权，也能较好地体现对有限责任公司人合性的维护和对原有股东对公司贡献的承认，同时也可防止低价向第三人转让股权，损害公司和其他股东的权益。

2. 转让股权的程序

（1）股权转让协议的签订。

(2)转让给公司股东以外第三人时股东会议的决议。

(3)中外合资经营或中外合作经营的有限责任公司合营方转让出资的特别程序。根据《中外合资经营企业法》或《中外合作经营企业法》规定,要经过中方上级政府部门审批,并报送外经贸部门或其授权的地方政府审批同意方可有效办理转让手续。

(4)就公司章程修改、股东及其出资变更、董事会和监事会的变更等向工商行政管理部门申请工商注册登记事项变更。

股权转让何时生效?这里要注意区分股权转让合同的生效与股权转让的生效二者的区别。股权转让合同的生效是指转让方与受让方的合同约定对双方产生法律约束力的问题。一般来说,如无特殊约定,股权转让合同自转让方与受让方签字盖章后生效。股权转让的生效是指股权何时发生实际转移的问题,也就是受让方何时取得股东身份的问题,股权转让合同生效后,还要合同双方的适当履行,股权转让才能实现。根据 2005 年修改后的《公司法》第 33 条第 2 款、第 3 款"记载于股东名册的股东,可以依股东名册主张行使股东权利。公司应当将股东的姓名或者名称及其出资时间向公司登记机关登记;登记事项发生变更的,应当办理变更登记。未经登记或者变更登记的,不得对抗第三人"的规定,有限责任公司的股权转让应从变更股东名册起,即从工商行政部门登记备案时起具有对抗第三人的效力。

3. 出资瑕疵对股权转让行为的效力分析

(1)干股股东的认定。干股股东一般是指具备股东的形式特征并实际享有股东权利,但自身并未实际出资的股东。大多发生在其他股东认可干股股东对公司发展的能力,为有利于公司的发展而自愿为之出资的场合。由于干股股东的对外公示已经完成,其已在公司章程签字且业经工商登记,应当认定其股东资格。即使其他股东没有为其实际出资,也不应否定其股东资格,而应按违约处理或按虚假出资处罚。

(2)隐名股东的认定。隐名股东是指虽然实际出资购公司股份,但在公司章程、股东名册和工商登记中却记载为他人的投资者(显名股东)。在此情形下,对外产生公示效力和形式要件上履行股东权利义务的是显名股东,隐名人的实质是提供资金,而不是以自己的名义出资,一般情况下其动机是为了规避法律。因此,隐名股东不具备股东资格。对隐名股东出资的资金,应当按与显名股东之间的内部债权债务关系处理,这样更有利于建立社会信用和倡导社会公认的价值取向。

(3)冒名股东的认定。冒名股东是指盗用真人的名义出资登记的投资者。冒名股东的情况较为复杂,在实践中并不常见。就冒名者的动机而言,也不尽相同。如果冒名者的动机是规避法律的强制性规定或者有违公序良俗原则,应不能认定为公司股东,其法律后果应当由冒名者承担。如果冒名者的动机不违反法律的强制性规定,又不违反公序良俗原则,可以认定为公司股东。这种情况下,冒名者应当办理更正登记等有关手续,恢复其真面目。而被冒名者,由于其不是真正的投资人,又没有出资的意思合意,不能认定其为公司股东。被冒名者因被冒名而遭受的损失,应由冒名者承担。

由于我国法律对股东资格没有作出明确的规定,在司法审判中就相关问题有较大的自由裁量权,也形成了不同的案例。[①]

4. 未记载股东名册的股权转让的效力分析

当事人签署了股权转让协议,甚至已经完全履行了股权转让合同下的义务,但股权的转让却未记载于股东名册,公司也未为受让股东办理工商变更登记手续,使受让方的权利受到影响,进而引发争议。在因股东之过错,使公司误以为股权转让未进行或尚未完成,而未对股东名册进行变更登记时,公司依照原有股东名册进行的会议通知、利润分配等活动是有效的,由此给受让股东造成的损失,由转让双方根据过错情况协商解决。在因公司之过错,而未在股权转让后对股东名册进行变更登记的情况下,无论股东名册是否进行了变更登记,公司均应依照股权已经转让后的新情况,进行会议通知、利润分配等活动。同时,公司应依法对股东名册进行相应变更。否则,公司应承担因此给受让股东造成的损失。

5. 未履行工商登记股权转让的效力问题

无论何种原因造成股权转让后,未对公司股东进行工商变更登记,在依法对股东进行工商变更登记之前,股权的转让均不具有对抗善意第三人之效力。如善意第三人因此受到经济损失,有权向过错方追索赔偿。

6. 股权转让中优先权的保护

在实务中,会存在几种特殊情况下的有限责任公司股东优先购买权的运作。

(1)因继承产生股权变更情况下股东优先购买权问题。按照2005年修改后的《公司法》第76条规定,"自然人股东死亡后,其合法继承人可以继承股东资格"。这意味着股东权可以通过继承取得,被继承人死亡后,其合法继承人可以因继承而成为股东。就继承法而言,继承权是一种法定权利,非依法定依据不得剥夺。因此,基于这种权利的法定性,在发生继承的情况下不发生其他股东排除继承人的继承权而主张优先购买权的问题。当合法继承人人数众多,其中几个合法继承人愿意转让其继承的股东权时,同样会存在其他股东的优先权问题,此时,合法继承人与公司其他股东,谁享受优先权就成为需要考虑的问题。

---

① 江平、李国光主编:《最新公司法案例评析》,人民法院出版社2006年版,第162—221页。

(2)因析产产生的股权变更情况下的股东的优先购买权问题。这里需要考虑的问题有：首先，析产是基于共同共有产生的。在析产的情况下，原有股东与其他共有人对股权进行析产分割不会产生股权变更的问题。因为，股权为原有股东和其他共有人共有，在没有分割的情形下，原有股东是显名的，而其他共有人是隐名的。但就本质而言，其他共有人自始便是公司的股东。通过析产，将其显现出来成为"名副其实"的股东。这种股东从幕后走到台前的行为不是股权的变更行为，因此，不发生原有其他股东主张优先购买权的问题。其次，其他共有人析得财产后成为股东，其转让股权行为，其他股东自然可以行使优先购买权。

(3)强制执行有限责任公司股权情况下的股东优先购买权的保护。最高人民法院在《关于人民法院执行工作若干问题的规定》第54条规定，对被执行人在有限责任公司中被冻结的投资权益或股权，人民法院可以依据《公司法》的规定，征得全体股东过半数同意后，予以拍卖、变卖或以其他方式转让。不同意转让的股东，应当购买该转让的投资权益或股权，不购买的视为同意转让，不影响执行。第55条规定，对被执行人在中外合资、合作经营企业中的投资权益或股权，在征得合资或合作他方的同意和对外经济贸易主管机关的批准后，可以对冻结的投资权益或股权予以转让。如果被执行人除在中外合资、合作企业中的股权以外别无其他财产可供执行，其他股东又不同意转让的，可以直接强制转让被执行人的股权，但应当保护合资他方的优先购买权。从上述规定可以看出，强制执行有限责任公司股权也应当保护其他股东的优先购买权。2005年修改后的《公司法》第73条规定："人民法院依照法律规定的强制执行程序转让股东的股权时，应当通知公司及全体股东，其他股东在同等条件下有优先购买权。其他股东自人民法院通知之日起满二十日不行使优先购买权的，视为放弃优先购买权。"《公司法》的这一规定为股权执行及优先权保护提供了可操作程序。

(4)有限责任公司转让国有股权情况下的股东优先购买权的保护

《企业国有产权转让管理暂行办法》规定："企业国有产权转让应当在依法设立的产权交易机构中公开进行，不受地区、行业、出资或者隶属关系的限制。国家法律、行政法规另有规定的，从其规定。企业国有产权转让可以采取拍卖、招投标、协议转让以及国家法律、行政法规规定的其他方式进行。"根据上述规定，国有股权的转让应当上市交易。这样，在产权交易市场中公开转让有限责任公司中的国有股权，如何保护其他股东优先购买权呢？

我们认为，有限责任公司股东优先购买权是公司法赋予的法定权利，从法律效力和立法层次上讲，《企业国有产权转让管理暂行办法》规定的国有产权的上市交易不能对股东的优先购买权熟视无睹。但是，在现实的司法实践中，企业国有产权上市交易已经大势所趋，即使是有限责任公司也不能例外。因此，法律就有必要协调有限责任公司股权上市交易与股东优先购买权的保护问题。基于现有的公司法的规定,保护有限责任公司股东的优先购买权应当优先。具体思路设计为,有限责任公司在拟转让国有股权的时候,拟转让的股东应当首先书面通知其他股东,并由公司告知其他股东有关上市交易的相关信息;国有产权的上市交易机构在上市交易中应设置有关优先权程序。如果其他股东不同意上市交易,或不去办理相关上市交易手续,从而不能行使优先购买权的,则视为其他股东放弃优先购买权。如果其明确同意上市交易的,则应在上市交易时,公司和产权交易机构应通知该股东,使得其可以竞卖人的身份参加竞卖并且在出现最高应价后主张优先购买权。

四、公司纠纷处理实务

1. 公司纠纷形态类型化分析

(1)公司股东会、董事会决议效力引发的纠纷。2005年修改后的《公司法》第22条规定,公司股东会或者股东大会、董事会的决议内容违反法律、行政法规的无效。股东会或者股东大会、董事会的会议召集程序、表决方式违反法律、行政法规或者公司章程,或者决议内容违反公司章程的,股东可以自决议作出之日起60日内,请求人民法院撤销。股东提起诉讼的,人民法院可以应公司的请求,要求股东提供相应担保。公司根据股东会或者股东大会、董事会决议已办理变更登记的,人民法院宣告该决议无效或者撤销该决议后,公司应当向公司登记机关申请撤销变更登记。对此类纠纷,应从起诉主体、被告主体、诉讼请求、除斥期间等方面进行理解与实务运用。

(2)股东知情权行使引发的纠纷。2005年修改后的《公司法》第34条规定,股东有权查阅、复制公司章程、股东会会议记录、董事会会议决议、监事会会议决议和财务会计报告。股东可以要求查阅公司会计账簿。股东要求查阅公司会计账簿的,应当向公司提出书面请求,说明目的。公司有合理根据认为股东查阅会计账簿有不正当目的,可能损害公司合法利益的,可以拒绝提供查阅,并应当自股东提出书面请求之日起15日内书面答复股东并说明理由。公司拒绝提供查阅的,股东可以请求人民法院要求公司提供查阅。对此类纠纷,应从起诉主体、被告主体、诉讼请求等方面进行理解与实务运用。

(3)异议股东退股权行使引发的纠纷。2005年修改后的《公司法》第75条规定,有下列情形之一的,对股东会决议投反对票的股东可以请求公司按照合理的价格收购其股权:①公司连续五年不向股东分配利润,而公司该五年连续盈利,并且符合本法规定的分配利润条件的;②公司合并、分立、转让主要财产的;③公司章程规定的营业期限届满或者章程规定的其他解散事由出现,股东会会议通过决议修改章程使公司存续的。自股东会会议决议通过之日起 60 日内,股东与公司不能达成股权收购协议的,股东可以自股东会会议决议通过之日起 90日内向人民法院提起诉讼。对此类纠纷,应从起诉主体、被告主体、诉讼请求、起诉应具备的条件、起诉前置要求、除斥期间等方面进行理解与实务运用。

(4)股东利益受损要求损害赔偿所引发的纠纷。2005 年修改后的《公司法》第 152 条规定,董事、高级管理人员有《公司法》第 150 条规定的情形的,有限责任公司的股东、股份有限公司连续 180 日以上单独或者合计持有公司 1%以上股份的股东,可以书面请求监事会或者不设监事会的有限责任公司的监事向人民法院提起诉讼;监事有《公司法》第 150 条规定的情形的,前述股东可以书面请求董事会或者不设董事会的有限责任公司的执行董事向人民法院提起诉讼。监事会、不设监事会的有限责任公司的监事,或者董事会、执行董事收到前款规定的股东书面请求后拒绝提起诉讼,或者自收到请求之日起 30 日内未提起诉讼,或者情况紧急、不立即提起诉讼将会使公司利益受到难以弥补的损害的,前款规定的股东有权为了公司的利益以自己的名义直接向人民法院提起诉讼。他人侵犯公司合法权益,给公司造成损失的,符合上述条件的股东可以依照有关规定向人民法院提起诉讼。此项规定建立了股东派生诉讼制度,对此类纠纷,应从起诉主体、被告主体、诉讼请求、行使程序、诉讼后果承担等方面进行理解与实务运用。

2005 年修改后的《公司法》第 153 条规定,“董事、高级管理人员违反法律、行政法规或者公司章程的规定,损害股东利益的,股东可以向人民法院提起诉讼。”此项规定为股东直接诉讼制度,与上述的股东派生诉讼具有差异性。

(5)公司合并与分立行为对债权人利益损害引发的纠纷。对此类纠纷,应从起诉主体、被告主体、诉讼请求、举证责任分担等方面进行理解与实务运用。

(6)公司减资行为对债权人利益损害引发的纠纷。对此类纠纷,应从起诉主体、被告主体、诉讼请求、举证责任分担等方面进行理解与实务运用。

(7)公司僵局引发的纠纷。公司僵局是指公司在存续运行中由于股东、董事之间矛盾激化而处于僵持状况,导致股东会、董事会等公司机关不能按照法定程序作出决策,从而使公司陷入无法正常运转,甚至瘫痪的状况。最高人民法院《关于适用〈中华人民共和国公司法〉若干问题的规定(二)》对公司强制解散之诉中涉及公司僵局情形作了以下明确具体的规定:①公司持续两年以上无法召开股东会或者股东大会,公司经营管理发生严重困难的;②股东表决时无法达到法定或者规定的比例,持续两年以上不能作出有效的股东会或者股东大会决议,公司经营管理发生严重困难的;③公司董事长期冲突,且无法通过股东会或者股东大会解决,公司经营管理发生严重困难的;④经营管理发生其他严重困难,公司继续存续会使股东利益受到重大损失的情形。2005年修改后的《公司法》第183条规定："公司经营管理发生严重困难,继续存续会使股东利益受到重大损失,通过其他途径不能解决的,持有公司全部股东表决权百分之十以上的股东,可以请求人民法院解散公司。"对此类纠纷,应从起诉主体、被告主体、诉讼请求、起诉条件、举证责任分担等方面进行理解与实务运用。

(8)债权人要求股东承担公司债务责任引发的纠纷。此类纠纷应准确把握好股东承担有限责任与《公司法》在相关条款中规定的股东承担连带责任的关系,并就诉讼的基本事实与举证责任分担作出准确的把握。

(9)公司解散行为引发的纠纷。主要会涉及非法解散公司行为的认定及责任承担问题,在起诉中应从起诉主体、被告主体、诉讼请求、举证责任分担等方面进行理解与实务运用。

(10)公司清算行为引发的纠纷。主要会涉及非法清算行为的认定及责任承担问题,围绕清算义务人、清算人在有关清算行为中的作为与不作为,在起诉中应从起诉主体、被告主体、诉讼请求、基本违法事实等方面进行理解与实务运用。

2．公司纠纷处理应遵循的规则

在公司纠纷处理时,法务人员应当充分注意以下方面的处理规则;

(1)章程规定与公司法不一致时的处理规则;

(2)投资人内部协议与章程规定不一致时的处理规则;

(3)违反公司法行为对公司组织体影响的处理规则;

(4)股东承担有限责任与特殊情况下股东承担连带责任的处理规则。

五、法务人员在公司事务中的工作职责

1．法务人员工作职责的总体要求

法务人员在公司事务处理中应注意谨慎、勤勉,忠实于公司,认真履行工作职责。

对法务人员的谨慎、勤勉要求,主要体现在法务人员的日常工作中,如法务人员应在公司授权范围内从事工作;法务人员应对公司作出决议的执行加以合理、谨慎的注意;法务人员应充分发挥专业知识与技能服务于公司,体现专业水准与良好的职业操守。

对法务人员的忠实要求,主要体现法务人员应有良好的职业道德,应以公司利益的最大化作为自己工作的出发点与归宿,不得利用工作便利损害公司利益而获取私利。

2．法务人员工作职责的主要内容

根据公司法务实际,其主要工作职责有:

（1）提供法律和政策信息，提出相关工作方案。法务人员应向股东和公司提供国家现行的法律、法规和部门规章，国家有关产业政策信息，以及司法和行政执法中的最新案例，以强化公司经营中的守法意识，避免法律风险。

（2）帮助协调相关关系。公司法律事务中，涉及诸多部门与关系人，需要协调股东之间，股东与董事、监事之间，股东与公司之间，公司与政府部门、中介机构之间的关系，法务人员应在法律规定的框架下，明了各方关系主体的法定权利与义务，并帮助公司协调处理各类关系。

（3）起草和审核各项法律文书。公司业务中涉及的法律文件主要有公司章程、股东投资协议书、公司并购协议、股权转让协议、股东会决议、出资证明书、股东名册、登记注册事项申请书等。法务人员应发挥专业优势，起草和审核各项法律文书。

（4）指导和监督公司事务的全过程。法务人员应对公司针对性事务处理的全过程提出总体安排，以确保其过程合法高效，减少不必要的曲折和时间浪费。

（5）对相关新型的公司事务进行辅导。对公司高中级管理人员进行公司新型业务培训和法制培训。

第二部分　演练要点

一、教师对演练活动的指导

1. 区分不同类型公司在法律制度构建上的异同点

公司法务是非诉讼业务中接触较多的一项业务，如公司的设立、公司的治理结构运行、公司股权转让、公司并购乃至公司纠纷的协调和处理等。但按现行的《公司法》，不同类型公司在法律制度构建上是有所不同的。教师在演练活动指导时应注意有限责任公司与股份有限公司在相关法律制度构建上的异同点。

2. 公司章程条款与公司法规定之间的协调问题

公司非诉讼法律事务在涉及公司治理结构时会提及公司章程与公司法规定两者之间的协调处理问题。有两个关键性问题在演练指导时应引起关注。一是制订或修改的公司章程如何更能体现本公司自身的特点，即公司章程的"适身性"；二是制订或修改公司章程时，如何处理好"法定"与"章定"之间的关系，在何种情形下须依法定，有何种情形下可依章定。

3. 公司的纠纷类型及诉讼形态问题

公司作为商事组织体，其发生纠纷的形态与纠纷的纠错机制不同于一般的民商事纠纷,因此,在演练活动时,教师应特别提示学生,解决公司纠纷不能简单地照搬一般民事纠纷的解决程序与解决方案。应围绕公司法的相关规定,结合最高人民法院关于审理公司纠纷案件的若干司法解释,综合运用到非诉讼实务中。

二、公司法务演练重点

1. 公司设立过程演练

公司设立过程是一个法务性很强的活动,通过演练,对公司设立中的设立协议签订、公司章程草拟、设立登记过程有一个较为全面的了解和把握。

2. 公司治理结构运行演练

公司治理涉及决策机关、执行机关与监督机关之间的分权与制衡,具体会涉及公司股东会、董事会、监事会的组建;公司董事、监事、经理人选及其产生;董事会议事规则的制订;有限公司股东行为规范的制订等。通过演练活动,进一步深化对公司内部治理结构及其运行机制的认识与把握。

3. 公司解散清算事务演练

公司解散与清算事务涉及公司解散事由的分析,公司解散与注销的过程与环节,法定清算与自愿清算、一般清算与破产清算的异同点分析等。通过演练对其全过程有一个清晰的了解。

4. 公司股权转让事务演练

公司股权转让事务涉及股权转让协议的草拟、股权转让价格的确定,股权转让申请变更文件的草拟。通过演练把握股权转让的若干工作环节,并对整个转让过程有一个全面的认识。

5. 公司并购事务演练

公司并购事务涉及公司并购的主体确定,公司并购协议的草拟,整个公司并购活动的全过程和主要环节。通过演练比较分析公司收购与公司合并两者之间的区别点。

第三部分　演练素材收编及演练组织

一、演练素材的收编

1. 演练素材收编要求

（1）收编的案例客观真实。此类实案在精选时应满足以下演练要求：一是可分组作项目演练，即争议各方的焦点问题具有一定的理论深度，需要各小组在演练时作深入的研讨才能进行针对性的提炼和概括；二是具有较强的可辩性，可导致各方在演练时立论相对充分；三是争议的焦点相对集中，但散发的问题又比较广泛，引发学生通过演练来解决问题的兴趣。

（2）案例材料所披露的事实较为充分、全面。收编案例时，围绕演练所应进行的相关内容，应强化案例所要反映的事实与整个演练内容与演练目标设计的针对性与关联性。至于如何依法、客观、关联性地运用演练素材，从而在分析的基础上得出结论与对策，这一过程应由各演练小组加以完成。

（3）在演练素材的收集上，可以分成公司法务运作类（如与公司设立、运行、解散、清算相关活动）的素材与公司纠纷解决类（如已引发纠纷问题，需要寻求解决方案与途径）的素材两大类。针对不同类型设计相关的演练内容与演练要求。

2. 宁波大学演练课程所采用的素材内容

（1）演练主旨：公司纠纷解决方案与途径。

（2）案情简介：吕××与钱×、宁波丽都咖啡有限公司股权纠纷案。

第一次起诉的基本事实：

原告：吕××

被告：钱×、宁波丽都咖啡有限公司

诉讼请求：（1）请求判令两被告返还人民币 108000 元，赔偿原告的利息损失 6800 元；合计为 114800 元；（2）本案诉讼费用由被告承担。

法院审理后查明的基本事实：

宁波市丽都咖啡有限公司于 2002 年 2 月 20 日成立，注册资本为 50 万元。投资股东为芦××、朱××、苏×。

2004 年 10 月初，吕××、钱×、吴×等口头约定，投资经营宁波市丽都咖啡有限公司，由吴×占 40%，吕××、钱×等各占 20%。由于吴×所占的股份比例较大，而且吴×与原告不是很熟悉，于是原告决定由被告钱×出面去受让宁波市丽都咖啡有限公司的股权，并任法定代表人。

2004 年 10 月 27 日,被告钱×与吴×从芦××、朱××、苏×处以 200000 元的价格受让了宁波市丽都咖啡有限公司的所有股份,并到工商行政管理部门办理了变更登记手续,法定代表人变更为钱×,股东为钱×及吴×,分别出资 300000 元、200000 元,两人并于同日签订了章程一份,在工商行政管理部门备案。

被告钱×于 2004 年 10 月 21 日在收到了原告支付的 90000 元后出具了一份收条给原告,称"今收到吕××丽都投资款玖万元整"。后该笔款项作为投资款进入了宁波市丽都咖啡有限公司的账户。后宁波市丽都咖啡有限公司需要增加投资 10 万元,原告吕××按原出资比例补交了投资款 18000 元。同年 11 月 18 日,被告钱×又以宁波市丽都咖啡有限公司名义出具了一份收条给原告,称"今收到吕××丽都投资款计壹万捌仟元整"。同时,宁波市丽都咖啡有限公司开具了一份收款收据给吕××,收款项目为"吕××投资款",金额为 18000 元。

在本案审理期间,钱×于 2005 年 8 月 14 日发通知给原告,要求其参加股东大会,但原告未参加。其他股东钱×、吴×、蒋×、毛××、王×均参加了 2005 年 8 月 16 日的股东及投资人会议。会议一致同意将宁波市丽都咖啡有限公司所有股份以 500000 元的价格出让。同年 20 日,吴×、被告钱×与王××、虞×× 签订了一份股权转让协议。协议约定,钱×将原持有宁波市丽都咖啡有限公司 60%的股权由王××受让,转让价格为 300000 元,吴×原持有的宁波市丽都咖啡有限公司 40%的股权,其中 30%股权由王××受让,转让价格为 150000 元, 10%股权由虞××受让,转让价格为 50000 元。同年 30 日,宁波市产权交易中心制发了产权转让证,次月,依法向工商行政管理局办理了公司变更登记。现宁波丽都咖啡有限公司股东为王××、虞××,法定代表人为王××。

审理期间,受案法院根据法律规定进行了释明,要求原告明确其诉讼请求的请求权基础。原告为此明确:因为与钱×之间的口头约定没有生效,所以请求返还出资款。

法院判决:驳回原告诉讼请求。

第二次起诉的基本事实:

2006 年 4 月 7 日,原告吕××再次向法院提起诉讼,不过,本次列的被告为钱×,并没有将宁波丽都咖啡有限公司列为共同被告。诉讼请求为:(1)请求判令被告立即支付 108000 元的股权转让款,并赔偿利息损失 4708.8 元;(2)本案的诉讼费用由被告承担。

被告钱×在庭审中辩称:其已将所持公司股份由 300000 元价格转让是事实,但同时认为,在转让前,公司是负债和亏损的,在公司会计所打印出来的公司应收应付明细表中,对公司负债亏损部分,钱×与吴×都作了"同意支付"的书写,因此,钱×所得的转让款应用以承担公司对外债务与亏损,原告吕××的诉讼请求不能支持,请求依法驳回。

(3)演练素材(复印件)

1)民事诉状1份;

2)收条2份;

3)股东会决议2份;

4)股权转让协议4份;

5)产权转让证4份;

6)宁波丽都咖啡有限公司章程2份;

7)工商行政管理局《准予设立(变更)登记通知书》1份;

8)公司变更登记审核表1份;

9)宁波市海曙区人民法院民事判决书1份;

10)起诉状1份;

11)应收应付明细表1份。

上述素材的原始影印件已通过非诉讼法律行为实验课程系统扫描进入到系统中。

4. 演练内容

(1)用公司法基本法理分析原告认为自己的合法权益被侵犯,是应上诉还是再行起诉?再行起诉会否存在一案二诉问题?

(2)写出一份法律分析报告,表明你对吕××二次诉讼的基本立场。考虑问题的重点可放在:第一次起诉与第二次起诉的差异点在哪里?第二次起诉的诉讼请求中,求判令被告立即支付108000元(系由二次投资款组成)是否会得到法律支持?钱×在第二次起诉的答辩中称其需要对公司的债务进行支付,其已与另一位股东共同作了"同意支付"的意思表示,如何看待?

二、演练活动的组织

1. 分组演练

按钱×组、吕××组、宁波丽都咖啡有限公司分成三组,建议2~3人为一组。

2. 演练小组的角色定位

3. 演练活动组织

(1)课外准备

1)基本要求:认真分析素材,归纳出本案的焦点问题;

2)查阅相关法规及司法解释、司法实践,对本案的分析建立在法规、司法实

吕××组 —— 钱×组

吕××要求收回投资款，其主张合理吗？该向谁去收回？我方已向公司债务作出"同意支付"表示后，投资转让款用以支付公司债务的抗辩能成立吗？

宁波丽都咖啡有限公司组

投资款能收回吗？该向谁去收回？

吕××要求收回在公司的投资款，该由公司支付还是该由股东通过股权转让行为而结算？公司在本案中是否应作为诉讼主体？

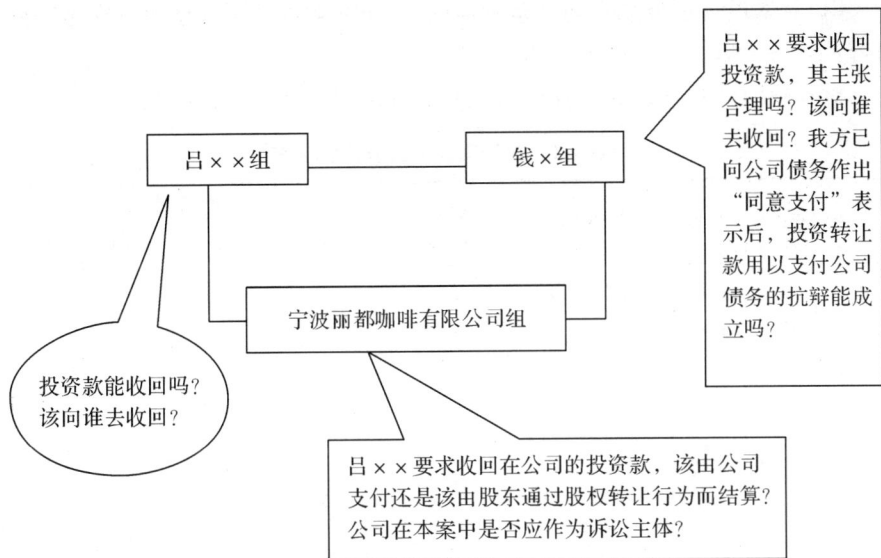

图 5-1 演练小组角色分配图

践的基础上；

3）作出相关分析报告，要求分析清晰、观点鲜明、结论准确。

（2）模拟行为室演练交流：分组作演练交流时，制作精致的PPT。要求：

1）小组对相关问题、观点的讲解清晰，答出的结论（分析意见）透彻，合乎司法实践；

2）各小组对对方观点的抗辩性强；

3）未进入到演练交流的其他同学提问与发言踊跃，课堂交流气氛热烈。

三、教师对演练活动的点评

1. 教师点评

演练活动结束时，教师现场对演练活动进行点评。点评内容可从以下方面进行：

（1）对吕××股东资格的认定，即吕××是否是公司股东；

（2）对二次投资款行为性质的认定，即吕××二次投资行为是否构成股东对公司的出资。

（3）对二次诉讼行为性质的认定，即二次诉讼是否构成诉讼法上的一案二审（重复诉讼）？

(4)对本项目提炼焦点问题是否准确,解决问题的非诉讼解决方案是否依法可行?

对本项演练点评或成绩评定的观测点分值列表如下(表5-1):

表5-1　演练项目评定分值分配表

观测点	评定要点	权重(%)	分值范围			
			优良	中等	及格	不及格
1. 对吕××股东资格的认定	□吕××是公司股东吗 □吕××是隐名股东吗 □吕××是普通投资者吗	25	25以下～21	21以下～18	18以下～15	15以下
2. 对二次投资款行为性质的认定	□二次投资行为均系股东投资吗 □前次投资属于股东投资,后次投资属于借贷行为吗 □二次投资均不是股东投资吗	25	25以下～21	21以下～18	18以下～15	15以下
3. 对二次诉讼行为性质的认定	□第一次诉讼为股东诉讼纠纷吗 □第一次诉讼为非股东诉讼纠纷吗 □第一次诉讼为股东诉讼纠纷,第二次诉讼为非股东诉讼吗 □二次诉讼均为非股东诉讼纠纷吗	25	25以下～21	21以下～18	18以下～15	15以下
4. 对各演练小组对抗性演练的技能认定	□公司法法理的运用能力 □公司法法规理解能力 □分析过程的控制能力 □分析的针对性	25	25以下～21	21以下～18	18以下～15	15以下
总　分		100	100以下～84	84以下～72	72以下～60	60以下

3. 成绩登录

演练活动结束后,教师将参与演练学生的评定成绩记入平时成绩中。因当课演示时间上的原因,部分未参加当课演示的学生,要求其课后提供纸质作业,或将自己的演练作业进入演练模拟系统内,由教师进行成绩评定。

第四部分　辅助材料导读

一、公司法相关司法解释

1. 最高人民法院关于适用《中华人民共和国公司法》若干问题的规定(一)
【发布单位】最高人民法院
【发布文号】法释〔2006〕3 号
【发布日期】2006-04-28
【生效日期】2006-05-09

2. 最高人民法院关于适用《中华人民共和国公司法》若干问题的规定(二)
【发布单位】最高人民法院
【发布文号】法释〔2008〕6 号
【发布日期】2008-05-12
【生效日期】2008-05-19

3. 最高人民法院关于适用《中华人民共和国公司法》若干问题的规定(三)
【发布单位】最高人民法院
【发布文号】法释〔2011〕3 号
【发布日期】2011-01-27
【生效日期】2011-02-16

二、律师承办收购业务指引

律师承办有限责任公司收购业务指引
中华全国律师协会
(2006 年 12 月 7 日修订)

第一章　定义与概述

第 1 条　定义

本指引所称之有限责任公司收购,仅指收购人出于资源整合、财务税收、提高企业市场竞争力等方面的考虑,通过购买有限责任公司股东的出资或以其他合法途径控制该出资进而取得该公司的控制权以及购买该公司的资产并得以自主运营该资产的行为。

本指引所称目标公司指被收购的有限责任公司。

第 2 条　有限责任公司收购方式

按照收购标的的不同来划分,有限责任公司收购方式有:

2.1 资产收购,以目标公司的全部或部分资产为收购标的的收购;

2.2 出资收购,以目标公司股东的全部或部分出资为收购标的的收购。

第3条 特别事项

3.1 律师在办理有限责任公司收购事务过程中,应注意在进行出资转让时尊重目标公司其他股东的优先购买权,在履行法定程序排除股东的优先购买权之后收购方方可进行出资收购。

3.2 办理国有资产的收购和外资公司的收购时,应注意进行国有资产评估和履行相关审批手续。

第二章 收购程序概述

第4条 一般有限责任公司收购程序

4.1 收购方与目标公司或其股东进行洽谈,初步了解情况,进而达成收购意向,签订收购意向书。

4.2 收购方在目标公司的协助下对目标公司的资产、债权、债务进行清理,进行资产评估,对目标公司的管理构架进行详尽调查,对职工情况进行造册统计。

4.3 收购双方及目标公司债权人代表组成小组,草拟并通过收购实施预案。

4.4 债权人与被收购方达成债务重组协议,约定收购后的债务偿还事宜。

4.5 收购双方正式谈判,协商签订收购合同。

4.6 双方根据公司章程或公司法及相关配套法规的规定,提交各自的权力机构如股东会就收购事宜进行审议表决。

4.7 双方根据法律、法规的要求将收购合同交有关部门批准或备案。

4.8 收购合同生效后,双方按照合同约定履行资产转移、经营管理权转移手续,除法律另有规定外应当依法办理包括股东变更登记在内的工商、税务登记变更手续。

4.8.1 将受让人姓名或者名称,依据约定及受让的出资额记载于目标公司的股东名册。

4.8.2 自股东发生变动之日起30日内向工商行政管理部门申请工商变更登记。

第5条 涉及国有独资公司或者具有以国有资产出资的公司收购时,还应注意:

5.1 根据国有资产管理法律法规的要求对目标公司资产进行评估。

5.2 收购项目经国有资产管理部门审查和批准。

5.3　收购完成时根据国有资产管理法律法规的要求办理资产产权变更登记手续。

第6条　收购外商投资企业出资的,应当注意:

6.1　如收购外方股东出资,应保证合营项目符合《外商投资产业指导目录》的要求,做出新的可行性研究报告,并遵守法律法规关于外商投资比例的规定。如因收购外方股东出资导致外资比例低于法定比例,应办理相关审批和公司性质变更手续。

6.2　涉及合营企业投资额、注册资本、股东、经营项目、股权比例等方面的变更,均需履行审批手续。

第三章　收购预备

第7条　预备阶段的信息收集

收购预备阶段为收购方初步确定目标公司起至实施收购前的准备期间。律师在收购预备阶段的法律事务有:

7.1　协助收购方收集目标公司的公开资料和企业资信情况、经营能力等信息,在此基础上进行信息整理和分析,从公司经营的市场风险方面考查有无重大障碍影响收购活动的进行。

7.2　综合研究公司法、证券法、税法及外商投资等法律法规,对收购的可行性进行法律论证,寻求立项的法律依据。

7.3　就收购可能涉及的具体行政程序进行调查,例如收购行为是否违背我国收购政策和法律,可能产生怎样的法律后果,收购行为是否需要经当地政府批准或进行事先报告,地方政策对同类收购有无倾向性态度。

第四章　对目标公司的尽职调查

第8条　律师应就收购方拟收购的目标公司进行深入调查,核实预备阶段获取的相关信息,以备收购方在信息充分的情况下作出收购决策。律师可以根据实际情况,在符合法律法规的情况下对于调查的具体内容作适当的增加和减少。

第9条　对目标公司基本情况的调查核实,主要涉及:

9.1　目标公司及其子公司的经营范围。

9.2　目标公司及其子公司设立及变更的有关文件,包括工商登记材料及相关主管机关的批件。

9.3　目标公司及其子公司的公司章程。

9.4　目标公司及其子公司股东名册和持股情况。

9.5　目标公司及其子公司历次董事会和股东会决议。

9.6　目标公司及其子公司的法定代表人身份证明。

9.7　目标公司及其子公司的规章制度。

9.8　目标公司及其子公司与他人签订收购合同。

9.9　收购标的是否存在诸如设置担保、诉讼保全等在内的限制转让的情况。

第10条　对目标公司相关附属性文件的调查：

10.1　政府有关主管部门对目标公司及其子公司的批准文件。

10.2　目标公司及其子公司土地、房屋产权及租赁文件。

10.3　目标公司及其子公司与职工签订的劳动合同。

10.4　目标公司及其子公司签订的有关代理、许可证合同。

第11条　对目标公司财产状况的调查：

11.1　公司的财务数据，包括各种财务报表、评估报告、审计报告；

11.2　不动产证明文件、动产清单及其保险情况。

11.3　债权、债务清单及其证明文件。

11.4　纳税情况证明。

第12条　对目标公司管理人员和职工情况的调查：

12.1　管理人员、技术人员、职工的雇佣条件、福利待遇。

12.2　主要技术人员对公司商业秘密掌握情况及其与公司签订的保密协议、不竞争协议等。

12.3　特别岗位职工的保险情况。

第13条　对目标公司经营状况的调查：

13.1　目标公司经营项目的立项、批准情况。

13.2　目标公司对外签订的所有合同。

13.3　目标公司客户清单和主要竞争者名单。

13.4　目标公司产品质量保证文件和对个别客户的特别保证情况。

13.5　目标公司广告协议和广告品的拷贝。

13.6　目标公司的产品责任险保险情况。

13.7　目标公司产品与环境保护问题。

13.8　目标公司产品的消费者投诉情况。

13.9　目标公司的特许经营情况。

第14条　对目标公司及其子公司知识产权情况的调查：

14.1　目标公司及其子公司拥有的专利、商标、著作权和其他知识产权证明文件。

14.2　目标公司及其子公司正在研制的可能获得知识产权的智力成果报告。

14.3 目标公司及其子公司正在申请的知识产权清单。

第15条　对目标公司法律纠纷情况的调查：

15.1 正在进行和可能进行的诉讼和仲裁。

15.2 诉讼或仲裁中权利的主张和放弃情况。

15.3 生效法律文书的执行情况。

第五章　收购意向达成

第16条　律师在收购双方达成收购意向阶段,应在信息收集和调查的基础上,向委托人提示收购的法律风险并提出风险防范措施,必要时出具法律意见书,并为委托人起草或审查收购意向书。收购意向书通常包括以下内容：

16.1　收购标的。

16.2　收购方式及收购合同主体。是资产收购、出资转让还是其他,并根据收购方式的不同确定收购合同签订的主体。

16.3　收购项目是否需要收购双方股东会决议通过。

16.4　收购价款及确定价格的方式。转让价格的确定通常有以下几种方式：

16.4.1　以被收购股权持有人出资时的股权价值作为转让价格；

16.4.2　以被收购股权对应的公司净资产值为转让价格；

16.4.3　以评估价格为转让价格。

16.4.4　其他确定转让价格的方式。

16.5　收购款的支付。

16.6　收购项目是否需要政府相关主管部门的批准。

16.7　双方约定的进行收购所需满足的条件。

第17条　保障条款

律师应向委托人提示意向书与正式收购合同的区别和联系,根据委托人的实际需要提示意向书应具备何种程度的法律约束力。鉴于收购活动中,收购方投入的人力、物力、财力相对较大,承担的风险也较大。作为收购方的律师,为使收购方获得具有法律约束力的保障,应提请委托人注意在意向书中订立如下保障条款,以预防和最大程度降低收购的法律风险。

17.1　排他协商条款。此条款规定,未经收购方同意,被收购方不得与第三方以任何方式再行协商出让或出售目标公司股权或资产,否则视为违约并要求其承担违约责任。

17.2　提供资料及信息条款。该条款要求目标公司向收购方提供其所需的企业信息和资料,尤其是目标公司尚未向公众公开的相关信息和资料,以利于收购方更全面地了解目标公司。

17.3 不公开条款。该条款要求收购的任何一方在共同公开宣告收购事项前,未经对方同意不得向任何特定或不特定的第三人披露有关收购事项的信息或资料,但有权机关根据法律强制要求公开的除外。

17.4 锁定条款。该条款要求,在意向书有效期内,收购方可依约定价格购买目标公司的部分或全部资产或股权,进而排除目标公司拒绝收购的可能。

17.5 费用分摊条款。该条款规定无论收购是否成功,因收购事项发生的费用应由收购双方分摊。

第18条 附加条款

在收购过程中,为避免目标公司借收购之名套取收购方的商业秘密,作为收购方律师,应在意向书中设定防范此类风险的附加条款:

18.1 终止条款。该条款明确如收购双方在某一规定期限内无法签订收购协议,则意向书丧失效力。

18.2 保密条款。出于谨慎的考虑,收购双方往往在签订收购意向书之前即签订保密协议,也可在签订意向书的同时设定保密条款。保密条款的主要内容有:

18.2.1 保密条款适用的对象。除了收购双方之外,还包括参与收购事务的顾问等中介服务人员。

18.2.2 保密事项。除了会谈、资料保密的要求外,还包括禁止投资条款,即收到目标公司保密资料的第三方在一段时间内不得购买目标公司的股权。

18.2.3 收购活动中双方相互披露的各种资料的保密,通常约定所披露的信息和资料仅用于评估收购项目的可行性和收购对价,不得用于其他目的。

18.2.4 资料的返还或销毁。保密条款应约定如收购项目未能完成,收购双方负有相互返还或销毁对方提供之信息资料的义务。

第六章 收购执行

律师在收购双方达成收购意向后,应协助委托人进行谈判,共同拟定收购合同,准备相关法律文件,协助委托人向政府主管机关提出申请。

第19条 收购合同的起草

较为完整的收购合同包括主合同和附件两部分:

19.1 收购合同的主合同,除标的、价款、支付、合同生效及修改等主要条款外,一般还应具备如下内容:

19.1.1 说明收购项目合法性的法律依据。

19.1.2 收购的先决条件条款,一般是指:

1)收购行为已取得相关的审批手续,如当收购项目涉及金融、建筑、房地产、医药、新闻、电讯、通讯等特殊行业时,收购项目需要报请有关行业主管部门批准。

2)收购各方当事人已取得收购项目所需的第三方必要的同意。

3)至收购标的交接日止,收购各方因收购项目所作的声明及保证均应实际履行。

4)在所有先决条件具备后,才能履行股权转让和付款义务。

19.1.3　收购各方的声明、保证与承诺条款。包括:

1)目标公司向收购方保证没有隐瞒影响收购事项的重大问题。

2)收购方向目标公司保证具有实施收购行为的资格和财务能力。

3)目标公司履行收购义务的承诺以及其董事责任函。

19.1.4　收购标的资产评估。

19.1.5　确定出资转让总价款。

19.1.6　确定转让条件。

19.1.7　确定出资转让的数量(股比)及交割日。

19.1.8　确定拟转让出资的当前价值。

19.1.9　设定借款方式与时间,必要时可以考虑在金融机构设立双方共管或第三方监管账户,并设定共管或监管程序和条件,以尽可能地降低信用风险,以保障收购合同的顺利履行。

19.1.10　确定出资转让过程中产生的税费及其他费用的承担。

19.1.11　限制竞争条款。

19.1.12　确定违约责任和损害赔偿条款。

19.1.13　设定或有损害赔偿条款。即收购方如因目标公司在收购完成之前的经营行为导致的税务、环保等纠纷受到损害,被收购方应承担相应的赔偿责任。

19.1.14　设定不可抗力条款。

19.1.15　设定有关合同终止、收购标的交付、收购行为完成条件、保密、法律适用、争议解决等等其他条款。

19.2　收购合同的附件。一般包括:

19.2.1　目标公司的财务审计报告;

19.2.2　目标公司的资产评估报告;

19.2.3　目标公司土地转让协议;

19.2.4　政府批准转让的文件;

19.2.5　其他有关权利转让协议;

19.2.6　目标公司的固定资产与机器设备清单;

19.2.7　目标公司的流动资产清单;

19.2.8　目标公司的债权债务清单：

19.2.9　目标公司对外提供担保的清单；

19.2.10　联合会议纪要；

19.2.11　谈判记录。

19.2.12　上述附件的内容，律师可以根据实际情况在符合法律法规的情况下，选择增减。

第20条　收购合同的生效条款。

律师应当提请委托人注意，如收购项目涉及必须由国家有关部门批准的，应建议委托人约定收购合同自批准之日起生效。其他情况下，可根据委托人实际情况约定合同生效条件和时间。

第七章　收购合同的履行

第21条　在收购履约阶段，律师工作主要包括：

21.1　为收购各方拟定"履约备忘录"，载明履约所需各项文件，并于文件齐备时进行验证以确定是否可以开始履行合同。

21.2　协助委托人举行验证会议。

21.3　按相关法律法规的规定办理报批手续。

21.4　协助办理收购涉及的各项变更登记、重新登记、注销登记手续。

第22条　律师协助收购方或目标公司起草或调取的，需要向相关政府主管部门报送的文件材料包括：

22.1　股东变更申请书；

22.2　收购前各方的原合同、章程及其修改协议；

22.3　收购各方的批准证书和营业执照复印件；

22.4　目标公司董事会、股东会关于出资转让的决议；

22.5　出资变更后的董事会成员名单；

22.6　收购各方签订的并经其他股东签字或以其他书面方式认可的出资转让协议；

22.7　审批机关要求报送的其他文件。

第23条　收购履约阶段的事务

23.1　收购款到账验收，出具报告书。在收购方支付全部转让款并将付款凭证传真给出让方后，在约定的工作日内，出让方指定的或双方约定的注册会计师对该转让金额是否到账予以验证，并将验证报告传真给收购方。

23.2　收购标的的交付及股东名册的变更。收购双方及目标公司应及时办理被收购资产的交割手续和被收购股权的变更登记手续，包括所涉资产权属变更需要办理的物的交付和权属变更登记手续，以及股权收购中目标公司股东名册变更和签发新股东出资证明书等手续。

23.3 股东权利义务的移转。出资转让协议可以约定,转让标的交割之后,出让方将不再作为目标公司的股东而享有任何股东权利,亦不再承担目标公司的任何义务、负债或损失;收购方将成为目标公司的股东,并取代出让方继续履行目标公司发起人协议书及章程中规定的股东权利和股东义务。

23.4 新股东与公司其他股东应当签订新的合营(合作)协议,修订原公司章程和议事规则,更换新董事。签订新的合营(合作)协议与新章程后,公司签发新的股东出资证明书,变更公司的股东名册,并于变更后 30 日内向工商行政管理机关提交目标公司股东、出资、章程等变更登记申请或备案申请。

第 24 条 特别提示

律师应向委托人提示出资转让与出资转让合同生效即收购合同生效的区别。出资转让合同除法律法规明文规定需经主管部门批准生效的以外,或者当事人约定了生效条件之外,一般自合同主体签订盖章之日起生效;而出资转让的生效以合同的生效为前提,但出资转让合同的生效并不当然意味着出资自合同生效时起转让,其生效根据公司性质有可能还需满足法律规定的条件或当事人约定的条件。

三、实务性论文导读

公司并购方案分析①

兼并是指在市场经济中,企业出于减少竞争对手、降低重置成本、产生规模效应等动机,为达到完全控制对方的目的而采取的各种进行产权交易和资产重组的方法。

根据兼并的表现形态的分析,我们可以将兼并界定为两种模式:"合并"和"收购"。

下面就针对 D 公司和 A 公司的实际情况,结合这两种模式为 D 公司制订两套具体的并购方案,并对此作一简要地分析:

一、并购方案

模式一:D 公司与 A 公司合并(吸收合并)

根据 2005 年修改后《公司法》第 173 条、174 条规定的内容,如果 D 公司吸收合并 A 公司,则会产生如下法律后果:

(1)D 公司依照法律规定和合同约定吸收 A 公司,从而形成一个新的 D 公

---

① 资料来源:法律常识网,http://china. findlaw. cn/falvchangshi/gongsishougou/gssgfa/gssgfa/6936_5. html

司,而 A 公司的法人资格消灭;

(2)合并前 A 企业的权利义务由合并后的新 D 企业全部、概括承受,这种继受是法定继受,不因合并当事人之间的约定而改变;

(3)合并是合并双方当事人之间的合同行为,合并方合并对方时必然要支付某种形式的对价,具体表现形式是 D 公司以自己因合并而增加的资本向 A 公司的投资者交付股权,使 B 公司和 C 公司成为合并后公司的股东。

具体操作程序如下:

(1)D 公司与 A 公司初步洽谈,商议合并事项。

(2)清产核资、财务审计。

因为 A 公司是国有控股的有限责任公司,应当对 A 企业各类资产、负债进行全面、认真的清查,以清理债权、债务关系。要按照"谁投资、谁所有、谁受益"的原则,核实和界定国有资本金及其权益,以防止国有资产在合并中流失。因此,必须由直接持有该国有产权的单位即 A 公司决定聘请具备资格的会计师事务所进行财务审计。如果经过合并后的 D 公司为非国有公司,还要对 A 公司的法定代表人进行离任审计。A 公司必须按照有关规定向会计师事务所或者政府审计部门提供有关财务会计资料和文件。

(3)资产评估

按照《企业国有资产管理评估暂行办法》第 6 条,公司合并必须对资产实施评估,以防止国有资产流失。资产评估的范围包括固定资产、流动资产、无形资产(包括知识产权和商誉,但是不包括以无形资产对待的国有土地使用权)和其他资产。

①企业应当向国有资产监督管理机构申请评估立项,并呈交财产目录和有关的会计报表等资料。

②由国有资产监督管理机构进行审核。如果国有资产监督管理机构准予评估立项的,A 公司应当委托资产评估机构进行评估。

③A 公司收到资产评估机构出具的评估报告后应当逐级上报初审。经初审同意后,自评估基准日起 8 个月内向国有资产监督管理机构提出核准申请;国有资产监督管理机构收到核准申请后,对符合核准要求的,及时组织有关专家审核,在 20 个工作日内完成对评估报告的核准;对不符合核准要求的,予以退回。

(4)确定股权比例

根据国有资产监督管理机构确定的评估值为依据,将 A 公司的股东 B 公司和 C 公司所享有的股权折算成资产,从而确定 B 公司和 C 公司在合并后的 D 公司中所占的股权比例。

（5）召开股东大会

合并是导致公司资产重新配置的重大法律行为，直接关系到股东的权益，因此参与合并的 A 公司和 D 公司必须经各自的股东（大）会以通过特别决议所需要的多数赞成票同意合并协议。

根据我国 2005 年修改后的《公司法》第 44 条和第 104 条的规定，有限责任公司股东会对公司合并的决议，必须经代表三分之二以上表决权的股东通过；股份有限公司股东大会对公司合并作出决议，必须经出席会议的股东所持表决权的 2/3 以上通过。

同时 A 公司为国有控股公司，根据《企业国有资产监督管理暂行条例》第 22 条，国有资产监督管理机构派出的股东代表，应当将其履行职责的有关情况及时向国有资产监督管理机构报告，应当按照国有资产监督管理机构的指示发表意见、行使表决权。

（6）签署合并协议

在充分协商的基础上，由 A 公司和 D 公司的法人代表或法人代表授权的人员签订企业合并协议书或合并合同。

我国公司法没有规定合并协议应该包括哪些主要条款，参照对外贸易经济合作部、国家工商行政管理局《关于外商投资企业合并与分立的规定》第 21 条规定的外商投资企业之间的合并协议的主要内容，认为应包括如下内容：合并协议各方的名称、住所、法定代表人；合并后公司的名称、住所、法定代表人；合并后公司的投资总额和注册资本；合并形式；合并协议各方债权、债务的承继方案；职工安置办法；违约责任；解决争议的方式；签约日期、地点；合并协议各方认为需要规定的其他事项。

（7）编制资产负债表和财产清单

（8）通知和公告债权人

我国 2005 年修改后的《公司法》第 174 条规定了通知债权人的程序和公告的方式。该条规定，公司应当自作出合并决议之日起 10 日内通知债权人，并于 30 日内在报纸上公告。债权人自接到通知书之日起 30 日内，未接到通知书的自公告之日起 45 日内，可以要求公司清偿债务或者提供相应的担保。

如果 A 公司和 D 公司在与其他公司、企业签订的贷款合同中写明公司合并必须经债权人同意的，还需要经过债权人的同意。

公司合并后合并各方的债权、债务应当由合并后存续的公司即合并后的 D 公司承继。

（9）核准登记

公司合并后，应当按照法律、法规的规定到公司登记机关办理产权变动登记

(包括 D 公司的变更登记和 A 公司的注销登记两套程序)和税务变更登记;土地管理部门同时为合并公司办理土地使用权权属证书,如果 A 公司的用地属于国有划拨的土地,合并后的 D 公司应当按照土地法的规定与县级以上人民政府重新签订国有土地使用权出让证书。

公司合并后,合并企业应当及时办理 A 企业的法人注销登记,没有办理注销登记,协议已经履行的,不影响合并协议的效力和合并后 D 公司对 A 公司债权债务的承担。

(10)职工的安置

应当征求 A 公司企业职工的意见,并做好职工的思想工作。职工不同意兼并,不影响兼并协议的效力。A 公司的职工原则上由合并后的 D 公司接收。

模式二:D 公司收购 A 公司

即 D 公司通过购买 A 公司一定数额的股权,从而实际控制 A 公司的行为,在法律上表现为股权转让行为。主要特征如下:

(1)股权转让行为发生于 D 公司与 A 公司的股东 B 公司和 C 公司之间;

(2)在大部分情况下,股份转让不改变 A 公司的独立法人地位,因此 A 公司的债务一般仍由其自行承担。

具体操作程序如下:

(1)D 公司向 A 公司的股东 B 公司和 C 公司发出收购要约,然后分别召开公司股东(大)会,研究股权出售和收购股权的可行性,分析出售和收购股权的目的是否符合公司的战略发展,并对收购方的经济实力经营能力进行分析,严格按照公司法的规定程序进行操作。

(2)聘请律师进行尽职调查。

(3)D 公司分别与 B 公司和 C 公司进行实质性的协商和谈判。

(4)B 公司向国有资产监督管理机构提出股权转让申请,并经本级人民政府批准。

根据《企业国有资产监督管理暂行条例》第 23 条规定,国有资产监督管理机构决定其所出资企业的国有股权转让。其中,转让全部国有股权或者转让部分国有股权致使国家不再拥有控股地位的,报本级人民政府批准。

(5)清产核资、资产评估与确定转让价

根据《企业国有产权转让管理暂行办法》第 12 条的规定,转让所出资企业国有产权导致转让方不再拥有控股地位的,由同级国有资产监督管理机构组织进行清产核资,并委托社会中介机构开展相关业务。

由 B 公司委托具有相关资质的资产评估机构实施资产评估;评估报告须经核准或者实施备案,根据《企业国有资产监督管理暂行条例》第 23 条对于转让企业国有产权导致转让方不再拥有控股地位的,应当报经本级人民政府批准。

确定转让价格。转让价格的确定不得低于评估结果的90%。如果低于这个比例,应当暂停产权交易,在获得相关产权转让批准机构同意后方可继续进行交易。

根据《企业国有资产管理评估暂行办法》,因为B公司出让的股权属于国有企业或国有独资有限公司,因此需到国有资产办进行立项、确认,然后再到资产评估事务所进行评估。C公司(非国有企业)可直接到会计事务所对变更后的资本进行验资。

(6)B公司和D公司到国有产权交易中心挂牌交易

B公司应当到产权交易中心挂牌登记,并委托产权交易机构公告产权交易信息。

根据《企业国有产权转让管理暂行办法》第14条的规定,信息应当公告在省级以上公开发行的经济或者金融类报刊和产权交易机构的网站上,征集受让方。产权转让公告期为20个工作日。披露信息的内容包括:转让标的的基本情况、转让标的企业产权的构成情况、产权转让行为的内部决策及批准情况、转让标的的企业近期经审计的主要财务指标数据、转让标的企业资产评估核准或者备案情况、受让方应当具备的基本情况以及其他需披露的事项。

D公司在登记挂牌时,除填写《买方登记表》外,还应提供营业执照复印件、法定代表人资格证明书或受托人的授权委托书、法定代表人或受托人的身份证复印件。

(7)B公司、C公司和D公司分别召开职工大会或股东(大)会,并形成股东(大)会决议,按照公司章程规定的程序和表决办法通过并形成书面的股东(大)会决议。

(8)D公司分别和B公司、C公司签订股权转让合同或股权转让协议。

(9)由产权交易中心审理D公司与B公司的股权转让合同及附件,并办理交割手续。(C公司不需要)

(10)到公司登记机关办理变更登记手续。

二、两种兼并方案的比较

首先,合并与收购都是公司并购的基本形式,都能够实现D公司控制A公司的目的。

其次,合并与收购在法律上的最为重大的区别之一就是,前者由于A公司的法人资格因合并而消灭,其债务依法律规定被合并后的D公司概括承受,而后者在大部分情况下由于A公司保持了法人地位的同一与延续而自行承担原来的债务。

因此当发生债务遗漏问题,即 A 公司在被 D 公司兼并的过程中,由于故意或过失,遗漏了应计入资产负债表的对外债务,使 D 公司对兼并条件做出错误判断时,如果采用第二种方案——D 公司收购 A 公司的股权,并不影响 A 公司法人资格的同一和延续,遗漏债务问题只能影响到兼并双方之间的兼并合同,而不能影响债权人向被兼并企业追索债务的权利。而如果使用第一种方案,合并双方法人合为一体,存续的 D 公司对 A 公司的财产、债券、债务概括性承受,根据《民法通则》第 44 条、《公司法》第 175 条、《合同法》第 90 条规定,D 公司有承受 A 公司债务的法定义务,这种义务不因在兼并时债务是否属遗漏债务而有所区别。因此第二种方案对于 D 企业来说更为有利。

三、风险防范

对并购方而言,任何并购交易都可能存在风险,只有对并购交易中的风险有充分的认识,并做好相应的对策,才能有效防范并购风险,保证并购交易的成功及实现并购的目的。

风险一:政府干预

并购不完全是一种市场行为,其中在参与主体、市场准入、经营规模和范围等方面必然受到有关国家法律法规或相关政策的限制,特别是当并购涉及国有企业的时候,政府干预是必然的,而且政府在并购中所扮演的角色有时会直接关系到并购的成败。所以,作为律师参与企业并购业务首先要对并购交易的合法性进行审查,防范由于政府不予审批而带来的风险。

风险二:目标公司的可靠性

为了确保并购的可靠性,减少并购可能产生的风险与损失,并购方在决定并购目标公司前,必须要对目标公司的内部情况进行一些审慎的调查与评估。这些调查和评估事项包括:

(1)目标公司的产权证明资料(一般指涉及国有产权时国资管理部门核发的产权证或投资证明资料);

(2)目标公司的工商注册登记资料(包括公司章程、各类出资或验资证明报告等);

(3)有关目标公司经营财务报表或资产评估报告;

(4)参与并购的中介机构从业资质;

(5)目标公司所拥有的知识产权情况;

(6)目标公司重大资产(包括房产、土地使用权等无形资产)、负债或合同事项;

(7)目标公司管理框架结构和人员组成;

(8)有关国家对目标公司的税收政策;

(9)各类可能的或有负债情况(包括各类担保、诉讼或面临行政处罚等事项);

(10)其他根据目标公司的特殊情况所需要调查的特殊事项,如社会保险、环保、不可抗力、可能不需要并购方同意就加诸于并购方的潜在责任等。

在这方面,实践中突出存在着两个问题:

(1)目标公司的担保、债权、纠纷等或有负债。股权并购中最易出现纠纷且较难防范的问题就是:目标公司的对外担保,此外还可能存在未决诉讼、仲裁纠纷,以及知识产权侵权、产品质量侵权责任,以及可能发生的员工劳资纠纷等或有负债。对这些无法预计的或有负债,以及目标公司承诺披露的或有负债,在签订股权转让协议后实际发生了权利人的追索,该类风险首先由目标公司承担,由此引发的股权转让风险应当在股权转让协议中约定。

因此实践中,建议通过以下途径解决:①在股权转让协议中预设相关防范条款;②要求出让方继续履行股权转让协议,承担股权转让的违约责任;③以欺诈为由,请求确认股权转让无效,要求出让方返还股权转让款,并赔偿损失,承担侵权责任。

(2)违反公司章程规定,董事长或总经理为其他企业、个人提供担保。一般而言,公司章程和公司议事规则均会规定,公司对外担保必须提交股东会决议通过,或一定金额以上的对外担保应当经过董事会决议一致表决通过(或2/3以上的董事通过),但事实上经常会发生目标公司董事、经理违反上述规定擅自为其他企业担保,对于股权受让方而言,即使对目标公司审慎调查,也往往防不胜防。但按现行法律规定,目标公司的章程和董事会议事规则的规定,哪些金额以上的担保必须经董事会一致决议,哪些金额以上的担保必须征求其他股东的同意,均属于公司内部问题,不能据此抗辩善意债权人,目标公司仍应对外承担责任。

建议股权收购方在对目标公司尽职调查时,认真审议公司章程、董事会决议、章程和决议修正案,界定债权人在接受担保时是否存在主观上的过错,以及董事、经理的担保行为是否属于表见代理行为。

风险三:并购过程中所涉及的法律风险

为了对并购中所涉及的法律风险进行提示或适当的规避,并购方律师参与并购的核心工作就是为其实施并购行为提供或设计切实可行的并购方案和出具相关的法律意见书。目前,对国有企业产权的交易,一般律师的法律意见书是向管理国有资产的上级主管部门或政府机关报批时所必需的法律文件。

风险四:合同风险

企业并购行为往往同时涉及企业的资产、负债或人员等重组事项,其间必然涉及需要律师起草或审核的大量合同、协议等法律文件。这些合同或协议文件是最终确立企业并购各方权利义务法律关系的依据,必须要有专业律师从中进行必要的审核把关。

风险五:谈判风险

对企业并购而言,主要还是一种市场交易行为,需要参与并购的各方反复进行(有时甚至是非常艰苦的)商务方面的谈判,至于面临企业并购失败的风险也是非常正常的事情,只有最后谈成的结果才能形成书面上的法律文件。律师参与并购业务的谈判,有利于律师全面了解或掌握交易各方的真实意图,并随时为交易各方提供谈判内容的法律依据或咨询服务。

第六讲　特许经营法律事务演练

第一部分　教师讲解

一、投资领域特许权经营

1. 特许权经营的概念及其发展现状

投资领域特许权经营是指政府部门与外国投资者或国内投资者约定,由外国投资者或国内投资者成立项目公司,由项目公司进行筹资和建设,并由项目公司在特许期内拥有、运营和维护项目设施,项目公司通过收取费用以回收投资并获得利润,特许期满后,项目设施无偿地移交给政府。英语简称为 BOT(build-operate-transfer,建设—运营—移交)。

1984 年,土耳其总理奥扎尔正式提出了一种新的在公共基础设施项目上引入私人资金的国际经济技术合作方式——BOT 方式。①

20 世纪 80 年代,一些发展中国家为了扩大基础建设投资,在公用事业建设领域借用了这一形式。其项目内容涉及自然资源开采、基础设施建设,如水厂、电厂、道路、桥梁、通讯设施建设等。在国际上,横穿英吉利海峡的英法海底隧道、我国香港地区九龙东部的海底隧道、泰国曼谷机场高速公路都是运用 BOT 方式进行建设的。在我国内地,1987 年运营发电的广东沙角火力电厂工程是我国首例 BOT 项目;广西来宾电厂的二期工程、海南省东线高速公路、三亚凤凰机场、上海延安东路隧道复线,长沙电厂、成都水处理厂、武汉军山大桥也是运用 BOT 方式进行建设的。

BOT 项目融资方式的初衷在于吸引外资投入到东道国的基础设施项目建设中来,从而解决经济与社会发展对基础设施建设的急剧需求与政府的建设资金不足的矛盾,并在一定程度上转移了项目建设和运营的风险。后来引入民营资本也采用这种形式,被称为"内资 BOT 项目"。

---

① 参见王会锋等:《TOT:项目融资新方式》,载《中国软科学》,1999 年第 3 期。

2. 特许权经营基本特征

特许权经营形式具有以下几个特点：

（1）从协议当事人看，协议一方为国家或政府部门，另一方为外国投资者或国内投资者。

（2）从经营权特点看，投资者所取得的是原专属于国家或政府部门所拥有的某种特种权利，如自然资源开采权、公用基础设施建设经营权。

（3）从准许特许权经营的目的看，政府实施特许经营的目的是为了获取外国资本或民营资本、以弥补国内建设资金的不足。其中，让民营资本准入特许经营项目，其目的还在于打破国有资本在自然垄断行业的垄断局面。

（4）从特许权经营期满后处理办法看，由于特许经营权项目到期后无偿收回国有，一般只能采用独资，不适宜合资经营。因为合资期满后会涉及剩余资产按出资比例分配问题，如非要进行合资经营，则需要在合资经营协议上对经营期满后相关设施的处理办法作出约定。

（5）从从事特许权经营的基本做法看，投资者一般要成立一个项目公司，该项目公司为法人组织。

（6）从特许权经营的政府管理看，合同条款或BOT项目本身须经政府部门审查批准。如电厂建设，投资者往往会设定一个事先的投资回报率，以此作为计算客户可以接受的电价，但电价的计算实际上并不依照投资者的投资回报率，而是法定的价格标准，水厂、航运也是如此。

（7）从对项目公司设立的要求看，项目公司在BOT项目中的投资额占总投资额的比例会有一个法律上的要求。一是项目公司对外筹资过大，不利于项目建设，二是对外筹资时，外国银行或贷款财团往往要求政府部门出具"支持信"，要求中国政府部门承诺项目内容是真实合法的，得到政府批准有效期限内不会无效。但要注意，对项目公司的对外融资，政府部门不应为其提供担保。因此，从国际上通行的做法，项目融资率拟控制在七成范围内。

（8）从履约保证金的要求看，按国际惯例，项目公司在开工建设前要向政府支付一笔履约保证金。一旦其违约，政府有权没收此笔履约保证金。

（9）从政府部门是否可提前回收设施看，政府部门如出于社会公共利益考虑，要提前回收设施的，应给项目公司以合理的补偿。

3. 我国对特许权经营立法概况

目前我国关于特许经营方面的规章与规范性文件主要有：

（1）对外经济贸易部曾在1995年颁布《关于以BOT方式吸收外国投资的有关问题的通知》；

（2）国家计委、电力部、交通部在1996年联合下发《关于试办外商投资特许权项目审批管理有关问题的通知》；

（3）1995年6月我国政府发布的《指导外商投资方向暂行规定》、《外商投资产业指导目录》明确鼓励外商进入国内基础建设领域；

（4）2014年12月，国家发改委颁布《关于开展政府和社会资本合作的指导意见》；

（5）2015年4月，国务院通过《基础设施和公用事业特许经营管理办法》。

4. 从事特许经营非诉事务应注意的问题

（1）投资主体问题。通常是外国投资者或私人投资者，目前国内的民营企业也在从事这一项目，被称之为"内资BOT"项目。我国《外商投资产业指导目录》明文规定，对于地方铁路、桥梁、隧道、轮渡设施和民用机场项目的建设与运营，鼓励外商投资，但不允许外商独资，要求中方国有资产占主导地位或控股，这就大大降低了这类项目采用BOT投资方式的可能性。实际上，在各地准备报批的BOT项目中上述项目占了绝大多数。政府宜在做好监控管理工作的前提下，适当放宽BOT项目的范围。

（2）协议条款把握问题。投资领域的特许经营，需要通过协议明确各方的权利与义务关系。受国家发展改革委投资司的委托，中咨公司研究中心负责起草了《政府和社会资本合作项目通用合同指南（2014年版）》（简称《合同指南》）。成为我国第一部用于规范和引导政府和社会资本合作（PPP）项目合同编写工作的专业指南。该《合同指南》针对不同模式公营合作项目（Public-Private-Partnership，即PPP项目）的投融资、建设、运营、移交等阶段，从合同各方的权责配置、风险分担、违约处理、政府监管、履约保证等方面，提出合同编制的注意事项及有关要求，供PPP项目参与各方参考借鉴。因广义的PPP项目包含特许经营，故对特许经营协议也有指导与参考意义。特许经营协议的主要条款有：①特许。包括语词定义；特许及特许的授予；特许期；先决条件。②项目建设。包括土地使用权取得、成本；使用期限；设计要求、标准审查与核准，设计变更的权利；项目公司组建及项目公司责任；项目建设；工程质量及其保证与管理；工程承包与分包；工程的进度、延误、变更、报告、拒收；检验的程序；不免责条款；工期延误、赔偿、退还保证金。③项目的经营。项目公司在经营中的权利与义务；收费；经营活动的管理；项目经营中的安全管理。④项目维护。项目的维修与保养、项目设施的更新。⑤项目移交。移交范围与程序；移交的合同、资料、配件等相关清单；技术移交与人员培训；移交效力。⑥当事人各方的义务。⑦转让。核准的程序、效力。⑧争议及解决方法。⑨其他。在实践中，BOT特许权项目协议的实施，是由许多从合同与协议组成的庞大系统，如工程施工、设备采购、借款担保、材料供应，运营维护合同及补充协议等，在实务操作时应注意主合同与从合同的关系。

（3）政府的监管与承诺确定问题。投资领域特许经营作为市场准入制度的组成部分，对作为"社会公共事务管理者"的政府而言，如何起到监督、管理的职能，可从以下方面考虑问题：

①合理确定重点发展领域及相应的鼓励措施。应综合分析采取 BOT 项目对当地社会经济发展过程中的促进或负面影响，从而确定该类项目的投资领域。

②政府应成立专门的工作机构。该工作机构的职责是协调有关工商注册、税收政策、必要设备的进出口乃至与相关部门协调。应处理好政府在市场资源配置中的行政管理权与项目公司经营权的关系，既充分尊重项目公司的经营权，又能实现必要的监管。

③应建立一套科学的项目评估方法与评估制度。其目的在于为 BOT 项目的政府决策提供分析依据与分析方法。政府部门应当依照风险分配的国际惯例以及利益平衡原则与外国或私人投资者合理分担风险。

④秉承"严守契约"的理念。政府应全面履行在 BOT 项目中作出的承诺。为使政府部门减少商业经营风险，尽可能地避免商业性担保，在依法行政前提下可以提供必要的政府承诺。

（4）评估方法与评估制度问题。BOT 项目的评估会有前评估与后评估两个方面，应聘请富有经验的第三方独立机构，结合 BOT 项目的特点进行评估，通过评估，客观、全面地分析项目运营情况。从目的看，项目前评估是在投资项目前期，对项目投资建设前景的预测性"评估"；项目后评估则在项目建成投产后，在项目周期内，对项目达到的实际效果进行客观评价，为决策层提供反馈意见和建议，以达到修正协议提升执行力度的目的。

（5）融资问题。BOT 项目的贷款方在决定是否贷款时，通常情况下，主要考虑项目本身的收益前景，而不是项目公司当时的信用能力。

（6）经营期限。根据不同项目规定不同的经营期限，既要保证投资者有合理长的时间回收投资、取得较高的投资回报，又要保证国家与社会公共利益。在经营期内政府保证项目投资者的合法经营权，除非社会公共利益需要，不得提前收回或以其他方式损害投资者利益，项目投资者也不得擅自转让经营权。

5. TOT 投资方式的特点——与 BOT 比较

（1）TOT 的概念分析

TOT 是英文"transfer-operate-transfer"的缩写，意为"转让—经营—转让"。TOT 模式是一种通过出售现有国有资产或出让国有资产的经营权而获得增量资金进行新项目融资的一种新型融资方式。具体来讲，是投资者以资本或资金购买某项现有资产或设施的经营权，在特定的时期内通过对资产或设施的经营以收回全部投资并获得合理的回报,待约定的经营期限届满后,投资者再将经营权无偿移交给政府。

TOT 与 BOT 相同之处在于,都是基础设施建设中比较常用的项目融资方式,都是通过特许经营权方式,通过经营以回收投资并获得回报,并在经营期限届满后收归国有。两者最主要的区别在于"B(build)"上,即项目的建设环节的不同。BOT 投资方式中以"建设"为起点,投资者投资建设基础设施项目并取得政府的特许经营权;而 TOT 投资方式以"转让"为起点,投资者不需要直接投资建设基础设施项目,而是购买政府所拥有的已经建设完成的设施的经营权,以"转让"阶段取代了 BOT 方式中的"建设"阶段,从而使投资者不必承担项目在建设过程中的风险,因此是投资者比较乐于接受的一种投资方式。

(2)TOT 与 BOT 的共性分析

BOT 和 TOT 两种投资方式都是在基础设施建设领域内有效的项目融资方式。在世界各国,基础设施几乎都是由政府所有,并由政府享有垄断的建设和经营权。但自 20 世纪以来,政府由于财政的负担不得不利用外资或民营资本来建设基础设施项目,但政府又不愿将基础设施私有化,因此便采用 BOT 和 TOT 的方式,向私人投资者颁发特许经营权,但仍要求在一定期限届满后将基础设施转归国家所有。因此,这两种投资方式都体现了政府既要利用私人投资又要保持基础设施国有化的目标。

从两者的运作过程来看,BOT 和 TOT 投资方式的后两个阶段是相同的。即"经营—转让"(operate-transfer)具有一致性。投资行为都要以特许协议为依据,对基础设施进行经营向社会提供服务并从中取得收益,特许期限届满则将设施无偿移交给政府。两者的"投资回收以及相应利润的取得同样是以对基础设施项目的经营来实现的"。[1]

(3)TOT 投资方式的比较优势

TOT 投资方式与 BOT 方式的不同之处,决定了它们在功能上存在一定的区别。相比之下,TOT 方式具有以下优点:

其一,更容易吸引投资者。与 BOT 方式相比,由于 TOT 方式中投资者不必负责项目的建设环节,因此,避免了承担项目建设过程中的风险,投资风险大大降低。而且,投资者直接购买政府现存设施的特许经营权,可以在投资之后迅速开始经营,收回投资并获得收益,从而回避了基础设施建设周期长的不利之处,风险小、见效快,使得 TOT 方式更能吸引外国或私人投资者。

其二,利用 TOT 方式有利于盘活国有资产存量。由于长期以来我国的基

---

[1]　参见高岚君、吴凤君:《TOT 投资方式之评介》,载《当代法学》,2002 年第 11 期。

础设施建设都在政府主导和财政支持下进行,致使现有基础设施的经营权大多在政府手中。国有资产的存量巨大,相当数量的国有资产要经过重置更新才能发挥效益。[①] 利用 TOT 方式,就可以盘活现有基础设施的存量资产,优化资源配置。

其三,法律关系简单明晰。TOT 方式中投资者出资购买基础设施的经营权,法律关系非常明晰,不涉及产权、股权等敏感问题,也不会出现此类的纠纷。

(4)TOT 投资方式应注意的问题

①正确确定现有资产经营权的转让价格。基础设施属于国有资产,用 TOT 方式将其经营权转让给投资者必须进行价格评估。估价过低会造成国有资产流失,估价过高则会影响投资者的投资积极性。

②对投资者的特许经营权做出合理制约。基础设施的服务对象是社会公众,因此影响较为广泛。如果任由投资者自主经营则有可能损害公共利益。必须对诸如收费价格等问题作出适当的制约,既要考虑到投资者的合理收益,又要注意消费者的消费能力。

③在转让基础设施的经营权时不应忽视对原单位员工的安置问题。原基础设施的经营权系国有企业经营,实施基础设施的经营权转让实际上是国有企业产权转让,原有的职工如何安置,应作出详细的计划,处理不好会引发一些社会问题,在实务中,因职工安置方案不落实,引发职工强烈反对,最终难以实施 TOT 项目之情形并不少见。

6. BOT 与 TOT 的选择性适用

BOT 与 TOT 两种项目融资方式各具特色,应该在具体的基础设施项目建设中区分情况合理适用。两种投资方式各有自己的优势,也都带有一些不足之处,实践中不能对 BOT 与 TOT 两种融资方式做出简单的优劣之评判。

从项目的复杂程度、难易程度来看,TOT 方式具有较为明显的优势。由于 TOT 融资方式中减少了一个建设环节,所以项目过程变得相对简单,操作容易。而 BOT 中存在建设环节,其运作过程中就要求有众多的参与者,需要建立大量的商事合同关系,这无疑增加了项目的复杂程度。

从对法律环境和投资环境的要求来看,TOT 方式更容易得以实施。目前我国的法律体系仍然不够健全,关于 BOT 和 TOT 项目融资方面的法律法规并不完善,不同地区的投资环境的差距也非常明显。由于 TOT 方式是直接利用已经建成的设施的经营管理权进行融资,法律关系简单。因此其对"软环境"的要求相对较低。

---

① 参见张慧霞:《TOT 加快我国交通基础设施建设的现实选择》,载《山东经济》,1999 年第 1 期。

从风险分配的角度来看,BOT方式更有利于政府,而TOT方式更有利于投资者。在理想状态下,BOT方式能解决政府提供公共产品不足问题,而TOT方式只是解决政府提供公共产品更加优质问题;BOT方式中政府不必为设施的建设阶段承担过度风险,而TOT方式中投资者则不必为设施的建设阶段承担风险。

从推进改革的目的性来看,BOT方式更为有效。TOT方式中基础设施的建设环节仍然处于政府的垄断之下,这不利于基础设施建设体制的改革。而BOT方式中政府将基础设施的建设权也一并特许下放,有利于建设机制的多样化和提高灵活度。

从融资效果来看,BOT方式更符合政府的预期。采用BOT方式进行项目融资,政府在不必出让现有资产的经营权、不影响原有收益的情况下就可以获得新的建设资金,又不必投入过多力量用于设施的建设环节。这无疑是最符合政府利用外资或民营资本加快基础设施建设的目的。所以从缓解政府财政压力、利用外资或民营资本的角度分析,应尽可能地采用BOT方式进行基础设施建设的项目融资。

二、商业领域特许经营

1. 商业特许经营概念及发展概况

商业领域的特许经营是指用出售特许权来发展商务的一种连锁经营方式,指通过签订合同,特许人将其商标、商号、经营模式等经营资源,授予受许人使用,受许人按照合同约定在统一经营体系下从事经营活动,并向特许人支付特许经营费的一种经营方式。

特许经营营销模式,在19世纪中叶发源于美国,以后风行世界,以麦当劳、肯德基作为特许经营的典型代表。我国20世纪90年代初导入特许经营,在给流通领域带来革命性变化的同时也引发了一些法律问题。商务部公布的数字显示,截至2010年底,我国特许经营体系已超过4500个,位居世界第一,经营范围已覆盖70多个行业业态。[1] 但我国商业特许经营仍处于成长阶段,存在缺乏核心竞争力、品牌存活率低等亟待解决的问题。

2. 商业特许经营基本特征

商业特许经营与其他经营方式相比,具有以下特点:

(1)特许法律关系的核心是特许权。特许权既是一种使用许可权,又是一种

---

[1]　商务部:《关于"十二五"期间促进商业特许经营健康发展的指导意见》,http://www.ce.cn/xwzx/gnsz/gdxw/201201/12/t20120112_22994095.shtml

组合式的知识产权。

首先,从本质上说,它是一种使用许可权。特许权的持有人不因特许的法律事实而影响其权利本身,受许人取得的只是使用权。其次,特许权是一种组合式的知识产权。虽然,特许权由商标、商号、商业秘密、专利权等组成,但它绝对不是简单相加,各种知识产权间有机结合,将其构成一种崭新的权利体系和权利类型,即特许权。

(2)特许经营法律关系会涉及特许经营的内部关系和外部关系。

从内部关系上看,特许人与受许人之间的权利义务关系由特许经营合同规定。特许人授予特许权,供受许人使用并加以指导,受许人依约从事特许业务,销售同样的产品或服务,并负有向特许人支付相应代价,遵守特许人特别限制的义务。

从外部关系上看,在主体上,特许经营发生在两个独立的主体之间。虽然特许人和受许人同属一个特许体系,但在产权上并没有投资控股关系,也没有行政上的隶属关系。作为分别独立的经营实体,特许人和受许人对外分别独立享有权利和承担义务。

受许人与第三方发生的任何关系,就一般原则应独立承担法律责任。因为,特许人和受许人是两个法律地位相互独立的民事主体,受许人不是特许人的分公司、子公司、合伙人或其代理商。在特许关系中,特许人和受许人虽同属一个特许体系,但在产权上并没有从属关系,而分别作为独立的经济实体,对外独立享有权利和承担义务。

(3)特许经营不同于商事代理,也不同于直营连锁经营、虚拟经营、品牌授权。

1)特许经营与商事代理的区别。特许经营是在美国零售业连锁经营上发展起来的一项独特的营销方式,商事代理也是一种营销方式,这就决定了两者的相似之处,但区别也是明显的:首先,法律后果的归属不同。在特许经营法律关系中,特许人、受许人是两个独立的民事主体和经营主体,受许人在其营业过程中产生的任何法律后果由其自己承受,与特许人无关;而在商事代理关系中,商事代理产生的法律后果是由委托人承受的,与代理商无关。其次,法律关系客体不同。在特许经营法律关系中,其客体是特许权;而商事代理关系中,其客体为代理商的代理行为,它不涉及买卖关系和知识产权的许可使用问题。最后,支付报酬的方式不同。在特许经营中,受许人取得了特许人的特许权,故应向特许人支付相应的费用;而在商事代理中,代理商向委托人提供了代理服务,因此而由委托人向代理商支付一定的佣金作为报酬。

2)特许经营与直营连锁经营的区别。特许经营不同于直营连锁经营。虽然在我国,特许经营也被作为形成连锁店的一种组织形式(特许连锁)加以规范。[①]但特许经营区别于直营连锁经营是明显的。

首先,产权构成不同。直营连锁经营的经营网点均由总店全资或控股开设,总店和加盟店之间存在着投资或股权关系,而在特许经营中,特许人与受许人是两个各自独立主体之间的一种契约关系,这种契约关系中通常不含有合资、代理、承包、雇用的成分,而更多的是围绕着服务标识的转让、货源的供应和经营督导等方面来划定利益分配原则。

其次,管理模式不同。在直营连锁经营中,总店对各加盟店拥有所有权,对加盟店经营中的各项具体事务均有决定权;而在特许经营中,特许体系是通过特许人与受许人签订特许合同形成的,各个加盟店的人事和财务关系是独立的,特许人对受许人的巡视督导,仅仅是为了维护连锁体系的统一形象和规范,而不能干预受许人的正常的独立经营活动。

再次,涉及的经营领域不同。直营连锁经营的范围一般仅限于商业和服务业,而特许经营的范围则比之宽广得多,在制造业也被广泛应用。

最后,发展方式不同。直营连锁往往利用总店的资产、投资、货源和品牌来扩大市场占有率,加盟店所需资金较少;而特许经营中的受许人在从事特许经营初始,不仅需支付加入费用,而且还需按特许人的要求来组织经营模式,相对而言,受许人所需经营资金较多。

3)特许经营与虚拟经营的区别。特许经营不同于虚拟经营。虚拟经营是指企业在组织上突破有形的界限,虽有生产、营销、设计、财务等功能,但企业组织体内却没有完整地执行这些功能的组织,企业仅保留其中具有核心能力的功能,而把非核心能力以及非竞争优势的部分剥离出来,把其他功能虚拟化——通过各种方式借助于外方进行整合弥补。特许经营与虚拟经营具有相同之处在于,它们的本质是相同的,即都是以企业核心能力为基础,以企业价值链的改进为目的,以企业集中优势资源培育和完善核心能力为必然选择;它们的经营扩张途径相类似,都属于生产功能的扩张,而不是生产设施的扩张。它们都属于销售功能的扩张而不是销售组织的扩张。它们都是管理功能的扩张,而不是管理队伍的

---

① 根据原国内贸易部《连锁店经营管理规范意见》(内贸政体法字〔1997〕第24号)第4条之规定,连锁店包括三种形式:直营连锁、自愿连锁、特许连锁。

扩张。① 特许经营与虚拟经营的差异主要表现在:首先,两者是不同层次的合作战略。特许经营是产品或市场的多元化合作战略,而虚拟经营则是针对特定产品、服务或市场的合作战略。其次,对企业价值链改进的方式不同。特许经营对价值链的改进只是价值链中战略环节上核心能力的延伸,并没有形成新的价值链;而虚拟经营是指企业在价值链上的某一个环节中不具有核心能力,为了弱化这种弱势,企业间通过资源的共享或互补重新组合价值链,创造出一种新的核心能力,因而,它是原有价值链的创新。②

4)特许经营与品牌授权的区别。特许经营不同于品牌授权。品牌授权又可称为品牌许可,是指授权者(版权商)将自己所拥有的或代理的商标或品牌等,以合同形式授予被授权者使用,被授权者按合同规定,从事经营活动(通常是生产、销售某种产品或者提供某种服务),并向授权者支付相应的费用,同时授权者给予被授权者人员培训、组织设计、经营管理等方面的指导与协助。品牌授权通常有两种业务模式:一是将品牌及其系列商品授权给被授权商,由被授权商制作、销售使用该品牌的授权商品;二是只将品牌授权给被授权商,而由被授权商自己开发、设计、制作或销售授权许可的商品,并使用授权品牌,当然这些商品必须得到授权商的审核才能上市。特许经营与品牌授权相同之处在于两者均以品牌授权为核心,特许经营的核心要素之一就是品牌授权。但是两者的区别点也是明显的。①特许经营授权的范围较为广泛,除了品牌授权外,往往还有经营模式的授权、专有技术的授权使用等;②特许经营从事的行业往往是特许人长期实践的行业,特许经营的产品和服务往往是特许人提供或指定的并有其独特特点的产品或服务;而在品牌授权中,授权商可以将自己的产品授权被授权商制造和销售,也可以授权并核定被授权商自己开发系列产品。③一个特许经营体系所经营的产品或服务范围较窄,往往集中于一、二种,而品牌授权涵盖的范围相对宽泛。④特许经营广泛地适用于各种产品或服务,而品牌授权通常较多地适用于产品销售,同时也可适用于服务、营销推广等领域。③

3. 投资领域特许经营与商业特许经营的区别点考察

投资领域特许经营与商业特许经营均为特许权经营方式,其核心均是围绕

---

① 特许经营和虚拟经营模式中,两个最有代表性的范例分别是美国可口可乐公司和耐克公司。美国可口可乐公司是采用特许经营最成功的企业之一,在全世界特许 1200 余家工厂生产可口可乐系列饮料,它与生产厂商的关系是通过特许灌装权维系,并非资产或股权。同样,作为虚拟经营的成功典范,耐克运动鞋 97% 以上的生产任务都是在韩国、中国等国家的制鞋厂完成的,可见,可口可乐公司和耐克公司并未在各地投资建厂,却同样获得了生产规模的扩大。

② 参见杜涛:《特许经营与虚拟经营的异同分析》,载《中国工商管理研究》,2004 年第 2 期。

③ 孙连会著:《特许经营法律精要》,机械工业出版社 2006 年版,第 18 页。

特许权展开,但是这两种经营方式是存在明显的制度差异的。

(1)主体不同。投资领域的特许经营只存在于政府与社会经济组织之间,而商业特许经营则存在于平等主体的社会经济组织之间。

(2)授权范围与经营标的的归属不同。投资领域特许经营主要涉及建设权、经营权、收费的授权,经营标的(如污水处理厂)的所有权最终归政府和国家;而商业特许经营的授权主要包括商标、著作权、专有技术等一系列知识产权以及某种产品或服务的分销权,经营标的(如加盟店)的所有权一直归于受许人。

(3)授权方式不同。投资领域特许经营主要通过招投标的方式选择经营对象;而商业特许经营则通过双方协商的方式选择受许人。

(4)经营范围不同。投资领域特许经营的范围适用于关系社会公共利益和公共资源配置的行业,如城市供水、供气、供热、污水处理、垃圾处理、公共交通等,而商业特许经营可以适用于各种经营行业。

(5)公益性与公示性不同。投资领域特许经营关系大众利益,必须接受社会监督,在可能危及公共利益和公共安全时,政府有权接管特许经营项目,而商业特许经营为单纯之商业行为,没有义务接受公众的监督,特许人可以回购受许人的资产,但无单方接管之权。

(6)适用法律不同。投资领域特许经营主要受专门的政府特许经营法律、法规和政策的约束,而商业特许经营主要受商业特许经营法律及其他商事法律的约束。

4. 从事这一领域法律事务应注意的问题

(1)特许业的市场准入问题

特许业市场准入是国家规范特许业的重要途径。特许经营是一种组织化、制度化、标准化程度较高的经营方式,规范特许业务,建立特许业的市场准入制度,体现了国家对特许业的监督和管理,是保障特许经营稳健、有序发展的前提。

针对我国特许经营的现状,国内贸易部于1997年发布了《商业特许经营管理办法》(试行),商务部于2004年颁布《商业特许经营管理办法》(下面简称《办法》)。与前者相比,后者作了大幅修改,分别对特许经营当事人、特许经营合同、信息披露、广告宣传、监督管理、外商投资企业从事特许经营、法律责任等作出了详细规定,划出了多道具有实际意义的门槛。2006年国务院颁布了《商业特许经营管理条例》,成为现今开展商业特许经营业法规层次最高的法律文件。

在考虑特许业市场准入时,首先应考虑特许人经营资格的实质要求。

《办法》第7条对特许人经营资格的实质性要求规定为六个方面,即:①须为依法设立的企业或者其他经济组织;②须拥有有权许可他人使用的商标、商号和经营模式等经营资源;③须具备向受许人提供长期经营指导和培训服务的能力;

④须在中国境内拥有至少两家经营一年以上的直营店或者由其子公司、控股公司建立的直营店;⑤需由特许人提供货物供应的特许经营体系,特许人应当具有稳定的、能够保证品质的货物供应系统,并能提供相关的服务;⑥须具有良好信誉,无以特许经营方式从事欺诈活动的记录。但该《办法》并未明确对特许人经营资格取得的程序性要求作出规定,致使对特许人经营资格的审查究竟是采取审批制还是采取注册登记制仍处于模糊状态。我们认为,基于《办法》实施以前,特许人取得经营资格的程序性要求是向工商管理部门申请注册登记①,从维持法律稳定性和简化行政审批手续考虑,我国仍应采用注册登记制为宜。按北京市高院《关于审理商业特许经营合同纠纷案件适用法律若干问题的指导意见》(2011),特许人从事特许经营活动应当拥有至少两个直营店,并且经营时间均超过1年。特许经营合同不因特许人不具备前述条件而无效。

准许外商投资企业在国内从事特许经营业务,实质性要求可同于对内资企业的要求,给予国民待遇,但程序性要求应有别于内资企业。外商投资企业从事特许经营行为在程序上要适用特别规定,即:①办理批准手续。外商投资企业符合从事特许经营条件的,在开展特许经营前,应向原审批部门提出申请增加"以特许经营方式从事商业活动"的经营范围,并提交包括信息披露文件、特许经营合同样本及特许经营操作手册在内的有关资料。对外商投资企业提出的申请,审批部门应当作出批准或者不批准的书面决定。②工商登记。经批准的,应到国家工商行政管理局或其授权的地方工商行政管理局申请登记注册。外商投资企业经登记主管机关核准登记注册,领取营业执照后,方可开展特许经营业务。未经审批机关批准和登记主管机关核准登记注册,不得在中国境内从事经营活动。

在考虑特许业市场准入时也应考虑受许人经营资格的实质要求。《办法》对受许人资格的实质性要求也从两个方面作了相应的规定,即:①须依法设立的企业或者其他经济组织;②须拥有与特许经营相适应的资金、固定场所、人员等。但是,该规定将自然人排除在受许人的范围内是值得商榷的。应当明确的是,限制自然人从事特许经营与自然人作为受许人已经在全球范围内成为特许经营发展的一种趋势相悖,如根据麦当劳的要求,特许经营者的范围将被严格限定为个人,而非公司企业。这样,在我国立法上,限制自然人成为受许人不符合国际惯例,也将不利于外资的引进。

---

① 参见《关于连锁店登记管理有关问题的通知》第3条规定,连锁店总部、配送中心和门店应向各自所在地工商行政管理机关申请登记注册。总部办理企业法人登记,配送中心和门店办理企业法人或营业登记。

在特许经营市场的外资准入方面,当前我国已准许外商投资企业进入特许经营行业。但对外商投资企业进入特许经营行业市场准入限制的取消,并不等于对外商投资企业在中国从事特许经营业务的领域没有任何限制。为了使外商投资更符合国家的产业发展方向,外商投资企业不得以特许经营方式从事《外商投资产业指导目录》中的禁止类业务。

(2)特许经营合同内容的规范问题

特许经营合同具有个性化。特许经营是以总部和加盟店订立合同而开始的契约式经营,特许经营合同是规定总部与加盟店之间的权利与义务关系的重要法律文件。与其他合同相比较,特许经营合同具有很多特殊之处:①合同的客体具有无形性和非转让性。特许经营合同是以许可使用权为核心内容而展开的。②特许经营合同的个性化强。特许经营合同所规定的总部与加盟店的权利与义务实际上不过是对特许经营连锁系统的运营保障机制的条理化、成文化。③特许经营合同中的某些条款对特许经营业的发展具有重要意义。如保密条款和限制条款等。④对特许经营合同法律的干预性较为强烈。比如,当特许人达不到特许经营合同主体资格,或不符合有关规定,可能导致特许经营合同因欺诈而导致被撤销等法律后果。

特许经营合同是建立特许经营法律关系的核心。因此,应在特许经营合同中明确相关当事人的基本权利义务。

特许人的基本权利有:①为确保特许体系统一性和产品、服务质量的一致性,有权对受许人的经营活动进行监督;②有权向受许人收取特许经营权费及各种服务费用;③对违反特许经营合同规定,侵犯特许人合法权益,破坏特许体系的行为,有权终止受许人的特许经营资格。

特许人的主要义务有:①信息披露义务,在签约前向特许申请者提供关于该特许组织、特许权完整、准确的信息资料;②将特许权授予受许人使用并提供代表该特许体系的营业象征及经营手册;③提供服务的义务。在签约后向受许人提供包括选址、培训、设备、商品采购、商品陈列、营业现场管理等一系列的初始服务,开业后继续提供包括商品配送、经营分析、管理等后续服务。

受许人的基本权利有:依约获得特许人的特许经营权,包括:①在合同约定的范围内行使特许人所赋予的权利;②依约获得特许人所提供的经营技术及商业秘密;③享受特许人提供的初始服务和持续服务的权利。

受许人的主要义务有:①严格按照合同规定的标准开展营业活动;②按照合同约定按时支付特许权使用费及其他各种费用;③维护特许体系的名誉及统一形象;④接受特许人的指导和监督。

(3)特许经营合同的效力问题

其一,违反特许人资格条件时合同效力的认定。按《商业特许经营管理条例》(以下简称《条例》)第3条、第7条规定,可以认定特许人的特许条件为:①主体条件。特许人必须是企业,其他单位和个人不得作为特许人从事特许经营活动。②能力条件。包括:特许人从事特许经营活动应当拥有注册商标、企业标志、专利、专有技术等经营资源;特许人从事特许经营活动应当拥有成熟的经营模式;特许人从事特许经营活动应当具备为受许人持续提供经营指导、技术支持和业务培训等服务的能力。③直营店条件,即"两店一年"条件问题。特许人从事特许经营活动应当拥有至少2个直营店,并且经营时间超过1年。④其他条件,包括《条例》第8条规定的备案制度,以及《条例》第三章专章规定的信息披露制度等。这里涉及一个问题,如果特许人为非企业组织,比如个体工商户,但是该个体工商户满足其他特许经营的条件,有从事特许经营的成熟模式和经营能力等,受许人又没有合同无效的主张,在这种情况下,特许人和受许人签订的《商业特许经营合同》是否可以认定无效?我们认为,《条例》在效力级别上属于行政法规,《条例》第3条的规定应当属于强制性规范中的效力性规范,违反此规定的,不仅可能产生行政管理上的责任,而且将导致民事法律关系上的法律后果。因此,依据该条规定,应判定该合同无效。

其二,违反能力条件时的合同效力问题。在《条例》中,特许人的能力条件限制较为宽松,对从事特许经营活动经营资源、经营模式、为受许人持续提供经营指导、技术支持和业务培训等服务的能力,只是作了原则性的规定,并未提供量化的指标。因此,对于这一能力的限制,以及在此种情况下的合同效力认定问题,我们认为,如果特许人无证据证实其合法拥有该品牌的注册商标,在其并不具备特许人法定资格要件的情况下与他人签订的加盟合同,应认定合同有效,但应当解除,特许人应承担违约责任。

其三,违反直营店条件(两店一年)时的合同效力问题。在违反直营店条件时是合同是否无效的问题上,可以认为"两店一年"是管理性的强制性规范,非效力性规范,违反"两店一年"只是导致行政处罚等结果的发生,不会也不可能导致民法上的合同无效的这一法律后果。

其四,违反备案制度时的合同效力问题。从《条例》第8条的规定来看,该条规定亦应当属于管理性规范,而非效力性规范,并不影响合同的效力。特许人备案并不是特许经营合同生效的法律要件,因此即使特许人应该备案而没有备案,其与受许人签订的特许合同仍合法有效,只是会产生被商业主管部门行政处罚的法律后果。

按北京市高院《关于审理商业特许经营合同纠纷案件适用法律若干问题的

指导意见》(2011),特许人应当自首次订立特许经营合同之日起 15 日内依法向商务主管部门备案。特许人未及时向商务主管部门备案的,一般不影响特许经营合同的效力。法律、行政法规明确规定特许经营的产品或者服务应当经批准方可经营,或者从事特许经营的业务需要具备其他特定条件的,特许人或受许人为规避上述规定签订的特许经营合同无效,但特许人或受许人在特许经营纠纷发生前已具备相关特定条件的,可以不认定为无效合同。

(4)特许经营协议的单方解除权问题

《条例》第 12 条规定,特许人和受许人应当在特许经营合同中约定,受许人在特许经营合同订立后一定期限内,可以单方解除合同。这是对受许人的保护条款,也是对特许经营"冷静期"的规定。在特许经营合同签订之前,由于合同双方在谈判实力、经验方面的差别,或者由于受许人受到某些误导,可能导致受许人一时冲动而决定签约,从而没有反映受许人的真实意图。因此,立法赋予受许人法定的合同解除权而非违约特权,更不能解释为特许人也有权单方解除合同。

(5)特许人知识产权的法律保护问题

特许人的知识产权是开展特许业务的基石,是构成整个特许权的最重要的组成部分。特许人的知识产权包括其拥有的商标、商号、商业秘密、专利权、著作权等项权利。因此,为了保护特许人的利益,必须对特许人的知识产权提供充分的法律保障。关于知识产权的保护,由于专利权、商标权、著作权的特点及保护的法律都相当完善,重点应放在如何保护特许人的商业秘密上。因为关于商业秘密的法律在我国不甚完善,在实践中很难界定商业秘密的范围,甚至连证明其存在都有相当的困难。另外,商业秘密的特点决定了必须给予重点保护,商业秘密的存在及价值取决于其秘密性不为人所知。一旦商业秘密失"密",就进入公知领域,权利人无法收回其商业秘密,损失将无可弥补。

(6)特许经营中的法律责任问题

特许经营这种经营模式本身的特点所带来的特许人和受许人关系上的特殊性,使得特许经营中涉及的法律关系颇为复杂,其中一个核心的问题是特许经营的法律责任问题。近年来法学界对特许经营法律责任问题的讨论多集中在特许经营合同的违约责任方面,而对于如何结合特许经营的特殊性,对特许经营外部责任的分担及法理基础并未作充分的展开,也没有形成一个共识。

理论界通常将特许经营法律责任划分为内部责任和外部责任。内部责任主要是特许人或受许人在缔约阶段因为缔约过失而导致的缔约过失责任或在特许合同生效后因违反合同义务所产生的违约责任,当然在某些情况下,内部责任也可表现为侵权责任。

外部责任则比较复杂,是指特许人和受许人在受许人开展特许业务过程中对第三人承担的法律责任。说其复杂是因为该责任往往涉及特许人、受许人和与受许人交易的第三人三方的利益关系,许多情况下外部责任主体时有争议,且难以确定。当然,与内部责任一样,外部责任可以进一步分为违约责任和侵权责任。为更清楚的说明之,列图示如下:

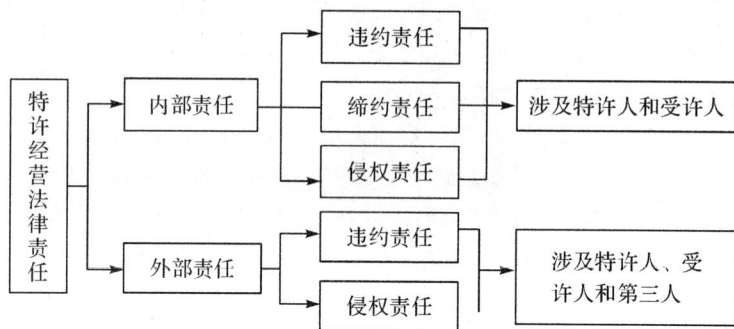

图 6-1　特许经营法律责任示意图

通过上述分析,特许经营法律责任的特点为:①该责任可分为内部责任和外部责任,而内外部责任又可以进一步分为违约和侵权责任;②该责任涉及的当事人不仅是特许人和受许人,有时还涉及第三人,虽说第三人不从属于特许经营体系,但这并不妨碍其成为责任的当事人;③承担特许责任的依据可以是特许人与受许人之间的特许经营协议,也可以是法律、行政法规的相关规定。特许经营内部责任与外部责任分别受不同的法律规范调整。

特许经营的外部责任在特许经营制度中应是最重要的,特许经营法律关系的复杂性会在外部责任的归属问题上凸显出来。该问题的复杂性在于,如何寻求一种合理的责任分担机制确定外部责任的归属,来平衡特许经营当事人与无过错第三人之间的利益冲突,同时保障并促进特许经营的健康发展。我们认为,对于特许者的对外责任分担问题,应实行严格的责任自负,即特许人不应对受许人的合同责任和侵权责任负责。但应当注意,严格的责任自负是建立在特许人和受许人法律和经济地位独立的基础上,如果受许人的法律和经济上的地位依附于特许人,就不能以独立责任为由来对抗第三人。

三、两大领域特许权经营法务处理

1. 注意区分两种特许经营合同的差异性

建设部于 2002 年曾下发过《城市供水特许经营协议示范文本》、《管道燃气特许经营协议示范文本》和《城市生活垃圾处理经营协议示范文本》(以下简称

《示范文本》),供各地在实施特许经营时参考。目前商业部对商业特许经营尚未下发过示范文本。

两类特许经营协议的差异性首先是由它们的性质特征决定的。

2. 法务人员介入两种特许经营项目的工作流程

(1)接受当事人的委托,出具法律意见书

法务人员接受委托,对特许经营项目中有关法律问题,进行分析、评估、比较,从而给当事人提供书面的咨询意见,供当事人决策和谈判时参考。这一项目出具的法律意见书主要有以下几种:

①投资方(受许人)委托法务人员出具意见书。涉及签约主体、项目经营期限、特许权范围、法律冲突、争议解决等一系列投资方需深入理解的法律问题。

②特许人委托法务人员出具意见书。涉及项目设立的合法性、特许权范围、开展特许经营活动的基本环节及应注意的相关法律问题、特许经营项目中各方的权利与义务关系、特许经营项目的法律风险及其预防等。

(2)参与并审查招标投标文件

在投资领域特许经营项目中,时常涉及招投标文件中的法律审查。

①招标文件:招标文件是招标者招标的法律文件,包括预审文件和正式招标文件。

②投标文件:BOT 项目标书;意向书。

(3)参与起草、修改、评估项目合同

项目的参与各方都希望尽可能分散风险、减少和消除风险,安全获得理想回报。这可以通过法务人员参与或主持设计严密完整的法律文件结构来实现。

(4)参与各阶段谈判事务。

第二部分　演练要点

一、教师的演练指导

1. 指导两大特许经营行为的异同点

本非诉讼项目演练由两种形态的特许权经营项目组成,在演练时应注意不同样态的特许经营项目具有共性和差异性,尤其是应掌握它们的差异性。

2. 指导特许经营项目相关协议性文本的起草工作

两大特许经营项目中各方当事人的权利与义务关系的确立都是通过签订相关协议性文本进行的。由于我国《合同法》并没有将此类协议作为有名合同进行规范,因此,如何草拟结构设计科学、内容完备、责任清晰的合同条款便成为演练活动的一大重点。教师应对学生草拟的相关协议性文本进行悉心的指导,力求规范。

3. 指导特许经营项目纠纷处理规程

特许经营项目纠纷发生后,如何通过非诉方式进行处理,且通过非诉方式处理的方案能经得起诉讼活动的检验,这是在此类项目演练项目中所应关注的问题。

二、演练内容

1. 出具特许经营项目的法律分析报告

结合个案,可围绕特许经营项目法律上的可行性问题、法律上的风险点进行评析,在此基础上,就特许经营主体的确定、特许经营主要内容及各方权利与义务关系的确定、特许经营协议总体的框架设计、特许经营缴费形式及期满处理等作出总体上的构思,以形成一份具有一定专业水准的法律分析报告。

2. 草拟特许经营协议书

可从签约主体、协议条款组成、协议履行可行性分析等方面构建特许经营协议书的基本框架。

3. 修订特许经营协议

特许经营行为具有时间长、特许权内容复杂、经营风险大等特点,使之特许经营事务表现出与一般性的民商事事务具有较强的差异性,反映在特许经营合同文本上具有条款多、章节设计篇幅长、专业术语描述复杂等特点。将原有的特许经营协议文本进行修改,往往成为法务工作的一个重要内容。在演练活动中可针对性地收集一些协议文本供学生在演练时进行修改,以提高学生将知识转化为技能的能力。

4. 概括和归纳纠纷焦点问题

特许经营项目纠纷,在投资领域的特许经营与商业领域的特许经营,二者所呈现出的纠纷性质、纠纷形态是有明显差异的。因此,在概括和归纳纠纷焦点问题时应从特定的特许经营种类出发,探究不同形态的特许经营法律关系中相关的经济权利与经济义务问题。

第三部分　演练素材收编及演练组织

一、演练素材的收编

1.演练素材收编要求

(1)挑选案例材料的目标导向。此类实案在精选时应满足以下演练要求:一是可分组演练;二是焦点相对集中,但散发的问题又比较广泛,引发学生解决纠纷的兴趣。

(2)演练材料的分类:此类实案的演练活动在收编材料时可分为两大类,一是特许经营项目实施之前准备工作中的实案,通过演练,熟悉特许经营的业务运作,使整个特许经营活动建立在依法、有效、可行的基础上;二是特许经营项目实施后发生纠纷的实案。通过演练对特许经营项目纠纷的处理途径与方案有一个基本认识,并提升纠纷处理能力。

2.宁波大学演练课程所采用的素材内容

(1)演练主旨:内资 BOT 项目法律运作。

(2)基本案情介绍

宁波常洪隧道地处宁波市城市主干道——环城道路的东北角,南与世纪大道相连,北接宁镇公路和 329 国道,与杭甬、同三高速公路相通。

常洪隧道工程是宁波市的一项重大基础设施项目,穿过甬江江底,即可连接杭甬高速公路和沿海大通道。工程全长 3300 米,总投资约 4 个亿。隧道为四孔八车道,设计车速为 60~80 公里/小时,工程于 1999 年年底开工建设,并于2001 年年底前竣工通车。

上海隧道工程股份有限公司采取了国际通行的 BOT 方式,直接投资、建设、管理和经营宁波的常洪隧道工程,为此,组建了宁波常洪隧道发展有限公司,该公司由上海城建(集团)公司、上海隧道工程有限公司、宁波华茂投资控股有限公司等单位组建,以国际上通行的 BOT 方式等筹资建设并经营管理宁波常洪隧道。若干年后,将常洪隧道交给宁波市。这是宁波市在城市基础建设方面实施的比较典型的内资 BOT 项目。

由于该隧道穿越宁波中心城区的江东区与江北区,实行有偿收费通行费 10元后,给市民通行增加了经济上的负担,其中一居民于 2008 年 2 月向江东区法院提起诉讼,状告宁波常洪隧道发展有限公司,请求法院确认常洪隧道收费违规,要求退还通行费。由于该收费项目属于 BOT 项目,且经省人民政府批准可以收取车辆通行费,具体收费年限应根据《浙江省收费公路收费年限测算试行办法》规定的测算年限进行,法院驳回了原告的诉讼请求。

近几年来,常洪隧道的收费问题成为一个社会关注的热点问题,在过去的几年里,每年都有人大代表提出议案,要求终止常洪隧道的收费问题,因为收费给居民出行带来了不便,同时也给投资环境带来影响。常洪隧道发展有限公司相关管理部门曾二次接受人大代表的质询,但常洪隧道的投资经营模式决定了要停止收费,在规定的期限内只能由政府实施提前回购。2010年,经宁波市相关部门与常洪隧道发展有限公司会商,最终提前实施了回购。

(3)提供的演练素材

1)宁波常洪隧道投资协议1份;

2)新闻报道材料《一市民状告常洪隧道收费违规》1份;

3)常洪隧道实施回购终止收费新闻报道材料1份。

(4)演练内容:

1)运用BOT项目的基本原理对宁波常洪隧道投资协议进行修改;

2)结合起诉事实,分析原告败诉的基本原因;

3)通过常洪隧道BOT项目分析收费权中的法律问题及政府回购中的法律问题。

二、演练活动的组织

1. 分组演练

建议2~3人为一组。选择上述三项演练内容中的其中一项展开讨论并交流。

2. 演练的重点与要点

根据上述由教师提供的演练素材,本项演练项目的重点和要点,在内容设计上可按三个方面进行(见表6-1)。

表 6-1　特许经营法律事务演练内容表

	演练内容(1)	演练内容(2)	演练内容(3)
演练内容	修改投资领域特许经营合同	结合诉讼,分析案情	结合素材,分析特许经营的实务运作问题
演练要点	(1)合同主体是否适格; (2)合同的条款内容是否较好地体现了 BOT 项目的属性; (3)对项目公司的组建是否作出了较好的安排; (4)投资方的保证金与政府的履约承诺是否作出了制度安排; (5)从建造—运行—维护—收费—回购各环节看是否具有连续性; (6)各方的违约责任是否作出了明确的安排; (7)政府回购的条件及补偿条款是否作出了明确的规定。	(1)本案的案由、诉讼标的、诉讼关系; (2)投资领域特许权经营诉讼的特殊性问题; (3)民事诉讼与行政诉讼的划分问题; (4)造成原告败诉的关键性问题。	(1)从投资者、政府、社会公众三方的利益关系,分析收费权、政府回购与补偿中的法律问题; (2)讨论 PPP 项目与特许经营项目的异同性问题; (3)讨论政府直接提供公共产品与通过特许经营项目提供公共产品的公共政策选择问题; (4)在批准的许可收费期限内,取消收费行为的性质与实施途径; (5)政府回购行为的基本属性,政府征收的基本法律要求。

三、教师对演练活动的点评

1. 点评演练实况

演练活动结束时,教师现场对演练表现进行点评,并将参与演练学生的评价成绩记入平时成绩中,因当课演练时间上的原因,部分未参加当课演练的学生,要求其课后提供纸质作业,或将自己的演练作业进入演练模拟系统内,由教师进行成绩评定。

对本项演练点评或成绩评定的观测点、分值列表如下(表 6-2):

表 6-2　演练项目评定分值分配表

观测点	评定要点	权重 (%)	分值范围			
			优良	中等	及格	不及格
1. 对特许经营关系的梳理能力	(1) 特许经营类型的识别； (2) 特许经营合同主体、内容、客体的认知水平。	20	20～17	17 以下～14	14 以下～12	12 以下
2. 案情焦点问题的概括能力	(1) 争议焦点的概括能力； (2) 各方抗辩理由成立的可行性分析水平； (3) 损失数额认定及其合法性。	20	20～17	17 以下～14	14 以下～12	12 以下
3. 各方违约行为的认定能力	(1) 确定违约主体； (2) 明确承担违约责任种类； (3) 确定违约责任方式。	20	20～17	17 以下～14	14 以下～12	12 以下
4. 特许经营合同文本的设计水平	(1) 文本条款设计的合理性与全面性； (2) 合同中对各方违约责任设计的科学性与合理性。	20	20～17	17 以下～14	14 以下～12	12 以下
5. 非诉解决纠纷的方案设计水平	(1) 非诉解决纠纷应着力解决哪些问题； (2) 解决纠纷协议的主要条款应包括哪些。	20	20～17	17 以下～14	14 以下～12	12 以下
总分		100	100～85	85 以下～70	70 以下～60	60 以下

2. 成绩登录

演练活动结束后,教师将参与演练学生的评定成绩记入平时成绩中。因当课演示时间上的原因,部分未参加当课演示的学生,要求其课后提供纸质作业,或将自己的演练作业进入演练模拟系统内,由教师进行成绩评定。

第四部分 辅助材料导读

一、商业特许经营合同(示范文本)

上海市商业特许经营合同
(上海市工商行政管理局、上海市经济委员会、上海连锁经营协会制订)

上海市商业特许经营合同说明:

(一)本合同文本是根据《中华人民共和国合同法》、《商业特许经营管理办法》及相关法律、法规制订的示范文本,其合同条款为提示性条款,供商业特许经营合同双方当事人约定采用。

(二)商业特许经营涉及的专业性较强、法律规范较多,为更好地维护双方当事人的权益,双方签订本合同时应当慎重,力求具体、全面、严密。

为体现合同双方的自愿原则,本合同文本中相关条款中有空白行,供双方自行约定或补充约定。合同签订生效后,未被修改的文本印刷文字视为双方同意内容。本示范文本中涉及的选择、填写内容,双方不作约定时,应作删除。

(三)本合同所称"商业特许经营"是指通过签订合同,特许人将有权授予他人使用的商标、商号、经营模式等经营资源,授予被特许人使用。

被特许人按照合同约定在统一经营体系下从事经营活动,并向特许人支付特许经营费的行为。

(四)特许人应当具备下列条件

1. 系依法设立的企业或者其他经济组织;

2. 拥有许可他人使用的商标、商号和经营模式等经营资源的权力;

3. 具备向被特许人提供长期经营指导和培训服务的能力;

4. 在中国境内拥有至少两家经营一年以上的直营店或者由其子公司、控股公司建立的直营店;

5. 需特许人提供货物供应的特许经营,特许人应当具有稳定的、能够保证品质的货物供应系统,并能提供相关的服务;

6. 具有良好信誉,无以特许经营方式从事欺诈活动的记录。

(五)被特许人应当具备下列条件

1. 系依法设立的企业或者其他经济组织;

2. 拥有与特许经营相适应的资金、固定场所、人员等。

（六）本合同所称"注册商标"是指经国家工商行政管理总局商标局核准注册的商标，包括商品商标、服务商标和集体商标、证明商标。

（七）本合同所称"专利"是指经国家知识产权局登记的发明、实用新型或外观设计专利。

（八）本合同所称"商业秘密"是指不为公众所知悉、能为权利人带来经济利益、具有实用性并经权利人采取保密措施的技术信息和经营信息。

（九）本合同所称"专有技术"是指未公开过、未取得工业产权法律保护的制造某种产品或者应用某种工艺以及产品设计、工艺流程、配方、质量控制和管理等方面的技术知识。

（十）在正式签订本合同时，双方确认已提前20日以书面形式向对方提供了真实、准确的有关特许经营的基本信息资料及有关经营能力的资料。

双方可在提供上述资料前先签订《保密协议》。

合同编号：

甲方(特许人)：

住所：　　　　　　　　　　联系电话：

法定代表人：　　　　　　　注册号：

经营范围：

乙方(被特许人)：

住所：　　　　　　　　　　联系电话：

法定代表人：　　　　　　　注册号：

经营范围：

双方本着自愿、平等、公平和诚实信用原则，经过充分友好协商，签订本商业特许经营合同如下，以兹共同遵守：

第一部分　总　则

第一条　定义

除非本合同条款另有特别说明，本合同中使用的字词与表述的含义如下：

"特许经营体系"，是指甲方的特许经营体系，其特征包括但不限于注册商标、商号、专利和专有技术、产品经营模式等。

"加盟店"，是指乙方在认同并同意遵守特许经营体系的基础上，获得甲方授权而设立的从事特许经营活动的经营实体，包括但不限于个人独资企业、合伙企业及公司等。

"特许标识"，是指与特许经营体系相关的识别符号，包括但不限于注册商标、商号、招牌(店铺标志)、特有的外部与内部设计(装修、装饰、颜色配置、布局、家具等)、制服、广告等。

"特许产品",是指带有特许标识的所有商品及服务,包括但不限于原料、配料、成品及服务品种、方式等。

"经营手册",是指由甲方制订的指导加盟店经营的各类书面操作资料,一般包括《加盟店招募手册》《店务操作手册》《产品制作手册》《营业手册》《员工培训手册》等。

"直接特许",即甲方将特许经营权直接授予乙方,乙方按照本合同的约定设立加盟店,开展经营活动,未经甲方事先书面同意,不得转授特许经营权。

"区域特许",即甲方将指定区域内的特许经营权授予乙方,乙方按照合同约定设立加盟店,开展经营活动,未经甲方事先书面同意,不得转授特许经营权。

"复合区域特许",即甲方将指定区域内的特许经营权授予乙方,乙方既可按照本合同的约定设立加盟店,开展经营活动,也可在特许区域内将特许经营权再授予其他申请人。

"特许区域",是指甲方授予乙方特许经营权的区域。

"营业地",是指乙方依照合同条款约定,获准开设加盟店的住所。

"建筑物",是指营业地所在的建筑物。

第二条 特许经营授权

(一)甲方拥有_____特许经营体系,经营范围:_____,甲方依照本合同的约定,授予乙方_____特许经营权。

(二)甲方授予乙方的特许经营权性质:

□直接特许

□区域特许

□复合区域特许

(三)乙方获准行使的特许经营权在特许区域内:

□具有独占性

□不具有独占性

第三条 期限

(一)本合同期限为____年,从____年____月____日起至____年____月____日,双方可根据本合同的约定提前终止或续期。

(二)乙方要求对本合同续期的,应至少在本合同期限届满前提前____个月向甲方书面提出。甲方同意的,与乙方签订续期合同。

(三)甲、乙双方约定:本合同的续期条件为:_____。

第四条 特许区域与营业地

(一)乙方获准行使特许经营权的区域为:中国_____省(市)_____县(区)

东至_____、西至_____、南至_____、北至_____的区域。(见附件2:《特许区域附图》)。

(二)乙方仅有权在前款所述的特许区域内开设生产和销售特许产品或提供服务的加盟店。本合同签订时的加盟店的地址为_____。

(三)加盟店的面积为:_____。

第五条　特许经营费

(一)加盟费

乙方应向甲方一次性支付加盟费人民币_____元,该笔款项应在本合同签订后_____日内支付。

除因甲方违反本合同第四十六条约定或双方另有约定外,乙方不得要求返还加盟费。

(二)特许权使用费

在本合同有效期内,乙方可选择按照以下标准在□每月/□每年____日前向甲方支付特许权使用费:

□支付定额特许权使用费人民币_____元;

□按照加盟店□当月/□当年营业额的_____%,按比例支付特许权使用费。

□_____。

(三)保证金

1. 乙方应在本合同签订后_____日内支付人民币_____元作为保证金,以确保本合同的完全正当履行。

2. 甲、乙双方约定,保证金由:

□上海连锁经营协会保管;

□_____。

3. 遇乙方欠款不付或本合同约定的任何违约情形,甲方可要求从保证金中抵充,不足部分,仍有权要求乙方继续偿付。乙方应在收到甲方书面通知后_____日内补足保证金并缴足欠款。

(四)其他约定的费用:_____。

(五)本条所述之特许经营费采用下列第_____项方式支付:

□现金;

□支票;

□银行转账(甲方指定账户为_____);

□_____。

甲方收到乙方支付的上述任何款项后,均应开具收款凭证。

第二部分　信息披露及商业秘密保护

第六条　信息披露

（一）双方当事人承诺严格按照《商业特许经营管理办法》第四章"信息披露"的相关规定，在签订本合同前及特许经营过程中及时向对方披露有关特许经营的基本信息资料。

（二）在本合同有效期内，甲方应及时向乙方披露有关授予乙方使用的注册商标、商号、专利或其他特许经营体系所发生的重大变化、所涉及的诉讼或仲裁及其他对乙方有重大影响的信息。

（三）在本合同有效期内，乙方应及时向甲方披露所涉及的诉讼或仲裁及其他对甲方有重大影响的信息。

（四）甲方故意提供虚假信息或隐瞒重要信息，或在本合同签订时不符合法律、法规关于特许人资格的强制性规定致使乙方遭受经济损失的，乙方有权解除本合同，要求甲方返还加盟费、保证金及其他约定的费用，并有权要求其赔偿所造成的损失。

（五）乙方故意提供虚假信息或隐瞒重要信息，或在本合同签订时不符合法律、法规关于被特许人资格的强制性规定致使甲方遭受经济损失的，甲方有权解除本合同，乙方已支付的保证金不予返还，并有权要求其赔偿所造成的损失。

第七条　商业秘密的保护

（一）在本合同有效期内及终止后，乙方及其雇员未经甲方书面同意，不得披露、使用或允许他人使用其所掌握的甲方的商业秘密。

（二）乙方承诺采取必要的防范措施，保护甲方披露的信息资料。

（三）双方如未签订本合同或本合同未生效，不论原因如何，双方承诺对对方披露的所有信息承担保密义务。

第三部分　加盟店的开业

第八条　设立加盟店的形式

（一）乙方以自身名义经营加盟店的，加盟店视为乙方本身，享有本合同所载明的权利，承担本合同载明的义务。加盟店作为独立的法律主体进行活动，独立核算、自担风险、自负盈亏。

（二）除以乙方名义经营加盟店之外，乙方以任何经济组织形式设立加盟店的，必须在加盟店开业前的_____日内，由乙方向甲方出具经加盖公章并由股东或投资人共同签字的承诺函，承诺乙方及其股东或投资人的行为受本合同约束，并愿意连带承担本合同项下乙方的所有义务并享有相应的权利。乙方如未出具本承诺函的，甲方有权不授予乙方特许经营权。

第九条　商号的使用

甲方□允许/□不允许乙方将注册商标用作加盟店商号使用。如允许乙方使用,甲方应提供书面授权文件,以配合乙方进行加盟店名称变更登记手续。

第十条　加盟店的经营资格

乙方须保证加盟店符合法律、法规关于经营资格的强制性或禁止性要求,取得《消防许可证》《环保许可证》《食品卫生许可证》等相关许可证,并具有经营特许经营体系项下经营活动的合法资格。

第十一条　加盟店的开业指导

甲方应对乙方目标市场的考察调研、加盟店的选址、营业地的装修布置、人员的聘用等加盟店筹备工作提供必要的协助和指导。

第十二条　加盟店的开业培训

在加盟店开业前,甲方应对乙方或其指定的承担加盟店管理职责的人员进行培训,通过考核后上岗,以确保乙方能够独立运营加盟店。

第十三条　特许经营体系的提供

甲方应在本合同签订之日起____日内,向乙方提供代表特许经营体系营业象征的书面资料,包括经营模式及相关管理制度、门店样式、店堂布局方案、会计系统、产品质量标准、产品质量监测制度以及《经营手册》等,以确保乙方顺利开展加盟店的运营。乙方应予书面签收。

第十四条　加盟店开业时间

乙方应保证在本合同签订之日起____日内正常开业,经甲方书面同意延期的除外。

第十五条　加盟店开业的条件

加盟店开业须符合以下条件:

(一)盟店已取得《营业执照》或《企业法人营业执照》及相关许可证照;

(二)营业地建筑物的装修经特许人验收合格;

(三)乙方已按本合同约定履行开业前的所有义务;

(四)加盟店符合《经营手册》规定的其他标准。

第四部分　特许产品的提供和配送

第十六条　除特许产品及为保证特许经营品质必须由甲方或者甲方指定的供应商提供的货物外,对于其他货物,甲方可以规定其应当达到的质量标准,提出若干供应商供乙方选择,但甲方不得强行要求乙方接受其货物供应;双方另有约定的除外。

第十七条　加盟店经营所需之特许产品均由甲方或甲方指定供应商供应及配送,若加盟店需增售不属甲方或其指定供应商供应的产品,须事先向甲方提出书面申请,并经甲方书面同意;未经甲方书面同意,不得向其他供应商采购或自行制造。

第十八条　乙方向甲方或其指定供应商采购特许产品,须提前_____天以传真、电话或电子邮件形式通知甲方或其指定供应商所需产品的数量和规格,以便甲方或其指定供应商及时调配物资,满足乙方需求。

第十九条　甲方或其指定供应商应在收到乙方要求维修甲方或其指定供应商供应的设备通知之日_____起____日内进行维修。维修累计____次不能排除设备故障的,甲方或其指定供应商应负责为乙方更换新设备。

第二十条　甲方应对所提供的特许产品质量负责,如因质量问题造成乙方损失的,甲方应承担赔偿责任;乙方因此向第三方赔付的,有权向甲方追偿。甲方对其指定供应商的产品质量承担保证责任。

第二十一条　加盟店销售特许产品应当遵循甲方指定的统一零售价,不得擅自降低或抬高零售价,双方另有约定的除外。

第五部分　监督、培训与指导

第二十二条　为确保特许经营体系的统一性和产品、服务质量的一致性,甲方有权按照合同约定对加盟店的经营活动进行监督。

第二十三条　加盟店应当保持完整、准确的交易记录,在每月_____日前向甲方递交上月的总营业收入的财务报表。

第二十四条　甲方应当在不影响加盟店正常营业的前提下,定期或不定期对加盟店的经营活动进行辅导、检查、监督和考核。乙方应当遵循甲方或其委派的督导员在特许经营过程中的建议和指导。

第二十五条　甲方有权定期或不定期检查和审核加盟店的交易记录等文件。

第二十六条　在本合同有效期内,甲方每年应对乙方或其指定的承担加盟店管理职责的人员提供不少于_____次的统一培训。

第二十七条　在本合同有效期内,甲方应持续地对加盟店提供开展特许经营所必需的营销、服务或技术上的指导,并向加盟店提供必要的协助。

第六部分　知识产权的授予与使用

第二十八条　甲方按照本合同约定,许可乙方使用以下知识产权:

□注册商标。

注册商标名称:_____,《商标注册证》编号:_____,

核定使用商品或服务项目:_____。

甲方应与乙方另行签订《商标使用许可合同》作为本合同的从合同,并在《商标使用许可合同》签订之日起三个月内,由□甲方/□乙方向工商行政管理部门办理备案手续。

□专利。

专利名称：_____,《专利证》编号：_____,

专利内容：_____。

甲方应与乙方另行签订《专利实施许可合同》作为本合同的从合同,并在《专利实施许可合同》签订之日起三个月内,由□甲方/□乙方向知识产权主管部门办理备案手续。

□其他。

第二十九条　在本合同有效期内,甲方应确保注册商标的有效性,并及时办理注册商标的续展手续。

第三十条　乙方应按照《商标使用许可合同》的约定和《经营手册》的规定规范使用注册商标或特许标识,不得以任何形式和方法扩大注册商标或特许标识的使用范围,未经甲方许可,不得与其他商标、商号或标识组合使用。

第三十一条　乙方不得以任何方式制作、使用或申请在相同类别注册与甲方注册商标或特许标识相同或近似的商标标识。

第三十二条　特许标识或注册商标的所有权和著作权归甲方所有,本合同终止后,甲方有权无条件收回。

第三十三条　乙方除为特许经营目的之外,不得为其他任何目的使用特许标识,也不得在本合同终止后继续使用注册商标或特许标识。

第七部分　加盟店的统一运营

第三十四条　乙方认可并同意遵守甲方特许经营体系有关标准和统一性的规定。

第三十五条　乙方在加盟店的运营过程中,须严格遵守本合同约定和《经营手册》规定的统一运营标准,未经甲方书面许可,不得作任何变更;

双方另有约定的除外。

第八部分　消费者投诉的处理

第三十六条　乙方应遵守甲方统一制订的服务和质量保证承诺,自觉维护消费者的合法权益,并在加盟店内设置监督电话。

第三十七条　乙方对消费者的投诉应当及时处理,对造成消费者权益损害的,应及时采取补救措施。

第三十八条　因加盟店原因但消费者直接向甲方投诉的,对确有瑕疵而直接向消费者偿付的,甲方有权向乙方追偿。

第九部分　广告宣传与促销

第三十九条　甲方发布广告宣传、向乙方提供促销支持,必须严格遵守法律、法规的相关规定。

第四十条　甲方在每次推出广告宣传或促销推广活动之前,应将有关活动资料通知乙方,以便乙方能于活动前作适当准备。

第四十一条　乙方可自行策划并实施针对特许区域市场特点的广告宣传或促销推广活动,但必须获得甲方事先书面同意,并在甲方指导下进行。

第十部分　合同的变更和解除

第四十二条　甲方与乙方经协商一致,可变更本合同相关条款。

第四十三条　在本合同有效期内,甲方经乙方事先书面同意,可将本合同项下的全部或部分权利、义务转让给第三方,但应书面通知乙方,且应保证第三方无条件接受并承诺继续履行本合同项下的所有条款。

第四十四条　乙方经甲方事先书面同意,可将本合同项下的全部或部分权利、义务转让给第三方,但应保证第三方无条件接受并承诺继续履行本合同项下的条款。

在转让之日起____年内,甲、乙双方在特许区域内须遵守本合同关于商业秘密保护和竞业限制的约定。

第四十五条　甲方有下列行为之一的,乙方有权书面通知其更正,甲方应在接到通知后____日内更正,逾期未更正的,乙方有权书面通知单方解除合同,解除合同的通知在到达甲方时生效:

(一)未按本合同约定向乙方提供本合同第十三条所述代表特许经营体系营业象征的书面资料;

(二)未按本合同约定履行加盟店开业前及经营过程中的培训、技术指导义务;

(三)强行要求乙方接受除专卖商品及为保证特许经营品质的货物以外的其他货物供应;

(四)累计____次延迟配送特许产品或维修设备,或因延迟配送特许产品或维修设备造成乙方重大损失;

(五)因生产或销售的特许产品存在缺陷或严重质量问题,被质监部门处罚;

(六)_____。

第四十六条　甲方有下列行为之一的,乙方有权书面通知单方解除合同,解除合同的通知在到达甲方时生效:

(一)在本合同签订时不符合法律、法规关于特许人资格的强制性规定致使乙方遭受经济损失的;

(二)未按本合同约定在签订本合同前和特许经营过程中按法律、法规规定披露相关信息或故意披露虚假信息致使乙方遭受经济损失的;

(三)本合同签订时不具备或者本合同有效期内丧失注册商标或其他特许标

识的所有权或使用权;

(四)因产品质量问题引起大量投诉并被主要媒体曝光,品牌形象和价值及企业商誉受到严重损害的。

第四十七条 乙方有下列行为之一的,甲方有权书面通知其更正,乙方应在接到通知后____日内更正,逾期未更正的,甲方有权书面通知单方解除合同,解除合同的通知在到达乙方时生效:

(一)超过本合同约定的期限未符合开业条件或未开业;

(二)未按本合同约定支付相关费用;

(三)未经甲方事先书面同意擅自销售或提供非特许产品或服务;

(四)未经甲方事先书面同意擅自变更或扩大注册商标或特许标识的使用范围,或擅自变更加盟店特有的外部与内部设计;

(五)拒绝参加甲方组织的初始的或后续的培训;

(六)因管理和服务问题引起大量投诉或被主要媒体曝光批评,严重损害特许经营体系的商誉;

(七)未经甲方事先书面同意擅自全部或部分转让本合同;

(八)侵犯(包括但不限于泄露)商业秘密;

(九)故意向甲方陈述错误的或误导性的信息;

(十)_____。

第十一部分 违约责任

第四十八条 甲方不履行或不完全履行本合同项下的任何义务,乙方有权书面通知其更正,甲方应在接到通知后__日内更正,逾期未更正的,甲方应向乙方支付____违约金。

如逾期未更正超过__日,则乙方有权选择以下方案追究甲方责任

(可多选):

□要求甲方赔偿人民币____元;

□符合本合同约定的解除条件的,乙方有权解除本合同;

□____

第四十九条 乙方逾期支付本合同项下的任何款项,应按每天逾期款项的____‰支付违约金。逾期超过_____天的,甲方有权解除本合同,

保证金不予返还。

第五十条 乙方不履行或不完全履行本合同项下的任何义务,甲方有权书面通知其更正,乙方应在接到通知后____日内更正,逾期未更正的,乙方应向甲方支付____违约金。

如逾期未更正超过____日,则甲方有权选择以下方案追究乙方责任

（可多选）：

□要求乙方赔偿人民币____元；

□符合本合同约定的解除条件的，甲方有权解除本合同；

□____

第五十一条 如由于乙方的过错对第三方造成侵权或其他经济损失，则乙方应当自行承担赔偿责任。如甲方对外偿付的，则可向乙方进行追偿。

第五十二条 乙方未履行或未完全履行合同终止后的义务的，甲方有权要求其履行义务，并有权要求其赔偿因此造成的损失。

第十二部分 合同终止后双方的权利义务

第五十三条 本合同终止后，乙方应立即停止使用注册商标、特许标识及其他与特许经营体系有关的任何标识。

第五十四条 乙方获准使用甲方注册商标作为加盟店商号的，应在本合同终止后____日内向原登记部门申请名称变更或者注销登记。

第五十五条 乙方应在本合同终止之日起____日内返还甲方为履行本合同而提供的所有物品，包括文件及其副本或任何复制品。

第五十六条 本合同终止后，除甲方接收外，乙方应按甲方要求撤换营业地所有特许经营体系特有的内外部设计、装修、装饰、颜色配置、布局、家具、设备，或清除注册商标、特许标识及其他与特许经营体系有关的任何标识。

第五十七条 乙方应在本合同终止之日起____日内向甲方支付本合同约定的所有应付费用。

第五十八条 剩余特许产品的处理

甲乙双方约定，本合同终止之日存在的全部完好无损、尚在保质期内、可以再次使用或销售的剩余特许产品的处理方式为：

□甲方以原售价回购；

□乙方自行处理；

□_____

第五十九条 竞业限制

乙方在本合同有效期内以及合同期满后____年内，除约定的加盟店外，不得自己经营或与他人合作经营与甲方特许经营体系内容相同或类似的业务。

第十三部分 不可抗力

第六十条 任何一方由于不可抗力且自身无过错造成的部分或不能履行本合同的义务将不视为违约，但应在条件允许下采取必要的补救措施，以减少不可抗力造成的损失。遇有不可抗力的一方，应尽快将事件的情况以书面形式通知对方，并在事件发生的合理时间内，提交不能履行或者部分不能履行本合同以及需要延期履行的理由的证明。

第十四部分　其他约定

第六十一条　本合同部分条款的无效,不影响其他条款及本合同的效力。

第六十二条　联系信息与送达

(一)合同一方按照本合同约定向另一方送达的任何文件、回复及其他任何联系,必须用书面形式,且采用挂号邮寄或直接送达的方式,送达本合同所列另一方的地址或另一方以本条所述方式通知更改后的地址。

(二)双方同意通过以下联系方式向对方送达与本合同有关的文件,有关甲方和乙方的联系信息如下:

甲方:

地址:

邮编:

联系人:

电话:　　　　　　　,传真:

乙方:

地址:

邮编:

联系人:

电话:　　　　　　　,传真:

第六十三条　本合同适用中华人民共和国法律、法规和规章。

第六十四条　如果产生有关本合同的存在、效力、履行、解释、终止的争议,甲方与乙方应协商解决,协商不成的,采取以下第____条途径:

(一)向人民法院提起诉讼;

(二)提交_____仲裁委员会仲裁。

第六十五条　本合同的附件、从合同(如有)、《经营手册》是本合同不可分割的组成部分,与本合同具有同等法律效力。

第六十六条　本合同自双方签字或盖章之日起生效,一式两份,双方各执一份,具同等法律效力。

第六十七条　甲方应将本合同签订情况报甲方所在地商务主管部门和乙方所在地商务主管部门备案。

附件1

补充条款

（粘贴线）（骑缝章加盖处）

附件 2
《特许区域附图》

（粘贴线）（骑缝章加盖处）

附件 3
甲方《企业法人营业执照》或《营业执照》复印件

（粘贴线）（骑缝章加盖处）

附件 4
乙方《企业法人营业执照》或《营业执照》复印件

（粘贴线）（骑缝章加盖处）

附件 5
甲方《商标注册证》复印件

（粘贴线）（骑缝章加盖处）

附件 6
甲方《专利证》或其他权利证明复印件

（粘贴线）（骑缝章加盖处）

（本页签署页，无正文）

甲方：	乙方：
授权代表：	授权代表：
日期：	日期：
签于：	签于：

二、城市供水特许经营协议示范文本(GF-2004-2501)

城市供水特许经营协议示范文本
(GF-2004-2501)

一、总　则

为加强城市供水企业管理,保证城市用水安全和供水企业的合法权益;(注:请根据项目具体情况,简单介绍本协议签署的目的、原则、过程,及本协议的主要内容)

第一条　根据(注:请填入本协议的法律依据)　,和本协议第二条所述,双方于__年__月__日在中国____省(自治区)____市(县)签署本协议。

第二条　协议双方分别为:经中国____省(自治区)____市(县)人民政府授权(注:该授权可以通过以下两种形式:①该人民政府发布规范性文件;②该人民政府就本协议事项签发授权书),中国____省(自治区)____市(县)人民政府____局(委)(下称甲方),法定地址:____,法定代表人:____,职务:____;和____公司(下称乙方),注册地点:_____,注册号:_____,法定代表人:_____,职务:____,国籍:_____。

二、定义与解释

第三条　名词解释

法律:指所有适用的中国法律、行政法规、地方性法规、自治条例和单行条例、规章、司法解释及其他有法律约束力的规范性文件。

供水工程:是指以管道及其附属设施向单位和居民的生活、生产及其他各项建设提供用水的工程设施,包括:专用水库、引水渠道、取水口、泵站、井群、输(配)水管网、净(配)水厂、水站、进户总水表等,详见本协议第十二条和十三条的规定。(注:本定义是假设乙方负责取水、净水、送水和出厂输水给终端用户而规定的,请根据具体情况进行相应修改)

特许经营权:是指本协议中甲方授予乙方的、在特许的经营期限和经营区域范围内设计、融资、建设、运营、维护供水工程、向用水户提供服务并收取费用(注:请根据乙方是否负责向终端用户供水而相应修改)的权利。

生效日:指本协议条款中双方约定的本协议生效日期。

特许经营期:是指从本协议生效日开始的____年期间,可根据本协议延长。

特许经营区域范围:是指实施本协议时附件____《工程和特许经营区域范围》规定的经营和服务区域范围。

不可抗力:是指在签订本协议时不能合理预见的、不能克服和不能避免的事件或情形。以满足上述条件为前提,不可抗力包括但不限于:

224

(1)雷电、地震、火山爆发、滑坡、水灾、暴雨、海啸、台风、龙卷风或旱灾;

(2)流行病、瘟疫;

(3)战争行为、入侵、武装冲突或外敌行为、封锁或军事力量的使用,暴乱或恐怖行为;

(4)全国性、地区性、城市性或行业性罢工;

(5)由于不能归因于乙方的原因引起的供水工程供电中断;

(6)由于不能归因于乙方的原因造成的原水水质恶化或供应不足。

日、月、季度、年:均指公历的日、月份、季度和年。

建设期:是指从本协议生效日至最终完工日的期间。

运营期:是指从最终完工日(注:适用于新建项目)或开始运营日(注:适用于已经投产项目)起至移交日的期间。

工程综合设计供水能力:是指按供水设施取水、净化、送水、出厂输水干管等环节设计能力计算的综合生产能力。计算时,以四个环节中能力最小的环节确定工程综合设计供水能力。

移交:是指乙方根据本协议的规定向甲方或其指定机构移交供水工程。

移交日:是指特许经营期届满之日(适用于本协议期满终止)或根据本协议第一百二十七条规定确定的移交日期(适用于本协议提前终止)。

营业日:是指中国除法定节、假日之外的日期,若支付到期日为非营业日,则应视支付日为下一个营业日。

批准:指乙方为履行本协议需从政府部门获得的许可、执照、同意、批准、核准或备案。

法律变更:指中国立法机关或政府部门颁布、修订、修改、废除、变更和解释的任何法律发生变更。

建设:指按本协议建设供水工程。(注:适用于包含或将来可能发生的新建项目或工程)

环境污染:指供水工程、供水工程用地或其任何部分之上、之下或周围的空气、土地、水或其他方面的污染,且该等污染违背或不符合有关环境的适用法律或国际惯例。

最终完工证书:指根据第____条颁发或视为颁发的证书。

最终完工日:指最终完工证书颁发或视为颁发之日。

计划最终完工日:详见附件____《工程进度》。

最终性能测试:指第____条所述的确认供水工程具有安全、可靠、稳定性能的测试。

融资交割:当下述条件具备时,为完成融资交割:

（1）乙方与贷款人已签署并递交所有融资文件,融资文件要求的获得首笔资金的每一前提条件已得到满足或被贷款人放弃,并且,

（2）乙方收到融资文件要求的股权投资人的认股书或股权出资。

融资文件:指经有关政府部门依适用法律批准的并报甲方备案的、与项目的融资或再融资相关的贷款协议、票据、契约保函、外汇套期保值协议和其他文件,及担保协议,但不包括(注:如乙方的水价或提前终止补偿条款与贷款文件有密切联系,则应规定"贷款文件应取得甲方同意")与股权投资者的认股书或股权出资相关的任何文件,或与提供履约保函和维护保函相关的文件。

贷款人:指融资文件中的贷款人。

维护保函:指乙方根据第＿＿＿条向甲方提供的维护保函。

进度日期:指附件＿＿＿《工程进度》中所述的日期。

终止通知:指根据第＿＿＿条发出的通知。

计划开始运营日:指双方确定的、预计供水工程可以开始运营的日期,即＿＿年＿＿月＿＿日。（注:适用于已经投产的项目,对于新建项目,该日期应与计划最终完工日为同一日期）

开始运营日:指乙方根据第＿＿＿条向甲方发出供水工程已准备就绪可以开始运营的书面通知中明确之日。（注:适用于已经投产的项目,对于新建项目,该日期应与最终完工日为同一日期）

履约保函:指乙方按照第＿＿＿条向甲方提供的履约保函。

前期工作:指第＿＿＿条所述的工作。

初步完工通知:指根据第＿＿＿条发出的通知。

初步完工证书:指根据第＿＿＿条颁发或视为颁发的证书。

初步性能测试:指第＿＿＿条所述的确保项目设施达到技术标准、规范和要求及设计标准的测试。

谨慎运营惯例:指在熟练和有经验的中国的供水企业在运营类似于本供水工程的项目中所采用或接受的惯例、方法、做法以及国际惯例和方法。

担保协议:指由乙方与贷款人签订的、有关政府部门依适用法律批准、并经甲方同意的向贷款人提供的在乙方股东持有的乙方公司股权或乙方拥有的任何财产、权利或权益之上设置抵押、质押、债权负担或其他担保权益的任何协议。

项目合同:指本协议、融资文件、与本供水工程项目的设计、重要设备原材料采购、施工建设、监理、运营维护及其他相关合同。

允许供水通知:指根据第＿＿＿条发出或视为发出的通知。

允许供水日:指允许供水通知发出或视为发出之日。

项目:指乙方根据本协议设计、融资、建设、运营、维护供水工程,向用水户提

供服务并收取费用。

三、协议的应用

第四条　各方同意本协议是乙方在特许经营期内进行项目融资、设计、建设、运营、维护、服务的依据之一,也是甲方按照本协议对乙方在特许经营期内的经营行为实施监管的依据之一。

第五条　本协议并不构成甲方和乙方之间的合营或合伙关系。本协议并不限制或以其他方式影响甲方行使其法定权力。

第六条　当以下先决条件满足或被甲方书面放弃时,甲方开始履行本协议项下义务:

(1)乙方已向甲方提交了符合本协议要求的履约保函;

(2)融资交割完成;

(3)有关项目合同依适用法律获得批准;

(4)乙方已经按第十四章购买保险;

(5)已营运的城市供水企业还应当:

1)依法清产核资、产权界定、资产评估、产权登记,并依适用法律获本城市人民政府相关部门批准;

2)职工安置方案按法定程序获得批准;

3)按附件____《项目和企业相关批准文件》的约定交割完资产资金,须担保、质押等文件依适用法律获得批准;

4)已经取得依法应当取得的其他批准文件。

第七条　如果因乙方原因未能在生效日后____日内满足前述先决条件,则甲方有权提取履约保函项下的所有款项,并有权终止本协议。

第八条　甲方和乙方声明和保证如下:

(1)各方有权签署本协议并按本协议履行义务,所有为授权其签署和履行本协议所必需的组织或公司内部行动和其他行动均已完成;

(2)本协议构成甲方和乙方的有效、合法、有约束力的义务,按其条款依适用法律对其有强制执行力。

签署和履行本协议不违反甲方或乙方应遵守的任何适用法律或对甲方或乙方有约束力的其他任何协议或安排。

第九条　未经甲方书面同意,乙方不得:

(1)从事本协议规定特许经营权以外的任何经营活动;

(2)将依本协议所取得的土地使用权用于供水工程以外的任何其他用途。

第十条　乙方有义务且必须就由于建设、运营和维护供水工程设施而造成的环境污染及因此而导致的任何损害、费用、损失或责任,对甲方予以赔偿。但若所要求的损害、费用、损失或责任是由甲方违约所致或依本协议乙方不承担责任的环境污染除外。

第十一条　本协议自双方法定代表人或授权代表人签字并加盖公章之日起生效,特许经营期限为____年,即自____年____月____日起至____年____月____日止。如果出现下述情况影响到本协议的执行,有关的进度日期应相应延长,同时,甲方应选择支付补偿金,或调整供水价格,或相应延长特许经营期:

(1)不可抗力事件;

(2)因甲方违约而造成延误;

(3)在供水工程建设用地上发现考古文物、化石、古墓及遗址、艺术历史遗物及具有考古学、地质学和历史意义的任何其他物品;

(4)因法律变更导致乙方的资本性支出每年增加____元人民币或收益性支出每年增加____元人民币。

四、供水工程项目

第十二条　供水工程名称为____,规模为____万立方米/日。

第十三条　供水工程项目包括(净(配)水厂、管网及相关附属设施等)。工程位于____国____省____市____地区,其确切位置见附件____《工程和经营服务范围》。(注:该表述是假设乙方负责取水、净水、送水和出厂输水给终端用户而规定的,请根据具体情况进行相应修改)

第十四条　工程项目最终批复的施工设计文件为工程建设和竣工的依据。(注:只适用于新建项目)

第十五条　工程造价为____万元人民币,建设期利息为____万元人民币,工程总造价为____万元人民币,见附件____《工程和特许经营区域范围》,如有追加,应经甲方批准。(注:只适用于新建项目)

第十六条　除本协议规定的其他义务外,乙方在特许期内负责:

(1)工程项目的设计与工程技术服务、采购、建造、和运营和维护;(注:本项只适用于新建项目)

(2)建设工程项目的所有费用及所有必要的融资安排;(注:本项只适用于新建项目)

(3)承担供水工程前期工作和永久性市政设施建设和其他工作的费用。(注:请根据具体情况进行相应修改)

第十七条　除本协议规定的其他义务外,在遵守、符合中国法律要求的前提下,甲方负责协助、监督、检查乙方实施以下工作,但甲方并不因其承担有关协助、监督、检查工作而承担任何责任,且并不解除或减轻乙方应承担的任何义务或责任:

（1）监督和检查供水工程的设计、建造、运营和维护；

（2）协助乙方获得设计、建造、运营和维护供水工程所需的所有批准；

（3）协助乙方取得供水工程场地的土地使用权；

（4）协助乙方完成前期工作和永久性市政设施建设和其他工作，包括：

1）安置受建设影响的居民和其他人，拆除需要建设供水工程的场地上的任何建筑物或障碍物；

2）供水工程建设所需的临时或永久用电、供水、排水、排污和道路。（注：本条只适用于新建项目）

第十八条　在生效日后七（7）个营业日内，乙方必须向甲方提交格式为附件____《履约保函和维护保函格式》的或甲方同意的其他格式的履约保函。

履约保函必须由甲方可接受的金融机构出具，金额为____万元人民币。（注：本条只适用于新建项目）

第十九条　乙方必须确保于生效日后七（7）个营业日之内实现融资交割，并在融资交割时向甲方交付所有已签署的融资文件复印件，以及甲方可能合理要求的表明融资交割已实现的任何其他文件。

五、供水工程设计和建设
（注：本章只适用于新建工程）

第二十条　乙方必须按照经投资管理部门核准的项目申请报告、附件____《工程和特许经营区域范围》所述项目范围、附件____《技术规范和要求》所述技术标准、规范和要求、附件____《设施维护方案》所述维护方案、附件____《工程技术方案》所述技术方案，自费完成供水工程的初步设计。

第二十一条　未经有关政府部门书面批准，不对经批准的初步设计进行实质性修改。

第二十二条　乙方必须按照初步设计和初步设计批复文件、附件____《工程和特许经营区域范围》所述项目范围、附件____《技术规范和要求》所述技术标准、规范和要求、附件____《设施维护方案》所述维护方案、附件____《工程技术方案》所述技术方案，自费完成供水工程设施的施工图设计。

第二十三条　乙方必须随时将施工图设计已编制的部分提交甲方审查，并且在提交施工图设计之后的____工作日内未经甲方批准，不得将施工图设计文件用于建设。

第二十四条　乙方必须按照提交给甲方的施工图设计、附件____《工程和特许经营区域范围》所述项目范围、附件____《技术规范和要求》所述技术标准、规范和要求、附件____《设施维护方案》所述维护方案、附件____《工程技术方案》所述技术方案，自费建设供水工程设施。

　　乙方可以将供水工程设计和施工分包给具有相应资质的设计、施工机构,完成供水工程设施的建设。但乙方在本协议项下的任何义务不因分包行为而免除、减轻或受其他影响。

　　第二十五条　乙方必须按附件____《工程进度》规定的日期开始工程建设和实现最终完工并向甲方提交工程建设方案,工程建设方案应合理、详细地反映为实现最终完工日而计划的活动、活动次序和期限。

　　乙方若修改工程建设方案,则必须将修改稿提交给甲方,修改稿应合理详细地反映对活动、活动次序和期限的修改。

　　第二十六条　对用于建设的材料和主要设备在离开制造厂前,乙方必须按适用法律安排测试和检验。

　　乙方应在对材料和主要设备进行每次测试和检验前合理的时间内通知甲方。

　　甲方的代理人或代表有权参加测试和检验,但是如果甲方未提出书面反对,或未对乙方通知予以答复,并且在通知测试和检验的时间没有到场,则测试和检验可以在甲方的代理人或代表缺席的情况下进行。

　　乙方在完成测试和检验后,应立即向甲方提交关于测试和检验程序和结果的报告。

　　甲方在收到上款所述报告后,可书面通知乙方:

　　(1)对测试和检验结果满意;或者说明测试和检验的程序或结果不符合规定或要求的情形。

　　(2)甲方检验并接受用于建设的材料和主要设备的任何部分,并不解除或减轻乙方在供水工程设施建设过程中应承担的所有义务或责任。

　　第二十七条　乙方必须将有关供水工程设计和建设的所有技术数据,包括设计报告、计算和设计文件,随进度在编制完成后立即提交给甲方,以使甲方能监督项目设施的设计和建设进度。

　　乙方向甲方保证,乙方对其用于供水工程设施的设计、建设且作为知识产权客体的初步设计、施工图设计和任何其他文件,拥有所有权或使用权。

　　乙方给予甲方不可撤销的、非独占的许可,使用本条第二款所述的任何文件:

　　(1)用于供水工程的目的,包括但不限于本协议因任何原因终止、移交后,甲方继续对供水项目进行建设、运营和维护;

　　(2)参加与本供水工程类似的供水工程的设计和建设方面的会议。

　　第二十八条　工程开工之日的下一月起,每月的第一天(如遇节假日顺延),乙方应向甲方提供供水工程建设进度报告。报告应详述:上一个月已完成的和在建的供水工程情况;预计本月完成建设情况;距离计划最终完工日期的进展情况;预计完成建设的时间;以及甲方合理要求的其他事宜。

第二十九条　除政府部门依照适用法律进行的监督检查以外,甲方的代理人或代表可在建设期间经合理的通知,在乙方代理人或代表参加的情况下对建设进行监督检查。

甲方的代理人或代表监督和检查的费用由甲方承担,除非监督和检查的结果表明建设、材料、设备或机器存在任何重大缺陷,在此情况下,乙方应承担监督和检查的费用。

第三十条　乙方必须确保甲方的代理人或代表可以进入供水工程设施、供水工程设施用地,但该等进入不应妨碍建设;并且应甲方的代理人或代表要求,提供图纸和设计资料。

第三十一条　甲方有权在最终完工日之前的任何时候,要求乙方改正或更换不符合下列条件的任何建设工程、材料或机器设备:

(1)提交给甲方的施工图设计;

(2)附件__《工程和特许经营区域范围》所述的项目范围;

(3)附件__《技术规范和要求》所述的技术标准、规范和要求;或

(4)附件__《设施维护方案》所述的维护方案。

并且,甲方必须书面通知乙方,并说明理由。

第三十二条　在收到第三十一条所述通知后,乙方必须在合理期限内采取所有必要措施改正建设工作或更换合适的材料和机器设备,并且乙方必须承担费用和支出,并对改正措施造成的工期延误负责。

第三十三条　乙方必须在建设初步完工前合理时间内提前向甲方发出初步完工通知,告知预计可以开始初步性能测试的日期(并且初步性能测试日期必须在发出通知后的____工作日后)。

第三十四条　乙方必须按照附件____《技术规范和要求》在出具初步完工通知后,进行初步性能测试。

甲方的代理人或代表有权参加初步性能测试,但如果甲方未对初步完工通知提出书面异议或作出回复,并且在通知的初步性能测试的时间没有到场,则初步性能测试可在甲方的代理人或代表缺席的情况下进行。

第三十五条　初步性能测试完成之后,乙方必须立即向甲方提交一份报告,列明初步性能测试的程序和结果。

第三十六条　甲方收到第三十五条所述报告之后,如初步性能测试的结果符合本协议要求,应发出初步完工证书;或者如初步性能测试的结果不符合本协议要求,应书面通知初步性能测试的程序或结果不符合规定或要求的情形。

如果甲方在收到第三十五条所述报告之后____工作日之内不向乙方发出上述有关不符合情况的通知,应视为甲方对初步性能测试结果表示满意(或认可)。

第三十七条　如果供水工程设施未通过初步性能测试,乙方必须采取所有必要的改正措施补救不符合情况;并至少提前____工作日向甲方发出书面通知,重复初步性能测试。

乙方必须承担费用和支出并对因上述改正措施和重复初步性能测试而发生的延误负责。

第三十八条　以有关政府部门和机构依适用法律完成项目工程各项验收为前提,在甲方发出初步完工证书或按第三十六条测试结果被视为满意(或认可)之后____工作日内,乙方必须书面通知甲方有关完工检查的日期和时间(完工检查日期应在发出初步完工通知____工作日后)。

甲方的代理人或代表有权参加完工检查,但如果甲方未对通知提出书面异议或作出回复,并且在通知的完工检查的时间没有到场,则完工检查可在甲方的代理人或代表缺席的情况下进行。

第三十九条　在完工检查之后____工作日内,甲方应将供水工程的建设工作、材料、设备或机器中存在的所有缺陷详细列明并书面通知乙方。

如果甲方不参加完工检查,或者未在完工检查结束后____工作日之内向发出有关缺陷的通知,则应视为供水工程的建设工作、材料、设备和机器已令甲方满意(或认可)。

第四十条　如果甲方向乙方发出上述有关缺陷的通知且乙方无异议,乙方必须改正所有缺陷。

甲方可对有关缺陷通知中列明的缺陷进行进一步的完工检查。

第四十一条　在完工检查后的____工作日内,如果初步性能测试和完工检查的结果令甲方满意(或认可)或视为令甲方满意(或认可),甲方应发出允许供水通知。

第四十二条　只有在以下各项均已发生之后,乙方方可向甲方和有关政府部门发出供水工程可以开始试运营的书面通知:

(1)甲方已发出允许供水通知;

(2)甲方书面通知乙方其已收到或放弃收取以下各项:

1)运营供水工程所需的所有批准均充分有效的书面证明;

2)证明运营保险完全有效并符合本协议要求的证明的复印件;

3)乙方已签署项目设施运营维护所需的化学品和零件供应合同的书面证明。

第四十三条　在开始试运营日后____日内,乙方必须按照附件____《技术规范和要求》进行最终性能测试。

甲方的代理人或代表有权参加最终性能测试,但如果甲方不提出书面反对,或未作回复并且在通知的最终性能测试的时间没有到场,则最终性能测试也可在甲方代理人或代表不参加的情况下进行。

第四十四条　在完成最终性能测试且办理完毕竣工验收备案手续后,乙方必须立即向甲方提交有关最终性能测试的程序和结果的报告(包括但不限于竣工验收备案文件)。

收到上款所述报告后,甲方可以书面通知乙方,表示最终性能测试的结果符合本协议要求并发出最终完工证书,或认为与报告中所述的最终性能测试的程序或结果不符合规定或要求的情形。

如果甲方未在收到报告后____工作日内向乙方发出上述不符合通知,则最终性能测试结果视为符合本协议要求。

第四十五条　如果供水工程未通过最终性能测试,则乙方必须采取所有必要的改正措施来补救不符合情况,并应在至少提前____工作日向甲方发出书面通知后,重复最终性能测试。

乙方必须承担上述改正措施和重复最终性能测试的费用和支出,并对因上述改正措施和重复最终性能测试而发生的延误负责。

第四十六条　如果最终性能测试符合本协议要求且乙方办理完毕竣工验收备案手续,但甲方不按照第四十四条第二款发出最终完工证书,则最终完工证书在上述____工作日期满时视为发出。

第四十七条　如果甲方:①检查和验收供水工程建设工作、材料、机器或设备的全部或任何部分;②颁发允许供水证书;或③颁发最终完工证书,这些行为均不得解除乙方对供水工程的设计和建设所应承担的任何义务或责任。

第四十八条　供水工程最终完工后,乙方应当将供水工程项目外所受工程影响的地上和地下建构筑物恢复到工程施工前的相应状态;乙方不能实施的,甲方可指定机构代为实施,所需费用由乙方承担。

第四十九条　在最终完工日后一个月内,乙方必须向甲方提交下列资料(并按照适用法律归档):

(1)供水工程有关的图纸(包括打印件和电脑磁盘)一式三份;

(2)所有设备的技术资料和图纸(包括设备随机图纸、文件、说明书、质量保证书、安装记录、质量监督和验收记录)一式三份;

(3)甲方合理要求的与本供水工程有关的其他技术文件或资料一式三份。

第五十条　甲方和乙方承认政府有关部门可依适用法律参加供水工程的测试和检查。

第五十一条　如果由于乙方违约造成的延误,使供水工程开始运营日或最终完工日延误,则乙方必须按＿＿元人民币/日向甲方支付预定违约金直至开始运营日或最终完工日或本协议终止日(以先发生者为准)。

甲方获得这些预定违约金的权利,并不影响其终止本协议的权利。

第五十二条　如果除甲方违约事件或不可抗力事件以外的任何原因,乙方出现下列情况之一,则建设应视为已被放弃:

(1)书面通知甲方其终止建设,且并不打算重新开始建设的决定;

(2)未在生效日期后＿＿日内开始建设;

(3)未在任何不可抗力事件结束后＿＿日内恢复建设;

(4)停止建设连续或累计达＿＿日;

(5)在允许供水日前直接或通过建设承包商从供水工程设施用地撤走全部或大部分的工作人员,并且在建设停止之日后＿＿日内未更换建设承包商;

(6)未在允许供水日后＿＿日内达到最终完工日;

(7)未在计划最终完工日后＿＿日内实现最终完工。

第五十三条　如果由于除甲方违约事件或不可抗力以外的任何原因,乙方放弃或被视为放弃建设,乙方必须向甲方支付第五十一条项下应付的金额,且甲方有权提取履约保函项下未提取的金额,作为乙方放弃或被视为放弃建设的预定违约金。

甲方行使该等权利不影响其终止本协议的权利。

第五十四条　为获取预定违约金的支付,甲方可以从履约保函中提款,直至履约保函金额全部提取完。

在履约保函的金额全部提取完后,乙方就延误到达最终完工日或开始运营日或放弃建设,对甲方不再有进一步的责任。

第五十五条　在下述日期中较迟的日期到来时,甲方应解除尚未提取的履约保函项下的金额:

(1)最终完工日后的＿＿个月届满之时;

(2)乙方根据第＿＿条向甲方提交维护保函之日。

如果在解除履约保函之前本协议终止,则履约保函应在本协议终止后＿＿个月期限内保持有效。

第五十六条　乙方对于为移走在供水工程设施用地上发现的考古文物、化石、古墓及遗址、艺术历史遗物及具有考古学、地质学和历史意义的任何物品而发生的任何额外费用不承担责任。

六、供水工程的运营与维护

第五十七条　在特许经营期内,乙方享有以下权利和义务:

（1）依据适用法律独家向特许经营区域范围内用户供水，合法经营并取得合理回报；

（2）根据社会和经济发展的情况，保障特许经营区域范围内水厂的运行、供水管网的正常维护以及特许经营区域范围内用户供水服务；

（3）根据中国法律和本协议的要求满足用户用水水质、水量、水压、供水服务需求；

（4）履行协议双方约定的社会公益性义务；

（5）除本协议另有规定外，应当将项目合同报甲方备案；

（6）法律和本协议规定的其他权利和义务。

在特许经营期内，甲方享有以下权利和义务：

（1）对乙方的供水服务进行监督检查；

（2）结合经济社会发展需要，制订供水服务标准和近、远期目标，包括水质、水量、水压以及维修、投诉处理等各项服务标准；

（3）制订年度供水水质监督检查工作方案，对乙方的供水水源、出厂水及管网水质进行抽检和年度综合评价；

（4）受理用户对乙方的投诉；

（5）维护特许经营权的完整；

（6）法律、规章和本协议规定的其他权利和义务。

第五十八条　乙方经营的供水工程目前净（配）水能力为＿＿万立方米/日。见附件＿＿《工程和特许经营区域范围》。

第五十九条　乙方应按照城市规划和供水规划的要求制订经营计划（包括供水计划、投资计划），并经甲方同意后方可实施。经营计划的修改须经甲方同意。

第六十条　乙方于开始运营日起＿＿日内向甲方呈报第一个五年和年度经营计划。每个五年计划执行到期前六个月应向甲方提交下一个五年经营计划，每年十月底以前向甲方提交下一年度的经营计划。

甲方在收到乙方五年经营计划后三个月内、在收到年度经营计划后一个月内作出审查实施决定。

第六十一条　乙方应在每年第一季度向甲方提交上一年度的经营情况报告并保证报告内容准确真实。报告内容应包括投资和经营计划的执行情况、运营状况、财务报告、规范化服务和供水服务承诺实施以及本年度服务目标等。

乙方应将经营报告的主要内容以适当方式向社会公布。

第六十二条　在履约保函到期或解除之前，乙方必须向甲方提交不可撤销的、独立于本协议的有效的维护保函。其格式应为附件＿＿《履约保函和维护保函格式》规定的格式,或可为甲方接受的其他格式。

第六十三条　维护保函的出具人为可为甲方接受的金融机构,并且保函金额为＿＿＿＿＿＿万元,作为乙方履行本协议项下义务的保证。

第六十四条　如果甲方在特许经营期提取维护保函项下的款项,乙方必须在提取后＿＿＿＿工作日内将维护保函的数额恢复到第六十三条所述之金额,并向甲方提供维护保函已恢复至该数额的证据。

乙方必须在特许经营期结束前＿＿＿＿个月将维护保函增加至＿＿＿＿万元。

第六十五条　如果乙方没有遵守第六十四条规定,并且乙方在收到甲方有关未遵守的书面通知后＿＿＿＿个营业日内未予以纠正,甲方有权提取维护保函下的剩余款额和终止本协议。

第六十六条　甲方行使提取维护保函金额的权利不损害其在本协议项下的其他权利,并且不应解除乙方不履行本协议义务而对甲方所负的任何进一步的责任和义务。

第六十七条　乙方应对取水设施、净水厂、加压泵站、主干供水管网等主要供水工程的状况及性能进行定期检修保养,并于每年＿＿＿＿月和＿＿＿＿月向甲方提交设施运行情况报告。

第六十八条　乙方必须在特许经营期内按照附件＿＿＿《设施维护方案》所述维护方案和附件＿＿＿《工程技术方案》所述技术方案运营维护供水工程设施。

第六十九条　在运营期内如供水工程设施的任何部分需要替换,乙方必须支付必要的额外金额用以购买和安装替换部分,并将替换情况说明报甲方备案。

第七十条　在特许经营期内如乙方需要建造新的供水工程时,必须经＿＿＿市政府书面批准,其建设费用应由乙方承担,并应由双方根据本协议下第五章所述条款规定的原则签署补充协议。

第七十一条　乙方必须保证水净化处理设备、设施满足净水工艺的要求。在净化处理各工序(车间),应配备相应的水质检测手段。

第七十二条　乙方必须制订保障设备、设施正常运行及保证人身安全的技术操作规程、岗位责任制以及相关的安全制度,并负责组织实施。

第七十三条　乙方的运行操作人员必须按国家有关规定持证上岗。

第七十四条　乙方必须具备保证供水设施设备完好的定期检查、维护和故障抢修程序及手段。

第七十五条　乙方必须保证从事制水的人员按国家规定经过严格体检,无任何传染疾病。

第七十六条　乙方必须建立完整齐全的主要设备、设施档案并与实物相符。管网应具有大比例区切块网图,有完整阀门卡。

第七十七条　乙方必须建立生产、经营、服务全过程规范的原始记录、统计报表及台账。

第七十八条　乙方保证出厂水量、电耗、物耗准确计量，并按适用法律及时校准相关计量器具。

第七十九条　为确保乙方履行本协议的义务，在不妨碍乙方正常运营和维护项目设施的情况下，甲方的代理人或代表有权在任何时候进入供水工程用地和接近相关设备进行监督检查。

第八十条　甲方或其代理人或代表可要求乙方提供下列资料：

(1)净水和原水质量的检测分析报告；

(2)设备和机器的状况及设备和机器的定期检修情况的报告；

(3)财务报表；

(4)重大事故报告；

(5)计量器具校核证明文件；

(6)甲方认为需要提供的其他资料。

第八十一条　如果乙方违反其在本协议项下运营和维护供水工程的义务，甲方可就该违反行为向乙方发出书面通知。乙方在接到上述通知后应对供水工程设施进行必要的纠正性维护；或者书面通知甲方其对通知内容有异议，争议应按照补偿与争议解决程序的规定解决。

第八十二条　如果根据争议解决程序，认定乙方未能按照本协议维护供水工程和履行本协议项下其他义务(包括但不限于第一百一十四条所规定的情形)，并且乙方在补偿与争议解决程序规定的期限内未能补救，则甲方可以自行或指定第三方进行维护和运营供水工程，与维护和运营有关的风险和费用由乙方承担。乙方必须允许甲方及其指定的第三方的雇员、代理人和/或承包商及必要的工具、设备和仪器进入供水工程用地。

甲方应确保维护和运营工作尽量减少对供水工程运营的干扰。

第八十三条　如果乙方违反其运营维护供水工程的义务，则有关费用和开支必须由乙方承担。甲方有权提取维护保函金额，但是需将所发生的费用和开支的详细记录提交给乙方。

第八十四条　甲方有权对城市供水工程安全保护范围内危害供水工程安全的活动实施处罚。

第八十五条　经甲方同意，需要改装、拆除或迁移乙方经营的城市供水设施，甲方需与乙方进行协商并达成共识方可进行。

第八十六条　乙方应按照甲方的要求，制订保证在紧急情况下的基本供水的应急预案。并在供水紧急情况下，严格执行供水应急预案，服从甲方的调度。

第八十七条　乙方有权因启动供水应急预案而增加的合理成本向甲方提出补偿要求，甲方应选择支付补偿金，或调整水价，或延长特许经营期限给予补偿。

第八十八条　乙方应按照适用法律定时向甲方提供生产以及经营的统计数据。为了核实某些情况，甲方可要求乙方对供水系统的性能和运转情况提供统计资料。

第八十九条　乙方应无条件地向甲方提供有关供水服务和成本的信息和相关解释。并应按甲方的要求，在甲方或其代理人或代表在场的情况下，对设备进行试验和检测，以核实设备的实际运转状况。

七、供水服务

第九十条　乙方应按照适用法律在特许经营区域范围从事供水服务。

第九十一条　由于城市规划要求，甲方需要乙方提供另外供水服务，甲、乙双方应进行协商，努力就修改本协议达成共识。

第九十二条　乙方应保障每日二十四小时的连续供水服务，在因扩建及设施检修需停止供水服务时，应提前二十四小时通知用水户，因发生紧急事故或不可抗力，不能提前通知的，应在抢修的同时通知用水单位和个人，尽快恢复正常供水。停水时间必须在附件____《供水服务标准》规定的期限内。出现或可能出现下列情况时：

（1）一次暂停供水时间超过十二小时的，应当提前____日报告并取得甲方同意；

（2）需要对直径____毫米以上市政主干管进行维修、造成供水影响较大的，应当提前____日报告并取得甲方同意；

（3）直接影响供水的重要设施、设备发生事故的，应当在发生事故后一小时内报告；

（4）由于不可抗力或者突发事故造成临时停水超过十二小时的，应当在发生事故后一小时内报告并采取临时供水措施。

第九十三条　乙方应按照本协议附件____《供水服务标准》，实施规范化供水服务，向社会公开水质、水量、水压等涉及供水服务的各项服务指标，接受社会的监督。

第九十四条　乙方必须建立、健全水质监测制度，保证城市供水水质符合中国国家标准和其他相关标准。

第九十五条　乙方应建立原水水质监测制度。对取用地表水原水的浊度、pH值、温度、色度等项目应每____日进行检测；对取用地下水的原水水质应每____日进行检测。对本地区原水需要特别监测的项目，也可列入检测范围，根据需要增加监测次数。

第九十六条 乙方应对出厂水和管网水进行检测。水质的检测项目、检测频率及采样点的设置应符合中国国家标准和其他相关标准。

第九十七条 乙方发现水质问题应及时通知甲方。

第九十八条 甲方对乙方的供水水质进行全面监督检查并进行评估。乙方必须允许甲方代理人或代表进入供水工程,并配合甲方代理人或代表进行水质监督和检查活动。

第九十九条 乙方必须按照适用法律设置管网测压点,保证供水管网压力符合相应标准。

第一百条 乙方提供的供水服务,必须全部按表计量收费。乙方可以委托物业管理单位对用户实行抄表服务,但不免除自己应承担的供水责任。在同一供水服务范围内,乙方应保证同类用户交纳同一水费、接受同一供水服务。

第一百○一条 乙方应按有关规定与用户签订《城市供水用水合同》。

第一百○二条 中国法律另有规定的除外,乙方不得拒绝或停止向特许经营区域范围内符合城市规划及用水地点具备供水条件的用户供水。

第一百○三条 按照适用法律,乙方应向社会公布用水申请程序,并有义务向办理用水申请手续的用户提供咨询服务。

第一百○四条 除水费及政府明文规定的收费外,乙方不得向用户收取其他任何费用。

第一百○五条 乙方须建立营业规章并报甲方备案。

第一百○六条 按照甲方的要求,乙方应随时向甲方提供有关供水服务的书面报告,并作详细的说明。

八、收 费

第一百○七条 乙方向公众用户供水的价格实行政府定价。乙方按照____市人民政府批准的收费标准向其服务范围内的用水户收取费用。

本协议生效日时的综合水价是每立方米____元,生活用水每立方米____元,行政事业用水每立方米____元,工业用水每立方米____元,经营服务用水每立方米____元,特种行业用水每立方米____元。(注:本条适用于乙方直接向公众供水的情况)

第一百○八条 不同用水性质的用水共用一只计量水表时,除另有规定外,按从高使用水价计收水费。(注:本条适用于乙方直接向公众供水的情况)

第一百○九条 水费结算方式实行周期抄验水表并结算水费。

第一百一十条 按照适用法律,双方同意水价调整原则、程序、时限在附件中具体约定。

第一百一十一条 甲方协助有关部门按照适用法律制订城市供水收费标

准、收费监督政策的调整计划。调整计划作为本协议的组成部分。

第一百一十二条　甲方有权对乙方经营成本进行监管,并对乙方的经营状况进行评估。(注:具体监管协议,各地根据实际情况在附件＿＿《水价调整协议》中约定)

乙方因非乙方原因造成的经营成本发生重大变动时,可提出城市供水收费标准调整申请。甲方核实后应向有关部门提出调整意见。

九、特许经营权的终止与变更

第一百一十三条　特许经营期满,甲方授予乙方的特许经营权终止。

第一百一十四条　在特许经营期内,乙方有下列行为之一且未在收到甲方通知后＿＿日内纠正的,甲方有权提前通知乙方提前终止本协议:

(1)擅自转让、抵押、出租特许经营权的;

(2)擅自将所经营的财产进行处置或者抵押的;

(3)因管理不善,发生重大质量、生产安全事故的;

(4)未根据本协议规定提供、更新、恢复履约保函或维护保函的;

(5)擅自停业、歇业,严重影响到社会公共利益和安全的;

(6)乙方出现第五十二条规定的放弃建设或视为放弃建设;

(7)及严重违反本协议或法律禁止的其他行为。

第一百一十五条　在特许经营期内,乙方拟提前终止本协议时,应当提前向甲方提出申请。甲方应当自收到乙方申请的三个月内作出答复。在甲方同意提前终止协议前,乙方必须保证正常的经营与服务。

第一百一十六条　甲方有权在乙方没有任何违约行为的情况下提前＿＿日通知乙方提前终止本协议,但是应按照本协议支付补偿款项。

第一百一十七条　在特许经营期内,如甲方严重违反本协议规定且未在收到乙方通知后＿＿日内纠正,则乙方有权通知甲方提前终止本协议。

第一百一十八条　未经乙方事先的书面同意,甲方不得转让或让与其在本协议项下的全部或任何部分权利或义务。但前述规定不得妨碍甲方的分立、或其同中国政府部委、部门、机构,或代理机构,或其中国的任何行政下属机构,或任何中国国有企业或国有控股企业联合、兼并或重组,并且只要受让方或继承实体具有履行甲方在本协议项下义务的能力,并接受对履行甲方在本协议项下的权利和义务承担全面责任,不得妨碍甲方将其权利和义务移交给上述机构和公司。

第一百一十九条　未经甲方书面同意的情况下,乙方不得转让其在本协议下的全部或任何部分权利和义务。

第一百二十条　除下述第一百二十一条外,乙方不得对下列各项进行抵押、

质押、设置任何留置权或担保权益,或以其他类似方式加以处置:

(1)供水工程用地的土地使用权;

(2)供水工程设施;

(3)本协议项下权利;

(4)供水服务所需的乙方的任何其他资产和权利。

第一百二十一条　为安排供水工程项目融资,乙方有权依适用法律以其在本协议项下的权利给贷款人提供担保,并且为贷款人的权利和利益在供水工程用地的土地使用权、供水工程设施或供水工程和服务所需的乙方的任何其他资产和权利上设抵押、质押、留置权或担保权益。但此类抵押、质押、担保权益设置(包括此类权益设置的变更)均须取得甲方书面同意,甲方不得不合理地拒绝同意。

第一百二十二条　乙方在开始运营日起_____年后才能进行股东变更。(注:请协议各方根据具体情况协商确定,建议一般为五年)

第一百二十三条　如因任何原因乙方主要股东发生变更(实际持股数列前2位的股东变更,包括通过关联方持股使列前二位的股东发生变更),乙方必须书面通知甲方。

十、特许经营权终止后的移交

第一百二十四条　在第一百一十三条所述情况下,乙方在移交日应向甲方或其指定机构移交其全部固定资产、权利、文件和材料和档案,并确保该等固定资产、权利附件____《技术规范和要求》和附件____《工程技术方案》规定的功能标准要求。乙方在未正式完成交接前,应善意履行看守职责,保障正常生产和服务。

如本协议根据第一百一十四条和第一百一十五条终止,甲方应在乙方完成第一百二十七条规定的移交后____日内按照乙方在融资文件项下尚未偿还的贷款人的本金、利息、罚息和其他债务的金额补偿乙方,在任何情况下,该补偿金额应不超过按照甲方、乙方共同委托的资产评估机构对乙方移交的全部固定资产、权利所做评估的评估值。(注:①甲方应视项目情况要求乙方的注册资本金应达到一定的比例;②如项目公司是外商投资企业,其外资比例应符合国家外资准入政策。)

如本协议根据第一百一十六条或第一百一十七条终止,甲方应在乙方完成第一百二十七条规定的移交后____日内按照甲方、乙方共同委托的资产评估机构对乙方移交的全部固定资产、权利所做评估的评估值和乙方从移交日起____年的预期利润补偿乙方。(注:评估时应考虑乙方已经提取的固定资产折旧等因素)

在特许经营期满之前不早于＿＿个月,乙方应对供水工程进行一次最后恢复性大修,并应在甲方在场时进行供水工程性能测试,测试所得性能数据应符合附件＿＿《技术规范和要求》和附件＿＿《工程技术方案》规定的功能标准要求。

第一百二十五条　乙方保证在移交日后十二个月内,修复由乙方责任而造成供水工程任何部分出现的缺陷或损坏。如果修理达不到附件＿＿《技术规范和要求》和附件＿＿《工程技术方案》规定的功能标准要求,甲方有权就供水设施性能降低而从维护保函中提取相应金额获得赔偿。

除非乙方的行为构成严重不当,乙方对甲方在上述保证期承担的责任应限于维护保函。

第一百二十六条　因法律变更导致任何一方根据第十三章提前终止本协议,甲方应在乙方完成第一百二十七条规定的移交后＿＿日内按照下述金额或标准向乙方支付补偿:(注:双方根据项目具体情况公平合理地确定补偿金额或标准)

因不可抗力导致任何一方根据第十三章提前终止本协议,甲方应在乙方完成第一百二十七条规定的移交后＿＿日内按照下述金额或标准向乙方支付补偿。(注:双方根据项目具体情况公平合理地确定补偿金额或标准)

第一百二十七条　如本协议提前终止,乙方应在收到甲方通知后＿＿工作日内向甲方或其指定机构移交其全部固定资产、权利、文件和材料和档案,并确保这些固定资产和权利处于提前终止发生日的状态。乙方在未正式完成交接前,应善意履行看守职责,保障正常生产和服务。

因第一百一十四条和第一百一十五条所述情况下的本协议提前终止给甲方增加的任何合理成本或费用,乙方应给予补偿。

十一、违约与赔偿

第一百二十八条　除本协议另有规定外,当协议一方发生违反本协议的行为而使非违约方遭受任何损害、损失、增加支出或承担额外责任,非违约方有权获得赔偿,该项赔偿由违约方支付。

上款所述赔偿不应超过违约方在签订本协议时预见或应当预见到的损害、损失、支出或责任。

如果违反本协议是由于不可抗力事件造成的,则甲方和乙方对此种违反不承担责任。

第一百二十九条　对于是否发生违反本协议的情况有争议,应按照在补偿与争议解决程序中规定的争议解决程序解决。

第一百三十条　非违约方必须采取合理措施减轻或最大限度地减少违反本协议引起的损失,并有权从违约方获得为谋求减轻和减少损失而发生的任何合理费用。

如果非违约方未能采取上款所述措施,违约方可以请求从赔偿金额中扣除本应能够减轻或减少的损失金额。

第一百三十一条　如果损失是部分由于非违约方的作为或不作为造成的,或产生于应由非违约方承担风险的另一事件,则应从赔偿的数额中扣除这些因素造成的损失。

十二、文　件

第一百三十二条　甲方和乙方对获取的有关本协议和供水工程的所有资料和文件,必须保密。保密期至本协议期满或终止后＿＿＿年。

第一百三十三条　对以下情况,第一百三十二条不适用:

(1)已经公布的或按本协议可以其他方式公开取得的信息;

(2)一方以不违反保密义务的方式已经取得的信息;

(3)以不违反保密义务的方式从第三方取得的信息;

(4)按照适用法律要求披露的信息;

(5)为履行一方在本协议项下义务而披露的行为。

十三、不可抗力和法律变更

第一百三十四条　由于不可抗力事件或法律变更不能全部或部分履行其义务时,任一方可中止履行其在本协议项下的义务(在不可抗力事件或法律变更发生前已发生的应付且未付义务除外)。

如果甲方或乙方按照上款中止履行义务,其必须在不可抗力事件或法律变更结束后尽快恢复履行这些义务。

第一百三十五条　声称受到不可抗力或法律变更影响的一方必须在知道不可抗力事件或法律变更发生之后尽可能立即书面通知另一方,并详细描述有关不可抗力事件或法律变更的发生和可能对该方履行在本协议义务产生的影响和预计影响结束的时间。同时提供另一方可能合理要求的任何其他信息。

第一百三十六条　发生不可抗力事件时,任一方必须各自承担由于不可抗力事件造成的支出和费用。

第一百三十七条　受到不可抗力事件影响或法律变更的一方必须尽合理的努力减少不可抗力事件或法律变更的影响,包括:

(1)根据合理判断采取适当措施并为此支付合理的金额;

(2)与另一方协商制订并实施补救计划及合理的替代措施以消除不可抗力的影响,并确定为减少不可抗力事件或法律变更带来的损失应采取的合理措施;

(3)在不可抗力事件或法律变更结束之后必须尽快恢复履行本协议义务。

第一百三十八条　如果不可抗力事件是由于不可抗力定义中第(6)项原水

恶化或供应不足,且该不可抗力事件全部或部分阻止乙方按本协议履行义务的时间,则:

(1)从第一个原水恶化或供应不足之日起计算的连续____个月期间内连续或累计超过____日,并且

(2)如在紧接着的____个月期间该情形再次阻止乙方按本协议履行其义务超过____个连续或累计日,则甲方和乙方应通过协商决定继续履行本协议的条件或双方同意终止本协议。

如果甲方和乙方不能按上款所述就终止条件达成协议,甲方或乙方的任何一方可在上款(2)所述的____之后不少于____日后的任何时间给予另一方书面通知后终止本协议。

第一百三十九条　如果不可抗力事件是由于不可抗力定义中第(6)项原水供应不足,且该不可抗力事件全部或部分阻止乙方按本协议履行义务的时间,从第一个原水恶化或供应不足之日起计算的连续____个月期间内连续或累计超过____日,则,如果融资文件要求,乙方可以在____日期满后不少于____日后的任何时间书面通知甲方终止本协议。

第一百四十条　如果任何其他不可抗力事件或法律变更全部或部分阻止甲方或乙方履行其在本协议义务的时间,在某一连续____个月期间连续或累计超过____日,双方必须协商决定继续履行本协议的条件。

第一百四十一条　如果甲方和乙方不能按第一百四十条所述就继续履行本协议的条件达成协议,则甲方或乙方可在第一百四十条所述的____日期满后不少于____日的任何时间,给予另一方书面通知后终止本协议。

十四、保　险

第一百四十二条　在特许经营期内,乙方必须自费购买和维持附件____《保险》所述的保险。

未经甲方书面同意,乙方不得变更该等保险。

乙方必须使甲方列为保险单上的共同被保险人(受益人)和使所有保险单均注明保险商在取消保险或对之进行重大改变之前至少____日书面通知甲方。

第一百四十三条　乙方必须促使其保险公司或代理人向甲方提供保险证明,以证实按照第一百四十二条获得的保险及相关文件。

第一百四十四条　乙方未能按第一百四十二条、第一百四十三条要求投保或获得保险证明,不得减轻或以其他方式影响乙方依本协议应承担的义务和责任。

第一百四十五条　如果乙方不购买或维持根据第一百四十二条、第一百四十三条所要求的保险,则甲方有权购买该保险,并且有权根据本协议从履约保函

或维护保函款项中提取需支付的保险费金额。

十五、通　知

第一百四十六条　本协议的任何通知应以中文书面形式给予,应派人送达或挂号邮寄、电传或传真发送,地址如下:

甲方地址:_____,电话:_____,传真:_____,邮政编码:____,收件人:_____;

乙方地址:_____,电话:_____,传真:_____,邮政编码:____,收件人:_____。

任何一方如需改变上述通讯方式应提前____天书面通知另一方,另一方收到这种通知后这种改变即生效。

十六、争议解决

第一百四十七条　在本协议有效期限内,双方代表应至少每半年开会一次讨论供水工程的建设、运行以便保证双方的安排在互相满意的基础上继续进行。

第一百四十八条　对于甲方可能在任何司法管辖区主张的其自身、其资产或其收益对诉讼、执行、扣押或其他法律程序享有的主权豁免,甲方同意不主张该等豁免并且在法律允许的最大限度内不可撤销地放弃该等豁免。

第一百四十九条　双方同意,如在执行本协议时产生争议或歧义,双方应通过协商努力解决这种争议,如不能解决,双方同意按下述第____种方式解决:(注:只能选择一种方式)

(1)任何一方应将该争议提交中国国际经济贸易仲裁委员会由其根据其届时有效的仲裁规则在_____(注:可在北京、上海、深圳中选择)进行仲裁;或

(2)任何一方应就该争议向人民法院提起诉讼。

十七、适用法律及标准语言

第一百五十条　本协议用中文书写,一式____份,双方各执____份。所有协议附件与本协议具有同等效力。

第一百五十一条　本协议受中华人民共和国法律管辖,并根据中华人民共和国法律解释。

十八、附　件

附件一:《工程和特许经营区域范围》(注:根据项目情况,分别确定工程情况和范围、经营服务范围)

附件二:《工程进度》

附件三:《履约保函和维护保函格式》

附件四:《项目和企业相关批准文件》(建设用地规划许可证、土地使用证、初步设计审批、建设工程规划许可证、外国设计商的资质审查及设计合同、设计承

包合同的批准、外国建设承包商资格审批和资质证书、建设施工合同备案、建设工程施工许可证、环保设施的验收、竣工验收、卫生许可证、土地复垦验收、供水设施产权登记及其他权利登记、公司登记和营业执照、税务登记、财政登记、统计登记、海关登记备案、劳动管理有关事项、项目融资的批准和登记等)(注:请协议各方根据项目具体情况相应修改)

  附件五:《技术规范和要求》(注:对于新建项目,应考虑包括初步性能测试和最终性能测试的要求)

  附件六:《设施维护方案》

  附件七:《保险》

  附件八:《工程技术方案》

  附件九:《原水供应协议或取水协议》

  附件十:《水价调整协议》(注:各地可根据实际情况,考虑在财政监管和水价调整方面具体约定)

  附件十一:《供水服务标准》

双方各自授权代表于_____年____月____日签署本协议,以兹为证。

甲方: 乙方:

签字: 签字:

法定代表人/授权代表   法定代表人/授权代表

(公章)   (公章)

三、案例分析

一起特许经营合同仲裁案①

1. 案情介绍

  申请人(加盟者 W 女士)与被申请人(某西式快餐特许经营公司)于 2000 年 6 月签署了为期 12 年的《特许经营加盟合同》。依照合同,被申请人授予申请人为××品牌加盟商,经营地点在北京宣武区,名称为××加盟店。合同同时约定:申请人需支付特许经营管理费,每月按 500 元定额计算,按季度交付。该合同还对营业场所、设备及半成品的供货方式、商品与服务管理、后续管理与支持、双方的权利义务、商业秘密和知识产权保护的内容作了较详细的约定。在甲方(指被申请人)的义务中规定了授予人(指申请人)使用被申请人的商标、商号、标

---

  ① 资料来源:北京特许经营律师网。http://www.sytxjy.com/CN/jdal/jdal_1444_1835.html

识、管理模式及商业秘密；向乙方提供××品牌体系的营业象征及运营手册；在乙方的义务中规定了乙方应按本合同规定按时支付各种费用与款项。

上述合同签订后，申请人支付了8000元人民币加盟金、技术培训费，并向被申请人订购了价值若干元的设备及物品，并在随后分两次订购了价值若干元的半成品及消耗品。申请人在加盟店经营8个月后关闭。

申请人向仲裁庭提出，被申请人不具备从事特许经营的条件，被申请人在签合同的过程中隐瞒了许多重大情况，被申请人没有能力进行有效的指导，也没有成熟的经营诀窍可以传授给申请人，导致申请人的快餐店经营情况很差，最终被迫关闭。申请人受到了很大的损失，故此提出仲裁申请。

申请人的仲裁请求为：(1)撤销双方签订的《特许经营加盟合同》；(2)裁决被申请人退还申请人加盟费、设备款及货款合计若干元；(3)本案仲裁费用由被申请人承担。

被申请人的主要观点为：(1)被申请人具备从事特许经营的条件和能力；(2)申请人不接受被申请人在业务经营及其他方面的指导；(3)申请人不履行自己的义务；(4)被申请人有权中止特许经营加盟合同，申请人的加盟资格已被取消；(5)申请人的经营状况差是由申请人自身的原因造成的，被申请人不退还任何费用；(6)被申请人保留提出反申请请求的权利。

2. 仲裁意见

(1)关于《特许经营加盟合同》的效力问题。仲裁庭认为，特许经营是一种商业运作模式，其核心是特许者将自己拥有的商标专有权、商号使用权、经营诀窍等依法享用的独占权许可给加盟者使用，并提供统一的必要指导、支持和后续服务保障，同时收取加盟费和管理费。按照合同签订时的《商业特许经营管理办法(试行)》第六条规定："特许者必须具备以下条件：(一)具有独立法人资格；(二)具有注册商标、商号、产品、专利和独特的、可传授的经营管理技术或诀窍，并由一年上的良好经营业绩；(三)具有一定的经营资源；(四)具备向被特许者提供长期经营指导和服务的能力。"

本案中，被申请人作为《特许经营加盟合同》的甲方，即特许经营者应同时具备上述四个条件，才能从事特许经营加盟活动，以上四个条件缺少任何一个都应视为不具有特许者的资格。在本案审理过程中，被申请人一直未能向仲裁庭证明"××"商标在国内外注册的有效证据，以及能够在中国许可使用该商标的证明。且"北京××快餐有限公司"(被申请人名称)成立于1999年11月23日，2000年7月18日更名为"北京××快餐特许经营有限公司"，2000年6月8日被申请人签订《特许经营加盟合同》时，其经营期限尚不足一年。

综上所述，仲裁庭认为，本案被申请人不具备以特许经营合同中的特许经营者的身份与申请人签约的资格,仲裁庭认为申请人与被申请人于 2000 年 6 月 8 日签订的《特许经营加盟合同》应予撤销。

(2)关于双方当事人相互返还财产的问题。依据我国《合同法》第 58 条之规定,合同被撤销后因该合同取得的财产应当予以返还,不能返还的或者没有必要返还地应当折价补偿。有过错的一方应当赔偿对方因此所造成的损失,双方都有过错的,应当各自承担相应的责任。本案中,申请人向被申请人支付了加盟费和培训费 8000 元,向被申请人订购了价值若干的设备及物品返还给被申请人,考虑到设备及物品的折旧,仲裁庭认为被申请人应向申请人返还设备及物品款的 60%,计若干元。申请人分两次向被申请人订购的价值若干元的半成品及消耗品由于申请人已经将其全部用于经营活动无法返还,故双方对此不予返还。

(3)关于申请人仲裁请求的其他部分

申请人随以加盟店的名义开始经营,但绝大多数时间是自己独立经营,对申请人要求被申请人偿付其在经营活动中发生的其他相关费用的请求,仲裁庭不予支持。

(4)关于本案仲裁费用的承担

本案仲裁费用 9548 元,由申请人承担 3138 元,被申请人承担 6365 元是适当的。

3. 裁决

基于上述案情与理由,仲裁庭裁决如下:撤销申请人与被申请人于 2000 年 6 月 8 日签订的《经营加盟合同》;被申请人返还申请人的加盟费、培训费共计 8000 元;被申请人退还申请人订购的设备及物品款的 60%,即若干元;本案仲裁费用 9548 元(由申请人预交),申请人承担 3138 元,被申请人承担 6365 元。被申请人应当给付申请人垫付的仲裁费用 6375 元。

上述应由被申请人支付的款共计××元,被申请人应自本裁决书送达之日起 15 日内向申请人付清,逾期按中国人民银行有关逾期付款的规定处理。

4. 简评

从事特许经营活动是需要具备一定条件的,对此有关管理部门作了明确的规定。从事特许经营的企业应该具备法律法规规定的基本条件,否则,特许经营合同有可能被认定无效合同或可撤销合同,特许经营合同关系得不到法律的认可和保护。

第七讲　外商投资项目法律事务演练

第一部分　教师讲解

一、吸引外资的基本方式与政策法规

1. 我国吸引外资的基本特征

经过 30 多年改革开放,我国在吸引外资方面取得了较好的业绩。截至 2011 年年底,我国累计设立外商投资企业超过 73.8 万家,实际使用外资超过 1. 2 万亿美元。[①]

在利用外资上呈现出以下几个特点:

(1)总体规模稳步扩大。实际使用外资金额年均增长 9.2%,在联合国贸易发展会议等权威机构开展的投资前景预测中,中国多次成为跨国公司海外投资首选地。

(2)服务业利用外资发展迅速。在世贸组织分类的 160 个服务贸易部门中,中国已开放 100 个,占 62.5%,接近发达成员平均水平。服务业吸收外资占全国实际使用外资总量的比重从 2002 年的 23.0% 提高到 2011 年的 47.6%,占比首次超过制造业。与此同时,服务外包、连锁经营、无店铺销售等新兴业态也获得了较快发展。外商对服务业投资的扩大,有效地促进了流通业经营效率的提升、国内消费市场的扩大和企业生产经营环境的改善。

(3)高科技产业吸引外资明显增加。电子信息、集成电路等技术密集型产业吸引外资继续得到发展,新能源、新材料、节能环保等战略性新兴产业的外商投资也日益形成规模。据科技部统计,截至 2010 年底,外商投资的高新技术企业占全国高新技术企业总数的比例达 23.8%。外资对高科技产业投资的溢出效应、示范效应和竞争效应为我国自主创新的开展提供了良好的基础,有力地促进

---

① 参见人民网—财经频道《商务部:利用外资规模稳步扩大质量水平显著提高》。http://finance. people. com. cn

了国内相关行业整体技术水平的提升。

(4)外资区域布局有所改善。目前,中西部地区吸收外资占全国的比重已从 2002 年的 13.3％提升到 2011 年的 16.7％。

(5)外商投资企业已经成为国民经济的重要组成部分。2011 年,占中国企业总数不足 3％的外商投资企业,实现工业产值 22 万亿元,占全国工业产值的 26.1％;进出口额 18602 亿美元,占全国进出口总额的 51.1％;外商投资企业直接就业人员约 4500 万人。

(6)对利用外资政策进行了适度的调整和转变。调整路径体现在"四个转变"。一是从"行政引资"向"市场引资"转变,为防止地方政府引进外资的政绩冲动,要求地方政府在国家引进外资政策的总体框架下规范运作,不得擅自出台一些明显优于国家政策甚至违法违规的招商引资政策。二是从"招商引资"到"招商选资"转变,从"来者不拒"到"择善而从"、从追求数量与规模向讲求质量与结构优化转变。三是从外资"超国民待遇"到"国民待遇"转变,修改后的《企业所得税法》对中外资企业实行统一的企业所得税税率,改变了税制差异。

我国目前吸引外资,涉及外商来华投资创办企业主要有:(1)中外合资经营企业;(2)中外合作经营企业;(3)外商独资经营企业;(4)外商投资股份公司。

2. 外商投资企业设立中的几个政策问题

(1)产业政策。外商投资有一个产业导向问题,有的行业不允许设立外商投资企业,有的行业可以设立外商投资企业,有的行业只允许设立中外合资、中外合作企业但不允许设立外商独资企业,有的行业的中外合资、中外合作企业须由中方控股,如电影服务、音像制品分销、保险等行业均要求中方的股权须在 51％以上;有的行业则规定外方的股权不能超过一定的比例,如增值电信企业外方的股权不能超过 30％,广告公司外方的股权不能超过 49％,有的行业则对中外合资企业的出资数额作出规定,如中外合资设立外贸公司等。这些产业政策的规定,对收购或重组外商投资企业都有直接的影响,收购或重组后的外商投资企业均不得违背相关产业政策的规定。

(2)出资比例 25％的下限问题。作为中外合资或中外合作企业的一个基本特征,外方的出资比例不得少于企业注册资本的 25％,中外合资或中外合作企业可享受一定的税收减免优惠及其他优惠待遇。若因收购或重组导致外方的出资比例少于 25％,则原有的中外合资或中外合作企业将被视同一般的内资企业,丧失作为中外合资或中外合作企业可享受的优惠待遇,并可能包括补缴以往所享受的所有税收优惠待遇。所以,外商一般都不会愿意越过这个底线。

(3)转变为内资企业的税负问题。若外方要完全撤出其投资而将其在中外合资、中外合作或外商独资企业中的全部股权转让给中方或其他中国的公司,则原有的中外合资、中外合作或外商独资企业就变成了一个纯粹的内资企业,不能再享受原来所享受的优惠待遇,而且,如果是生产性的外商投资企业且经营期在10年以下的,则还须补缴以往所享受的所得税"二(年)免三(年)减半"的优惠及其他税收优惠。这必然使得这种股权转让在经济上不划算,还不如采取外商投资企业清算解散的方式而撤出。

(4)出资形式及要求问题。用于投资的实物为投资人所有,且未做过担保或抵押;以工业产权、非专利技术出资的,投资方或者发起人应当对其拥有所有权;以土地使用权出资的,投资方或者发起人应当拥有土地使用权;公司章程应当就上述出资的转移事宜作出规定;注册资本中以无形资产作价出资的,其所占注册资本的比例应当符合国家有关规定。无形资产中属于国家规定的高新技术成果,其作价金额超过公司注册资本20%的,应当经省级以上科技主管部门认定;用于投资的实物资产不得超过公司注册资本的50%;以实物或无形资产出资的业经评估,并提供评估报告。

(5)出资到位问题。外商投资企业各方的出资应按法律和合同规定及时到位,包括收购或重组所需投入的资金也应及时到位。否则,外商在其实际缴付的出资额未达到其认缴的全部出资额前,只能按其实际缴付的出资额的比例分配收益,而且,若外商已投入的资本金未达到企业投资各方已到位资本金25%的外商投资企业,不予享受外商投资企业的所得税税收优惠待遇。

(6)投资总额与注册资本的比例。投资总额是一个外商投资企业生产经营所需的基本建设资金和生产经营流动资金的总和;注册资本是投资各方认缴的出资额之和,也是投资各方对外商投资企业承担责任的限额。注册资本与投资总额的关系简单来说就是:投资总额＝注册资本＋借款。为防止注册资本过少,借款比例过大,风险分担不合理,我国法律规定,注册资本与投资总额的比例须符合相关要求(见表7-1)。

表 7-1　注册资本与投资总额比例一览表

投资总额（美元）	注册资本占投资总额	特别规定
300 万以下	7/10	
300 万以上 1000 万以下	1/2	若在 420 万以下,至少 210 万
1000 万以上 3000 万以下	2/5	若在 1250 万以下,至少 500 万
3000 万以上	1/3	若在 3600 万以下,至少 1200 万

当收购或重组使外商投资企业的投资总额或/和注册资本发生改变时,应始终保持它们之间的比例符合相应的法律规定。

251

3. 我国吸引外资的法律法规

(1)综合性法规

1)《公司法》(1993 年颁布,2005 年、2013 年修订);

2)《证券法》(1998 年颁布,2004 年、2005 年、2013 年修订);

3)《中外合资经营企业法》(1979 年颁布,1990 年、2001 年修订);

4)《中外合作经营企业法》(1988 年颁布,2000 年修订);

5)《外资企业法》(1986 年颁布,2000 年修订);

6)《国务院鼓励外商投资的规定》(1986 年颁布);

7)《中外合资经营企业法实施条例》(1983 年颁布,1986 年、1989 年、2001 年、2011 年、2013 年修订);

8)《中外合作经营企业法实施细则》(1995 年颁布,2013 年修订);

9)《中华人民共和国外资企业法实施细则》(1990 年颁布,2001 年、2013 年修订)。

(2)规范外资准入与审批的法规

1)《指导外商投资方向规定》(2002 年发布);

2)《外商投资产业指导目录》(2011 年发布)、《中西部地区外商投资优势产业指导目录》(2013 年发布);

3)《合格境外机构投资者境内证券投资管理暂行办法》(2006 年发布)。

4)《设立外商控股、外商独资旅行社暂行规定》(2003 年发布);

5)《关于外商投资举办投资性公司的规定》(2004 年发布);

6)《外资参股证券公司设立规则》(2002 年发布,2007 年、2012 年修订);

7)《外资银行管理条例》(2006 年颁布)及《实施细则》(2006 年发布)。

(3)规范外资并购的相关法规、规章

1)《关于企业兼并的暂行规定》(1989 发布);

2)《关于外商投资企业合并与分立的规定》(1999 年发布,2001 年 1 月修订);

3)《外国投资者并购境内企业暂行规定》(2003 年发布);

4)《关于外商投资企业境内投资的暂行规定》(2000 年发布);

5)《企业兼并有关财务问题的暂行规定》(1996 年发布);

6)《关于外商投资企业合并、分立、股权重组、资产转让等重组业务所得税处理的暂行规定》(1997 年发布);

7)《关于外国投资者并购境内企业股权有关税收问题的通知》(2003 年发布);

8)《关于外国投资者出资比例低于 25% 的外商投资企业税务处理问题的通

知》(2002 年发布);

9)《关于外商投资企业追加投资享受企业所得税优惠政策的通知》(2002 年发布)。

(4)外资并购的具体操作程序规定

1)《外商投资企业投资者股权变更的若干规定》(1997 年发布);

2)《关于加强外商投资企业审批、登记、外汇及税收管理有关问题的通知》(2003 年发布)。

(5)外资并购与国有企业改组

1)《关于国有企业利用外商投资进行资产重组的暂行规定》(1998 年发布);

2)《利用外资改组国有企业暂行规定》(2003 年发布);

3)《关于审理与企业改制有关的民事纠纷案件若干问题的规定》(2002 年发布);

4)《关于向外商转让上市公司国有股和法人股的通知》(2002 年发布);

5)《关于出售国有小型企业产权的暂行办法》(1989 年发布);

6)《关于出售国有小型企业中若干问题意见的通知》(1989 年发布);

7)《企业国有资产监督管理暂行条例》(2003 年发布);

8)《关于上市公司涉及外商投资有关问题的若干意见》(2001 年发布);

9)《关于向外商转让上市公司国有股和法人股有关问题的通知》(2001 年发布);

10)《上市公司收购管理办法》(2002 年发布);

11)《关于上市公司重大购买、出售、置换资产若干问题的通知》(2001 年发布);

12)《关于外商投资股份有限公司非上市外资股转 B 股流通有关问题的补充通知》(2002 年发布);

13)《金融资产管理公司吸收外资参与资产重组与处置的暂行规定》(2001 年发布);

14)《关于外商投资企业和外国企业从事金融资产处置业务有关税收问题的通知》(2003 年发布)。

二、外商投资企业设立实务

(1)外商投资项目审批

外商投资项目审批要经过项目建议书的审批(外资企业无此审批)、可行性研究报告的审批和合同、章程的审批三个步骤方可完成。

其一,项目建议书的审批。由拟设立外商投资企业的中方向项目审批机关提交项目建议书和其他必要文件。经审批机关批准后,方可申请下一步的审批。项目建议书应包含以下主要内容:①合营中方基本情况。包括中方合营单位名称、生产经营概况、法定地址、法定代表人等。②合营目的。要着重说明出口创汇、引进技术等必要性和可能性。③合营外方基本情况。包括外商名称、注册国家、法定地址和法定代表人姓名、职务、国籍。④合营范围和规模。要着重说明项目建设的必要性,产品的国内外需求和生产情况,以及产品的主要销售地区。⑤投资总额。指合营项目需要投入的固定资金和流动资金之总和。⑥投资方式和资金来源。包括合营各方投资的比例和资金构成的比例。⑦生产技术和主要设备。主要说明技术和设备的先进性、适用性和可靠性,以及重要技术经济指标。⑧主要原材料、水、电、气、运输等需要量和来源。⑨人员的数量、构成和来源。⑩经济效益,着重说明外汇收支的安排。

合营中方除向审批机关提交项目建议书外,还要根据项目的规模及特点向审批机关提交以下文件:①项目各方的合作意向书;②外商资信情况调查表;③审批机关要求提交的其他文件。

其二,可行性研究报告的审批。项目建议书经审批机关批准后,由项目各方在项目建议书的基础上,共同编制项目的可行性研究报告,报审批机关审批。生产性项目的可行性报告主要应包括以下主要内容:

1)基本概况。包括:①合营企业名称、法定地址、宗旨、经营范围和规模;②合营各方基本情况。包括名称、注册国家、法定地址和法定代表人姓名、职务、国籍;③合营企业投资总额、注册资本,包括合营各方出资比例、出资方式、出资期限;④合营期限和合营各方利润分配、亏损分担比例。

2)产品生产安排及其依据。国内外市场情况预测,以及国内目前已有和在建的生产装置能力。

3)物料供应安排(包括能源和交通等)及其依据。

4)项目地址选择及其依据。

5)技术设备和工艺过程的选择及其依据(包括国内外设备分配的安排)。

6)生产组织安排(包括职工数、构成、来源及经营管理)及其依据。

7)环境污染治理和劳动安全、卫生设施及其依据。

8)建设方式、建设进度安排及其依据。

9)资金筹措及其依据(包括原厂房、设备入股计算的依据)。

10)外汇收支安排及其依据。

11)技术经济效益的综合分析。

项目各方除向审批机关提交可行性研究报告外,还应向审批机关提交下述文件:①项目建议书及批准文件;②项目各方所在国政府出具的合法开业证明;

③国内外市场需求情况调研、预测报告；④有关主管部门对项目所需原材料、资金的安排意见；⑤审批机关要求提交的其他文件。审批机关自接到上述材料之日起，90天之内作出批准或不批准的决定。

其三，合同、章程的审批。外商投资项目建议书和可行性研究报告经批准后，合营各方便开始签订合同，制订章程，报审批机关审批。

合营企业合同应包括下列主要内容：

1)合营各方的名称、注册国家、法定地址和代表人的姓名、职务、国籍；

2)合营企业名称、法定地址、宗旨、经营范围和规模；

3)合营企业的投资总额、注册资本、合营各方的出资额、出资比例、出资方式、出资的缴付期限以及出资额欠缴、转让的规定；

4)合营各方利润分配和亏损分担的比例；

5)合营企业董事会的组成、董事名额的分配以及总经理、副总经理及其他高级管理人员的职责、权限和聘用办法；

6)采用的主要生产设备、生产技术及其来源；

7)原材料购买和产品销售方式，产品在中国境内和境外销售的比例；

8)财务、会计、审计的处理原则；

9)有关劳动管理、工资、福利、劳动保险等事项的规定；

10)合营企业期限、解散及清算；

11)违反合同的责任；

12)解决合营各方之间争议的方式和程序；

13)合同文本采用的文字和合同生效的条件。

合营企业合同的附件，与合营企业合同具有同等效力。

合营企业的章程包括下列主要内容：

1)合营企业名称及法定地址；

2)合营企业的宗旨、经营范围和合营期限；

3)合营各方的名称、注册国家、法定地址、法定代表人的姓名、职务、国籍；

4)合营企业的投资总额、注册资本、合营各方的出资额、出资比例、出资额转让的规定，利润分配和亏损分担的比例；

5)董事会的组成，职权和议事规划，董事的任期，董事长、副董事长的职责；

6)管理机构的设置、办事规则，总经理、副总经理及其他高级管理人员的职责和任免方法；

7)财务、会计、审计制度的原则；

8)解散和清算；

9)章程修改的程序。

255

(2)不同类型外商投资企业提交的审批文件要求

申请设立中外合资经营企业,应向审批机关提交以下文件:

1)设立合营企业的申请书;

2)合营各方共同编制的可行性研究报告;

3)由合营各方授权代表签署的合营企业合同和章程;

4)由合营各方委派的合营企业董事长、副董事长、董事人选名单;

5)中方合营者的企业主管部门和合营企业所在地的省(自治区、直辖市)人民政府对设立该合营企业签署的意见。

上列各项文件必须用中文书写,其中2)、3)、4)项文件可同时用合营各方商定的一种外文书写。两种文字书写的文件具有同等效力。

审批机关自接到上述材料之日起,三个月内决定批准或不批准。

设立中外合作经营企业,应当向审批机关提交以下文件:

1)设立合作企业的项目建议书,并附送主管部门审查同意的文件;

2)合作各方共同编制的可行性研究报告,并附送主管部门审查同意的文件;

3)由合作各方的法定代表人或其授权的代表签署的合作企业协议、合同、章程;

4)合作各方的营业执照或者注册登记证明、资信证明及法定代表人的有效证明文件,外国合作者是自然人的,应当提供有关其身份、履历和资信情况的有效证明文件;

5)合作各方协商确定的合作企业董事长、副董事长、董事或者联合管理委员会主任、副主任、委员的人选名单;

6)审查批准机关要求报送的其他文件。

上述所列文件,除第4)项所列外国合作者提供的文件外,必须报送中文本,第2)项、第3)项和第5)项所列文件可以同时报送合作各方商定的一种外文本。

审批批准机关应当自收到规定的全部文件之日起45天内决定批准或者不批准。

外国投资者拟在中国境设立外资企业,应当通过拟设立外资企业所在地的县级或县级以上人民政府向审批机关提出申请,并报送下列文件:

1)设立外资企业申请书;

2)可行性研究报告;

3)外资企业章程;

4)外资企业法定代表人(或者董事会人选)名单;

5)外国投资者的法律证明文件和资信证明文件;

6)拟设立外资企业所在地的县级或县级以上地方人民政府的书面答复;

7) 需要进口的物资清单；

8) 其他需要报送的文件。

上述所列的 1)、3) 项文件必须用中文书写；2)、4)、5) 项文件可以用外文书写，但应当附中文译文。

两个或者两个以上外国投资者共同申请设立外资企业，应当将其签订的合同副本报送审批机关备案。

审批机关应当在收到申请设立外资企业的全部文件之日起 90 天内决定批准或者不批准。

（3）入资规定

对于中外合资经营企业，合营合同规定一次缴清出资的，合营各方应当从营业执照签发之日起 6 个月内缴清；分期缴付出资的，合营各方第一期出资不得低于各方认缴出资额的 15％，并且应当在营业执照签发之日起 3 个月内缴付。合营各方如违反规定，视合资企业自动解散，缴销营业执照，不办理注销登记的，登记主管机关将作出直接吊销营业执照的处理，并向社会公告。登记主管机关对合营各方不按合同规定的出资期限缴足注册资本的行为将给予处理。

对于外资企业法，外国投资者可以分期缴付出资，但最后一期出资应当在营业执照签发之日起 3 年内缴清。其中第一期出资不得少于外国投资者认缴出资额的 15％，并应当在外资企业营业执照签发之日起 90 天内缴清。外国投资者未能在前款规定的期限内缴付第一期出资的，外资企业批准证书即自动失效。外资企业应当向工商行政管理机关办理注销登记手续，缴销营业执照；不办理注销登记手续和缴销营业执照的，由工商行政管理机关吊销其营业执照，并予以公告。

（4）外商投资项目登记

外商投资项目的合同、章程经审批机关批准并颁发批准证书后，标志着项目审批的最后完成。外商投资项目的各方应在合同章程批准之日起 30 天内到登记主管机关办理登记手续，领取营业执照。

按《外资企业法》规定，外国投资者应当在收到批准证书之日起 30 天内向工商行政管理机关申请登记，领取营业执照。外国投资者在收到批准证书之日起满 30 天未向工商行政管理机关申请登记的，外资企业批准证书自动失效。

三、外商投资企业运行实务

1. 增资、减资及审批问题

外商投资企业若因扩大生产经营的需要增加投资总额和/或注册资本，则须经原审批机关批准。若新增的投资额与原投资总额之和超过原审批机关的审批权限,则还须报上一级审批机关的审批。对于生产性的外商投资企业,投资总额在 3000 万美元以上的且属于限制类行业的须由中央一级的审批机关审批。通常要获得中央一级的审批比获得地方一级的审批困难得多,所以许多外商投资企业都想尽各种变通办法尽量使投资总额不超过 3000 万美元的界限。实务中还应注意的是不要轻信一些地方审批机关的越权审批,这种审批在法律上是无效的。

在外商投资企业收购或重组的过程中,为了缩小生产经营规模,一些外商想减少外商投资企业的投资总额和/或注册资本。根据我国法律规定,外商投资企业如确有正当理由,在不影响企业正常经营,且不侵犯债权人利益的前提下,可以向原审批机关申请减少投资总额和/或注册资本。但在下列情况下不得申请:①现行法律、法规对注册资本有下限规定,其减少后的注册资本低于法定金额的;②企业有经济纠纷,且进入司法或仲裁程序的;③企业在合同或章程对生产、经营规模有最低规模规定,减少后的投资总额小于该最低规模的;④中外合作经营企业合同中规定外方可先行回收投资,且已回收完毕的。在实际操作上,一个外商投资企业要减少其投资总额和/或注册资本,难度较大,还要经过复杂的审批、会计验证及公告债权人等程序,因此实务中这种个案比较少见。

2. 股权与外债比例问题

外商投资企业向中国境外的金融机构、公司或个人借款在实践中较为普遍,但问题是,这种借款究竟有没有金额的限制呢? 根据中国外汇管理部门的有关规定,有关外汇管理局在为外商投资企业办理借款的外债登记时,会要求其对外借用的中长期外债的累计金额不得超过其投资总额与注册资本的差额。因此本地许多银行在给中国外商投资企业提供贷款时,一般都坚持将贷款的金额限定在这个差额以内,若要超出,通常会要求作为借款人的外商投资企业先办妥增加其投资总额的所有审批手续后,方可提供贷款。

3. 股权质押问题

外商投资企业的中方或外方在收购或重组过程中,常因融资借贷的需要而将其在外商投资企业中股权质押给贷款人。这里应注意的是:①任何一方质押的股权都必须是其已缴付出资部分的股权,未缴付出资部分的股权不得质押;②股权质押须经企业其他投资方和董事会的同意,并签订股权质押合同;③股权质押须经企业原审批机关的批准并经企业原工商登记机关的备案后方可生效;④若是股权质押给国外贷款人,并且是为了第三人的债务而设定,则还须经有关外汇管理部门批准(外商独资企业除外)并办理对外担保登记。

4. 股权变更问题

股权变更一般基于以下原因:

其一,协议转让股权。经中外各投资者协商同意后在不违反法律、法规的强制性规定和国家产业政策前提下,投资者之间可以转让股权,也可以将一方股权转让给第三方。既可以转让全部股权,也可以转让部分股权。

其二,投资者协议调整企业注册资本导致股权变更。国家工商局、原外贸部下发《关于进一步加强外商投资企业审批登记管理的有关问题的通知》第 11 条规定,外商企业在经营期间,如确有正当理由,在不影响企业正常经营,且不侵犯债权人利益的前提下,可以向原审批机关提出缩小生产规模、调整投资总额和注册资本的申请。1995 年 5 月 25 日,外经贸部和国家工商局又下发《关于外商投资企业调整投资总额和注册资本有关规定和程序的通知》,规定外商投资企业出现以下情形的,不能申请调整投资总额和注册资本:①现行法律、法规对注册资本有下限规定,其调整后的注册资本低于法定限额的;②外商企业有经济纠纷,且进入司法或仲裁程序的;③中外合作经营企业合同中规定外商可以先回收投资,且已回收完毕的。上述规定限制外商投资企业投资者自由调低注册资本,除此之外则不受限制,调高注册资本不受限制,对于注册资本的调整,相应的原投资者在外商企业中的股权比例也会发生变化,最终导致股权变更。

其三,投资者一方经他方投资者同意将股权质押给第三方,质权人或受益人依照法律规定或合同约定取得该股权。质押的设定有利于财产的流转,《担保法》第 75 条规定股权可以质押,投资方因经营需要将在外商投资企业的股权质押给第三方,只要经其他投资方同意是允许的,若质押合同所依附的主合同债务未履行,则因质押权人实现债权而发生股权变更。

其四,外商投资企业投资方合并或分立,合并或分立后的承受方承受原投资方的债权与债务。

其五,外商企业投资者不履行合同、章程规定的出资义务,经原审批机关批准,可变更股权。外经贸部、国家工商局曾颁发《关于中外合资经营企业合营各方出资的若干规定》(注:该《规定》于 2014 年废止),其中第 5 条规定,合营方未能在规定的期限出资,视为合营企业自动解散。该《规定》第 7 条规定,合营一方未按合营合同或章程规定如期缴付或缴清出资的,视同违约方放弃在合营合同中的一切权利,自动退出合营企业。守约方应当在逾期后一个月内,向原审批机关申请批准解散合营企业或申请批准另找合营者承担违约方在合营合同中的权利义务,新合营者的加入则是股权变更的另一种形式。1997 年 1 月 21 日,国家工商局企业注册局对北京市工商局《关于合营企业单方违反〈出资规定〉申请转让注册资本变更登记问题的请求》的答复,再次明确因一方违反出资义务,准许外商企业的股权变更。

其六,外商企业投资方破产、解散、被撤销或死亡,其继承人,债权人或其他受益人依法取得投资方的股权。此种股权变更属于法定变更。

对于股权变更的程序,依照现行法律、法规的规定,应当按以下程序进行:

其一,因外商投资企业投资者之间的意思自治发生的股权变更。其程序为:①应签订相关的股权转让的协议;②以国有资产投资的中方投资者股权变更时,应报送中方投资者的主管部门签署对企业投资股权变更的意见,国有资产评估机构对需要变更的股权进行价值评估并经国有资产管理部门确认;③向外商企业原审批机关报送相关文件;审批机关自按到规定报送的全部文件之日起30日内决定批准或不批准。

其二,因外商企业投资一方未出资或未缴清出资的,守约方投资者申请变更股权的程序。其程序为:①守约方向原审批机关申请修改原合同、章程并取得批准;②应向原审批机关递交相关文件,如新合营各方授权代表共同签署并经审批机关批准的合同、章程;新董事会成员名单及任职文件、身份证明;新董事会决议;新加入的投资者合法开业证明和资信证明;守约方依法催告违约方履约的通知文件副本及证明;由中国注册会计师及其所在事务所为外商企业出具的验资报告;违约方缴付部分出资、合营企业依法对违约方进行清理的报告;清理发生纠纷已经仲裁决定或司法裁决的有关文书。

原审机关在接到申请文件、证件之日起30天内决定批准或不批准。

其三,因法定事由发生股权变更的程序。法定事由是指外商投资企业一方投资者合并、分立、破产、被解散、被吊销、注销或死亡等事件。只要出具法定事由发生的证明并提交董事会的决议以及董事会签署的申请变更股权的申请书给原审批机关,原审批机关应给予依法办理变更股权手续或撤销外商投资企业。

5. 股权转让问题

根据2006年由最高人民法院公布的《第二次全国涉外商事海事审判工作会议纪要》,可以概括以下几个方面:

(1)外商投资企业股东及其股权份额应当根据有关审查批准机关批准证书记载的股东名称及股权份额确定。外商投资企业批准证书记载的股东以外的自然人、法人或者其他组织向人民法院提起民事诉讼,请求确认其在该外商投资企业中的股东地位和股权份额的,人民法院应当告知该自然人、法人或者其他组织通过行政复议或者行政诉讼解决;该自然人、法人或者其他组织坚持向人民法院提起民事诉讼的,人民法院在受理后应当判决驳回其诉讼请求。外商投资企业批准证书记载的股东以外的自然人、法人或者其他组织根据其与外商投资企业的股东之间的协议,向人民法院提起民事诉讼,请求外商投资企业的股东向其支付约定利益的,人民法院应予受理。

(2)外商投资企业的股权转让合同,应当报经有关审查批准机关审查批准。

在一审法庭辩论终结前当事人未能办理批准手续的,人民法院应当认定该合同未生效。由于合同未生效造成的损失,应当判令有过错的一方向另一方承担损害赔偿责任;双方都有过错的,应当根据过错大小判令双方承担相应的民事责任。

四、外商投资企业的解散、清算实务

1. 外商投资企业的解散

《外商投资企业清算办法》(注:该办法于 2008 年失效)规定了外商投资企业解散的三种情形,即:①企业经营期限届满;②企业审批机关批准企业解散;③人民法院判决或者仲裁机构裁决终止企业合同(第 5 条)。而根据我国《中外合资经营企业法实施条例》规定,外商投资企业的解散由企业审批机关批准的包括:①企业发生严重亏损,无力继续经营;②合营一方不履行合营企业协议、合同、章程规定的义务,致使企业无法继续经营;③因自然灾害、战争等不可抗力遭受严重损失,无法继续经营;④合营企业未达到其经营目的,同时又无发展前途;⑤合营企业合同、章程所规定的其他解散原因已经出现。

从上述规定看,外商投资企业如果出现上述情形,只要按照企业章程的规定提出企业解散的申请,审批机关应当予以批准。

应向原审批机关提出终止企业和进行清算的申请应提交下列资料:外商投资企业提前终止的申请书;董事会决议;外商投资企业批准证书;营业执照;清算工作计划书。此后,企业的申请得到批准后应当成立清算组,随后进行通知债权人、清理企业资产等程序,最后办理有关企业注销登记事项。

2. 外商投资企业的清算

由于《外商投资企业清算办法》已于 2008 年失效,故《外商投资企业清算办法》中的普通清算与特别清算的规定不再适用。涉及清算问题,外商投资企业法有特别规定的,按其特别规定,没有特别规定的,适用《公司法》的一般规定。

结合上述三部外资法的规定,其中特别规定的内容有:

(1)《中外合资经营企业法实施细则》规定

合营企业在下列情况下解散:①合营期限届满;②企业发生严重亏损,无力继续经营;③合营一方不履行合营企业协议、合同、章程规定的义务,致使企业无法继续经营;④因自然灾害、战争等不可抗力遭受严重损失,无法继续经营;⑤合营企业未达到其经营目的,同时又无发展前途;⑥合营企业合同、章程所规定的其他解散原因已经出现。前款第②、④、⑤、⑥项情形发生的,由董事会提出解散申请书,报审批机构批准;第③项情形发生的,由履行合同的一方提出申请,报审批机构批准。在本条第一款第③项情形下,不履行合营企业协议、合同、章程规

261

定的义务一方,应当对合营企业由此造成的损失负赔偿责任。

合营企业宣告解散时,应当进行清算。清算委员会的成员一般应当在合营企业的董事中选任。董事不能担任或者不适合担任清算委员会成员时,合营企业可以聘请中国的注册会计师、律师担任。审批机构认为必要时,可以派人进行监督。清算费用和清算委员会成员的酬劳应当从合营企业现存财产中优先支付。

清算委员会的任务是对合营企业的财产、债权、债务进行全面清查,编制资产负债表和财产目录,提出财产作价和计算依据,制订清算方案,提请董事会会议通过后执行。清算期间,清算委员会代表该合营企业起诉和应诉。

合营企业以其全部资产对其债务承担责任。合营企业清偿债务后的剩余财产按照合营各方的出资比例进行分配,但合营企业协议、合同、章程另有规定的除外。合营企业解散时,其资产净额或者剩余财产减除企业未分配利润、各项基金和清算费用后的余额,超过实缴资本的部分为清算所得,应当依法缴纳所得税。

(2)《中外合作经营企业法》规定

合作企业期满或者提前终止时,应当依照法定程序对资产和债权、债务进行清算。中外合作者应当依照合作企业合同的约定确定合作企业财产的归属。

合作企业期满或者提前终止,应当向工商行政管理机关和税务机关办理注销登记手续。

合营企业的清算工作结束后,由清算委员会提出清算结束报告,提请董事会会议通过后,报告审批机构,并向登记管理机构办理注销登记手续,缴销营业执照。

合营企业解散后,各项账册及文件应当由原中国合营者保存。

(3)《外资企业法实施细则》规定

外资企业有下列情形之一的,应予终止:①经营期限届满;②经营不善,严重亏损,外国投资者决定解散;③因自然灾害、战争等不可抗力而遭受严重损失,无法继续经营;④破产;⑤违反中国法律、法规,危害社会公共利益被依法撤销;⑥外资企业章程规定的其他解散事由出现。外资企业如存在前款第②、③、④项所列情形,应当自行提交终止申请书,报审批机关核准。审批机关作出核准的日期为企业的终止日期。

外资企业依照本《实施细则》第72条第①、②、③、⑥项的规定终止的,应当在终止之日起15天内对外公告并通知债权人,并在终止公告发出之日起15天内,提出清算程序、原则和清算委员会人选,报审批机关审核后进行清算。

清算委员会应当由外资企业的法定代表人、债权人代表以及有关主管机关的代表组成,并聘请中国的注册会计师、律师等参加。清算费用从外资企业现存财产中优先支付。

清算委员会行使下列职权:①召集债权人会议;②接管并清理企业财产,编制资产负债表和财产目录;③提出财产作价和计算依据;④制订清算方案;⑤收回债权和清偿债务;⑥追回股东应缴而未缴的款项;⑦分配剩余财产;⑧代表外资企业起诉和应诉。

外资企业在清算结束之前,外国投资者不得将该企业的资金汇出或者携出中国境外,不得自行处理企业的财产。外资企业清算结束,其资产净额和剩余财产超过注册资本的部分视同利润,应当依照中国税法缴纳所得税。

外资企业清算结束,应当向工商行政管理机关办理注销登记手续,缴销营业执照。

外资企业清算处理财产时,在同等条件下,中国的企业或者其他经济组织有优先购买权。

外资企业依照《实施细则》第72条第④项的规定终止的,参照中国有关法律、法规进行清算。

外资企业依照《实施细则》第72条第⑤项的规定终止的,依照中国有关规定进行清算。

五、外商投资企业法与公司法的法律冲突与处理

1. 外商投资企业法与《公司法》法律规则的比较分析

1979年7月,当《中外合资经营企业法》颁布之时,我国尚未颁布《公司法》。这使合资企业法以及其后陆续颁布的《中外合作经营企业法》和《外资企业法》在相当长时期内,自成体系。1993年我国《公司法》的颁布,使外商投资企业法与公司法的衔接问题第一次摆到面前,将它们纳入企业法的统一体系并予以适当的协调,成为我国《公司法》颁布后企业法立法及其理论实践面临的新任务。尽管《公司法》的立法者早对此给予了充分的注意,并在第18条中作出专门规定:"外商投资的有限责任公司适用本法,有关中外合资经营企业、中外合作经营企业、外资企业的法律另有规定的,适用其规定。"然而,两法之间的协调并不是一件容易之事。

将外商投资企业法与公司法的法律规则加以综合比较,可以归为以下三种情况:

(1)两者的法律规定完全相同或类似。如合资企业法和公司法中关于企业形式实行有限责任公司的规定;股东出资形式的规定;股东按出资比例分配利润的规定;股东以其出资额为限对公司承担责任的规定。然而,这种情况在合资企

263

业法中为数不多而在合作企业法和外资企业法中则更为少见。

（2）两者对同样法律事项作出不同的法律规定。体现在企业或公司的设立制度；资本缴付制度；企业治理结构；企业清算、解散制度。如外商投资企业的设立需要主管部门的批准，而《公司法》则以准则主义作为设立原则，少有关于批准程序的规定，法律、行政法规或者国务院决定规定设立公司必须报经批准，或者公司经营范围中属于法律、行政法规或者国务院决定规定在登记前须经批准的项目的，由国家工商行政管理总局依照法律、行政法规或者国务院决定规定编制企业登记前置行政许可目录并公布。同样是董事会，外商投资企业的董事会与按《公司法》组建的有限公司的董事会，其职权并不完全相同。

（3）两者又各有自己的特定事项和内容。如外商投资企业法中关于合营合同的规定、关于外国合营者投资比例的规定、关于设立合资企业的行业准入的规定、关于外汇管理、劳动管理、财务管理的规定等，这些在《公司法》中都没有、也没有必要予以规定。反过来，《公司法》中也有许多外商投资企业法中不曾有的内容。如国有独资公司的规定，公司股东会、监事会的设置，经理的具体职权等。

上述三方面情况的存在，必然导致法律规则适用上的冲突。

为能更好地反映外商投资企业法与《公司法》在相关制度体系上的差异，经比较与整理，详细陈述如下：

（1）投资主体制度的差异性。《公司法》规定，股东可以是自然人，也可以是法人。《中外合资经营企业法》、《中外合作经营企业法》规定，外方投资者可以是公司、企业、其他经济组织、个人；中方投资者为公司、企业、其他经济组织。

（2）资本制度的差异性。详见表7-2。

表7-2　资本制度比较分析表

公司法（2013）	有限责任公司的注册资本为在公司登记机关登记的全体股东认缴的出资额。法律、行政法规以及国务院决定对有限责任公司注册资本实缴、注册资本最低限额另有规定的，从其规定。（第26条）
中外合资经营企业法	合营各方应当按照合同规定的期限缴清各自的出资额。（《中外合资经营企业法实施条例》第28条） 合营合同中规定分期缴付出资的，合营各方第一期出资不得低于各自认缴出资额的15%，并且应当在营业执照签发之日起3个月内缴清。（《中外合资经营企业合营各方出资的若干规定》第4条第3款，该规定于2014年废止）

外资企业法	外国投资者可以分期缴付出资,但最后一期出资应当在营业执照签发之日起 3 年内缴清。其中第一期出资不得少于外国投资者认缴出资额的 15%,并应当在外资企业营业执照签发之日起 90 天内缴清。(《外资企业法实施细则(2014 修订)》第 30 条)
中外合作经营企业法	中外合作者应当依照法律、法规的规定和合作企业合同的约定,如期履行缴足投资、提供合作条件的义务。(第 9 条)
关于外商投资的公司审批登记管理法律适用若干问题的执行意见(外商投资的有限责任公司以此为准)	外商投资的有限责任公司(含一人有限公司)的股东一次性缴付全部出资的,应当在公司成立之日起 6 个月内缴足;分期缴付的,首次出资额不得低于其认缴出资额的 15%,也不得低于法定的注册资本最低限额,并应当在公司成立之日起 3 个月内缴足,其余部分的出资时间应符合《公司法》、有关外商投资的法律和《公司登记管理条例》的规定(成立之日起 2 年内缴足,投资公司可以在 5 年内缴足)。(第 9 条)

(3)出资形式的差异性。详见表 7-3。

表 7-3　出资形式比较分析表

公司法(2013)	股东可以用货币出资,也可以用实物、知识产权、土地使用权等可以用货币估价并可以依法转让的非货币财产作价出资;但是,法律、行政法规规定不得作为出资的财产除外。(第 27 条)
公司登记管理条例(2014)	股东不得以劳务、信用、自然人姓名、商誉、特许经营权或者设定担保的财产等作价出资。(第 14 条)
外资企业法	外国投资者可以用可自由兑换的外币出资,也可以用机器设备、工业产权、专有技术等作价出资。 经审批机关批准,外国投资者也可以用其从中国境内举办的其他外商投资企业获得的人民币利润出资。(《外资企业法实施细则(2014 修订)》第 25 条)
中外合资经营企业法	可以现金、实物、工业产权等,中方的场地使用权,外方所有的中国需要的先进技术和设备。(第 5 条)
中外合作经营企业法	可以现金、实物、土地使用权、工业产权、非专利技术和其他财产权利。(第 8 条)
关于外商投资的公司审批登记管理法律适用若干问题的执行意见(外商投资的有限责任公司以此为准)	外商投资的股东的出资方式应当符合《公司法》(2005 年修订)第 27 条。(第 10 条)

（4）出资比例的差异性。详见表 7-4。

表 7-4　出资比例比较分析表

公司法（2013）	对股东出资形式不作比例限制。
外资企业法	外国投资者以工业产权、专有技术作价出资的，该工业产权、专有技术应当为外国投资者所有。 对作价出资的工业产权、专有技术，应当备有详细资料，包括所有权证书的复制件，有效状况及其技术性能、实用价值，作价的计算根据和标准等，作为设立外资企业申请书的附件一并报送审批机关。（《外资企业法实施细则（2014 修订）》第 27 条）
中外合资经营企业法	没有规定非货币资本的比例限制。
中外合作经营企业法	没有规定非货币资本的比例限制。
关于外商投资的公司审批登记管理法律适用若干问题的执行意见（外商投资的有限责任公司以此为准）	外商投资的公司的股东的出资方式应当符合《公司法》（2005 修订）第 27 条的规定。

（5）在注册资本的增减、出资转让上的差异性。详见表 7-5。

表 7-5　注册资本增减、出资转让比较分析表

公司法（2013）	注册资本可以增减，股权也可以转让
外资企业法	外资企业在经营期内不得减少其注册资本。但是，因投资总额和生产经营规模等发生变化，确需减少的，须经审批机关批准。（第 21 条） 外资企业注册资本的增加、转让，须经审批机关批准，并向工商行政管理机关办理变更登记手续。（第 22 条）
中外合资经营企业法	合营者的注册资本如果转让必须经合营各方同意。 合营企业在合营期内不得减少其注册资本。因投资总额和生产经营规模等发生变化，确需减少的，须经审批机构批准。（第 19 条） 合营一方向第三者转让其全部或者部分股权的，须经合营他方同意，并报审批机构批准，向登记管理机构办理变更登记手续。 合营一方转让其全部或者部分股权时，合营他方有优先购买权。 合营一方向第三者转让股权的条件，不得比向合营他方转让的条件优惠。违反上述规定的，其转让无效。（《实施条例》第 20 条）

公司法(2013)	注册资本可以增减,股权也可以转让。
中外合作经营企业法	合作企业注册资本在合作期限内不得减少。但是,因投资总额和生产经营规模等变化,确需减少的,须经审查批准机关批准。(《实施细则》第16条)
关于外商投资的公司审批登记管理法律适用若干问题的执行意见(外商投资的有限责任公司以此为准)	外商投资的公司增加注册资本,有限责任公司(含一人有限公司)和以发起方式设立的股份有限公司的股东应当在公司申请注册资本变更登记时缴付不低于20%的新增注册资本,其余部分的出资时间应符合《公司法》、有关外商投资的法律和《公司登记管理条例》的规定。其他法律、行政法规另有规定的,从其规定。 股份有限公司为增加注册资本发行新股时,股东认购新股,依照设立股份有限公司缴纳股款的有关规定执行。

(6)法人治理结构的差异性。详见表7-6。

表7-6　法人治理结构比较分析表

	权力机构	董事会	监事会
公司法(2013)	有限责任公司:股东会由全体股东组成,股东会是公司的权力机构	设董事会,其成员为3人至13人。每届任期不得超过3年。股东人数较少和规模较小的,可以设1名执行董事,不设立董事会。	设立监事会,其成员不得少于3人。股东人数较少和规模较小的,可设1至2名监事。
	股份有限公司:由股东组成股东大会。股东大会是公司的权力机构。	股份有限公司设董事会,其成员为5人至19人,每届任期不得超过3年。	股份有限公司设监事会,其成员不得少于3人,监事的任期每届为3年。
外资企业法	未作规定。	未作规定。	未作规定。
中外合资经营企业法	董事会是合营企业的最高权力机构,决定合营企业一切重大问题。	董事会成员不得少于3人。董事的任期为4年。	未作规定。
中外合作经营企业法	董事会或者联合管理委员会是合作企业的权力机构,按照合作企业章程的规定,决定合作企业的重大问题。	董事会或者联合管理委员会成员不得少于3人。董事或者委员的任期由合作企业章程规定;但是,每届任期不得超过3年。	未作规定。

续表

	权力机构	董事会	监事会
关于外商投资的公司审批登记管理法律适用若干问题的执行意见(外商投资的有限责任公司以此为准)	中外合资、中外合作的有限责任公司的董事会是公司的权力机构。 外商合资、外商独资的有限责任公司以及外商投资的股份有限公司的组织机构应当符合《公司法》和公司章程的规定。 国家工商总局外资局《解读》:所有类型的外商投资的公司应当设立监事制度,而对于监事制度的组织形式(监事会还是监事)、产生方式(选举还是委派)、任期、职权等具体事宜可以由公司章程根据各自公司的情况进行规定。 另外需要强调的是:根据法不溯及既往的原则,对于 2006 年 1 月 1 日以前已经设立的外商投资的公司是否对章程进行修改,公司登记机关不宜做强制要求,可由公司自行决定,如果修改则报审批机关批准和登记机关备案。		

(7)设立登记制度上的差异性。详见表 7-7。

表 7-7 设立登记制度比较分析表

公司法(2013)	对审批前置只规定法律法规应当办理审批的情形
外资企业法	设立外资企业的申请经审批机关批准后,外国投资者应当在收到批准证书之日起 30 天内向工商行政管理机关申请登记,领取营业执照。(《外资企业法实施细则(2014 修订)》第 12 条)
中外合资经营企业法	申请者应当自收到批准证书之日起 1 个月内,按照国家有关规定,向工商行政管理机关(以下简称登记管理机构)办理登记手续。(《实施条例》第 9 条)
中外合作经营企业法	设立合作企业的申请经批准后,应当自接到批准证书之日起 30 天内向工商行政管理机关申请登记,领取营业执照。(第 6 条)
关于外商投资的公司审批登记管理法律适用若干问题的执行意见(外商投资的有限责任公司以此为准)	外商投资的公司设立登记的申请期限应当符合《公司登记管理条例》规定。但是,以中外合作、外商合资、外商独资形式设立公司的,应当按照《中外合作经营企业法》和《外资企业法》的规定,自收到批准文件之日起 30 日内向公司登记机关申请设立登记。(第 4 条)
公司登记管理条例	法律、行政法规或者国务院决定规定设立有限责任公司必须报经批准的,应当自批准之日起 90 日内向公司登记机关申请设立登记;逾期申请设立登记的,申请人应当报批准机关确认原批准文件的效力或者另行报批。(第 20 条) 以募集方式设立股份有限公司的,应当于创立大会结束后 30 日内向公司登记机关申请设立登记。(第 21 条)

(8)在股权转让与质押上的差异性。详见表7-8。

表7-8　股权转让与质押比较分析表

公司法(2013)	股权转让视有限公司与股份公司有所不同。
外资企业法	未作规定。
中外合资经营企业法	合营一方向第三者转让其全部或者部分股权的,须经合营他方同意,并报审批机构批准,向登记管理机构办理变更登记手续。 合营一方转让其全部或者部分股权时,合营他方有优先购买权。 合营一方向第三者转让股权的条件,不得比向合营他方转让的条件优惠。 违反上述规定的,其转让无效。(《实施条例》第20条)
中外合作经营企业法	合作各方之间相互转让或者合作一方向合作他方以外的他人转让属于其在合作企业合同中全部或者部分权利的,须经合作他方书面同意,并报审查批准机关批准。 审查批准机关应当自收到有关转让文件之日起30天内决定批准或者不批准。(《实施细则》第23条)
关于外商投资的公司审批登记管理法律适用若干问题的执行意见(外商投资的有限责任公司以此为准)	外商投资的公司的股东办理股权质押备案,应当向公司登记机关提交公司出具的股权质押备案申请书、审批机关的批准文件、质押合同。公司登记机关接受备案后,应申请人的要求,可出具载明出质股东名称、出质股权占所在企业股权的比例、质权人名称或姓名、质押期限、质押合同的审批机关等事项的备案证明。在质押期间,未经质权人同意,出质股东不得转让或再质押已经出质的股权,也不得减少相应的出资额。

　　《公司法》对这一法律冲突所作的技术性处理存在着逻辑上和法律上的矛盾。它规定了外商投资的有限公司适用《公司法》,但同时又规定,外商投资企业法另有规定的,适用其规定。在这里,何谓"另有规定"?"另有规定"如果专指外商投资企业法特有的法律制度和规则,是可以成立的。但如果包括现行外商投资企业法与《公司法》略有差异的所有条款,那么上述破坏法律统一性的局面就会出现。《公司法》的这一冲突条款表面看来似乎解决了外商投资企业法与《公司法》的冲突,而实际上这种冲突依然存在,解决这一冲突单靠这一简单的条文显得力不从心。

2. 外商投资企业法的改革问题

　　(1)修改外商投资企业法。将分散的外商投资企业立法进行合并,解决目前三部外商投资企业法之间的散乱现象。这就需要对三部外商投资企业法中的特有制度和规则加以归纳、整理,使其系统化,并形成自身的完整体系,去除相互间不应有的差别和零散状态。同时,将分散的外商投资企业登记管理制度进行统一,解决登记管理制度中的散乱现象。

修改外商投资企业法中表述不规范条文。比如,《中外合资经营企业法》第4条规定:"合营企业的形式为有限责任公司。"但是,该条同时规定:"合营各方按注册资本比例分享利润和分担风险及亏损",这里使用的是"比例",而不是"出资额",这就与合伙或无限公司的无限责任原则看起来有点接近,再加之后来1986年颁布的《民法通则》所作的"中外合资经营企业、中外合作经营企业和外资企业,具备法人条件的,依法经工商行政管理机关核准登记,取得中国法人资格"的规定,则不免使人有合资企业亦有法人与非法人之分的错觉。当然,后来颁布的《中外合资经营企业法实施条例》已经明确地肯定了合资企业的法人性质,并进一步规定"合营各方对合营企业的责任以各自认缴的出资额为限",从而鲜明地突出了合资企业的有限公司性质,但作为主要法律的合资经营企业法以及作为基本法的《民法通则》在此问题上存在的模糊性规定却是应通过以后的法律修订予以纠正的。

(2)注重两法之间的协调。外商投资企业法形成了与《公司法》不同的一套企业制度和法律规则。这些制度和规则就其特点而言可分为两大部分:一部分是外商投资企业特有的与其涉外经济关系直接相关的制度和规则,如设立和审批程序,投资领域和方向的限制,外方投资比例的要求,税收优惠政策和措施,以及财务、信贷、外汇的管理等。另一部分则是为一般有限公司所共有的制度和规则,如股东的出资、公司的章程、公司组织机构的设置与职权、公司的利益分配和风险承担、财务制度、公司的解散与清算等。两法之间协调的重点就是要改变"一种公司,两种制度"的法律奇观。协调的总体原则是:

其一,既然具有法人资格的外商投资企业就是有限责任公司,那么其从设立、活动、组织机构变更以及解散等内外法律关系就应统一适用《公司法》中关于有限责任公司的规定。

其二,涉及外商投资企业特有的与其涉外经济关系直接相关的制度和规则,须通过外商投资企业法的修改予以保留和进一步充实。

其三,外商投资企业法改革的宏观目标和基本思路就是给它以重新定位,在舍除其商业组织法内容的基础上,恢复其产业政策法与经济管理法的单一性质。事实上,各国的企业法本来就存在商业组织法(Business Organization)性质的企业法和产业政策与经济管理法性质的企业法之分。我国现行的外商投资企业法是融商业组织法与产业政策法、经济管理法于一体的混合性立法。这显然是一种立法性质的错位,该法与公司法的冲突亦由此而来。

3. 外商投资企业法改革的新动态

2015年商务部公布《外国投资法》(征求意见稿),共170条,由总则、外国投资者与外国投资、准入管理、国家安全审查、信息报告、投资促进、投资保护、投诉协调处理、监督检查、法律责任、附则等相关内容所组成。

《外国投资法》(征求意见稿)将外国投资定义为不仅包括绿地投资,还包括并购、中长期融资、取得自然资源勘探开发或基础设施建设运营特许权、取得不动产权利以及通过合同、信托方式控制境内企业或持有境内企业权益。

在该征求意见稿中,取消了外资企业法确立的逐项审批制,对于外商投资企业的合同、章程不再保留行政审批,重新构建"有限许可＋全面报告"的外资准入制度。外国投资者在负面清单内投资,需要申请外资准入许可。

外国投资者在中国境内投资,不区分负面清单内外,均需要履行报告义务。

进一步完善外资准入管理制度、国家安全审查制度、外资促进与保护制度,并纳入对外资投资者、外国投资企业的投资与经营行为监督检查的内容,强化事中与事后监管。

就外商投资企业的组织形式的经营活动按照内外资一致的原则,统一适用《公司法》等相关法律法规,外国投资法不再将企业的组织形式作为规范对象。

港澳台侨投资者参照适用本法,关于港澳台侨投资者投资的特别待遇,建议由国务院另行规定。

第二部分　演练要点

一、项目演练应注意的问题

1. 学习理解相关的法规、规章、规范性文件

外商投资企业法务涉及大量的立法政策。我国近 30 年来颁布了大量的针对性的法规、规章、规范性文件,随着我国加入 WTO,有关法规和规章大多作了修改或废止,且在我国《公司法》与外商投资企业法法律制度体系较为散乱的情形下,项目运作起来显得复杂和困难。应针对不同的外商投资项目,围绕演练项目所遇到的法律问题,针对性地寻找相关的法规、规章与规范性文件,并将之应用于实际活动中,这是其他课程学习所不曾有过的,也往往被其他课程学习所忽视。

在演练活动中,应强化问题意识。对具体的各种类型的外商投资企业的设立项目、运行项目、解散与清算项目在运作业务中应进行立法的比较和分析。

2. 理解与把握外商投资项目的经济法属性

在对该类项目进行演练时,除了应掌握民商法学的基础知识外,还应强化经济法中的规制性思维。应充分理解审批、批准在外商投资项目设立中的基本要求;产业安全与国家安全在外商投资项目设立中的基本要求;反垄断规制在外商投资项目设立中的基本要求等。

3. 甄别《公司法》与外商投资企业法在项目适用中的差异性

外商投资项目在一些场合应适用外商投资企业法的相关规定,具有其特殊的法律规则,至于哪些场合适用这一特殊规则,应在演练时进行认真的思考。

二、外商投资项目演练基本内容

1. 外商投资企业设立过程演练

要求能设计设立过程中的合营协议的总体框架以及合营协议签订过程;熟悉外商投资企业设立过程中的"三部曲"(协商、审批、登记);准确把握审批过程和登记过程的法律要求,各项审批工作应提交的申请文件材料。

2. 外商投资企业运行过程中相关登记事项变更演练

可结合相关素材,对注册资本增减、股权转让、企业承包经营、股权质押等相关内容进行演练,在演练中注意比较外商投资企业法与公司法在这些方面法律制度的差异性问题。

3. 外商投资企业解散清算项目演练

可结合相关素材,对外商投资企业因一方违约情形下或经营期限届满情形下终止合营合同、解散企业的相关实务进行演练,了解具体的操作程序和法律要求。

4. 外商投资企业并购行为演练

重点围绕外资并购项目的申报与审批、并购合同、并购后的产权结构、并购对原企业的经营影响等方面开展演练。

有关演练内容的设计,可参见图 7-1。

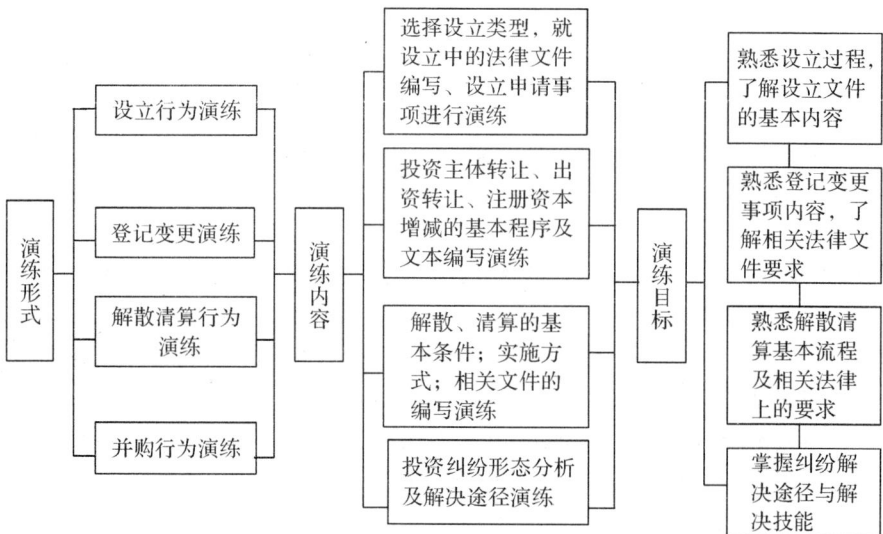

图 7-1　项目演练内容综览图

第三部分　演练素材收编及演练组织

一、演练素材的收编

1. 演练素材收编要求

（1）挑选案例材料应满足相关演练条件。此类实案在精选时应满足以下演练要求：一是可分组作法务运作；二是具有较强的可操作性；三是解决问题的焦点相对集中，但散发的问题又比较广泛，会引发学生通过演练来发现问题、分析问题与解决问题的兴趣。

（2）收编的案例素材的披露应较为全面。外商投资项目法律关系复杂，涉及的法律、政策众多，为便于学生从个案中接触鲜活的材料，梳理相关法律关系，在收集个案材料时应注意前后进展过程的材料的连续性，不要发生阶段性中断问题。

2. 宁波大学演练课程所采用的素材内容

（1）演练主旨：中外合资企业设立与运行中的法律实务。

（2）基本概况

2004 年 4 月 18 日，宁波永信有限公司与株式会社韩国 CENTRAL 签订了《中外合资企业合同》，双方就合资成立宁波××汽车部件有限公司事宜作出了约定。按该合资合同，合资企业投资总额为 1000 万美元，注册资本为 600 万美元，其中宁波永信有限公司出资 96 万美元，株式会社韩国 CENTRAL 出资 504 万美元。双方股权比例为宁波永信有限公司占 16%，株式会社韩国 CENTRAL 占 84%。宁波永信有限公司以人民币现金作为投入，株式会社韩国 CENTRAL 以设备与美元现金作为投入，合营公司的注册资本由双方按其出资比例在合营合同注册登记之日起第二个月内出资 15%，三年内全部出资完毕。合营公司的董事会由 5 名董事组成，其中宁波永信有限公司委托 2 名，株式会社韩国 CEN-TRAL 委托 3 名，董事长由宁波永信有限公司方担任，副董事长由株式会社韩国 CENTRAL 方委派，董事会为合营公司的最高权力机构。合营期限为 20 年。合营合同还就生产经营目的、范围规模、合营各方的责任、产品销售、经营管理机构、设备购买、劳动管理、税务财务审计、合营期满后财产处理、保险、违约责任、不可抗力、适用法律、争议的解决等作出了约定。同日，双方还签署了公司章程。其中《公司章程》第 67 条规定："甲乙双方如一致认为终止合营符合各方最大利益时，可提前终止经营。合营公司可提前终止合营，需董事会开会作出决定，并

273

报当地对外经济贸易局批准。"

2004年4月20日,宁海县对外贸易经济合作局作出关于同意宁波××汽车部件有限公司合同、章程的批复(宁外资〔2004〕70号)。

2004年4月21日,宁波××汽车部件有限公司在宁波市工商局登记注册成立。工商登记载明,合营公司住所地为宁海县科技工业园区,公司董事长为王××。

在合营合同履行过程中,双方协商调整了股权比例。2004年7月21日合资双方签署了股权转让书和董事会决议,股权比例调整为50%比50%,双方各出资300万美元。出资期限与出资方式不变。

2005年9月22日,合营公司签署了《外资用地协议书》,购入位于宁海经济开发区科技园区12号地块,总价为348万,其中包括295万元土地出让金和53万包干费用。

2006年8月22日,株式会社韩国CENTRAL、宁波永信有限公司与韩国××化学公司经过协商,由韩国××化学公司从株式会社韩国CENTRAL处受让10%股权,韩国××化学公司以设备出资。合营公司的股权最终为株式会社韩国CENTRAL占73.33%,以现金和设备出资;宁波永信有限公司占16.67%,以现金出资;韩国××化学公司占10%,以设备出资。三方办理了相关手续并得到外经委的审批。宁海县对外贸易合作局以(宁外资〔2006〕160号)作出《关于同意宁波××汽车部件有限公司股权转让的批复》。

根据工商局提供的材料及验资报告所反映的出资事实,株式会社韩国CENTRAL的出资截至2007年3月5日止,先后分二期出资,总额为928488.22美元,占出资比例为15.47%;宁波永信有限公司先后分三期出资,总额为1000000美元,占16.67%,出资已全;韩国××化学公司未履行出资义务。

由于株式会社韩国CENTRAL和韩国××化学公司在2007年6月之前仍未在法定期限内履行出资缴付行为,被宁波市工商局作出责令改正通知书,并处以虚假出资5%～15%的罚款。

在合资经营合同履行过程中,株式会社韩国CENTRAL与宁波永信有限公司发生一些矛盾与纠纷。株式会社韩国CENTRAL认为,在建设合资公司厂房等公司重大问题上,宁波永信有限公司未经公司董事会决议或征得株式会社韩国CENTRAL同意,擅自动工建设,对工程成本费用等重大问题也未经公司董事会或征得株式会社韩国CENTRAL同意且不予以披露;宁波永信有限公司非法占有使用合资公司设备侵害合营公司的利益;合营公司成立至今都由宁波永信有限公司一手操控,在经营管理上侵害了合营公司的利益;对申请人行使股东权利上不予配合;公司总经理上任后为解决合营公司存在的多项问题和双方存在的纠纷而准备采取一系列措施时,宁波永信有限公司设置种种障碍并拒绝把包括公司公章在内的重要材料提交,不仅影响外资的按期投入,更使得公司进入僵局停运状态;宁波永信有限公司于2006年与澳大利亚一家公司合资设立了另一家合营公司,使公司生产与合营公司生产同类产品,对本合营公司发展构成了极大威胁,对本公司利益造成了很大的损害。而宁波永信有限公司认为,造成合营公司不能按约履行的过错在于株式会社韩国CENTRAL,株式会社韩国CENTRAL有诸多严重违反合营合同及损害合营公司利益的行为。合资经营三年多来,宁波永信有限公司在注册资本缴纳、合资厂房建设、公司其他事务经营管理方面都严格按照双方的合营合同履行义务,而株式会社韩国CENTRAL注册资本不到位,以一批合营公司并不需要的残旧设备作为出资,并虚假出资价值达100多万元,且至今仍有90%的出资义务未履行;株式会社韩国CENTRAL滥用股东地位和对其公司财务、公章的控制,与合营公司进行一系列的关联交易,并让宁波永信有限公司注入的合资公司的资金转换为不合格的产品,至今仍积压在仓库内,严重损害合营公司的利益;株式会社韩国CENTRAL除欠合营公司数千万元的出资款外,还欠付中方及合营公司借款、虚假设备补足款、模具费等逾千万元。

由于三方发生争议,各自产生了不同的主张。

宁波永信有限公司主张追究株式会社韩国CENTRAL和韩国××化学公司未履行出资义务的违约责任,并通过仲裁希望在明确株式会社韩国CENTRAL和韩国××化学公司严重违约的前提下提前终止合营合同,并通过第三方的替代,使合资企业不解散。

株式会社韩国CENTRAL和韩国××化学公司主张由于宁波永信有限公司的严重违约而提前终止合营合同,解散公司并进行清算。

(3)演练素材

1)《中外合资经营合同》与《章程》(包括章程修正案)各1份;

2)2004年4月20日,宁海县对外贸易经济合作局作出关于同意宁波××汽车部件有限公司合同、章程的批复(宁外资〔2004〕70号)1份;

3)合营公司注册登记工商材料1份;

4)2004年7月21日股权转让书和董事会决议各1份;

5)2005年7月15日股权转让书和董事会决议各1份;

6)2006年8月22日宁海县对外贸易经济合作局《关于同意宁海××汽车部件有限公司股权转让的批复》(宁外资〔2006〕160号)1份;

7)宁波市工商局《责令改正通知书》2份。

(4)演练内容

1)结合各方主张和现有的材料,分析各自主张的法理基础及被仲裁委支持的可能性。

2)株式会社韩国 CENTRAL 和韩国××化学公司的主张在仲裁庭得以实现,需要做哪些仲裁请求前的证据材料准备工作。

3)提出问题的症结和协调解决的方案选择。

二、演练活动的组织

1. 分组演练

建议 2～3 人为一组。可分成韩国公司为 A 组,宁波永信有限公司为 B 组,进行对抗性辩论。

2. 演练活动组织

先由各组课外进行演练准备,然后在非诉行为模拟室进行对抗性辩论。

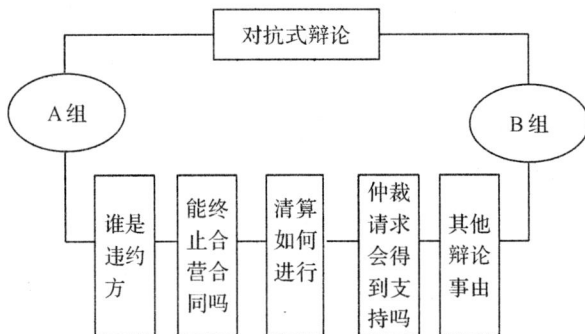

图 7-2　对抗式辩论展开图

三、教师对演练活动的点评

演练活动结束时,教师现场对演练表现进行点评,并将参与演练学生的评价成绩记入平时成绩中,因当课演练时间上的原因,部分未参加当课演练的学生,要求其课后提供纸质作业,或将自己的演练作业进入演练模拟系统内,由教师进行成绩评定。

对本项演练点评或成绩评定的观测点、作业分值列表如下(表 7-9):

表 7-9　演练项目评定分值分配表

观测点	评定要点	权重(%)	分值范围			
			优良	中等	及格	不及格
1. 提炼焦点问题能力	(1)本案争议焦点的概括； (2)围绕焦点问题,各方的抗辩理由； (3)谁是违约方； (4)谁应承担违约责任。	25	25以下～21	21以下～18	18以下～15	15以下
2. 运用法理分析问题能力	(1)本案法律关系分析； (2)本案仲裁关系分析； (3)内资企业与外商投资企业在法律制度设计上的异同性分析。	25	25以下～21	21以下～18	18以下～15	15以下
3. 对个案材料的综合运用能力	(1)个案材料审读能力； (2)对个案材料的分析能力； (3)运用个案材料的综合思辨能力。	25	25以下～21	21以下～18	18以下～15	15以下
4. 解决问题的能力	(1)非诉解决纠纷应着力解决哪些问题； (2)解决纠纷所草拟的协议应包括哪些主要条款。	25	25以下～21	21以下～18	18以下～15	15以下
总　分		100	100以下～84	84以下－72	72以下～60	60以下

3. 成绩登录

演练活动结束后,教师将参与演练学生的评定成绩记入平时成绩中。因当课演示时间上的原因,部分未参加当课演示的学生,要求其课后提供纸质作业,或将自己的演练作业进入演练模拟系统内,由教师进行成绩评定。

第四部分 辅助材料导读

一、案例评析

外商股权投资国有自来水公司的模式探讨[①]

上海济邦投资咨询有限公司

摘要:在我国现有法律法规框架下,本文重点探讨了三种外商通过购买产权方式投资国有自来水公司的模式,并对其优缺点进行了说明。其中,股权剥离模式则是结合 2006 年正式施行的新公司法提出的一种创新性的操作模式,希望为国内项目的实际运作提供新的思路和途径。

1. 前言

作为我国最后几个开放度较低的经济领域之一,城市供水行业在中国加入世贸组织后逐步被政府放松了管制。伴随着城市水价的大幅攀升,城市供水领域吸引了越来越多的国际投资人,除法国、英国之外,新加坡、澳大利亚、韩国、西班牙及美国的水务公司都在试图进入中国市场。本文将重点分析和探讨外商在符合目前国家相关法规的前提下投资国内自来水行业的交易模式及其优缺点。

2. 政策规定

《外商投资产业指导目录》(2004 年修订)规定,"大中城市燃气、热力和供排水管网"属于国家限制外商投资行业,供排水管网的建设、经营都必须由中方控股。上述规定实质上限定了外商如以股权合资方式投资自来水公司(含管网资产),控股比例不能高于 50%。为规避此政策限制,国内也有部分自来水公司采用出售除管网资产外的可经营性资产并与外商投资者组建新的合资公司的方式吸引外商投资自来水行业,新合资公司可由外方控股,但此种方式不是外商通过购买产权来投资自来水公司,因此不在本文的讨论范围内。

同时,虽然根据《产业结构调整指导目录》(2005 年版),"城镇供排水管网工程、供水水源及净水厂工程"属于鼓励类,但《产业结构调整指导目录》原则上适用于我国境内的各类企业,在《产业结构调整指导目录》和《外商投资产业指导目录》没有完成政策衔接前,依旧无法解决外商控股自来水公司(含供水管网)的问题。

---

① 资料来源:李凌、王会峰:《外商股权投资国有自来水公司的模式探讨》,载《中国环保产业》,2006年第 7 期。

然而,从最近国家建设部和发改委发布的关于 2006 年基础设施投资重点等行业政策动态可以看出,开放自来水管网领域的投资将成为未来的发展趋势。同样是关系国计民生的市政公用行业,西气东输工程管道建设经营和改造已从限制领域转变为外方控股比例不受限制,呈现出全面的对外开放态势,这也从另一个侧面证明了自来水管网领域逐步开放是可以预期的,并可能很快就成为现实。

3. 几种主要的模式

虽然我们可以预期在不久的将来,大中城市燃气、热力和供排水管网不再属于国家限制外商投资行业,但在此之前,我们仍然要根据国家的产业指导目录来设计和实践外商通过股权投资方式参与自来水公司的投资的模式。以下我们将总结在实践中的几种常见模式,并尝试设计一种为新公司法所允许的理论投资模式。

3.1　直接投资模式

这种模式较为常见,是指外商投资者直接受让不超过 49% 的自来水公司产权/股权,并与自来水公司的国有资产出资人组建新的合资公司。双方获得与出资比例相一致的表决权和收益权。

这种模式的主要优点在于政府掌握了合资公司的控股权,可以相对容易的实现对公司的各项监管。缺点在于外商可能无法顺利的贯彻自己先进的管理机制和理念,不利于先进技术的引进和公司劳动生产率的提高。那么,相对其他可以取得控股权的项目,外商投资的积极性将会有所降低。

3.2　间接投资模式

这种模式是外商投资者通过与国内投资人组建合资性质的项目公司(外资控股)来受让固定比例的自来水公司国有产权,并与原国有产权出资人共同组建新的合资公司(项目公司控股)。合资公司出资双方获得与出资比例相一致的表决权和收益权。

这种模式的优点是外商投资者可以更加便利的贯彻自己的管理模式和技术方法。缺点在于整个交易流程步骤较多,手续繁杂,参与主体较多。尽管外商投资者对合资公司实质控股,但在项目公司内部还存在很多问题需要协调。因此,如非出于行业业绩或投融资能力等方面的需要,投资人通常不愿意采用此模式。

3.3　三权分离模式

2005 年修改的《公司法》条款中,其中关于有限责任公司股东责权已经不再要求必须按出资额分配。因此,可以考虑尝试采用一种新的投资模式:国有资产出资人出让 49% 的自来水公司产权,但转让价以净资产的 70% 为下限(这里列举的各种比例是为了更加直观地说明问题,实际操作中可以根据项目具体的情况做相应调整）。外商投资者在获得自来水公司49%的产权后与原国有资产出资人联合组建新的合资公司,并拥有合资公司49%股权、70%表决权和70%收益权。如果外商投资者希望最终取得与出资人一致的股权,那么可以在相关的合同协议中约定,一旦国家关于外商投资供水管网的政策放开后,原国有资产出资人可将其名下31%的合资公司的股权无偿转让给外商投资者。

根据《指导外商投资方向规定》(2002年4月1日起施行),"中方控股,是指中方投资者在外商投资项目中的投资比例之和为51%及以上"。在本模式下,外商投资者仅获得了自来水公司49%的产权,完全符合国家相关法律的规定。

本模式的最大优点在于根据修改后《公司法》采用的三权（股权、收益权、表决权)分离模式,有效解决了外商投资者的投资意愿与当下国家法规的矛盾,可以最大限度地发挥其主观能动性,有利于合资公司提高经营管理水平,同时可提升中小规模项目的吸引力。

本模式的缺点是不利于政府实施合资公司内部的监管,要求供水行业监管部门必须迅速转变监管方式,从直接参与经营转变为对供水水质、水压、服务、价格等各方面的监督管理。同时在该种模式中,合资公司章程的设计也将相对复杂。

4. 小结

本文重点介绍了外商股权投资国有自来水公司的几种主要模式,并分别分析了其各自的优缺点。同时,不同的投资模式适用于有不同吸引力的项目。对于有较大发展潜力且资产状况相对较好（即有较强吸引力)的国有自来水公司产权/股权合资项目,外商投资者可以考虑采用直接或间接投资模式参与。对于吸引力不强的国有自来水公司产权/股权合资项目,政府方在设计项目交易结构时则需要聘请专业咨询顾问来充分考虑外商投资者的投资意愿,尝试选择三权分离模式以求外商投资者竞争充分及交易成功。

二、规章引读

1. 国家工商行政管理总局、商务部、海关总署、国家外汇管理局

关于印发《关于外商投资的公司审批登记管理法律适用若干问题
的执行意见》的通知

各省、自治区、直辖市及计划单列市工商行政管理局、商务主管部门、外汇管理局,各直属海关,各国家级经济技术开发区:

第十届全国人民代表大会常务委员会第十八次会议2005年10月27日审议通过的《关于修改〈中华人民共和国公司法〉的决定》和国务院《关于修改〈中华

人民共和国公司登记管理条例〉的决定》已经于 2006 年 1 月 1 日实施。为了准确适用法律,规范、便民、高效地开展外资审批和登记管理工作,促进外商投资企业健康发展,提高我国利用外资的质量和水平,现将《关于外商投资的公司审批登记管理法律适用若干问题的执行意见》印发给你们,请遵照执行。执行中有何问题,请及时报告。

国家工商行政管理总局　商务部

海关总署　国家外汇管理局

2006 年 4 月 24 日

关于外商投资的公司审批登记管理法律适用若干问题的执行意见

为了准确适用法律,规范、便民、高效地开展外资审批和登记管理工作,促进外商投资企业健康发展,提高我国利用外资的质量和水平,现就外商投资的公司审批和登记管理如何适用《中华人民共和国公司法》(以下简称《公司法》)、《中华人民共和国公司登记管理条例》(以下简称《公司登记管理条例》)以及国家关于外商投资的法律、行政法规和政策,提出以下执行意见。

一、外商投资的公司的登记管理适用《公司法》和《公司登记管理条例》;有关外商投资企业的法律另有规定的,适用其规定;《公司法》、《公司登记管理条例》、有关外商投资企业的法律没有规定的,适用有关外商投资企业的行政法规、国务院决定和国家有关外商投资的其他规定。

二、外国公司、企业和其他经济组织或者自然人(以下简称外国投资者)可以同中国的企业、其他经济组织以中外合资、中外合作的形式依法设立公司,也可以外商合资、外商独资的形式依法设立公司。以外商独资的形式依法设立一人有限公司的,其注册资本最低限额应当符合《公司法》关于一人有限公司的规定;外国自然人设立一人有限公司的,还应当符合《公司法》关于一人有限公司对外投资限制的规定。2006 年 1 月 1 日以前已经依法设立的外商独资的公司维持不变,但其变更注册资本和对外投资时应当符合上述规定。

三、中外合资、中外合作的有限责任公司的董事会是公司的权力机构,其组织机构由公司根据《中外合资经营企业法》、《中外合作经营企业法》和《公司法》通过公司章程规定。

外商合资、外商独资的有限责任公司以及外商投资的股份有限公司的组织机构应当符合《公司法》和公司章程的规定。

四、外商投资的公司设立登记的申请期限应当符合《公司登记管理条例》规定。但是,以中外合作、外商合资、外商独资形式设立公司的,应当按照《中外合作经营企业法》和《外资企业法》的规定,自收到批准文件之日起 30 日内向公司登记机关申请设立登记。逾期申请设立登记的，申请人应当报审批机关确认原批准文件的效力或者另行报批。

五、申请外商投资的公司的审批和设立登记时向审批和登记机关提交的外国投资者的主体资格证明或身份证明应当经所在国家公证机关公证并经我国驻该国使(领)馆认证。香港、澳门和台湾地区投资者的主体资格证明或身份证明应当依法提供当地公证机构的公证文件。

申请外商投资的公司的审批和设立登记，除提交《公司登记管理条例》第二十条或第二十一条规定的相应文件外，还应当向审批和登记机关提交外国投资者(授权人)与境内法律文件送达接受人(被授权人)签署的《法律文件送达授权委托书》。该委托书应当明确授权境内被授权人代为接受法律文件送达，并载明被授权人地址、联系方式。被授权人可以是外国投资者设立的分支机构、拟设立的公司(被授权人为拟设立的公司的,公司设立后委托生效)或者其他境内有关单位或个人。

公司增加新的境外投资者的,也应当向审批和登记机关提交上述文件。

外商投资的公司向公司登记机关申请设立登记、股权转让变更登记时不再提交合资、合作合同和投资者的资信证明。

六、公司登记机关应当根据申请,依法将外商投资的公司类型分别登记为"有限责任公司"或"股份有限公司",并根据其设立形式在"有限责任公司"后相应加注"(中外合资)"、"(中外合作)"、"(外商合资)"、"(外国法人独资)"、"(外国非法人经济组织独资)"、"(外国自然人独资)"、"(台港澳与外国投资者合资)"、"(台港澳与境内合资)"、"(台港澳与境内合作)"、"(台港澳合资)"、"(台港澳法人独资)"、"(台港澳非法人经济组织独资)"、"(台港澳自然人独资)"等字样,在"股份有限公司"后相应加注"(中外合资,未上市)"、"(中外合资,上市)"、"(外商合资,未上市)"、"(外商合资,上市)"、"(台港澳与外国投资者合资,未上市)"、"(台港澳与外国投资者合资,上市)"、"(台港澳与境内合资,未上市)"、"(台港澳与境内合资,上市)"、"(台港澳合资,未上市)"、"(台港澳合资,上市)"等字样。

公司登记机关可以根据国家利用外资产业政策及其相关规定,在公司类型后加注有关分类标识,如"(外资比例低于25%)"、"(A股并购)"、"(A股并购25%或以上)"等。

对于2006年1月1日以前已经设立的外商投资的公司,公司登记机关应当在其变更登记时依上述规定做相应调整。

七、外商投资的公司设立以后,可以依法开展境内投资。公司登记机关不再出具相应的境内投资资格证明。

外商投资的公司营业执照尚未按本意见第六条载明公司详细类型,且又申请设立一人有限公司的,由公司登记机关出具"非自然人独资"的证明。

八、外商投资的公司的注册资本可以用人民币表示,也可以用其他可自由兑换的外币表示。作为公司注册资本的外币与人民币或者外币与外币之间的折算,应按发生(缴款)当日中国人民银行公布的汇率的中间价计算。

九、外商投资的有限责任公司(含一人有限公司)的股东首次出资额应当符合法律、行政法规的规定,一次性缴付全部出资的,应当在公司成立之日起六个月内缴足;分期缴付的,首次出资额不得低于其认缴出资额的百分之十五,也不得低于法定的注册资本最低限额,并应当在公司成立之日起三个月内缴足,其余部分的出资时间应符合《公司法》、有关外商投资的法律和《公司登记管理条例》的规定。其他法律、行政法规要求股东应当在公司成立时缴付全部出资的,从其规定。

外商投资的股份有限公司的出资应当符合《公司法》的规定。

十、外商投资的公司的股东的出资方式应当符合《公司法》第二十七条、《公司登记管理条例》第十四条和《公司注册资本登记管理规定》的规定。在国家工商行政管理总局会同有关部门就货币、实物、知识产权、土地使用权以外的其他财产出资作出规定以前,股东以《公司登记管理条例》第十四条第二款所列财产以外的其他财产出资的,应当经境内依法设立的评估机构评估作价,核实财产,不得高估或者低估作价。实缴出资时还必须经境内依法设立的验资机构验资并出具验资证明。

中外合资的有限责任公司的股东以《中外合资经营企业法》规定的实物(含设备)、工业产权等非货币财产(土地使用权除外)出资的,其价格可以由合营各方评议商定。

十一、外商投资的公司的股东以自己的名义通过借贷等方式筹措的资金应当视为自己所有的资金,经验资机构出具验资证明以后可以作为该股东的出资。

十二、外商投资的公司申请变更登记的期限应当符合《公司登记管理条例》的规定。法律、行政法规规定或者国务院决定公司和公司登记事项在变更登记前须经批准的,应当自审批机关批准之日起30日内申请办理变更登记。逾期申请的,申请人应当报原审批机关确认文件效力或者另行报批。

十三、外商投资的公司申请变更登记应当依照《公司登记管理条例》第二十七条、第二十九条、第三十一条、第三十二条、第三十三条、第三十四条、第三十五条规定提交相应的文件。因下列情形办理有关登记事项变更登记时还应当提交原审批机关的审批文件以及变更后的批准证书:

(一)注册资本;

(二)公司类型;

（三）经营范围；

（四）营业期限；

（五）股东或发起人认缴的出资额、出资方式；

（六）外商投资的公司合并、分立；

（七）跨审批机关管辖的地址变更；

（八）有限责任公司股权转让或股份有限公司股份转让（不涉及营业执照和批准证书载明事项的除外）。

除前款规定情形以外，外商投资的公司登记事项变更涉及公司章程修改的，应当在办理变更登记手续后 30 日内依法向审批机关办理变更手续。

十四、外商投资的公司迁移（跨原公司登记机关管辖的），应当向原公司登记机关申请办理迁移手续。跨审批机关管辖的，应当向迁入地审批机关提出申请。迁入地审批机关收到申请后，应当在 5 个工作日内征求迁出地审批机关意见；迁出地审批机关应当在收到征求意见函后的 5 个工作日内回复；迁入地审批机关收到意见后，应当在 3 个工作日内作出批复。原公司登记机关收到申请后，应当在 5 个工作日内征求迁入地登记机关意见；迁入地登记机关应当在 5 个工作日内回复；原公司登记机关根据迁入地公司登记机关和审批机关同意迁入的意见，收缴营业执照，出具迁移证明，并在 10 个工作日内将申请材料和公司登记档案移送迁入地的公司登记机关。申请迁移的公司凭迁移证明和审批机关的批准文件，向迁出地审批机关缴销批准证书，到迁入地审批机关领取批准证书，向迁入地的公司登记机关申请变更登记，领取营业执照。

十五、外商投资的公司增加注册资本，有限责任公司（含一人有限公司）和以发起方式设立的股份有限公司的股东应当在公司申请注册资本变更登记时缴付不低于百分之二十的新增注册资本，其余部分的出资时间应符合《公司法》、有关外商投资的法律和《公司登记管理条例》的规定。其他法律、行政法规另有规定的，从其规定。

股份有限公司为增加注册资本发行新股时，股东认购新股，依照设立股份有限公司缴纳股款的有关规定执行。

十六、申请人在下列情况下申请注册资本变更时，对于作为实物出资的进口货物按规定可以免税的，申请人应当向海关书面说明有关情况，并先凭《国家鼓励发展的内外资项目确认书》申请办理进口设备的凭保放行手续，在取得变更后的公司营业执照后，再办理相关的减免税手续：

（一）外商投资的公司增加注册资本时申请以进口实物出资并经审批机关批准的；

（二）外国投资者或者外商投资的公司并购境内企业同时增加注册资本时申

请以进口实物出资并经审批机关批准的;

（三）外商投资的公司因注册资本的其他变动申请实物进口并经审批机关批准的。

十七、外汇管理部门在办理以下业务时,不再要求申请人提供变更后的公司营业执照:

（一）外商投资的公司增加注册资本时申请变更外汇登记或者开立、变更资本金账户;

（二）外国投资者或外商投资的公司并购境内企业同时增加注册资本时申请办理外汇登记或开立资本金账户;

（三）外商投资的公司减少注册资本而向外汇管理部门申请办理减资核准件;

（四）外商投资的公司因资本变动而办理其他变更外汇登记。

十八、外商投资的公司的下列事项及其变更应当向公司登记机关备案:

（一）经审批机关批准的不涉及登记事项的公司章程修正案或修改后的公司章程(含投资总额的变更);

（二）公司董事、监事、经理;

（三）公司分公司的设立和注销;

（四）公司清算组成员、清算组负责人名单。

外商投资的公司的股东延期出资、实缴注册资本,不再办理备案手续,而应当按照《公司登记管理条例》办理相应的变更登记。

外商投资的公司办理备案事项,应当向公司登记机关提交由公司法定代表人(清算组负责人)签署的备案报告、证明备案事项发生的相关文件。备案文件齐备的,公司登记机关予以备案,并应申请人的要求,出具备案证明。

十九、外国投资者(授权人)变更境内法律文件送达接受人(被授权人)的,应当签署新的《法律文件送达授权委托书》,并及时向公司登记机关备案。被委托人名称、地址等事项发生变更的,也应当及时向公司登记机关备案。公司登记机关应当在公司登记档案中记载。

外国投资者没有办理上述备案的,公司登记机关将境内法律文件送达公司登记机关记载的被授权人,视为向外国投资者送达。

二十、外商投资的公司的股东办理股权质押备案,应当向公司登记机关提交公司出具的股权质押备案申请书、审批机关的批准文件、质押合同。公司登记机关接受备案后,应申请人的要求,可出具载明出质股东名称、出质股权占所在企业股权的比例、质权人名称或姓名、质押期限、质押合同的审批机关等事项的备案证明。在质押期间,未经质权人同意,出质股东不得转让或再质押已经出质的股权,也不得减少相应的出资额。

二十一、外商投资的公司根据《公司法》第二十二条的规定申请撤销变更登记,应当向公司登记机关提交撤销变更登记申请书和人民法院的裁判文书。涉及外资审批事项的,还应当提交审批机关的批准文件。符合《公司法》规定的,公司登记机关作出准予撤销变更登记的决定,涉及营业执照记载事项的,应当换发营业执照。

二十二、外商投资的公司解散事由出现以后,公司未在《公司法》规定的期限内成立清算组进行清算,债权人也不向人民法院申请指定清算组进行清算的,外商投资的公司的权力机构、股东、债权人可以根据《外商投资企业清算办法》的规定向审批机关申请进行特别清算。海关监管货物应当先办结海关手续,并补交相应税款。

二十三、外商投资的公司申请注销登记,应当依照《公司登记管理条例》第四十四条提交相应文件。其中,清算报告还应当附税务机关的注销证明、海关出具的办结海关手续证明或者未办理海关登记手续的证明;外商投资的公司提前终止经营活动申请注销登记的,还应当提交审批机关的批准文件(法院裁定解散、破产或行政机关责令关闭、吊销营业执照、吊销设立许可或撤销公司设立登记的除外)。

二十四、外商投资的公司设立或撤销分公司,无须原公司登记机关核准,直接向分公司所在地的外商投资的公司登记机关申请登记。

根据法律、行政法规、国务院决定或者国家有关外商投资限制类项目以及服务贸易领域的专项规定,设立和撤销分公司需经有关部门批准的,应当自批准之日起 30 日内申请登记。逾期申请的,申请人应当报原审批机关确认文件效力或者另行报批。

二十五、公司登记机关不再办理外商投资的公司办事机构的登记。原已登记的办事机构,不再办理变更或者延期手续。期限届满以后,应当办理注销登记或根据需要申请设立分公司。外商投资的公司的分公司可以从事公司经营范围内的联络、咨询等业务。

以办事机构名义从事经营活动的,由公司登记机关依法查处。

二十六、外商投资的公司的股东、发起人未交付或者未按期交付作为出资的货币或者非货币财产的,由公司登记机关按照《公司注册资本登记管理规定》的适用原则实施处罚。2006 年 1 月 1 日以前设立的公司,其出资时间以设立登记时为准。

对于中外合作的公司,逾期不履行出资义务的,按照《中外合作经营企业法》第九条规定,由公司登记机关责令其限期履行;逾期仍不履行的,按本条第一款处理;对于外商合资或外商独资的公司,逾期不缴付的,公司登记机关除了按本条第一款处理,还可以按照《外资企业法》第九条规定,吊销其营业执照。

二十七、外商投资的公司超出核准登记的经营范围,擅自从事《外商投资产业指导目录》鼓励类、允许类项目经营活动的,公司登记机关适用《公司登记管理条例》第七十三条规定处罚。

外商投资的公司超出核准登记的经营范围,擅自从事《外商投资产业指导目录》限制类、禁止类项目经营活动的,公司登记机关可以认定为"超出核准登记的经营范围,擅自从事应当取得许可证或者其他批准文件方可从事的经营活动的违法经营行为",适用《无照经营查处取缔办法》的规定予以处罚。构成犯罪的,依法追究其刑事责任。

二十八、台湾地区、香港特别行政区、澳门特别行政区的投资者、定居在国外的中国公民(华侨)投资设立的公司,以及外商投资的投资性公司、外商投资的创业投资公司投资设立的公司,其审批登记管理参照适用本意见。

2. 对于外商投资企业投资者出资及清算具体应用问题的复函

(1)商务部办公厅关于转发国务院法制办公室对于外商投资企业投资者出资及清算具体应用问题的复函的通知

关于转发国务院法制办公室对于外商投资企业投资者
出资及清算具体应用问题的复函的通知

(商法字〔2005〕32号)

各省、自治区、直辖市、计划单列市及新疆生产建设兵团商务主管部门:

《中外合资经营企业合营各方出资的若干规定》(1987年12月30日国务院批准,以下简称《出资规定》)、《〈中外合资经营企业合营各方出资的若干规定〉的补充规定》(1997年9月2日国务院批准,对外贸易经济合作部、国家工商行政管理局令〔1997〕第2号)和《外商投资企业清算办法》(1996年6月15日国务院批准,对外贸易经济合作部令〔1996〕第2号)三部行政法规在规范我国利用外资工作、促进外商在华投资企业健康发展方面起到了极其重要的作用,但在我部及地方各级商务主管部门的实践工作中,尚存在一些与执行上述法条相关的棘手问题。例如,当外商投资企业合营各方就缴付或缴清出资问题存在争议的情况下,审批机关应如何适用《出资规定》第七条的相关规定;如何适用《外商投资企业清算办法》第七条,避免清算中的企业因停顿原有日常经营活动而减损财产。我部对这些问题进行了归纳,并致函国务院法制办公室,请其予以解释。日前,国务院法制办公室复函我部,对上述问题作了进一步明确。

复函对于地方各级商务主管部门正确执行相关行政法规、严格依法行政具有非常重要的指导意义。为便于地方各级商务主管部门准确了解和掌握复函的精神,现将商务部《关于请对中外合资经营企业合营各方出资及外商投资企业清算相关行政法规条文应用问题予以解释的函》(商法函〔2004〕27 号,见附件 2)和《对〈商务部关于请对中外合资经营企业合营各方出资及外商投资企业清算相关行政法规条文应用问题予以解释的函〉的复函》(国法函〔2005〕10 号,见附件 1)一并转发给你们。地方商务主管部门应对上述文件进行认真学习,不断提高依法行政水平。在执行中有何问题,请及时向我部反映。

中华人民共和国商务部办公厅
2005 年 3 月 18 日

附件 1

对《商务部关于请对中外合资经营企业合营各方出资及外商投资企业清算相关行政法规条文具体应用问题予以解释的函》的复函

(国法函〔2005〕10 号)

商务部:

《商务部关于请对中外合资经营企业合营各方出资及外商投资企业清算相关行政法规条文具体应用问题予以解释的函》(商法函〔2004〕27 号)收悉。经研究,我们对你部有关《中外合资经营企业合营各方出资的若干规定》(以下简称出资规定)、《〈中外合资经营企业合营各方出资的若干规定〉的补充规定》(以下简称补充规定)、《外商投资企业清算办法》(以下简称清算办法)的请示问题,答复如下:

(一)关于合营者以自己名义通过贷款等方式筹措的资金是否属于出资规定第二条所称"合营者自己所有的现金"的问题。我们认为,合营者以自己的名义通过贷款筹措的资金,应当理解为合营者自己所有的现金。

(二)关于原审批机关如何认定合营一方违反出资规定第七条规定,构成违约行为的问题。我们认为,当合营一方根据出资规定第七条规定,要求原审批机关批准解散合营企业或者申请批准另找合营者时,原审批机关应当根据法院或者相关仲裁机构的生效裁决,认定合营的另一方构成出资规定第七条所称的违约行为,批准解散合营企业或者批准守约方另找合营者承担违约方在合营合同中的权利和义务。

(三)关于补充规定中所称"企业决策权"具体应当包括哪些权利的问题。我们认为,补充规定中所称的"企业决策权"是指作为企业出资人的所有决策权。

(四)关于违反清算办法第六条规定,逾期提交清算报告的问题。我们认为,

288

外商投资企业自行组织的清算委员会应当严格依照清算办法第六条和第三十二条规定,如期向原审批机关提交清算报告。如果清算委员会未能如期提交清算报告,原审批机关应当依照清算办法第四十七条第一款规定予以处理。

(五)关于企业是否可以在清算期间,以不减少企业财产为原则,继续开展日常经营活动的问题。我们认为,对此问题清算办法第七条的规定是清楚的,即企业在清算期间,不得开展任何新的经营活动。

国务院法制办公室
2005 年 1 月 20 日

附件 2

关于请对中外合资经营企业合营各方出资及外商投资企业清算相关行政法规条文具体应用问题予以解释的函
(商法函〔2004〕27 号)

国务院法制办:

我部及地方各级商务主管部门在执行《中外合资经营企业合营各方出资的若干规定》(1987 年 12 月 30 日国务院批准,以下简称《出资规定》)、《〈中外合资经营企业合营各方出资的若干规定〉的补充规定》(1997 年 9 月 2 日国务院批准,对外贸易经济合作部、国家工商行政管理局令〔1997〕第 2 号,以下简称《出资补充规定》)和《外商投资企业清算办》(1996 年 6 月 15 日国务院批准,以下简称《清算办法》)过程中,发现上述行政法规的一些条文本身需要进一步明确,主要包括:

(一)关于《出资规定》第二条"合营各方按照合营合同的规定向合营企业认缴的出资,必须是合营者自己所有的现金⋯⋯"。

在实践中,一些合营者为履行出资义务,往往以自己名义通过贷款等方式筹措相应资金投入企业。对此,有关部门认为该类资金不属于"合营者自己所有的现金"。我们认为,现金属于种类物,作为动产中的特别动产,其所有权是以实际占用为表现特征的,占有即视为所有。因此,对于合营者能够占有和支配的现金,无论其系盈利、贷款或其他方式所得,均属于自有资金的范畴,为"合营者自己所有的现金"。为避免由于法律条文理解上的偏差导致行政执法不统一,对该规定中"自己所有的现金"如何理解,请予明确解释。

(二)关于《出资规定》第七条"合营一方未按照合营合同的规定如期缴付或者缴清出资的,即视为违约。守约方应当催告违约方在一个月内缴付或者缴清出资。⋯⋯守约方应当在逾期后一个月内,向原审批机关申请解散合营企业或者申请批准另找合营者承担违约方在合营合同中的权利和义务"。

在实践中,经常有合营一方单方向原审批机关主张另一方未如期缴付或缴清出资,故其作为"守约方"向原审批机关申请解散合营企业或者申请批准其另找合营者承担"违约方"(另一方)在合营合同中的权利和义务。对此,我们认为,审批机关无权仅凭合营一方的单方主张,径行判断另一方未"如期缴付或者缴清出资",也无权判断谁是为"守约方"或"违约方"。在对"合营一方未按照合营合同的规定如期缴付或者缴清出资"的认定上,我们认为,当合营各方就缴付或缴清出资问题上存在争议的情况下,审批机关必须凭借相关仲裁机构或法院的生效裁决认定,方能批准解散合营企业或者批准守约方另找合营者承担违约方在合营合同中的权利和义务。

(三)关于《出资补充规定》第一条"对通过收购国内企业资产或股份设立外商投资企业的外国投资者,应自外商投资企业营业执照颁发之日起3个月内支付全部购买金。……控股投资者在付清全部购买金额之前,不能取得企业决策权……"和第二条"……中外合资经营企业中控股(包括相对控股)的投资者,在其实际缴付的投资额未达到其认缴的全部出资额前,不能取得企业决策权……"。

上述条款中的"企业决策权"具体包括哪些权利,应予以明确。在该情形下,既然控股投资者无"企业决策权",则产生了谁应有实际的决策权的问题。如对前述问题不予以明确,容易产生企业出现管理真空、投资各方发生争议等问题。

(四)关于《清算办法》第六条"企业清算期限自清算开始之日起至向企业审批机关提交清算报告之日止,不得超过180天。因特殊情况需要延长清算期限的,由清算委员会在距清算期限届满的15日前,向企业审批机关提出延长清算期限的申请。延长的期限不得超过90日"。

在实践中,时常有企业的清算委员会在180日后,有的甚至远远超过270日,方向审批机关提交清算报告,且此前未提出延期申请。对于此类清算报告,其法律效力如何?我们认为,在不侵犯企业债权人和投资者权益的前提下,对企业清算报告的法律效力应予以认可。

(五)关于《清算办法》第七条"企业的清算期间,不得开展新的经营活动。"

在实践中,由于一些企业(如宾馆、冶炼厂、冷冻厂、化工厂等)的经营活动具有持续性,一旦停止运作将引发巨大损失,进而可能损害企业、投资者及债权人的利益。我们认为,在清算期间,以不减少企业财产为原则,允许企业继续开展日常经营活动有其合理性,并不违反"不得开展新的经营活动"的规定。

以上是在实践中具体执行《出资规定》、《出资补充规定》及《清算办法》这三个行政法规时经常遇到的问题。为维护行政法规的权威性,指导企业遵守法律、各级审批机关正确执行法律，根据《行政法规制订程序条例》（国务院令第 321 号）第三十一条、第三十二条、三十三条以及《国务院办公厅关于行政法规解释权限和程序问题的通知》(1999 年 5 月 10 日)的规定，我部提出有关规定的五个具体适用问题，请你办研究并函复我部。

　　特此函达。

中华人民共和国商务部

2004 年 4 月 29 日

第八讲　不动产买卖与租赁法律事务演练

第一部分　教师讲解

一、商品房买卖

商品房买卖合同,包括现房买卖与预售商品房买卖两种,产生法律问题最多的主要是预售商品房买卖。我们把讨论问题的重点也放在预售商品房买卖合同上。

(1)商品房预售问题

所谓商品房预售是指房地产开发企业(以下简称"出卖人"或"开发商")将尚未建成或者已竣工但尚未验收交付的房屋向社会销售并转移房屋所有权于买受人,买受人支付价款的合同。商品房预售与现房买卖在法律上的区别在于在出卖时是否已通过竣工验收。

商品房预售方式首创于我国香港地区,香港立信置业公司于1954年最先推出楼宇"分层售卖,分期付款"的销售方式。目前,为了促使房地产市场的发展,许多国家均允许商品房预售。

商品房预售有以下几个明显的特征:

1)预售房屋的买卖行为的标的物是订约时尚在施工中的商品房,与现房交易相比,其标的物尚未完成,属一种期待权。

2)商品房预售领域具有较强的国家干预性。如对房屋预售的条件、程序、预售款的用途等方面作出强制性规定。

与预售商品房相联系的是,预售商品房能否再转让? 再转让的实质是将买受人获得的期待权出让。

目前在实际工作中,地方有关部门制订相关的规章,禁止预售商品房再出卖行为,但全国性的法律、行政法规并无这一方面的禁止性、强制性规定,因此,在司法实践中,对预售商品房的再出卖行为并不当然地认定买卖合同无效。

(2)商品房买卖合同是格式合同还是示范文本之辨析

目前,房地产开发商所采用的买卖合同文本多为由相关部门所制订的样本,其主要内容包括项目建设依据、商品房销售依据、商品房基本情况、计价方式与价款、面积确认与面积差异处理、付款方式与期限、买受人逾期付款的违约责任、交付期限、出卖人逾期交房的违约责任、规划设计变更的约定、交接、出卖人关于装饰与设备标准承诺的违约责任、出卖人关于基础设施与公共配套建设正常运行的承诺、关于产权登记的约定、退房处理、保修责任、争议解决方式等。

房地产开发商所提供的商品房买卖合同究竟是格式合同还是示范文本,需作以下方面分析:

首先,什么叫格式合同或格式条款。按我国《合同法》规定,格式条款是指当事人为了重复使用而预先拟定,并在订立合同时未与对方协商的条款。《合同法》第 35 条规定:"采用格式条款订立合同的,提供格式条款的一方应当遵循公平原则确定当事人之间的权利与义务,并采取合理的方式提请对方注意免除或者限制其责任的条款,按照对方的要求,对该条款予以说明。"构成格式条款基本要件是,①由一方当事人预先拟定或提供,②在订立合同时与未对方协商。我们认为重复使用并不是格式条款的必备条件。

其次,我国《合同法》及相关法规对格式合同和格式条款实行必要的法律规制。①条款提供者应根据公平原则拟定条款。如显失公平的,另一方当事人可以行使撤销权。②条款提供者应承担提请对方注意并作出说明的义务。提请对方注意应把握:达到合理的程度,提请注意的方式以"个别提请注意"为原则,以"公开张贴公告为例外"。③条款提供者不得免除自己的责任,加重对方责任,排除对方主要权利。否则格式条款无效。在国外有些国家如《意大利民法典》第1341 条就列举"黑条款",言明属于"黑条款"的为无效条款。④一些地方性法规规定特定种类的合同实施备案制,在备案前实施必要的审核。格式条款备案审核制度是工商行政管理部门对公用企业、垄断企业和处于优势地位的企业使用的格式条款进行备案审查,确认其合法性和合理性,并允许其在特定活动中使用的一项合同监管制度。《浙江省合同行为管理监督规定》第 13 条明确了七大类的合同,在使用格式条款时,纳入工商行政管理部门的监管。主要包括:①房屋买卖、租赁及其居间、委托合同;②物业管理、住宅装修装饰合同;③旅游合同;④供用电、水、热、气合同;⑤有线电视、邮政、电信合同;⑥消费贷款、人身财产保险合同;⑦旅客运输合同。这些合同与消费者的日常生活息息相关,关系到社会秩序的正常运行。这些规定,为工商行政管理部门依法对格式条款进行行政监管提供了法定依据。

其三,格式条款与示范文本的区别点。合同示范文本是在国家工商行政管理部门或其他行业主管部门指导下制订的,具有规范性、指导性的合同文本格式。《合同法》第12条规定,"当事人也可以参照各类合同的示范文本订立合同",这里的"参照"表明,这些文本不具有强制性的特点,只是供当事人在订立合同时参考,而且双方也可以对其条款进行修改。由此可见,示范文本不是格式条款。但需要注意的是,示范文本中有一些条款是空白的,可由合同的当事人自由选择填写,当一方当事人提供了该示范文本,并对示范文本的有些空白条款由一方在提供时已作了明确填写,不允许对方修改时,该项条款就应认定为格式条款。

(3)商品房的销售广告与宣传资料是否构成合同的组成部分问题

从总的性质来讲,商品房的销售广告和宣传资料为要约邀请。

但是,出卖人就商品房开发规划范围内的房屋及相关设施所作的说明和允诺具体确定,并对商品房买卖合同的订立以及房屋价格的确定有重大影响的,应当视为要约。该说明和允诺即使未载入商品房买卖合同,亦应视为合同内容,当事人违反的,应当承担违约责任。

房地产开发商在作广告宣传时应注意广告上的内容真实,与日后所开发的房产基本相同,不能有夸大其辞现象,否则,容易引发纠纷。

前段时期,有家开发商在《宁波日报》以及《宁波晚报》上刊登的广告中,以及在销售厅模型、建材表中均分别作出该小区拥有6000平方米的集中式广场(称也许是目前省内最大的社区公园)、室内温水游泳池、立体旱冰道、地下车库、攀岩游乐场、儿童琴房、网球场、四重微电脑门禁、小高层附送车位、卫星电视,让每个住户都享受五星级酒店的设施等诱人的广告和种种的承诺。交房时实际情况并非如此,引发了购房户的集体上访,上访无果,向仲裁委提起了仲裁请求。

(4)房地产开发商收取购房户的预付款究竟是定金、订金、押金还是一般的预付款。

目前,房地产开发商向购房户所收取的款项中有的称定金,有的称订金,有的称押金,有的称预付款,可谓五花八门,说法不一,性质上应如何界定?法律后果如何?实际上,定金、订金、押金、预付款在法律上有着不同的涵义。

定金。是一种具有惩罚性的违约责任方式,它具有三性,即预付性、证明性、处罚性。定金在形式上可分证约定金、解约定金等。定金不得超过总房款的20%。

订金。是一种不规范的名称,具有预付款性质,不具有定金的罚则职能。

押金。具有保证作用,一方不履行合同可以充抵违约赔偿金,有约定的情形下也可作违约金处理而不予归还(俗称"没收"),但不具有加倍返还职能。

预付款。仍为一般性的预付性质,预付款不是定金。

(5)商品房买卖合同的有效与无效

依据相关法律、法规,结合司法实践,可从以下方面研判:

1)出卖人未取得商品房预售许可证明,与买受人订立的商品房预售合同,应当认定无效,但是在起诉前取得商品房预售许可证明的,可以认定有效。

2)当事人以商品房预售合同未按照法律、行政法规规定办理登记备案手续为由,请求确认合同无效的,司法实践一般不予支持。

(6)商品房的买受人可以请求确认合同无效或解除合同,而且还可以要求加倍赔偿的情形

主要是指出卖人采取欺诈的一些情形,在最高人民法院的相关司法解释中规定了以下几种情形:①商品房买卖合同订立后,出卖人未告知买受人又将该房屋抵押给第三人;②商品房买卖合同订立后,出卖人又将该房屋出卖给第三人(俗称"一房二卖");③故意隐瞒没有取得商品房预售许可证明的事实或者提供虚假商品房预售许可证明;④故意隐瞒所售房屋已经抵押的事实;⑤故意隐瞒所售房屋已经出卖给第三人或者为拆迁补偿安置房屋的事实。

(7)"一房二卖"的处理

所谓"一房二卖"是指出卖人先后或同时有两个买卖合同,将同一特定的房屋出卖给两个不同的买受人,又称房屋的二重买卖。

对"一房二卖"纠纷,实务中应分别不同情况进行处理:①对后买受人已办理了过户登记手续的情形。后者享有物权,而前者只能享有债权,即要求损害赔偿,除返还房款外,还考虑房产升值的预期利益损失。按最高人民法院《关于审理商品房买卖合同纠纷案件适用法律若干问题的解释》第8条,导致买受人的合同目的不能实现的,还可要求出卖人承担不超过已付房款一倍的赔偿责任。②前买受人已办理了过户登记,开发商又与后买受人签订了购房合同情形。开发商实际上是无权处分人。根据最高人民法院《关于审理买卖合同纠纷案件适用法律问题的解释》第3条,对于无权处分人签订的合同,仍按有效合同认定,出卖人因未取得所有权或者处分权致使标的物所有权不能转移,买受人可要求出卖人承担违约责任或者要求解除合同并主张损害赔偿。③两次买卖都未发生过户登记情形。前后买受人均可要求继续履行合同,究竟谁拥有物权、谁拥有债权应视权利主张先后、产权证书转移给买受人占有实际情况、后买受人是否明知已出卖事实等判定给予哪一方买受人取得物权。

(8)商品房包销问题

在我国房地产市场开发中,商品房包销作为一种新型的经营方式,一方面起着搞活二、三级房地产市场,促进商品房流通的作用,另一方面,也存在着一定的负面作用,操作不规范、运作无序性、约定不明确等,导致包销合同纠纷案件不断出现。自1995年以来,上海市已陆续出现返还包销款纠纷、包销基价与溢价纠

纷、返还商品房差价等纠纷。这些纠纷发生的主要原因除了包销商、开发商、买受人的因素外,与我国房地产市场尚在初始阶段,法制不健全密切相关。

对商品房包销问题需要从两个层面进行分析。

其一,商品房包销行为的性质。它是一种新型的民事法律行为,具有如下法律特征:

1)商品房包销行为是一种承包销售商品房的行为。包销商依据包销合同,从开发商中有偿转让包销房的销售专营权。与"参建、联建"的区别在于,参建、联建是直接参与开发商的房地产开发,直接投入建房资金,按约定取得参建、联建的房屋。而包销商参与的仅是开发商的销售,两者参与的内容不同,权利义务也不同。

2)商品房包销行为是一种以承购包销剩余商品房为保证的行为。包销合同明确包销期限届满后,包销商如销售不出包销房,则由包销商直接买下剩余的包销房。与商品房代理的区别在于,在代理权限内,代理的法律后果包括销售不出的商品房最终由被代理人承担。与代销的区别在于代销商不支付给开发商任何钱款,也不承担销售不出商品房由自己买入的风险。包销与代理、代销的最大区别从法律后果看,前者风险大,获取的利益亦大,后者风险小,可得利益亦小。

3)商品房包销行为是一种直接参与销售的行为。在商品房的包销中,开发商转让销售专营权给包销商后,一般不与购房人进行销售行为,而由包销商直接与购房人签订买房协议并收取房款。与中介行为的区别在于,中介是一种居间介绍服务性的行为,为买房人提供信息,提供服务,为促成开发商与购房人之间买卖房屋的交易成立而穿针引线,并获取中介费。中介不直接参与销售,因此不承担任何销售风险。

4)商品房包销行为是一种特殊的附条件的买卖行为。与一般商品房买卖的区别在于:一般买卖商品房是在买受人与出卖人之间发生转移商品房所有权的行为。双方买卖关系清楚,一方付钱买房,另一方给房得款,而包销行为是包销商帮助开发商将商品房销售给买房人,自己获得包销价与销售价之差价。从实质上看,包销人订立包销合同的目的在于通过第一阶段的工作,完成全部包销范围内的商品房的销售工作,从而取得销售差价作为报酬。第二阶段的买卖关系并不是双方签订包销合同时所期待的合同目的,而是对于包销人未能完成包销任务的一种违约责任,也是对于出卖人的一种风险转移的保障。此种买卖关系也并非必然发生。

其二,处理商品房包销涉及的问题。主要有:

1)包销合同的效力问题。商品房包销合同中委托方通常是房地产开发商,而作为受托方的包销商,其业态多种多样,有房地产开发商、房地产咨询(中介、经纪等)公司、动拆迁公司,甚至还有个人。究竟符合何种条件才能作为包销人,目前并无定论,也常常是法院庭审过程中双方争论的焦点。

如香港房地产商人黄某与上海市某房地产开发公司签订了《太子公寓包销协议书》,约定由黄某包销太子公寓 32 套外销房和 12 个露天车位,开发商以售价 72% 优惠作为包销基价由黄某包销,包销价为美元 782.99 万,由开发商负责联络安排银行提供不低于楼价 50% 的按揭给楼宇买受人。合同签订后,黄某支付了 50% 包销款共计美元 391.49 万。但由于双方对于何时落实提供按揭约定不明,即对提供期房"按揭"还是现房"按揭"引发纠纷,导致包销协议无法继续履行。黄某遂向法院提起诉讼,请求法院判令开发商返还已付的包销款、赔偿损失、双倍返还定金,三项请求共计港币 3375.6 万元。

本案审理中,对包销合同的效力问题产生两种观点:第一种观点认为,我国法律对包销合同、个人包销商品房虽均无明文规定,但个人从事外销房包销不符外销房个人不得销售等规定,该合同应认定为无效。第二种观点认为,本案包销协议书是双方真实意思表示,是合法有效的。协议约定以包销外销房和银行"按揭"的方式进行预售,目前我国房地产法律、法规对此均无明确规定,亦无禁止性规定,应当认定为有效合同。我们赞同第二种观点。

另外,包销房屋通常均为尚未建成的商品房。有的开发商在取得预售许可证之前就与包销商签订了包销合同,对于此类合同的效力,亦属争议的焦点。我们认为,包销行为就其本身法律属性而言为代理行为,并非买卖行为,因此,签订包销合同与是否取得预售许可证并无联系。包销合同的签订时间并不影响包销合同的效力。但是,在履行包销合同过程中,开发商与购房者签订预售合同的行为则必须在取得预售许可证之后,否则会发生因销售行为违反法律强制性规定而导致合同无效问题。

2)销售价与包销价的差价问题。在商品房包销中,开发商与包销商确定的包销价与实际对外的销售价之间存在着差价,这是包销商所得的销售收入。在司法实践中,由于包销行为与销售行为的不规范,导致纠纷时有发生。因此,规范包销行为与销售行为,对外与购房者的房价应保持一致性,对内包销商与开发商之间按包销合同的约定支付包销价,由包销商获取差价利益,并依法纳税。

3)包销房销售后的税赋问题。在商品房交易中,依法纳税是各方当事人应尽的法律义务。在包销行为与销售行为进行中,涉及税赋的主要有两个问题:

一是开发商与包销商对外销售中的税赋问题。开发商与包销商将商品房销售给购房者,相互之间均产生税赋,销售方依法缴纳营业税,购房者则依法缴纳交易税和契税。

二是开发商与包销商对内包销中的税赋问题。开发商将商品房的销售专营权转让给包销商,在包销期限内仅是一种代理行为,不属销售行为,包销商以开发商的名义与购房者签订销售合同,仅发生营业税、契税问题。而当包销期限届满后,包销商要按约承购包销剩下的商品房,此时包销商与开发商之间发生直接的买卖,作为商品房的买卖双方应当依法纳税。

4)开发商与包销商的诉讼地位问题。在含有包销合同的商品房买卖纠纷中,开发商与包销商的诉讼地位也是一个需要作出研判的问题。

如在房屋销售纠纷中,开发商为出卖方,包销商为代理人,买受人一般将房款支付给包销商,因此,买受人往往只以包销商为被告,但在此类纠纷诉讼中,开发商应作为共同被告。就民事诉讼理论而言,当事人一方或者双方为二人以上,其诉讼标的是共同的或是同一种类的为共同诉讼,共同诉讼人为共同原告和共同被告。包销商与开发商在房屋买卖中对外是代理关系,对内是包销关系,在产生的纠纷中,开发商作为所有权的权利人,包销商作为具体为民事行为并收取房款的当事人,均与案件有直接的利害关系,故应作为共同被告,即使是在无效合同纠纷、房屋质量纠纷中,开发商是直接的责任人,包销商作为相关人,而案件处理往往涉及买受人要求返还钱款和赔偿损失,此时,也应考虑将开发商与包销商列为共同被告,这样有利于更好地保障买受人的合法利益。

当包销期限届满后,包销商按约承购了包销剩下的商品房,此时包销商与开发商之间发生直接的买卖关系,此时,包销商与房屋买受人发生纠纷,可直接列包销商为被告。

(9)商品房交付时面积差异的处理

可以从以下方面着手分析。

一是应贯彻约定在先原则。即对面积差异的处理在合同中有约定的,按约定来处理,合同中没有约定的才适用相关规定来处理。

按最高人民法院司法解释,出卖人交付使用的房屋套内建筑面积或者建筑面积与商品房买卖合同约定面积不符,合同有约定的,按照约定处理;合同没有约定或者约定不明确的,按照规定处理:①面积误差比绝对值在3%以内(含3%),按照合同约定的价格据实结算,买受人请求解除合同的,不予支持;②面积误差比绝对值超出3%,买受人请求解除合同、返还已付购房款及利息的,应予支持。买受人同意继续履行合同,房屋实际面积大于合同约定面积的,面积误差比在3%以内(含3%)部分的房价款由买受人按照约定的价格补足,面积误差比超出3%部分的房价款由出卖人承担,所有权归买受人;房屋实际面积小于合同约定面积的,面积误差比在3%以内(含3%)部分的房价款及利息由出卖人返还买受人,面积误差比超过3%部分的房价款由出卖人双倍返还买受人。

二是应注意不同的计价办法。按《商品房销售管理办法》,商品房销售可以按套(单元)计价,也可以按套内建筑面积或者建筑面积计价。按套(单元)计价的预售房屋,房地产开发商应当在合同中附所售房屋的平面图。平面图应当标明详细尺寸,并约定误差范围。房屋交付时,套型与设计图纸一致,相关尺寸也在约定的误差范围内,维持总价款不变;套型与设计图纸不一致或者相关尺寸超出约定的误差范围,合同中未约定处理方式的,买受人可以退房或者与房地产开发商重新约定总价款。买受人退房的,由房地产开发商承担违约责任。

三是商品房建筑面积的组成。商品房建筑面积由套内建筑面积和分摊的共有建筑面积组成,套内建筑面积部分为独立产权,分摊的共有建筑面积部分为共有产权,买受人按照法律、法规的规定对其享有权利,承担责任。按套(单元)计价或者按套内建筑面积计价的,商品房买卖合同中应当注明建筑面积和分摊的共有建筑面积。

(10)商品房交付法律问题

何谓交付? 所谓交付是指按合同约定将商品房交付给买受人使用。房地产开发商的交付义务有:

一是,将符合交付使用条件的商品房按期交付给购房人。《商品房销售管理办法》第30条规定:"房地产开发企业应当按照合同约定,将符合交付使用条件的商品房按期交付给买受人。"它包含两层含义:其一,符合交付使用条件。交付使用条件应包括法定的交付使用条件和合同约定的交付使用条件。开发商应按照与购房人签订的《商品房买卖合同》及其附件、补充协议的约定标准向购房人交付商品房,合同约定的交付使用条件一般包括:①商品房的面积、户型、尺寸、朝向;②商品房的装饰、装修、设备标准;③水、电、燃气、暖气等;④小区道路、绿化、会所等配套设施,上述各项均应具备交付使用条件。其二,按期向购房人交付商品房。开发商未能按期交付的,应根据合同约定承担违约责任;超过合同约定的期限,开发商仍不能交付商品房的,购房人还有权解除合同。

二是,向购房人出示商品房竣工验收合格的文件及房屋实测面积数据。①开发商在交付商品房时应向购房人出示该商品房经竣工验收合格的文件。建设部《房屋建筑工程和市政基础设施工程竣工验收暂行规定》第4条规定,"工程竣工验收工作,由建设单位(开发商)负责组织实施。"建设部《房屋建筑工程和市政基础设施工程竣工验收备案管理暂行办法》还规定,开发商应当自竣工验收合格之日起15日内,向工程所在地的县级以上地方人民政府建设行政主管部门备案。备案机关收到开发商报送的齐全的竣工验收备案文件后,向其发放该商品房的《建设工程竣工验收备案表》。从以上规定可知,商品房经竣工验收合格的文件既可以是建设单位(开发商)、勘察、设计、施工、监理等各方对竣工工程进行验收后出具的《竣工验收报告》,也可以是《建设工程竣工验收备案表》。一般而言,后者为政府建设行政主管部门出具,其公信力更强。若开发商和购房人在合同中约定商品房交付时必须具备《建设工程竣工验收备案表》,则开发商在商品房交付时必须向购房人出示,否则,购房人有权拒绝接收房屋,开发商应承担逾期交付房屋的违约责任。②开发商交付商品房时,还应向购房人出示该商品房的实测面积数据。依据《商品房销售管理办法》第 34 条规定:"房地产开发企业应当在商品房交付使用前按项目委托具有房产测绘资格的单位实施测绘,测绘成果报房地产行政主管部门审核后用于房屋权属登记。"对于期房买卖,《商品房买卖合同》约定的商品房面积是根据设计图纸测出来的,商品房建成后的测绘结果与合同中约定的面积数据有差异,商品房交付时,开发商与购房人应对面积差异根据合同约定进行结算;另外,物业服务公司也是依据商品房的实测面积数据收取物业管理费的。

三是,向购房人提供《住宅质量保证书》和《住宅使用说明书》。建设部颁布的《商品住宅实行住宅质量保证书和住宅使用说明书制度的规定》第 3 条规定:"房地产开发企业在向用户交付销售的新建商品住宅时,必须提供《住宅质量保证书》和《住宅使用说明书》。"开发商交付房屋时,若未向购房人提供上述两项文件的,购房人有权拒绝接收此房屋,由此产生的延期交房的责任由开发商承担。

四是,通知购房人办理入住手续并配合购房人查验、接收房屋。开发商应当在合同约定的交付日期前向购房人发出《入住通知书》,书面通知购房人前来接收房屋。《入住通知书》一般应包括以下内容:①办理入住手续的时间、地点;②购房人需携带的文件、资料;③购房人需交纳费用的说明;④提醒购房人因购房人自身原因未能在规定的期限和地点办理入住手续的法律后果;⑤基本流程及相关注意事项。

实践中,房屋交付时应注意的问题还会有:

一是,购房者入住时未交纳物业管理费,开发商不应将房屋钥匙扣留。实践中,开发商将商品房的钥匙交给物业服务公司,让购房人从物业服务公司领取房屋钥匙,而物业服务公司往往把购房人是否交纳物业管理费作为发放房屋钥匙的前提,由此也产生了大量纠纷。我们认为,物业服务公司的此种做法是错误的。购房人与开发商签订《商品房买卖合同》,并依据合同向开发商支付了房价款,开发商应按合同的约定向购房人交付商品房,而交付房屋钥匙是交房的一个重要事实。从法律关系来说,物业服务公司只是开发商的代理人,购房人只要不存在合同中约定的开发商可拒绝交付房屋的情形,物业服务公司就不能拒绝向购房人交付房屋钥匙。物业服务公司收取物业管理费是基于《房屋使用、维修、管理公约》和《物业管理委托合同》,购房人不交纳物业管理费,物业服务公司可依据上述合约的相关条款或法律规定,追究购房人相应的法律责任,而不能以此为由拒绝向购房人交付房屋钥匙。

二是，商品房交付过程中，购房人以商品房存在质量瑕疵为由，拒绝接收商品房如何处理？购房人能否以此为由拒收房屋？我们认为，首先要依据《商品房买卖合同》中约定的质量标准以及合同中有关的违约责任约定，若合同中明确约定交付的房屋达不到合同约定的质量标准，购房人有权拒绝接收房屋或解除合同，则购房人可以行使拒绝接收房屋的权利。若合同中没有明确约定，根据《合同法》第 148 条，"因标的物质量不符合质量要求，致使不能实现合同目的的，买受人可以拒绝接受标的物或者解除合同"。

《商品房销售管理办法》第 35 条规定："商品房交付使用后，买受人认为主体结构质量不合格的，可以依照有关规定委托工程质量检测机构重新核验。经核验确属主体结构质量不合格的，买受人有权退房。"

根据上述法律规定，我们认为，对于交付的商品房存在地面、墙面裂缝、局部渗水、漏水，门窗损坏等质量瑕疵而达不到主体结构质量不合格的，因其一般不会导致购房人不能实现合同目的，购房人不能由此拒绝接收房屋。但这并不是说开发商就无须承担责任，开发商对于交付质量瑕疵的房屋，视具体情况不同，应承担维修、更换、重做等违约责任，对于因维修、更换、重做给购房人造成损失的，开发商还须向购房人赔偿损失。

三是，商品房存在权利瑕疵是否可拒绝接收房屋？这里所讲的权利瑕疵主要是指交付的商品房存在抵押权等他项权利。《合同法》第 150 条规定："出卖人就交付的标的物，负有保证第三人不得向买受人主张任何权利的义务。"《合同法》第 151 条规定："买受人订立合同时知道或应当知道第三人对买卖的标的物享有权利的，出卖人不承担本法第一百五十条的义务。"因此，对于开发商交付的商品房存在抵押权等他项权利的，若开发商在销售该商品房时未明确告知已设定了抵押权等他项权利，商品房交付时该瑕疵仍然存在的，购房人可以拒绝接收房屋。

四是，购房人未按规定时间办理入住如何处理？在不少项目中，购房人因自身原因，未按入住通知书规定的时间前来办理入住手续，致使商品房未能按期交付，双方对此期间发生的物业管理费等费用的承担以及商品房毁损、灭失的风险责任的承担发生争议，由此产生了纠纷。

《合同法》规定了合同履行中的风险责任承担问题，第 142 条规定："标的物损毁、灭失的风险，在标的物交付之前由出卖人承担，交付之后由买受人承担，但法律另有规定或者当事人另有约定的除外。"需注意的是，风险责任与合同违约责任是两个不同的概念，不能因一方违约行为所产生的违约责任适用风险责任予以处理。因此，因购房人自身原因，致使商品房未能按期交付的，在此期间发生的物业管理费等费用应由购房人承担,商品房毁损、灭失的风险责任也由购房人承担。为减少因此而发生的纠纷,建议开发商在签订合同时与购房人进行明确约定。

五是,因房地产开发商的原因造成迟延交付的责任承担问题。其主要责任形式有支付违约金、赔偿损失、具备条件的解除合同。

六是,合同中约定的类似不可抗力条款的效力问题。在预售商品房买卖合同中,开发商利用拟定格式条款的有利机会,将规划变更、道路拓宽影响工程施工、设计方案修改、地质条件突变、雨季影响施工等都作为不可抗力加以对待,从而引发纠纷。

实务处理中应甄别不可抗力、情势变更原则、单方违约行为三者之间的异同性,从而准确地适用法律,客观公正地处理纠纷问题。

(11)预售商品房买卖合同解除与违约责任承担

实践中主要会有以下几种情形:

1)因房屋主体结构质量不合格不能交付使用,或者房屋交付使用后,房屋主体结构质量经核验确属不合格,买受人可以请求解除合同和赔偿损失。

2)因房屋质量问题严重影响正常居住使用,买受人可以请求解除合同和赔偿损失。交付使用的房屋存在质量问题,在保修期内,开发商应当承担修复责任;开发商拒绝修复或者在合理期限内拖延修复的,买受人可以自行或者委托他人修复。修复费用及修复期间造成的其他损失由开发商承担。

3)根据《合同法》第94条的规定,开发商迟延交付房屋或者买受人迟延支付购房款,经催告后在3个月的合理期限内仍未履行,当事人一方可请求解除合同,但当事人另有约定的除外。法律没有规定或者当事人没有约定,经对方当事人催告后,解除权行使的合理期限为3个月。对方当事人没有催告的,解除权应当在解除权发生之日起1年内行使;逾期不行使的,解除权消灭。

4)商品房买卖合同约定或者按《城市房地产开发经营管理条例》第33条规定的办理房屋所有权登记的期限届满后超过一年,由于开发商的原因,导致买受人无法办理房屋所有权登记,买受人请求解除合同和赔偿损失的,人民法院予以支持。

违约责任形式主要有继续履行、支付违约金、赔偿损失、定金罚则等。

当事人以约定的违约金过高为由请求减少的,应当以违约金超过造成的损失30%为标准适当减少;当事人以约定的违约金低于造成的损失为由请求增加的,应当以违约造成的损失确定违约金数额。

商品房买卖合同没有约定违约金数额或者损失赔偿额计算方法,违约金数额或者损失赔偿额可以参照以下标准确定:逾期付款的,按照未付购房款总额,参照中国人民银行规定的金融机构计收逾期贷款利息的标准计算。逾期交付使用房屋的,按照逾期交付使用房屋期间有关主管部门公布或者有资格的房地产评估机构评定的同地段同类房屋租金标准确定。

由于开发商的原因,买受人在下列期限届满未能取得房屋权属证书的,除当事人有特殊约定外,开发商应当承担违约责任。

商品房买卖合同约定的办理房屋所有权登记的期限为,商品房买卖合同的标的物为尚未建成房屋的,自房屋交付使用之日起 90 日;商品房买卖合同的标的物为已竣工房屋的,自合同订立之日起 90 日。

二、商品房开发建造中的法律问题

1. 房地产联建

（1）联建的法律特征

房地产联建是指双方共同投资进行房地产开发,约定建成后,建筑物归双方共有或共同使用收益的行为。其法律特征可概括为:①主体不必都是具有房地产开发经营资格的法人。②客体仅仅是共同投资建设房屋、厂房或其他用房,投资的方式可以是现金、实物、土地使用权等。③双方不一定亲自出工出力,因此可不存在共同经营、互相协作的关系,双方只要依约投资并共享投资成果、共担投资风险即可。

（2）以土地使用权作价入股合资、合作开发经营房地产应具备的条件

根据《城市房地产管理法》第 27 条及其他相关规定,土地使用权作价入股必须满足以下条件:①须是依法取得的土地使用权。依法取得的土地使用权,包括依照《土地管理法》和《城市房地产管理法》的规定以划拨方式取得的国有土地使用权,也包括依照《城市房地产管理法》、《土地管理法》、《城镇国有土地使用权出让和转让暂行条例》的规定通过出让或者转让的方式取得的土地使用权。②集体所有制单位不得以其拥有的集体所有权作价入股。如果使用集体土地出资的,必须先办理土地征收手续,将集体土地转为国有土地,然后以国有土地使用权的方式作价入股。③土地使用权用于合资、合作开发,应当按照《城市房地产管理法》及有关法律、行政法规的规定作价之后方可入股。作价是指依照《城市房地产管理法》第 32 条的规定进行价格评估。除此之外涉及其他法律、行政法规有关房地产价格评估的规定亦应依照执行。④办理变更登记手续。以土地使用权作价入股的,应当到土地登记管理部门办理权属变更登记手续,将原本属于出资人的土地使用权转移至合资、合作企业的名下。⑤以土地使用权作价入股,该土地使用权应是无负担的。如该土地使用权没有受到如抵押或者其他形式的限制,土地使用权人作价入股后,仍然负有此项“免除土地负担”的义务。

(3)合作建房合同约定一方收取固定利润而不承担经营风险的效力问题

合作建房合同约定一方提供土地使用权,另一方提供资金,由提供资金一方以提供土地使用权一方的名义单独经营,提供土地使用权一方收取固定利润而不承担经营风险的,这是名为合作建房,实为土地使用权有偿转让的合同。依照《最高人民法院关于审理房地产管理法施行前房地产开发经营案件若干问题的解答》第22条规定,如土地使用权的转让符合法律规定的,可以认定合同有效,并责令当事人办理土地使用权变更登记手续,按有关规定补交税费。

合作建房合同约定一方提供土地使用权,另一方提供资金,由提供土地使用权一方以自己的名义单独经营,提供资金一方收取固定利润而不承担经营风险,这是名为合作建房,实为借贷的合同。在司法实践中,对于非金融企业之间的借贷行为并不必然认定无效。

(4)合作建房合同中提供土地使用权一方未付清全部土地使用权出让金对合同效力的影响

提供土地使用权的一方未付清全部土地使用权出让金,而与他人签订合作建房合同的,一般认定合同无效。但政府土地行政主管部门以书面明示的方式同意缓交或者先行开发的,可认定合同有效。政府土地行政主管部门虽无上述书面明示意见,但在提供土地使用权的一方为付清土地使用权出让金的情况下,政府土地行政主管部门已经核发了土地使用权证书(含临时使用证),或者建设行政主管部门核发了建设工程施工许可证,房产管理部门核发了商品房预售许可证的,也可认定合同有效。

2. 建筑工程优先权

《合同法》第286条规定:"发包人未按照约定支付价款的,承包人可以催告发包人在合理的期限内支付价款。发包人逾期不支付的,除依照建设工程的性质不宜折价、拍卖的以外,承包人可以与发包人协议将该工程折价,也可以申请人民法院将该工程依法拍卖。建设工程的价款就该工程折价或者拍卖的价款优先受偿。"

在理解该法条时会涉及以下理论问题。①建设工程优先权的性质。应界定为法定优先权。法定优先权的立法规定最早反映在《海商法》中的船舶优先权。建设工程价款优先权是基于抵押权还是基于法定的优先债权,学界有所争议。②优先的内容与范围。只限于建设工程价款,即工程款。不包括停工、窝工损失赔偿款,也不包括垫资借款。③优先的程度。立法未作规定,一般认为比抵押权优先。④实现优先权的方法。可以由双方协议作价,也可以申请人民法院拍卖。申请人民法院拍卖是否应进入诉讼程序?立法未作明确规定。⑤承包人行使优先权应履行的义务。主要是催告义务,即催告发包人在合理的期限内行使。⑥

法定优先权要不要登记？立法未作明确规定。由于法定优先权不是基于当事人的法律行为而取得，而是基于满足法定条件即可取得，因此，在一般原则下可以不作法定登记程序。有学者认为，为保障交易安全，在工程竣工后，在发包人所办理的产权登记中，应对价款未作支付的情况作一宣告登记。

3. 承包人垫资承包行为的效力

垫资承包施工（又称带资承包施工），是长期以来在我国建设工程施工领域存在的一种承包方式，是指在工程项目建设过程中，承包人利用自有资金为发包人垫资进行工程项目建设，直至工程施工至约定条件或全部工程施工完毕后，再由发包人按照约定支付工程价款的施工承包方式。

承包人垫资承包行为的效力如何，从我国法律与司法实践的发展进程看，大致可分为两个阶段。第一阶段，确立垫资施工行为无效处理原则。1999 年 10 月《合同法》颁布实施前，国家行业主管部门对于垫资施工的问题作出过多次规定，其中影响最为广泛和直接的是由建设部、财政部、国家计委在 1996 年 6 月颁布实施的《关于严格禁止在工程建设中带资承包的通知》，司法实践按带资条款无效处理。带资条款无效后，合同的双方当事人应当根据各自的过错，分别承担相应的民事责任。第二阶段，确立垫资合同有效的处理原则。2004 年 10 月，最高人民法院颁布了《审理建设工程施工合同纠纷若干问题的司法解释》，该《解释》第 6 条第 1 款规定："当事人对垫资和垫资利息有约定，承包人请求按照约定返还垫资及其利息的，应予支持，但是约定的 利息计算标准高于中国人民银行发布的同期同类贷款利率的部分除外。"最高人民法院将这一条款的性质定义为"垫资原则按照有效处理"的性质。认为，一是建筑市场垫资比较普遍，承包人不带资、垫资难以承揽到工程；二是我国已经加入 WTO，建筑市场是开放的，建筑市场的主体可能是本国企业，也可能是外国企业，而国际建筑市场是允许垫资的，如果认定垫资一律无效，违反国际惯例，与国际建筑市场的发展潮流相悖；三是根据《合同法》第 52 条规定，必须是违反法律行政法规的强制性规定，才能认定合同无效。

4. 工程验收与质量保修

原有的《经济合同法》（已废止）规定："工程未经验收，提前使用，发现质量问题，自己承担责任。"现行的《合同法》、《建筑法》和《建筑工程质量管理条例》均未作这样的规定。《建筑法》第 61 条、《建筑工程质量条例》第 16 条仅规定："建筑工程竣工经验收合格后，方可交付使用；未经验收或者验收不合格的，不得交付使用。"而没有规定由此产生的质量责任承担问题。

我们认为，建筑工程未经验收，发包人擅自使用的，承包人只对工程主体结构、基础工程的质量在合理的期限内承担责任，其他质量问题应由发包方自负。

质量保修应按国家或当地的有关规定进行。

三、土地开发中的法律问题

1. 集体土地直接用作开发项目

目前有许多县、乡或郊区单位,擅自将集体的土地进行开发,建造住宅,对社会公开销售;还有一些城市的房地产开发公司,与某个乡、村集体经济组织进行合作,乡里出土地,开发公司出资金,建造住宅进行交易。这些房地产公司给购房人办不了产权证,便为购房人办理荣誉村民证。

根据目前我国相关法规,开发公司欲开发某个项目,首先要获得立项,办理土地使用权出让手续,如果需占用集体的土地,还要先征收为国有,然后再办理出让手续,向国家缴纳土地出让金。

而现存的问题是,这些房地产开发公司,一不向国家交土地出让金,侵犯了国家利益;二给购房人造成困难,办不了产权证;三是大量的可耕地被非法侵占。按目前的集体土地政策,应认定其行为具有违法性。

2. 集体经济组织将集体土地作价入股

根据现行《土地管理法》第63条规定:"农民集体所有的土地使用权不得出让、转让或者出租用于非农业建设"。如果使用集体土地出资的,必须首先办理土地征收手续,将集体土地转为国有土地,然后以国有土地使用权的方式作价入股。

近几年,在各地改革实践中有所突破。如2001年浙江省温州市率先颁布新办法,规定农民集体建设用地的使用权可以转让。该城市的办法是,凡集体建设用地上的建筑物、构筑物等依法转让时,其土地使用权可相应转让,方式包括出售、赠与、交换、作价入股等。

2002年11月,江苏省昆山、海门成为该省流转改革先行试点单位。其方法是,集体建设用地使用权流转,必须符合土地利用总体规划及城镇规划,严格限定在城市和集体、村庄建设用地的规模范围内;根据当地市场供求状况,制订本地区集体建设用地使用权流转年度计划。

2003年6月,广东省人民政府发出《关于试行农村集体建设用地使用流转权的通知》,明确农村集体建设用地使用权可上市流转,其方式可以是出让、转让、出租和抵押等,并必须符合四个条件。办法特别强调,收益应该向农民倾斜,农村集体建设用地使用权流转的收益中50%左右应用于农民的社会保障安排;剩余50%左右一部分留于集体,发展村集体经济,大部分仍应分配给农民。

2004年,北京市国土资源局颁布《北京市农民集体建设用地使用权流转试点办法》,规定农民集体建设用地使用权在土地所有者和使用者自愿的前提下,可以转让、租赁、作价出资（入股）。试点办法还在延庆的大榆树镇、怀柔的庙城镇施行。

3. 改建房屋进行房地产经营

有一些企业或单位,因为亏损或其他原因,将自己所拥有的车间或办公楼重新装修,然后直接出租,甚至有的将装修的大楼进行变相销售,比如以订50年租赁期方式,名为出租实为买卖。这里存在的问题是这些房产原本是企业或单位自用,现在用来搞经营,性质改变了,将工业用地或公益性用地改变成商业用途,国家应获得相应的土地收益,但实际却都是改建单位在出租或变相销售后不向国家交土地收益,从而使国家的利益受到损失。

改建房屋进行房地产经营可能涉及的主要法律问题是,一是对现有的房屋进行安全鉴定;二是应获得土地管理部门对土地性质变更的审批,并补缴相关土地费用;三是应符合土地利用总体规划。如涉及改建施工的还应取得施工许可证。

4. 国有土地使用权招标、拍卖、挂牌出让

(1)概念。根据国土资源部于2002年作出的《招标拍卖挂牌出让国有土地使用权规定》,招标出让国有土地使用权,是指政府土地行政主管部门发布招标公告,邀请特定或者不特定的公民、法人和其他组织参加国有土地使用权投标,根据投标结果确定土地使用者的行为。

拍卖出让国有土地使用权,是指出让人发布拍卖公告,由竞买人在指定时间、地点进行公开竞价,根据出价结果确定土地使用者的行为。

挂牌出让国有土地使用权,是指出让人发布挂牌公告,按公告规定的期限将拟出让宗地的交易条件在指定的土地交易场所挂牌公布,接受竞买人的报价申请并更新挂牌价格,根据挂牌期限截止时的出价结果确定土地使用者的行为。

(2)法律要求。商业、旅游、娱乐和商品住宅等各类经营性用地,必须以招标、拍卖或者挂牌方式出让。上述规定以外用途的土地的供地计划公布后,同一宗地有两个以上的意向用地者的,也应当采用招标、拍卖或者挂牌方式出让。

出让人应当至少在投标、拍卖或者挂牌开始日前20日发布招标、拍卖或者挂牌公告,公布招标拍卖挂牌出让宗地的基本情况和招标拍卖挂牌的时间、地点。

(3)挂牌出让程序。对于招标、拍卖程序,我国已有相关法规规定,在此不再详述,这里着重介绍一下挂牌出让的法律程序。

挂牌出让依照以下程序进行。①在挂牌公告规定的挂牌起始日,出让人将挂牌宗地的位置、面积、用途、使用年期、规划要求、起始价、增价规则及增价幅度等,在挂牌公告规定的土地交易场所挂牌公布;②符合条件的竞买人填写报价单报价;③出让人确认该报价后,更新显示挂牌价格;④出让人继续接受新的报价;⑤出让人在挂牌公告规定的挂牌截止时间确定竞得人。

(4)挂牌出让时间及挂牌期限届满后处理:挂牌时间不得少于 10 个工作日。挂牌期间可根据竞买人竞价情况调整增价幅度。

挂牌期限届满,按照下列规定确定是否成交:①挂牌期限内只有一个竞买人报价,且报价高于底价,并符合其他条件的,挂牌成交。②挂牌期限内有两个或者两个以上的竞买人报价的,出价最高者为竞得人;报价相同的,先提交报价单者为竞得人,但报价低于底价者除外。③挂牌期限内无应价者或者竞买人的报价均低于底价或均不符合其他条件的,挂牌不成交。在挂牌期限截止时仍有两个或者两个以上的竞买人要求报价的,出让人应当对挂牌宗地进行现场竞价,出价最高者为竞得人。

5. 土地征收、土地使用权划拨、土地使用权出让、土地使用权转让、土地使用权出租之间的联系与区别

(1)土地征收

土地征收是指国家因建设和公共利益的需要,强制地将属于农村集体所有的土地收归国有,并对被征收单位及群众给予一定补偿的行为。建设征收土地发生在国家和农村集体组织之间,双方因征收而产生的法律关系不是民事法律关系。

土地征收的法律效力。土地一经征收,即发生如下法律效力:①土地所有权主体发生了变化,国家因征收行为成为新的土地所有权主体。②用地单位依法取得土地使用权。被征收的土地经过依法划拨或出让给用地单位,用地单位即实际上占有了土地,取得了对该土地的使用权,其对土地的这种使用权仅仅是用益权而非所有权。经划拨无偿转让给用地单位的土地使用权,国家可在一定时期后收回,所有权仍属国家。

土地征收程序。其一,用地申请。用地单位正式申请时,应提交以下文件:①已批准的建设项目设计任务书或其他批准文件;②建设项目的初步设计文件及文字说明;③建设项目总平面布置图;④扩建、改建项目的原批准用地文件、平面布置图、土地利用现状和有关文字说明;⑤建设项目资金来源的证明材料及年度投资计划;⑥环保等部门的意见。其二,拟订征地方案。包括划定用地范围,组织建设单位与被征收单位以及有关单位商定征收土地方案、安置方案,并报县级以上人民政府批准。其三,审批用地。经审批批准后,由土地主管部门主持,用地单位与被征收单位签订征收土地协议,同时填写"国有建设征收土地呈报表"。其四,划拨用地。包括核发建设用地许可证。通知建设单位缴纳支付各项税费,并会同有关部门落实安置措施。其五,颁发土地使用证。经土地管理部门审核,注册登记后,核发国有土地使用证,作为土地使用权的法律凭证。

各项征地补偿费用的具体标准、金额。包括土地补偿费标准、安置补助费标准。征收耕地的土地补偿费为该耕地被征收前3年平均产值的3至6倍。征用其他土地的补偿标准由省、自区、直辖市参照征用耕地的补偿费标准规定。土地被征收前3年平均年产值的确定,按当地统计部门审定的最基层单位统计年报和经物价部门认可的单价为准。按规定支付的土地补偿费、安置补助费尚不能使需要安置的农民保持原有生活水平的,可增加安置补助费。原土地补偿费和安置补助费的总和不得超过土地被征收前三年平均年产值的30倍的土地管理规定,已经在2013年修订的《土地管理法》中删除。

各项补偿费用由被征收单位收取后,按如下方式处理:①土地补偿费、依法应支付给集体的安置补助费、集体所有的青苗补偿费和附着物补偿费,由被征地单位管理和使用。②青苗补偿费和附着物补偿费归青苗和附着物的所有者所有。③安置补助费的归属、使用。由农村集体经济组织安置的,支付给农村集体经济组织,由其管理和使用;由其他单位安置的,支付给安置单位;不需要统一安置的,发放给安置人员个人或经被安置人员同意后用于支付被安置人员的保险费用。

集体所有的补偿费用的使用收益应当在当地金融机构设立专户存放;使用情况公开,接受村民监督;分配办法经村民会议或村民代表会议过半数通过,报乡政府备案。

补偿标准争议。先由县级以上政府协调,协调不成的,由批准征收土地的人民政府裁决。补偿费用分配纠纷,其性质为民事纠纷,当事人为村委会或村集体经济和村民,当事人可以通过民事诉讼解决。征地信息公开纠纷属于行政争议,当事人可以通过行政复议和行政诉讼的方式解决。

（2）土地使用权划拨

土地使用权划拨是指县级以上人民政府依法批准,在土地使用者缴纳补偿、安置等费用后,将该土地交付其使用,或者将国有土地使用权无偿交付给土地使用者使用的行为。

土地使用权划拨形式。主要有两种:①在原集体土地上进行建设时的国有土地使用权的划拨。即建设单位需要利用集体土地的,应先通过征地,使集体土地成为国有土地后方可划拨,用地单位只要一次性支付原集体土地所有者一定的补偿费、安置费后,即可永久性使用。②国家将国有土地交付给土地使用者使用,这种划拨方式是对已有的国有土地的划拨,因而不需要经过征收程序,并且不需要支付补偿费和安置费,土地使用者取得土地使用权是无偿的。

土地使用权划拨与土地征收的区别。土地征收是征收集体土地,将集体所有的土地通过征收转为国家所有,是所有权主体的改变。而土地划拨是将国有土地划给使用者使用,是国有土地使用权的转移。两者的联系是,国家建设项目需要划拨土地,如果已有的国有土地不适合该建设项目,只能通过征收集体土地解决。划拨既是征收的目的,也是征收的前提,因此两者常统称为征拨用地。

土地使用权划拨与有偿出让的区别。①取得的方式与支付费用不同。以行政划拨方式取得土地使用权是无偿的,用地者虽然付出了一定的代价,如对被征收单位支付了征地费用、拆迁费用,但对国家却没有支付任何费用,国家作为土地所有者没有得到土地收益,其所有权在经济上没有实现;而出让则国家通过出让金形式取得了土地收益权。②使用基础不同。因划拨而取得的土地使用权是无期限的,但国家可以随时收回;有偿出让取得的土地使用权是约定期限的。③取得土地使用权的内容不同。通过划拨方式取得的土地使用权除法律规定条件外,不得转让、出租、抵押,并承担保护、管理及合理利用义务;而有偿出让取得的土地使用权因有偿取得,故可以让使用人再行转让、出租或抵押。

土地使用权划拨的条件与范围。划拨的条件是:①须经县级以上人民政府依法批准;②用地单位确属必需;③用地单位应支付必要的费用。划拨的范围为:按照《城市房地产管理法》第23条规定,下列建设用地的土地使用权确属必需的,可以由县级以上人民政府依法批准划拨:国家机关用地和军事用地;城市基础设施用地和公益事业用地;国家重点扶持的能源、交通、水利等项目用地;法律、行政法规规定的其他用地。

划拨土地使用权的收回。根据《城镇国有土地使用权出让和转让暂行条例》第47条规定,划拨土地使用权的收回的情形有两种情况:①无偿取得划拨土地使用权的土地使用者因迁移、解散、撤销、破产或者其他原因而停止使用土地的,市、县人民政府应当无偿收回其划拨土地使用权,并可依照有关规定予以出让。②对划拨土地使用权,由市、县人民政府根据城市建设需要和城市规划要求可以无偿收回,但对其地上建筑物、其他附着物,市、县人民政府应当根据实际情况给予适当补偿。

(3)土地使用权的出让

土地使用权出让是指国家以土地所有者的身份将土地使用权在一定年限内让与给土地使用者,并由土地使用者向国家支付土地使用权出让金的行为。

土地使用权出让是国有土地使用制度的第一个环节。我国房地产市场共有三级市场。一级市场,即土地使用权出让市场;二级市场,即房地产开发经营市场;三级市场,即房地产交易市场。

1)土地使用权出让的法律特征。①土地使用权出让是一种民事法律行为(目前也有主张是行政合同行为的)。一方为出让方,另一方为受让方。出让方为国家,受让方为自然人和法人。国家行使的并非是行政权而是所有权。双方遵循平等、自愿原则。出让行为可采用协议、招标、拍卖、挂牌方式。双方以出让合同形式来维系权利与义务关系。②系设权性法律行为。土地使用者通过出让行为取得了一种独立意义的物权,即土地使用者享有对国有土地的实际占有权、使用权、收益权,并可行使某种处分权(如转让权、抵押权)。③系有偿法律行为。土地使用者取得一定期限内的土地使用权是以支付出让金为代价的。④系要式法律行为。必须采用书面形式,且经国有土地管理部门审核批准,办理土地使用权登记手续。

2)土地使用权出让的范围及方式。出让范围包括:①仅限于国有土地,而且是城镇国有土地。城市规范区内的集体土地,未经依法征收转为国有土地之前不得出让。②出让土地一般是具有房地产交易性质的土地。我国法律至今对出让土地的范围未作明确规定,而对划拨土地的用途却作了规定。

3)出让方式。可以采取拍卖、招标、挂牌、双方协议的方式。

4)土地使用权出让年限。居住用地70年,工业用地50年,教育、科技、文化、卫生、体育用地50年,商业、旅游、娱乐用地40年,综合或其他用地50年。

5)土地使用权出让年限的计算。以领取土地使用证之日为期间的起算点;划拨土地使用权补办出让合同的出让年限按出让合同双方当事人约定的时间计算;通过转让方式取得的土地使用权其使用年限为土地使用权出让合同约定的使用年限减去原土地使用者已使用年限后的剩余年限。

6)出让年限届满与续展。出让期限届满,出让效力归于终止。土地所有权与使用权不再分离。在出让土地使用权期限届满是否续期应按相关法律规定处理。

7)出让土地使用权的提前收回。基于社会公共利益的需要,给土地使用者以补偿。

(4)土地使用权转让

土地使用权转让是指土地使用权人在其权利年限有效范围内将其受让的土地使用权依法转移给他人的民事行为。其实质是土地使用者将土地使用权的再转让。

1)土地使用权出让与土地使用权转让的关系。出让是土地使用权转让的前提和基础,没有土地使用权出让就没有土地使用权的转让,划拨土地使用权须补办出让手续,补交土地使用权出让金或以转让后的收益补交土地使用权出让金后方可转让。但是土地使用权出让与土地使用权转让存在明显的不同。土地使用权的出让是土地所有权权能相分离而独立的财产权——土地使用权,其产生是土地所有权人行使土地所有权的结果;而土地使用权的转让则是土地使用权在转让人与受让人之间的转移,其产生是土地使用权人对土地使用权进行法律上的处分的结果。

2)土地使用权转让的形式。按《城镇国有土地使用权出让和转让暂行条例》第19条规定,包括出售、交换和赠与。①出售。是指转让人以获取价金为目的将土地使用权转让给受转让人,受转让人支付价金并获取土地使用权的民事法律行为。土地使用权出售实质是土地使用权的买卖。②交换。是指两个土地使用权人之间就土地使用权进行互易的行为,其本质是一种权利互易。③赠与。是指土地使用权人将其权利无偿地转移给他人的行为。

3)土地使用权转让的生效要件。

第一,须具备可转让的条件。如果是以出让方式取得土地使用权,应已经支付全部土地出让金,并取得土地使用证书。同时应按出让合同约定进行投资开发,如果属于房屋建筑工程的,完成开发投资总额的 25％ 以上,如果属于成批开发的,形成工业用地及其他建设用地条件。转让土地使用权,如果房屋已经建成的,还应当持房屋所有权证书。如果是以划拨方式取得土地使用权的,转让房地产时应当有批准权的人民政府批准,并办理土地使用权出让手续,缴纳土地使用权出让金。如果政府部门同意可以不办理土地使用权出让手续的,转让方应当将转让房产所获得收益中的土地收益上缴国家或作其他处理。

第二,不具有禁止转让的情形。禁止转让的情形是指:①不具备以出让方式取得土地使用权的转让条件的;②司法机关和行政机关依法裁定、决定查封或者以其他形式限制房地产权利的;③依法收回土地使用权的;④共有房产未经共有人同意的,但法律保护第三人的善意取得;⑤权属有争议的;⑥未依法登记领取权属证书的;⑦法律、行政法规规定的其他情形的。

第三,当事人须订立书面的转让合同。

第四,当事人须办理土地使用权转让过户登记。

(5)土地使用权出租

土地使用权出租是指土地使用权人作为出租人,将其使用权随同地上建筑物、其他定着物出租给承租人使用,承租人向出租人支付租金的民事法律行为。

土地使用权出租与土地使用权出让、转让的区别。不同于土地使用权出让在于,出让所要解决的是所有权与使用权的分离问题,而出租则是使用权的再让渡。不同于土地使用权转让在于,转让实际上是对土地使用权的卖断,原土地使用权人不再拥有土地使用权。

土地使用权出租的生效条件:①土地使用权人具备出租条件(与土地使用权转让基本相同);②签订土地使用权出租合同;③出租人须办理登记手续(属登记备案制度)。

四、国有土地上房屋征收和补偿中的法律问题

1. 立法指导思想与征收环节

2012 年国务院颁布了《国有土地上房屋征收与补偿条例》,该条例总体上的立法指导思想是,统筹兼顾工业化、城镇化建设和土地房屋被征收群众的利益,努力把公共利益同被征收人个人利益统一起来;通过明确补偿标准、补助和奖励措施,保护被征收群众的利益,使房屋被征收群众的居住条件有改善、原有生活水平不降低;通过完善征收程序,加大公众参与,禁止建设单位参与搬迁,取消行政机关自行强制拆迁的规定,把强制减到最少。

从总体上讲,国有土地上的房屋征收主要有三大环节,①征收决定;②补偿;③搬迁。

政府为了公共利益,可以对国有土地上单位和个人的房屋进行征收,这里的征收属于行政法上的行政征收,属于具体行政行为,可以申请行政复议,也可以提起行政诉讼。

2. 房屋征收与补偿的基本程序

结合《国有土地上房屋征收与补偿条例》,可以将国有土地上的房屋征收与补偿的基本程序概括为:

(1)由用地单位提出用地申请,然后政府负责征收。在此项工作中,应注意把握国有土地上的房屋征收上的六要素:①只有"为了公共利益的需要",才能实施房屋征收;②房屋征收必须依照法律规定的权限和程序进行;③房屋征收的主体只能是政府;④房屋征收应当依法给予被征收人补偿;⑤被征收人的居住条件依法受保障;⑥征收补偿费用应当足额到位、专户存储、专款专用。

(2)符合规划与计划要求。即符合土地利用总体规划;符合城乡规划和专项规划;保障性安居工程建设、旧城区改建,应当纳入市、县级国民经济和社会发展年度计划。

(3)房屋征收部门拟定征收补偿方案,并报市、县级人民政府批准。房屋征收部门应当对房屋征收范围内房屋的权属、区位、用途、建筑面积等情况组织调查登记,被征收人应当予以配合。房屋征收部门可以委托房屋征收实施单位,承担房屋征收与补偿的具体工作。房屋征收实施单位不得以营利为目的。房屋征收部门对房屋征收实施单位在委托范围内实施的房屋征收与补偿行为负责监督,并对其行为后果承担法律责任。

(4)政府公布及逐一征求意见。征求意见期限不得少于 30 日。政府还应公布征求意见情况及根据公众意见修改情况。

(5)举行听证会。因旧城区改建需要征收房屋,多数被征收人认为征收补偿

方案不符合规定的,市、县级人民政府应当组织由被征收人和公众代表参加的听证会,并根据听证会情况修改方案。

(6)进行社会稳定风险评估。对于没有经过社会稳定风险评估或群众意见较大的项目,没有建设项目批准文件、建设用地规划许可证、国有土地使用权批准文件和拆迁计划,以及拆迁补偿资金、拆迁安置方案不落实的项目,一律不得发放房屋拆迁许可证。

(7)征收补偿费用应当足额到位、专户存储、专款专用。

(8)市、县级人民政府作出房屋征收决定并及时公告。公告应当载明征收补偿方案和行政复议、行政诉讼权利等事项。被征收人对市、县级人民政府作出的房屋征收决定不服的,可以依法申请行政复议,也可以依法提起行政诉讼。

(9)房屋征收部门组织调查登记。

(10)房屋征收部门向有关部门出具暂停办理相关手续的书面通知。如不得在房屋征收范围内实施新建、扩建、改建房屋和改变房屋用途等不当增加补偿费用的行为。暂停办理相关手续的书面通知应当载明暂停期限。暂停期限最长不得超过1年。

(11)补偿与补助。补偿包括:①被征收房屋价值的补偿。对被征收房屋价值的补偿,不得低于房屋征收决定公告之日被征收房屋类似房地产的市场价格。被征收房屋的价值,由具有相应资质的房地产价格评估机构按照房屋征收评估办法评估确定。对评估确定的被征收房屋价值有异议的,异议人可以向房地产价格评估机构申请复核评估。对复核结果有异议的,可以向房地产价格评估专家委员会申请鉴定。房地产价格评估机构由被征收人协商选定;协商不成的,通过多数决定、随机选定等方式确定。②因征收房屋造成的搬迁、临时安置的补偿;③因征收房屋造成的停产停业损失的补偿。停产停业损失的补偿,根据房屋被征收前的效益、停产停业期限等因素确定。

补助一般是指对于特殊家庭,如孤老、低保、重大病、伤残军人等,作为特殊照顾对象,一般根据不同困难程度,再另外补偿一定的货币。

(12)提供周转房,置换房,安置房。被征收人可以选择货币补偿,也可以选择房屋产权调换。被征收人选择房屋产权调换的,市、县级人民政府应当提供用于产权调换的房屋,并与被征收人计算、结清被征收房屋价值与用于产权调换房屋价值的差价。因旧城区改建征收个人住宅,被征收人选择在改建地段进行房屋产权调换的,作出房屋征收决定的市、县级人民政府应当提供改建地段或者就近地段的房屋。

(13)对房屋进行认定。市、县级人民政府作出房屋征收决定前,应当组织有关部门依法对征收范围内未经登记的建筑进行调查、认定和处理。对认定为合法建筑和未超过批准期限的临时建筑的,应当给予补偿;对认定为违法建筑和超过批准期限的临时建筑的,不予补偿。

(14)补偿协议的签订。房屋征收部门与被征收人应就补偿方式、补偿金额和支付期限、用于产权调换房屋的地点和面积、搬迁费、临时安置费或者周转用房、停产停业损失、搬迁期限、过渡方式和过渡期限等事项,订立补偿协议。

从理论上讲,行政机关为了公共利益的需要,对行政征收这种具体行政行为采取了"协议"的形式,这种协议具有行政合同性质。

补偿协议订立后,一方当事人不履行补偿协议约定的义务的,另一方当事人可以依法提起诉讼。

(15)补偿决定与公告。依据《国有土地上房屋征收与补偿条例》第26条,房屋征收部门与被征收人在征收补偿方案确定的签约期限内达不成补偿协议,或者被征收房屋所有权人不明确的,由房屋征收部门报请作出房屋征收决定的市、县级人民政府依照本条例的规定,按照征收补偿方案作出补偿决定,并在房屋征收范围内予以公告。补偿决定应当公平。被征收人对补偿决定不服的,可以依法申请行政复议,也可以依法提起行政诉讼。

五、房地产租赁中的法律问题

1. 商品房与土地使用权出租的类型化

商品房租赁是指出租人将商品房交付承租人使用、收益,由承租人向出租人支付租金的行为。其形式包括承租、预租、转租、承租权转让、承租权交换、先租后售、售后包租等。

承租是房地产租赁关系中最普遍的一种情况,即需要借用房地产的人向房地产所有人(包括授权出租人)租借房屋并支付租金的行为。

先租后售、售后包租则是特定的出租方式。商品房(含存量房屋)先租后售是指房地产开发商投资建造并已取得《房地产权证》的商品房及房屋所有权人拥有的存量产权房屋,采取先出租给承租人使用,再根据合同约定出售给该承租人的一种交易行为。售后包租,按建设部《商品房销售管理办法》界定,是指房地产开发商以在一定期限内承租或者代为出租买受人所购该企业商品房的方式销售商品房的行为。

土地使用权出租是指土地使用者将土地使用权单独或者随同地上建筑物、其他附着物租赁给他人使用,由他人向其支付租金的行为。原拥有土地使用权的一方称为出租人,承担土地使用权的一方称为承租人。

随着土地使用制度改革的深化,我国土地出租存在着两种不同的方式。一是国有土地租赁;二是土地使用权出租。国有土地租赁属于土地一级市场;国有土地使用权出租属于土地二级或者三级市场。

2. 房屋租赁合同

房屋租赁合同应体现不动产出租的相关法律要求,在此类合同草拟时,在相关条款设计上可围绕房屋权属状况、房屋用途、出租期限、租费及房屋租赁保证金支付、其他费用缴付(如水电费)约定、房屋修缮、所有权变动、合同解除、违约责任等相关条款展开。

3. 租赁房屋的出卖

(1)租赁期间对外出卖房屋的,如何确定出租主体的变更时间?

租赁期间发生所有权变动导致产生新的租赁合同的,新的法律关系的产生以该房屋所有权变更登记的时间为准。买卖房屋双方对此另有约定的按约定。《合同法》第229条规定,"租赁物在租赁期间发生所有权变动的,不影响租赁合同的效力",这就是"买卖不破租赁"的规定,事实上,还包括赠予、互易等形式的所有权变更情况。由于房屋买卖而产生的新的租赁关系,该时间点就掌握在所有权发生变动的时间,也就是房屋权利变更登记的时间。

(2)"买卖不破租赁"的适用

未经登记备案的租赁合同,当房屋所有权发生变化时,承租人不能以"买卖不破租赁为由"向新的房屋权利人要求租赁合同继续履行。但是,承租人有证据证明新的房屋权利人知道或者应当知道租赁事实的除外。

在保护承租人权利的同时,也应当考虑保护房屋买受人的权利,两者的权利在法律上是平等的。德国由于二战后居住房屋紧张,为保护居住人的利益而创设了"买卖不破租赁"的法律规定,后来一些国家包括我国也将"买卖不破租赁"作为自己的法律。应该说,租赁合同由于其准物权的特性,"买卖不破租赁"有其一定的法理基础。随着经济的发展,当初的立法理由已经日渐弱化,在保护承租人利益的同时,如何保护买受人的利益成为值得思考的问题。《上海市房屋租赁条例》第15条第2款关于"房屋租赁合同未经登记备案的,不得对抗第三人"的规定,使两者利益予以平衡。当租赁合同未予登记,或者买受人不知道系争房屋租赁事实的,相应的法律后果不能由买受人承担。承租人也不能以"买卖不破租赁"为由,对抗买受人对房屋处分的权利,不能要求房屋租赁合同继续履行。

同时,出卖人未向买受人告知租赁事实,导致承租人不能主张"买卖不破租赁"而合同不能继续履行的,应当认定出租人违约。承租人可以向出租人主张相应的违约责任。

(3)承租人优先购买权的行使

承租人优先购买权,是指承租人依照法律规定享有的在出卖人出卖其标的物给第三人时,以同等条件优先于他人而购买的权利。它是当今世界各国普遍确立的一项民事法律制度。目前,关于承租人优先购买权的规定主要有,国务院于 1983 年颁布的《城市私有房屋管理条例》第 11 条规定:"房屋所有人出卖出租房屋,应提前三个月通知承租人。在同等条件下,承租人有优先购买权。"《合同法》第 230 条规定:"出租人出卖租赁房屋的,应当在出卖之前的合理期限内通知承租人,承租人享有以同等条件优先购买的权利。"司法实践中,对承租人优先购买权的适用应注意以下几点。

其一,优先购买权人行使先买权时关于"同等条件"的认定。同等条件首先是同等价格;其次是关于价款的支付方式;再次,出卖人所能提供的其他条件,包括机会,构成出卖人利益所在。

其二,承租人优先购买权行使的例外。最高人民法院在《关于审理城镇房屋租赁合同纠纷案件具体应用法律若干问题的解释》第 24 条规定了房屋承租人优先购买权行使的四种例外情形:①房屋共有人行使优先购买权的。法律设定共有人具有优先购买权,宗旨是简化物权关系,维护共有关系的稳定性,充分发挥物的用益价值。②出租人将房屋出卖给近亲属情形。③出租人履行告知义务后,承租人在 15 日内未明确表示愿意购买的。逾期视为承租人放弃优先购买权。④购买房屋的第三人出于善意并已办理登记手续的。根据"举重以明轻"的民法解释原则,在第三人善意购买出租房屋,并办理登记手续情形下,可以对抗承租人优先购买房屋的主张。

其三,侵犯承租人优先购买权的房屋买卖合同有效。《最高人民法院关于审理城镇房屋租赁合同纠纷案件具体应用法律若干问题的解释》第 21 条规定,出租人出卖租赁房屋未在合理期限内通知承租人或者存在其他侵害承租人优先购买权情形,承租人请求出租人承担赔偿责任的,人民法院应予支持。但请求确认出租人与第三人签订的房屋买卖合同无效的,人民法院不予支持。承租人的优先购买权仅作为一般债权进行保护,不再作为准物权进行保护。出租人基于所有权对租赁房屋进行处分,第三人基于对物权登记的信赖而与出租人签订的房屋买卖合同有效,承租人不能以侵犯其优先购买权而主张合同无效。

4. 租赁与抵押

租赁的房屋进行抵押以及实现抵押物优先受偿权问题。抵押权与出租权是房屋所有权人的权利,但当两种权利并存时,如何处理好各自的利益关系,在法务实践中是需要认真思考的。

其一,租赁在先,抵押在后情形。一方面,抵押权的实现不影响租赁合同的继续履行,也就是说,抵押权实现后,租赁合同在有效期内对抵押物的受让人继续有效。抵押权人对已出租的房屋同意抵押的,该风险由其自行承担,抵押权人不能以该权利对抗承租权。为此,最高人民法院在《关于适用〈中华人民共和国担保法〉若干问题的解释》第65条规定:"抵押人将已出租的财产抵押的,抵押权实现后,租赁合同在有效期内对抵押物的受让人继续有效。"

另一方面,租赁也不影响抵押权人实现其优先受偿权。租赁关系直接针对的是房屋使用、收益的权利,而抵押权针对的是房屋的交换价值,二者并无本质冲突,在租赁期间,抵押权人仍可对抵押人(出租人)实现其优先受偿权,无非是优先受偿后,在租赁期间内抵押权人的权利行使会受到租赁合同相关条款的制约。

其二,抵押在先,租赁在后情形。出租人与承租人的租赁合同是有效的,但后成立的承租权对先设立的抵押权无对抗力,抵押权人实现权利时可以不考虑租赁事实的存在,租赁关系对于受让人无约束力。最高人民法院在《关于适用〈中华人民共和国担保法〉若干问题的解释》第66条指出:"抵押人将已抵押的财产出租的,抵押权实现后,租赁合同对受让人不具有约束力。抵押人将已抵押的财产出租时,如果抵押人未书面告知承租人该财产已抵押,抵押人对出租抵押物造成承租人的损失承担赔偿责任;如果抵押人已书面告知承租人对该财产已抵押的,抵押权实现造成承租人的损失,由承租人自己承担。"由于抵押权人行使抵押权致使承租人不能行使承租权的,承租人可以据此向出租人主张违约请求权。双方当事人有约定的除外。

5. 承租人转租租赁物的处理

转租是指承租人将租赁物转让给第三人使用收益,承租人与第三人形成新的租赁关系,但承租人与出租人的租赁关系仍然存在的一种交易形式。我国《合同法》第224条规定,承租人经出租人同意,可以将租赁物转租给第三人。承租人转租的,承租人与出租人之间的租赁合同继续有效,第三人对租赁物造成损失的,承租人应当赔偿损失。承租人未经出租人同意转租的,出租人可以解除合同。根据该规定,转租包括经出租人同意和未经出租人同意两种情况:

(1)经出租人同意的转租

经出租人同意的转租包括两种情形:一是在租赁合同订立时明确约定承租人有权出租租赁物;二是在租赁期间承租人征得出租人同意将租赁物转租。对于事前未经出租人同意,事后出租人知道后并不反对或予以承认的,按照《合同法》第51条"无处分权的人处分他人财产,经权利人追认或者无处分权的人订立合同后取得处分权的,该合同有效"的规定,也可以视为经出租人同意的转租。经出租人同意的转租是有效的,但由于在同一租赁物上出现了三个当事人、两个合同关系,即出租人、承租人、第三人(也可称为次承租人),这三人之间的法律关系必须明确。

按照《合同法》第224条的规定,经过转租的租赁合同关系当事人的关系应为:①出租人与承租人之间的关系不因转租而受影响,继续有效,承租人仍然应向出租人承担支付租金、在租赁期间届满时返还租赁物的义务。因次承租人的行为造成租赁物损失的,承租人仍然要对出租人负责。②虽然次承租人与出租人之间没有合同关系,次承租人可以直接向出租人支付租金。③因为次承租合同的订立以前一个租赁合同为基础,所以在租赁合同终止或者被解除时,承租人与次承租人之间的租赁关系也随之解除。

(2)未经出租人同意的转租

《合同法》第224条第2款规定:"承租人未经出租人同意转租的,出租人可以解除合同。"因为承租人未经出租人同意擅自将租赁物转租他人,直接破坏了出租人对承租人的信任,也直接损害了出租人对租赁物的所有权或处分权,同时造成多层次的对租赁物的占有关系,增加了出租人要求返还租赁物的困难或使出租物的毁损程度加重,所以出租人有权解除合同。根据此规定,在承租人未经出租人同意转租的情形下,当事人之间产生如下法律后果:

①承租人与次承租人之间的租赁合同如无违反法律禁止性规定,是有效的。因该转租合同未经出租人同意,次承租人不能取得使用、收益的权利,次承租人可向承租人请求违约损害赔偿。

②承租人擅自转租,其行为构成违约,出租人有权终止合同,并向其请求损害赔偿;出租人不终止合同,租赁关系仍然有效,不因承租人的转租而受影响。

③出租人与次承租人之间,次承租人的租赁权不能对抗出租人。在终止与承租人的租赁合同时,出租人有权要求次承租人返还租赁物。如出租人不终止与承租人之间的租赁合同,则次承租人的原租赁期间,对租赁物享有占有、使用、收益的权利,出租人不得径向次承租人请求返还租赁物。

第二部分　演练要点

一、项目演练应注意的问题

1. 物权变动行为与合同行为相结合

由于买卖合同与物权变动之联系异常紧密,在实务运作时应遵循相关法律规定。比如,就不动产买卖未经登记是否承认其效力上,司法实务界已经过了从"房屋买卖合同未经登记无效"到"未经登记的房屋买卖合同也应有效"的务实过程。再比如,在共有产权情形下,共有人一方将房产在未经其他共有人同意的情形下,将其出卖,该买卖合同是否有效,就会涉及物权法与买卖法之间的结合问题。在演练时,应认真理解最高人民法院司法解释上就此类问题在前后不同阶段的司法态度的变化。按最高人民法院在《关于审理买卖合同纠纷案件适用法律问题的解释》(法释〔2012〕8号)第3条,"当事人一方以出卖人在缔约时对标的物没有所有权或者处分权为由主张合同无效的,人民法院不予支持。出卖人因未取得所有权或者处分权致使标的物所有权不能转移,买受人要求出卖人承担违约责任或者要求解除合同并主张损害赔偿的,人民法院应予支持"。这表明,此类买卖合同也应认定其有效,可以追究出卖人的违约责任。从法理上讲,未经共有产权人同意擅自进行处分签订合同,属于负担行为,该合同之效力不以处分人对标的物享有所有权或处分权为要件,也不当然受双方主观上是否有善意之影响,该处分合同是确定有效的,只是该合同能否产生物权变动的效果待定。同样,在承租人未经出租人同意转租的情形下,承租人与次承租人之间的租赁合同如无违反法律禁止性规定,是有效的。因该转租合同未经出租人同意被依法解除时,次承租人不能取得使用、收益的权利,次承租人可向承租人请求违约损害赔偿。

2. 一项法务行为包含多重法律关系

不动产买卖与租赁法务涉及大量的非诉讼性事务,且法律关系复杂,往往是一项法务行为包含多重法律关系。如有不动产买卖时,既有合同行为,又有物权变动行为;既有合同行为,又有不动产质量引发的侵权赔偿行为;既有买卖行为,又有租赁行为。在存在多宗法律关系交错运行时,应认真厘定相关的法律关系,确定与法律关系相对应的主体,从而明确各自的法律责任。

3. 体现国家对土地开发利用的监管政策

房地产是以土地(或土地使用权)、建筑物、房地合一状态下的物质实体及其权益这三种存在形态而存在的。土地公有原则、土地有偿使用原则、房地产综合开发原则决定了国家对土地开发利用实行宏观调控与市场调节相结合,国家实施必要的监管政策。因此,在本项法务演练时应关注经济法学意义上的国家对市场行为的监管问题。

二、演练的主要内容

1. 商品房的买卖事务

演练的内容可主要集中在商品房买卖合同的草拟、审查或修改,以及商品房代理销售项目的法律运作等。

2. 商品房开发建造中的法律事务

演练的内容可主要集中在商品房开发过程中联合开发项目的法律运作。

3. 土地开发中的法律事务

演练的内容可主要集中在集体土地的征收、国有土地使用地的出让及转让项目的法律运作。

4. 房地产租赁中的法律事务

演练的内容主要集中在房地产租赁协议的草拟或审查上，重点可就租赁面积的计算方法、房屋交付时的状况、租赁合同约定的房屋用途、房屋租赁期限、租金和有关费用的范围、装修的有关约定、维修责任、解约权的行使等方面进行演练。

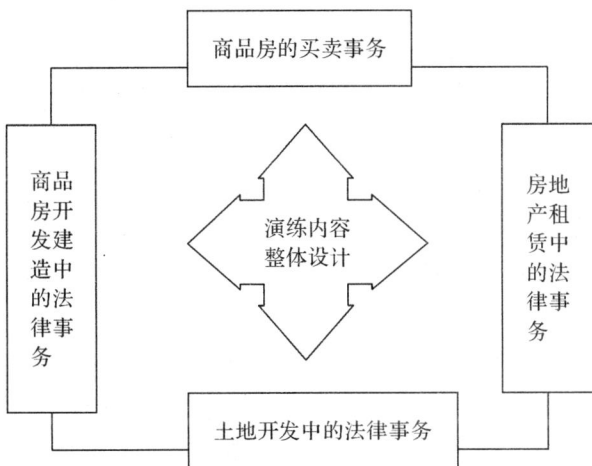

图 8-1　演练内容总体设计图

第三部分　演练素材收编及演练组织

一、演练素材的收编

1. 演练素材收编要求

(1)精心挑选案例材料。此类实案在精选时应满足以下演练要求：①可分组进行演练活动；②具有较强的可辩论性；③争议的焦点相对集中，但散发的问题又比较广泛，引发学生解决纠纷的兴趣。

(2)能满足本项法务演练中的教学要求。本项法务演练活动，主要是围绕商品房的买卖事务、商品房开发建造中的法律事务、土地开发中的法律事务、房地产租赁中的法律事务进行的。如果挑选的案例能满足上述法务演练中的两项以上内容则更好。

2. 宁波大学演练课程所采用的素材内容

(1)演练主旨:不动产买卖、租赁中的法律问题。

(2)案情简介

××市瑞田房地产开发有限公司(以下简称"瑞田房产公司")开发建造了"慈城新天地商业广场",委托××天德商用物业管理有限公司(以下简称"天德物业公司")对业主购买的商铺进行返租。2009年5月20日,瑞田房产公司向天德物业公司作出承诺,出具了一份《关于慈城新天地商业部分委托经营的承诺函》。

2009年7月起,"慈城新天地商业广场"的121户商铺业主陆续与天德物业公司签订《慈城新天地商业广场商铺租赁、管理合同》,该合同为三方合同,天德物业公司为管理方,商铺业主为出租方,还有一方为承租方。在承租方中,除三份合同加盖了瑞田房产公司合同专用章外,其他合同均为空白。合同约定的主要内容有:①租赁管理期限为5年(2010.7—2015.6),第一年租金由天德物业公司垫付;②若无承租丙方,或丙方逾期付款的,甲方天德物业公司按约定向乙方(业主)垫付款项后向责任方追索;③其他。

实际履行情况是,天德物业公司就"慈城新天地商业广场"曾经组织过招商,但未成功,支付给商铺业主的第一年租金是从业主应付给瑞田房产公司购房款中扣除的。第二、三年的返租费用也系由瑞田房产公司支付。至今该广场仍处于闲置状态。

对于第四年、第五年返租费,121户商铺业主多次催讨。2013年6月起,××天德股份有限公司(以下简称"天德股份公司")陆续与121户商铺业主签订了租金转让合同,约定商铺业主将租金债权转让给天德股份公司,为此,天德股份公司实际向121户商铺业主支付了租金7129930元。2014年,天德股份公司又与121户商铺业主签订了第五年的租金债权转让合同,并支付了相应的租金。121户商铺业主出让债权后通知了瑞田房产公司。

天德股份公司认为,瑞田房产公司是该广场的开发商,在销售该广场商铺时对业主作出过返租5年的承诺,并委托天德物业公司以自己的名义与商铺业主签订《慈城新天地商业广场商铺租赁、管理合同》,事实上前3年的租金也是由瑞田房产公司支付的。因此,瑞田房产公司应是121户商铺业主的租金债务人。

瑞田房产公司认为,本公司没有与商铺业主签订过商铺租赁合同,与天德物业公司并不存在任何委托合同关系,因此,本公司并非是121户商铺业主的租金债务人,实际债务人应当是天德物业公司。将补贴给天德物业公司的款项直接支付给业主是代为支付关系。对第四年、第五年租金,121户商铺业主没有找本公司主张过。

天德物业公司认为,瑞田房产公司曾于 2009 年 5 月 20 日向我公司作出一份《关于慈城新天地商业部分委托经营的承诺函》,在函件中明确决定由该公司对该部分物业进行销售后返租 5 年,委托我公司对项目商业部分进行商业运作管理,即代为与业主签订《慈城新天地商业广场商铺租赁、管理合同》,并以我公司的名义代为对外履行。基于这一承诺,我公司与 121 户业主签订了《慈城新天地商业广场商铺租赁、管理合同》。事实上,前三年的承租费用也是由瑞田房产公司支付的。后两年瑞田房产公司不愿支付租费,121 户业主开始信访,在不得已情况下,由我公司的股东天德股份公司予以支付,但该支付前与 121 户业主都谈妥要签订租金债权转让合同的,121 户业主表示同意。因此,该租金债权转让合同的债务人应当是瑞田房产公司。至于我公司与瑞田房产公司于 2011 年签订的《商用物业委托租赁、经营与管理合同》中所约定的经营责任以及瑞田房产公司在承担前三年租金后,后两年不再承担租金而由我公司自主经营、自负盈亏,则是内部约定,对 121 户商铺业主没有约束力。

由于三方对 121 户商铺业主支付返租租金的实际应支付债务人是谁产生争议,引发纠纷。

(3)演练素材

1)2009 年宁波瑞田房地产开发有限公司出具给宁波天德物业管理有限公司的《关于慈城新天地商业部分委托经营承诺函》1 份;

2)2009 年与 121 户商铺业主签订的《慈城新天地商业广场商铺租赁、管理合同》(共 121 份,以 1 份为样本);

3)《租金债权转让协议》及公证书 1 份;

4)宁波天德股份有限公司与宁波亚太物业管理有限公司的物业费债权转让协议相关资料一套;

5)租金转让款支付凭证及收据 1 份;

6)宁波瑞田房地产开发有限公司与宁波天德物业管理有限公司签订的《慈城新天地商业广场商铺租赁、管理合同》1 份;

7)债权出让通知函件 1 份;

8)天德股份公司与天德物业公司的工商登记材料 2 份。

(4)演练内容

1)结合本案房产开发、商铺返租、商铺招商经营事实,阐述商铺返租的法律性质;

2)针对三方当事人提出的抗辩事由,本案涉及哪些法律关系,根据现有的业务材料应当如何认定;

3)从诉讼成本与非诉讼效率的角度分析本案通过诉讼与非诉解决的利弊。

323

二、演练活动的组织

1. 分组演练

以 2～3 人为一组。

2. 演练活动组织

由教师简要讲解演练素材的基本案情,在此基础上,学生分组进行课外演练准备。待准备工作完成后,在非诉讼实验室进行演练交流。

三、教师对演练活动的点评

演练活动结束时,教师现场对演练表现进行点评。

对本项演练点评或成绩评定的观测点、作业分值列表如下(表 8-1):

表 8-1　演练项目评定分值分配表

观测点	评定要点	权重(%)	分值范围			
			优良	中等	及格	不及格
1.对不动产买卖、租赁、债权转让行为的厘定能力	(1)不动产买卖行为的类型辨析; (2)不动产租赁行为的类型辨析。	25	25以下～21	21以下～18	18以下～15	15以下
2.对案情焦点问题的概括能力	(1)本案争议的焦点问题提炼; (2)各方抗辩事由的概括; (3)各方抗辩事由的可行性分析。	25	25以下～21	21以下～18	18以下～15	15以下
3.对各方违约行为的认定能力	(1)本案中的违约主体确定; (2)本案中的违约行为认定; (3)本案中违约责任承担方式的确定。	25	25以下～21	21以下～18	18以下～15	15以下
4.非诉解决纠纷的方案设计水平	(1)非诉解决纠纷的双方利益平衡点分析; (2)解决纠纷的方案设计。	25	25以下～21	21以下～18	18以下～15	15以下
总　分		100	100以下～84	84以下～72	72以下～60	60以下

演练活动结束后,教师将参与演练学生的评定成绩记入平时成绩中。因当课演示时间上的原因,部分未参加当课演示的学生,要求其课后提供纸质作业,或将自己的演练作业进入演练模拟系统内,由教师进行成绩评定。

第四部分　辅助材料导读

一、房屋租赁合同示范文本

北京市房屋租赁合同示范文本
（北京市国土资源和房屋管理局、北京市工商行政管理局监制）

特别告知:

（一）本合同为北京市国土资源和房屋管理局与北京市工商行政管理局共同制订的示范文本,供房屋租赁双方当事人约定使用,但不适用于执行政府规定租金标准的公有房屋的租赁关系。签订合同前,双方当事人应仔细阅读合同各项条款,未尽事宜可在第十八条"其他约定事项"或合同附件中予以明确。

（二）签订合同前,租赁双方应相互交验有关身份证明及房屋权属证明。

（三）接受他人委托代理出租房屋的,应在签订本合同前出示委托人开具的授权委托书或出租代理合同,向承租方明示代理权限。

（四）租赁双方应共同查验房屋内的设施、设备,填写《房屋附属设施、设备清单》并签字盖章。

（五）合同内的空格部分可由租赁双方根据实际情况约定填写。

（六）本合同签订之日起 30 日内租赁双方应按规定到房屋所在地的区县国土资源和房屋管理局或其委托的机构办理房屋租赁合同登记备案手续。

（七）租赁关系由房地产经纪机构居间或代理的,房地产经纪机构和房地产经纪持证人员应在落款内签字、盖章,并注明经纪资格证书编号。

出租方(甲方):
承租方(乙方):

依据《中华人民共和国合同法》及有关法律、法规的规定,甲乙双方在平等、自愿的基础上,就房屋租赁的有关事宜达成协议如下:

第一条　房屋基本情况

该房屋坐落于北京市____区(县)____。

该房屋为:楼房____室____厅____卫,平房____间,建筑面积____平方米,使

325

用面积_____平方米,装修状况____,其他条件为_____,该房屋(□已 / □未)设定抵押。

第二条　房屋权属状况

该房屋权属状况为第____种:

(一)甲方对该房屋享有所有权的,甲方或其代理人应向乙方出示房屋所有权证,证书编号为:_____。

(二)甲方对该房屋享有转租权的,甲方或其代理人应向乙方出示房屋所有权人允许甲方转租该房屋的书面凭证,该凭证为:_____。

第三条　房屋用途

该房屋用途为:____。乙方保证,在租赁期内未征得甲方书面同意以及按规定经有关部门审核批准前,不擅自改变该房屋的用途。

第四条　交验身份

(一)甲方应向乙方出示(□身份证/□营业执照)及____等真实有效的身份证明。

(二)乙方应向甲方出示(□身份证/□营业执照)及____等真实有效的身份证明。

第五条　房屋改善

(一)甲方应在本合同签订后____日内对该房屋做如下改善:____,改善房屋的费用由(□甲方/□乙方)承担。

(二)甲方(□是/□否)允许乙方对该房屋进行装修、装饰或添置新物。装修、装饰或添置新物的范围是:_____,双方也可另行书面约定。

第六条　租赁期限

(一)房屋租赁期自____年____月____日至____年____月____日,共计____年____个月。(期限超过20年的,超过部分无效。)

(二)租赁期满,甲方有权收回该房屋。乙方有意继续承租的,应提前____日向甲方提出(□书面/□口头)续租要求,征得同意后甲乙双方重新签订房屋租赁合同。

如乙方继续使用租赁房屋甲方未提出异议的,本合同继续有效,租赁期限为不定期,双方均有权随时解除合同,但应提前_____日(□书面/□口头)通知对方。

第七条　租金

(一)租金标准:_____元/(□月/□季/□半年/□年),租金总计:_____元(大写:_____元)。该房屋租金____(□年/□月)不变,自第_____(□年/□月)起,双方可协商对租金进行调整。有关调整事宜由双方另行约定。

（二）租金支付时间：_____，_____，_____，_____。

（三）租金支付方式：(□甲方直接收取/□甲方代理人直接收取/□甲方代理人为房地产经纪机构的，乙方应在_____银行开立账户，通过该账户支付租金，房地产经纪机构不得直接向乙方收取租金，但乙方未按期到_____银行支付租金的除外。房地产经纪机构应于本合同签订之日起3个工作日内应将其中一份合同送交_____银行。)

（四）甲方或其代理人收取租金后，应向乙方开具收款凭证。

第八条 房屋租赁保证金

（一）甲方交付该房屋时，乙方(□是/□否)向甲方支付房屋租赁保证金，具体金额为：____元(大写：____元)。

（二）租赁期满或合同解除后，房屋租赁保证金除抵扣应由乙方承担的费用、租金，以及乙方应承担的违约赔偿责任外，剩余部分应如数返还乙方。

第九条 其他费用

租赁期内，与该房屋有关各项费用的承担方式为：

（一）乙方承担(□水费/□电费/□电话费/□电视收视费/□供暖费/□燃气费/□物业管理费/□_____)等费用。乙方应保存并向甲方出示相关缴费凭据。

（二）房屋租赁税费以及本合同中未列明的其他费用均由甲方承担。

第十条 房屋的交付及返还

（一）交付：甲方应于_____年____月____日前将房屋按约定条件交付给乙方。《房屋附属设施、设备清单》经双方交验签字盖章并移交房门钥匙及_____后视为交付完成。

（二）返还：租赁期满或合同解除后，乙方应返还该房屋及其附属设施。甲乙双方验收认可后在《房屋附属设施、设备清单》上签字盖章。甲乙双方应结清各自应当承担的费用。乙方添置的新物可由其自行收回，而对于乙方装饰、装修的部分，具体处理方法为(□乙方恢复原状/□乙方向甲方支付恢复原状所需费用/□乙方放弃收回/□归甲方所有但甲方折价补偿)。

返还后对于该房屋内乙方未经甲方同意遗留的物品，甲方有权自行处置。

第十一条 房屋及附属设施的维护

（一）租赁期内，甲方应保障该房屋及其附属设施处于适用和安全的状态。乙方发现该房屋及其附属设施有损坏或故障时，应及时通知甲方修复。

甲方应在接到乙方通知后的_____日内进行维修。逾期不维修的，乙方可代为维修，费用由甲方承担。因维修房屋影响乙方使用的，应相应减少租金或延长租赁期限。

（二）对于乙方的装修、改善和增设的他物甲方不承担维修的义务。

（三）乙方应合理使用并爱护该房屋及其附属设施。因乙方保管不当或不合理使用，致使该房屋及其附属设施发生损坏或故障的，乙方应负责维修或承担赔偿责任。如乙方拒不维修或拒不承担赔偿责任的，甲方可代为维修或购置新物，费用由乙方承担。

（四）对于该房屋及其附属设施因自然属性或合理使用而导致的损耗，乙方不承担责任。

第十二条　转租

（一）除甲乙双方另有约定以外，乙方需事先征得甲方书面同意，方可在租赁期内将该房屋部分或全部转租给他人。

（二）乙方转租该房屋，应按规定与接受转租方订立书面转租合同，并向房屋租赁管理行政机关办理房屋租赁合同登记备案手续。

（三）接受转租方对该房屋及其附属设施造成损坏的，应由乙方向甲方承担赔偿责任。

第十三条　所有权变动

（一）租赁期内甲方转让该房屋的，甲方应当提前____日书面通知乙方，乙方在同等条件下享有优先于第三人购买的权利。

（二）租赁期内该房屋所有权发生变动的，本合同在乙方与新所有权人之间具有法律效力。

第十四条　合同的解除

（一）经甲乙双方协商一致，可以解除本合同。

（二）有下列情形之一的，本合同终止，甲乙双方互不承担违约责任：

1. 该房屋因城市建设需要被依法列入房屋拆迁范围的。

2. 因地震、火灾等不可抗力致使房屋毁损、灭失或造成其他损失的。

（三）甲方有下列情形之一的，乙方有权单方解除合同：

1. 未按约定时间交付该房屋达____日的。

2. 交付的房屋不符合合同约定严重影响乙方使用的。

3. 不承担约定的维修义务致使乙方无法正常使用该房屋的。

4. 交付的房屋危及乙方安全或者健康的。

5. 其他：____。

（四）乙方有下列情形之一的，甲方有权单方解除合同，收回该房屋：

1. 不支付或者不按照约定支付租金达____日的。

2. 欠缴各项费用达____元的。

3. 擅自改变该房屋用途的。

4. 擅自拆改变动或损坏房屋主体结构的。

5. 擅自将该房屋转租给第三人的。

6. 利用该房屋从事违法活动的。

7. 其他：____。

第十五条　违约责任

（一）甲方有本合同第十四条第三款约定的情形之一的，应按月租金的____％向乙方支付违约金。

（二）因甲方未按约定履行维修义务造成乙方人身、财产损失的，甲方应承担赔偿责任。

（三）租赁期内，甲方需提前收回该房屋的，应提前____日通知乙方，将已收取的租金余额退还乙方并按月租金的____％支付违约金。

（四）乙方有本合同第十四条第四款约定的情形之一的，应按月租金的____％向甲方支付违约金。

（五）乙方擅自对该房屋进行装修、装饰或添置新物的，甲方可以要求乙方恢复原状或者赔偿损失。

（六）租赁期内，乙方需提前退租的，应提前_____日通知甲方，并按月租金的____％支付违约金。

（七）甲方未按约定时间交付该房屋或者乙方不按约定支付租金但未达到解除合同条件的，以及乙方未按约定时间返还房屋的，应按_____标准支付违约金。

（八）其他：_____。

第十六条　无权代理

由甲方代理人代为签订本合同并办理相关事宜的，甲方代理人和乙方应在甲方开具的授权委托书或出租代理合同的授权范围内确定本合同具体条款，甲方代理人超越代理权或代理权终止后的代理行为，未经甲方书面追认的，对甲方不发生法律效力。

第十七条　合同争议的解决办法

本合同项下发生的争议，由双方当事人协商解决或申请调解解决；协商或调解不成时采取以下途径：

□向_____人民法院起诉；

□向_____仲裁委员会申请仲裁。

第十八条　其他约定事项

（一）_____。

（二）_____。

　（三）＿＿＿＿＿＿＿＿＿＿＿＿＿＿＿＿＿＿＿＿＿＿＿＿＿＿＿＿＿＿＿。

　本合同经甲乙双方签字盖章后生效。本合同（及附件）一式＿＿＿＿＿份，其中甲方执＿＿＿＿份，乙方执＿＿＿＿份，房屋租赁管理行政机关备案一份，＿＿＿执＿＿＿份。

　本合同生效后，双方对合同内容的变更或补充应采取书面形式，作为本合同的附件。附件与本合同具有同等的法律效力。

出租方（甲方）签章：　　　　　　承租方（乙方）签章：

住所：　　　　　　　　　　　　　住所：

证照号码：　　　　　　　　　　　证照号码：

法定代表人：　　　　　　　　　　法定代表人：

电话：　　　　　　　　　　　　　电话：

出租方代理人（签章）：　　　　　承租方委托代理人：

签约时间：　年　月　日

签约地点：

　租赁关系由房地产经纪机构居间或代理的，房地产经纪机构和持证经纪人员应填写以下内容：

　房地产经纪机构（签章）：

　房地产经纪持证人员姓名：

　经纪资格证书编号：

　附件一：《房屋附属设施、设备清单》

　注：甲乙双方可直接在本清单填写内容并签字盖章，也可将自行拟定并签字盖章的《房屋附属设施、设备清单》附在合同上。

第九讲　产品责任法律事务演练

第一部分　教师讲解

一、《产品质量法》中的产品概念及范围

我国的《产品质量法》第 2 条第 2 款规定:"本法所称产品是指经过加工、制作,用于销售的产品。"第 3 款又规定:"建筑工程不适用本法规定;但是,建设工程使用的建筑材料、建筑构配件和设备,属于前款规定的产品范围的,适用本法规定。"

由此可理解为,《产品质量法》对产品范围的界定为:①经过加工、制作、用于销售的产品。未经加工的产品(如天然品)以及不是为了销售而加工制作的物品就不是该法意义上的产品。②该法所讲的产品不包括建筑工程。如果建筑工程发生质量纠纷,应适用《建筑法》及其他相关法律。但是建设工程使用的建筑材料、建筑构配件和设备,属于《产品质量法》规定的产品范围的,适用本法规定。③由于军工产品一般不进入市场销售,所以《产品质量法》的规定不适用军工产品。④《产品质量法》的规定不适用初级加工的农产品。⑤在我国境内销售的属于《产品质量法》所称的产品范围内的进口产品,适用《产品质量法》有关规定。

世界各国对产品的定义及其范围的限定不尽相同。

在美国,产品指一切经过加工处理的有形物,包括农产品在内。现已扩展到无形财产在内。

在欧共体,1985 年《欧共体产品责任指令》第 2 条规定,产品指一切动产,还包括电,但不包括农业原产品和狩猎产品,同时允许各成员国通过国内立法将农业原产品和狩猎产品包括在产品范围内。

在英国,1987 年制订的《消费者保护法》中产品指任何物品或电,且包括不论是作为零部件还是作为其他东西装到另一产品中的产品。

在法国,《法国民法典》第 1386-3 条规定:"一切动产物品,即使已与某一不动产结合成一体,其中包括土地的产品、畜产品、猎获物与水产品,都是产品;电,

视为产品。"

在德国,1989 年在《产品责任法》中规定的产品是指一切动产,而且动产也包括构成另一动产或不动产之一部的物,同时也包括"电",但"未经加工"的农业产品不是产品。

综上,借鉴世界各国的经验,结合我国司法实践,越来越多的学者对产品的概念和范围提出立法建议。对于电,利用管道输送的燃气、油品、热能,血液及其制品,计算机软件和类似的电子产品,经过初加工的农产品等是否属于产品责任法中的产品范围,各持不同的意见,给裁判实务留下不确定性,应通过立法予以明确规定。

(1)电。导线传输中的电造成人身损害的案件,如果符合《民法通则》第 123 条规定的高压要件,自可适用该条高度危险责任。按照最高人民法院《关于审理触电人身损害赔偿案件若干问题的解释》规定,所谓高压,指电压在 1 千伏以上的输电线路。依此解释,居民生活用电(220 伏)及普通工厂车间用电(360 伏),不属于高压。如果不符合高压要件,如居民生活用电、普通工厂车间生产用电造成损害,应不适用高度危险责任,而适用《民法通则》关于一般侵权行为的过错责任,如不将导线传输中的电纳入《产品质量法》中的产品,对受害者保护显然是不利的。

(2)管道燃气、油品、热能等。现代建筑业的不断进步,物业服务的不断完善,生产、生活、办公条件的日益改善,管道供油、供气、供热等越来越多,如果造成人身、财产损害,是否能适用产品责任是需要在理论与实践中回答的问题。管道的铺设具有专业技术性,管道及其铺设的质量,管道内所供的燃气等存在危险,供应商对质量问题应承担严格责任。因此,通过管道供气、供水和供油虽不能完全符合产品责任法中产品定义,仍将其视为产品,按《产品责任法》担责具有社会意义。

(3)血液及其制品。近年来,一些法院在因输血感染艾滋病的案件中,认定输血用的血液不符合《产品质量法》第 2 条的"产品"定义,因而排除《产品责任法》的适用。血液在医疗过程中,实质上是被用于销售,即使是无偿献血所献血液,也还是被采血单位"出售",血液在被采集过程中,经过了一系列的抽取、检测,并通过离心机对血液进行离心、分层、提取,是一个加工制作过程。且由于人体的个体差异,输血有一定的风险,虽从采集起就有各种严格要求,但在临床上仍有可能发生各种并发症,如血液处于对使用者不合理的危险的缺陷状态,将直接关系到公民生命健康。为保护患者,促使医疗单位承担严格责任,将血液及其制品作为产品责任法中的"产品"更为可取。

(4)计算机软件和类似的电子产品。完全符合法律意义上的产品定义,经过加工、制作，用于销售，在司法实践中应认定其为《产品质量法》概念下的产品。

二、产品缺陷与产品瑕疵之认定

1. 瑕疵与缺陷的含义

1988年，内蒙古职工王文海在使用具备产品责任合格证的冷藏柜时，因箱体带电触电身亡；1995年，北京铁道附中19岁女生贾国宇在餐厅就餐时，因使用的卡式炉燃气罐突然发生爆炸，致使面部及双手严重烧伤；1998年，孕妇陈某在产前输血、分娩时注射人体白蛋白，后本人及其丈夫、女儿全部感染艾滋病；2000年，10岁男孩赖毅楠在燃放"三无"产品"高空礼花弹"时，被没有升空的礼花弹炸伤，后因抢救无效死亡；2000年，林某在乘坐三菱吉普车时，行驶中因挡风玻璃爆炸而被震伤猝死。上述不合格产品及缺陷产品给人们的生活与生命带来了突如其来的灾难。司法实践中类似的产品责任案例逐年增多。

广义地说，产品不符合其应当具有的质量要求，即构成瑕疵。狭义地说，瑕疵仅指一般性的质量问题，如产品的外观、使用性能等。缺陷是指产品有较大的质量问题。但我国立法未对瑕疵作出明确界定。《产品质量法》在第14条第2款中使用了"瑕疵"一词，该条表述为"产品存在使用性能的瑕疵"。《消费者权益保护法》中所称"瑕疵"的外延更广。该法在第23条第1款规定："经营者应当保证在正常使用商品或者接受服务的情况下其提供的商品或者服务应当具有的质量、性能、用途和有效期限；但消费者在购买该商品或者接受该服务前已经知道其存在瑕疵，且存在该瑕疵不违反法律强制性规定的除外。"《合同法》第169条、第191条、第370条、第417条均使用了"瑕疵"这一术语。

我国《产品质量法》第34条规定："缺陷是指产品存在危及人身、他人财产安全的不合理危险；产品有保障人体健康，人身、财产安全的国家标准、行业标准的，是指不符合该标准。"

2. 瑕疵与缺陷的异同点比较

产品缺陷与产品瑕疵是两个既有联系又有区别的概念。

两者的共同之处在于：①都不符合产品质量要求。②都应当承担质量责任（但对瑕疵，经营者作出明确的说明或者用户、消费者在购买该产品前已经知道的除外）。

两者的区别主要表现在：

（1）含义不同。产品瑕疵是指销售者作为出卖人交付的产品未达到法定的质量标准以及约定的技术要求，未能出现买受人所期望的质量状况，从而使买受人不能按计划使用产品。在产品质量法中规定了三种情形：其一，不具备产品应当具备的使用性能而事先未作说明；其二，不符合在产品或其包装上注明采用的产品标准;其三,不符合以产品说明、实物样品等方式表明的质量状况。产品缺陷则是指产品存在危及人身健康、他人财产安全的不合理危险,或者不符合国家、行业对该产品保障人身健康、财产安全的标准而存在的不合理危险。包括设计缺陷、原材料缺陷、制造缺陷和指示缺陷。

(2)责任性质不同。产品瑕疵责任是合同责任,产品缺陷责任是特殊的民事侵权责任。

(3)承担责任的条件不同。产品只要有瑕疵,不论是否造成损害后果,都要承担违约责任。而产品仅存在缺陷,尚未造成损失后果的,则不能构成产品缺陷所致的特殊的民事侵权责任。

(4)求偿主体不同。产品缺陷责任作为特殊的侵权责任,求偿主体可以是产品的买受人,也可以是其他受害人;而产品瑕疵责任作为违约责任,其责任主体为销售者,权利主体则仅限于产品买受人。

(5)赔偿方式和标准不同。对瑕疵产品,由销售者依照法律规定或者合同约定,负责修理、更换、退货以至赔偿损失;对缺陷产品,以损害赔偿为原则。

(6)诉讼时效有别。出售质量不合格的商品未声明的,诉讼时效期间为1年(如属于合同责任也可适用2年的诉讼时效);因产品存在缺陷造成损害要求赔偿的,诉讼时效期间为2年。

3. 产品缺陷、产品瑕疵与产品质量不合格的区别

在现实生活中,产品质量不合格通常表现为产品存在缺陷或瑕疵,但如果据此把产品质量不合格完全等同于产品缺陷或产品瑕疵,未免失之偏颇。因为尽管产品质量不合格与产品缺陷、产品瑕疵有着密切的联系,但两者之间同样也存在着明显区别。

(1)两者的判断标准不同。判断某产品是否存在缺陷的标准是看该产品是否存在不合理危险;判断某产品是否存在瑕疵的标准是看该产品是否具备通常应当具备的使用性、效用性以及其他约定的品质。而判断某产品质量是否合格的标准,依据的是有关法律的规定和当事人的约定,针对的是处理品(残次品)和劣质产品,以及相关法律法规规定的应判定为不合格的产品。

(2)两者的范围不同。《产品质量法》在"生产者、销售者的产品质量责任和义务"一章中,除第14条规定生产者、销售者负有生产或销售的产品应不存在缺陷、瑕疵的义务外,在此后的条款中还规定了生产者、销售者应承担的其他产品质量义务。生产者、销售者违反上述规定,其生产或销售的产品显然应判定为质量不合格的产品。这些与产品是否存在缺陷或瑕疵显然没有必然联系。从这一点看,产品质量不合格也并非产品缺陷、瑕疵所能全部包容。产品不存在缺陷或瑕疵,同样会存在产品质量不合格的问题。产品质量不合格的外延明显大于产品缺陷和产品瑕疵。

4. 缺陷产品、瑕疵产品与假冒伪劣产品的区别

产品缺陷、产品瑕疵是从产品是否具有造成人身财产危害的危险性,以及产品是否具有使用价值进行评判的,是《产品质量法》上的概念。

假冒伪劣产品是从产品的生产流通是否具有对市场经营秩序的危害性(损害名优产品的信誉),侵犯企业与消费者利益进行评判的,是《竞争法》与《消费者权益保护法》上的概念。所谓假冒商品,是指非常逼真地模仿某个商品的外观,从而使用户、消费者误认为该商品就是真商品。假冒商品的生产者和销售者是在未经授权、许可(或认可)的情况下,对受知识产权保护的商品(商标)进行复制和销售。伪劣商品是指生产、经销的商品,违反了我国现行法律、行政法规的规定,其质量、性能指标达不到我国已颁布的国家标准、行业标准及地方标准所规定的要求,甚至是无标生产的产品。

由于立法对它们的评判标准不一,因而,两者之间既有重合又有区别。伪劣产品中会有缺陷产品与瑕疵产品,但并非所有的伪劣产品都是缺陷产品,如无标识的伪劣产品。假冒产品并非都是缺陷产品与瑕疵产品,有些假冒产品质量符合相关标准,行政执法部门不一定非要就地销毁,删除其违法假冒的标识,其产品仍具有可使用性,以避免社会资源的浪费。

从一些地方性立法对假冒伪劣商品的种类划分中,可以看出缺陷产品、瑕疵产品与假冒伪劣产品的区别。在《江苏省惩治生产销售假冒伪劣商品行为条例》中,其中第 6 条列举的假冒伪劣商品有:①不符合保障人体健康和人身、财产安全的国家标准、行业标准的;②掺杂掺假、以假充真、以旧充新、以次充好或者以不合格商品冒充合格商品的;③过期、失效或者变质的;④国家明令淘汰的;⑤伪造、冒用他人厂名、厂址或者商品产地的;⑥伪造、冒用认证标志等质量标志或者质量证明文件的;⑦冒充注册商标或者侵犯他人注册商标专用权的;⑧冒充专利或者侵犯他人专利权的;⑨非法制作、销售出版物或者侵犯他人著作权的;⑩伪造生产日期、安全使用期、有效期、失效日期或者保质期的;⑪知道或者应当知道是假冒伪劣原材料、零部件而进行加工、制作或者组装的。

在该《条例》第 7 条中,将下列情形之一的商品视为假冒伪劣商品:①依法实行许可证制度、质量安全市场准入、准产制度而未取得合法证件生产、销售的;②无执行标准的;③无检验合格证明或者未使用中文标明商品名称、厂名和厂址的;④应当标明而未标明商品的主要成分和含量的;⑤应当标明而未标明警示标志或者中文警示说明的。

5. 产品缺陷的认定标准

我国《产品质量法》第 46 条对产品缺陷作了完整定义:"本法所称缺陷,是指

产品存在危及人身、他人财产安全的不合理的危险；产品有保障人体健康、人身、财产安全的国家标准、行业标准的，是指不符合该标准。"此规定体现了我国司法实践中认定产品缺陷的双重标准，即"不合理危险"和"不符合法定安全标准"。前一标准借鉴了美国第二次《侵权法重述》402A 的规定，避免了以列举方式定义导致的法律疏漏。后一标准的立法思想是生产者负有遵循关于产品安全性的强制性国家标准、行业标准的法定义务，不符合该标准就应认定为有缺陷。

法务实践中的诸多案例证明了上述产品缺陷认定的标准具有现实的可操作性。例如，2000 年 2 月 4 日，赖建昌、詹惠群委托黄某向被告张益斌购买 3 枚"高空礼花弹"。同日除夕夜，两原告之子赖毅楠（1989 年 3 月 15 日出生）在燃放时，"高空礼花弹"在地面炸开。赖毅楠当即被炸伤，因抢救无效于 2 月 7 日死亡，共花去医疗 4881.67 元。法院在审理上述案件时认定，被告销售给原告的"高空礼花弹"系"三无"产品，且在燃放时在地面炸开，该产品存在缺陷。被告销售缺陷产品造成人身伤害，应该按照产品责任法律制度承担民事责任。因此依法判处被告赔偿原告医疗费、护理费、丧葬费、死亡补偿费等。从该案中可以看出，司法实践中将国家标准和行业标准作为认定产品存在缺陷的依据。由此可见，"三无"产品由于不具备国家和行业标准确定的内在质量标准的外在表现形式，在司法实践中应认定为缺陷产品。这一认定方法被理论界和实务界广泛认同。

但是，针对我国法律对产品缺陷的双重标准，在个案适用时也会引发一些新的问题。若产品符合相关的国家或行业的强制标准，却仍存在不合理危险且造成了他人的人身财产损害时，生产者能否以产品符合强制性标准而主张免责？对上述问题，应当准确理解双重标准之间的关系，即产品是否存在不合理的危险是构成是否存在缺陷的实质性条件，而是否达到国家标准、行业标准是判定产品是否存在缺陷的客观表现。由于国家或行业的强制性标准本身存在纰漏或滞后性，导致产品发生不合理危险也在所难免，因产品质量侵权的受害人向生产者或销售者行使赔偿请求权，生产者或销售者应予以赔偿。生产者或销售者在能够证明有关国家或行业制订的产品质量标准不合理的情况下可以通过其他方式行使有关权利。

三、产品责任主体确定与归责原则

1. 产品质量责任与产品责任之区别

产品质量责任是指产品的生产者、销售者以及对产品质量负有直接责任的人违反产品质量法规定的产品质量义务应承担的法律后果。生产者、销售者违反产品质量义务的行为表现为：生产者、销售者违反法律、法规对产品质量所作的强制性要求;生产者、销售者违反就产品质量向消费者所作的说明或者陈述;产品存在缺陷。

产品责任则专指因产品缺陷引起的赔偿责任。可见,产品质量责任与产品责任是两个既相关又不相同的概念。两者的区别主要表现在:

(1)法律责任的形式不同。对于产品质量责任的形式,《产品质量法》规定了修理、更换、退货或者赔偿损失等责任形式;《合同法》规定了修理、更换、重作、退货、减少价款或者报酬等责任形式。而产品责任的形式主要为赔偿损失。

(2)赔偿范围不同。产品质量责任的赔偿范围限于因产品质量问题而造成产品本身的损失以及消费者因此而产生的运输费、交通费等经济损失。产品责任的赔偿范围为因产品存在缺陷而造成的人身、缺陷产品以外的其他财产损失,不包括缺陷产品自身的损失。缺陷产品自身的损失应由消费者另行向责任人主张产品质量责任。

另外,精神损害赔偿不属于产品质量责任的赔偿范围,而产品责任的赔偿范围则包括精神损害赔偿。

(3)归责原则不同。产品质量责任为违约责任,适用严格责任的归责原则,即只要销售者或者生产者提供的产品不符合法定或约定的质量要求,不论有无过错,均应承担法律责任。根据《合同法》的规定,不可抗力为违约责任的法定免责事由。

产品责任的归责原则因不同责任主体而异,生产者承担严格责任而销售者承担过错推定责任(过错责任的一种)。生产者承担严格责任表现为:因产品存在缺陷造成人身、他人财产损害的,生产者无论是否有过错,均应承担赔偿责任。但严格责任并非绝对责任,《产品质量法》规定,生产者能够证明有下列情形之一的,不承担赔偿责任:①未将产品投入流通的;②产品投入流通时,引起损害的缺陷尚不存在的;③产品投入流通时的科学技术水平尚不能发现缺陷存在的。

销售者承担过错推定责任表现为,因产品存在缺陷造成人身、他人财产损害的,推定销售者对此有过错,并应承担赔偿责任。销售者如果能够证明自己没有过错的,可向生产者追偿。

(4)诉讼时效期间不同。《民法通则》规定,出售质量不合格的商品未声明的诉讼时效期间为1年。依据该规定,因质量不合格而产生的产品质量责任纠纷的诉讼时效期间为1年。《产品质量法》规定,因产品存在缺陷造成损害要求赔偿的诉讼时效期间为2年,自当事人知道或者应当知道其权益受到损害起计算。因产品存在缺陷造成损害要求赔偿的请求权,在造成损害的缺陷产品交付最初消费者满10年丧失;但是,尚未超过明示的安全使用期的除外。依据该规定,产品责任纠纷的诉讼时效期间为2年。

2. 产品责任主体确定

我国《产品质量法》规定,因产品存在缺陷造成人身、他人财产损害的,受害人可以向产品的生产者要求赔偿,也可以向产品的销售者要求赔偿,属于产品的生产者的责任,产品的销售者赔偿后有权向产品的生产者追偿,属于产品的销售者的责任,产品的生产者赔偿后有权向产品的销售者追偿。产品责任主体是生产者和销售者。

在理论界,有些专家、学者建议将产品责任主体范围扩大,建议将产品的进口商、运输者、仓储者、向生产者提供有缺陷的原辅材料的生产者、向生产者提供有缺陷的零部件的生产者列为产品责任主体。我们认为现行法将产品责任主体仅确定为生产者和销售者有其合理性。

(1)进口商。随着我国加入WTO后,进口产品越来越多地进入普通百姓家庭,进口产品的缺陷如果造成了消费者的损害,国内消费者向生产者索赔的难度大,诉讼时间长,成本高,从切实维护国内消费者利益出发,避免出现因进口产品缺陷的生产者在国外而使国内受害者无法受偿的情况出现,应当将进口商列为产品责任的主体。该进口商应视为产品责任主体中的销售者。

(2)运输者、仓储者。在一般情况下,因普通消费者并不能确切地知道运输者、仓储者系何人,只知道生产者和销售者,受害人绝大多数可以直接通过向生产者、销售者要求赔偿即可,而无须追加运输者、仓储者,即使运输者、仓储者有过错,生产者、销售者在赔偿受害人之后,完全可以依据运输合同、仓储合同要求过错方承担赔偿责任。从法理上说,受害人亦不能要求运输者、仓储者承担产品缺陷的严格责任,运输者、仓储者只能依据合同关系承担违约责任。

(3)向生产者提供有缺陷的原辅材料的生产者、向生产者提供有缺陷的零部件生产者。实际上,将原辅材料的提供者、零部件的提供者追加为责任主体在实践中无多大意义。①受害人事实上不可能知道这些提供者,也不愿意放弃生产者和销售者而去追究提供者的责任。一旦因破产或其他原因使生产者、销售者难以得到追究,消费者也很难举证证明谁是原辅材料的提供者,谁是零部件的提供者,原辅材料、零部件是否有缺陷等。②增加了受害人实现救济的难度,增加了受害人的举证义务,增加了案件的审理难度。③生产者向原辅材料、零部件的提供者追偿,也是产品责任的连环案,应最终由生产者去追索。

根据《民法通则》、《产品质量法》和《消费者权益保护法》的相关规定,不应笼统地看待产品缺陷的归责原则,而应将其分成两个阶段(或两个层次、两个程序)来认识。

第一阶段是受害人向生产者、销售者主张权利阶段。在此阶段中,除法定的免责情况外,只要产品存在缺陷造成人身、他人财产损害,无论生产者、销售者有无过错,均应对受害人承担完全赔偿责任,实行严格责任原则。

第二阶段是生产者、销售者相互追偿阶段。在该阶段中,对生产者和销售者均实行过错责任原则,即属于产品生产者的责任,产品的销售者赔偿后有权向产品的生产者追偿。属于产品的销售者的责任,产品的生产者赔偿后有权向产品的销售者追偿。《产品质量法》第42条对销售者所作的过错赔偿责任和过错推定赔偿责任,不适用于第一阶段受害人主张的赔偿,应只适用于第二阶段生产者和销售者之间的责任分配及追偿。

在生产者和销售者均为被告的情况下,一般观点认为,只要产品制造者、销售者不能证明自己制造、销售的产品是合格产品,就应当对产品造成的损害后果承担全部民事责任。但生产者和销售者是承担连带责任呢? 还是分清生产者和销售者的责任大小,按比例分担责任呢? 抑或是在分清生产者和销售者责任大小的基础上,再判由各被告承担连带责任呢? 理论和实践中观点、做法不一。我们注意到,无论是《民法通则》还是《产品质量法》《消费者权益保护法》,既未作连带责任的规定,也未作按过错大小分担责任的规定,而且这样规定并不是立法者的疏忽。现行立法的本意应当理解为,产品生产者和销售者都是责任主体,而且都应当对受害人承担全部赔偿责任,这种赔偿责任既不是按比例分担,也不是连带责任,而是一种全部的和独立的对受害者的责任,这种责任既不能代为履行,也不能完全用连带责任来解释。在第一阶段中,应将生产者和销售者作为一个主体看待,之后才进入按过错责任大小相互追偿的阶段。

3. 产品责任归责原则

产品责任的归责原则就是指产品损害事故发生后根据何种标准和原则确定行为人的侵权责任。

西方国家的产品责任法归责原则大体经历了三个阶段:合同责任时期、疏忽责任时期及严格责任时期。

我国《产品质量法》对产品生产者采用严格责任,对销售者采取过错责任(或过错推定责任)。《产品质量法》第42条规定:"由于销售者的过错使产品存在缺陷,造成人身、他人财产损害的,销售者应当承担赔偿责任。"由于销售者的过错使产品存在缺陷,造成人身、他人财产损害的,销售者应当承担赔偿责任,此为过错责任;销售者不能指明缺陷产品的生产者,也不能指明缺陷产品的供货者的,销售者应当承担赔偿责任,此为过错推定责任。

四、产品责任法中的损害赔偿、诉讼时效与举证责任承担

1. 产品责任的损害赔偿

产品责任的损害赔偿就是由法律规定的对产品缺陷造成的损害范围的界

定。司法实践中,产品责任受害人要求高额的损害赔偿或精神损害赔偿的问题已屡见不鲜,这就涉及损害赔偿范围及限额的确定问题。

(1)司法实践中损害赔偿范围的确定

我国《产品质量法》第44条第1款以列举的方式规定了人身损害赔偿的范围,包括赔偿医疗费、治疗期间的护理费、因误工减少的收入等费用;造成残疾的,还应当支付残疾者生活自助具费、生活补助费、残疾赔偿金以及由其扶养的人所必需的生活费等费用;造成受害人死亡的,并应当支付丧葬费、死亡赔偿金以及由死者生前扶养的人所必需的生活费等费用。第2款规定了财产损害的赔偿范围。至于缺陷产品本身的损害被排除在产品责任损害赔偿范围以外,应由消费者另行向责任人主张产品质量责任。

2013年修改后的《消费者权益保护法》第49条规定:"经营者提供商品或者服务,造成消费者或者其他受害人人身伤害的,应当赔偿医疗费、护理费、交通费等为治疗和康复支出的合理费用,以及因误工减少的收入。造成残疾的,还应当赔偿残疾生活辅助具费和残疾赔偿金。造成死亡的,还应当赔偿丧葬费和死亡赔偿金。"

比较《产品质量法》第44条第1款与2013年修改后的《消费者权益保护法》第49条,在赔偿范围上,《消费者权益保护法》删除了"残废者生活补助费"赔偿,使得因产品责任造成消费者权益损害的,如何适用《产品质量法》与《消费者权益保护法》成为一个实务中应予以重视的问题。

(2)司法实践中损害赔偿限额的确定

对于因产品责任造成的损害赔偿,司法实践中是否应实行惩罚性赔偿,目前我国的产品质量法对此未作规定,仅在《消费者权益保护法》中对经营者的欺诈行为规定了惩罚性赔偿原则。

美国的产品责任法中虽未对赔偿限额作出规定,但是在司法实践中损害赔偿额尤其是精神损害赔偿额度相当大,甚至于令产品责任者不堪重负;《欧盟指令》则规定了最高赔偿限额,也规定了损害赔偿的最低限额。

相对于美国产品责任法对精神痛苦或情感伤害的规定,以及《欧盟指令》对非物质损害即精神损害规定而言,我国对产品责任造成的精神损害赔偿问题尚未完全明朗,在理论研究和司法实践中一直是较有争议的问题。

1995年,北京的"贾国宇案"在产品责任乃至整个民法领域,对确立精神损害赔偿具有里程碑的意义,法院首次在判决中明确支持了受害人主张的10万元精神损害赔偿金。而此前我国仅有《民法通则》第120条被理论界公认为包含了精神损害赔偿的立法意图,但是司法实践中一直不认可人身伤害的精神损害赔偿。直到2001年2月,在最高人民法院发布的《关于确定民事侵权精神损害赔偿责任若干问题的解释》第 1 条中,规定了自然人因生命权、健康权、身体权遭受非法侵害,可以请求精神损害赔偿。此精神损害赔偿,在致人死亡的情形下,称为"死亡赔偿金";在致人残疾的情形下,称为"残疾赔偿金"。据此解释,因产品责任致使受害人人格权利受到损害,特别是造成人身伤害时,产品生产者或销售者应当承担精神损害赔偿责任。

这里需指出的是精神损害赔偿限额的确定问题。从我国目前的司法实践看,各地社会经济发展不平衡,增大了合理的精神损害赔偿额的不确定性。在诉讼主张的精神损害赔偿数额和法院最终认可的赔偿额之间形成了明显的反差。应在充分考虑受害人的心理状态所受的侵害和社会普遍生活水准等因素后,精神损害赔偿数额要参考事故发生地、生产者所在地和受害者所在地的生活标准等进行确定。但是赔偿额不能太低,否则不能有力地保护受害者的合法权益,也不能充分体现法的规范和调整功能。当然,赔偿额也不能过高,远远超过公众的收入水准将会引发相应的道德风险,不利于社会经济发展。

2. 产品责任诉讼时效

《产品质量法》第 45 条第 1 款规定了产品责任诉讼时效为 2 年,与《民法通则》规定的普通时效期间相同。

应注意的是,对人身损害赔偿的诉讼时效期间的起算问题,最高人民法院《关于贯彻执行〈中华人民共和国民法通则〉若干问题的意见(试行)》第 168 条分别作了规定:①"伤害明显的从受伤害之日起计算";②"伤害当时未曾发现,后经检查确认并能证明是由侵害引起的,从伤势确诊之日起计算"。此外,对因缺陷产品造成人身损害赔偿的诉讼时效期间的起算问题,实务中若出现伤害不明显,但伤势当时已发现的情形,在具体掌握中可以确认伤害为标准,即当时能够确认伤害的用前一个标准;当时不能确认伤害的用后一个标准。

《产品质量法》第 45 条第 2 款规定:"因产品存在缺陷造成损害要求赔偿的请求权,在造成损害的缺陷产品交付最初消费者满 10 年丧失;但是,尚未超过明示的安全使用期的除外。"对这一"10 年"的规定,在法务实践中应注意以下几个方面问题:

(1)这"10 年期间"是否属于除斥期间。我们认为,不能按除斥期间论。因为,首先,诉讼时效的客体是债权的请求权,而除斥期间的客体一般为形成权;其次,在效力上,诉讼时效的期间届满权利人丧失的是胜诉权并非实体权利本身,而除斥期间届满消失的是实体权利本身。而就该款的规定来看,这 10 年的期间却是针对赔偿请求权而规定的,所以我们不能把其归为除斥期间。这一规定与《民法通则》第 137 条规定的 20 年的权利保护期间的立法宗旨是相同的,其目的在于在合理的时间内尽快结束法律关系的不确定性。

341

（2）这"10年期间"自造成损害的缺陷产品交付最初用户、消费者起计算，而非依《民法通则》第137条规定自权利侵害之日起计算。换言之，缺陷产品第一次出售后已满10年，再造成损害，因产品存在缺陷造成损害要求赔偿的请求权亦已消灭。

（3）如果产品有明示的安全使用期，则不受"10年期间"的限制。这是适用产品责任长期诉讼时效期间的例外情况。如何在实践中正确地理解和运用"安全使用期"这一除外情况的规定呢？在具体掌握中可分别以下情况处理：①如果明示的安全使用期短于10年，长期诉讼时效期间仍为10年；②如果明示的安全使用期超过10年，则以明示的安全使用期为长期诉讼时效期间；③无论明示的安全使用期是否超过10年，如果产品有明示的超期使用的危险警示，受害人超期使用产品而受到危险警示所提示的损害时，属于不当使用，产品制造者和销售者不承担责任。

3. 产品责任的举证责任承担

因缺陷产品致人损害的责任，是一种特殊的侵权责任，在归责原则上对生产者或销售者有所不同。但只要因使用、消费缺陷产品而受到损害的受害人均可向该产品的生产者、销售者主张赔偿，生产者和销售者不得以无过错为由主张免责，受害人无须证明生产者或者销售者有过错，也无须证明该致害产品是否合格。这是生产者对其生产的产品质量应承担的终极责任。

缺陷产品致人损害赔偿责任的构成应具备三个要件：①产品存在缺陷；②损害事实的发生；③产品缺陷与受害人所受损害之间具有因果关系。只要具备以上条件，产品的生产者、销售者就应承担赔偿责任。

生产者如想免责不承担赔偿责任，就要举证证明其产品符合《产品质量法》第29条规定的免责条件：①未将产品投入流通的；②产品投入流通时，引起损害的缺陷尚不存在的；③将产品投入流通时科学技术水平尚不能发现缺陷存在的。另外，生产者确有证据证明受害人所受损害是受害人自身原因造成的，与生产者无关，也可免责。

最高人民法院在《关于民事诉讼证据若干问题的规定》第4条第6项中规定："因缺陷产品致人损害的侵权诉讼，由产品的生产者就法律规定的免责事由承担举证责任。"只要生产者或者销售者不能举证证明其对受害人所受侵害具有法定的免责事由，就应当对受害人所受侵害无条件地承担无过错赔偿责任。《产品质量法》第14条规定："生产者应当对其生产的产品质量负责。"因此，受害人对生产者生产的产品质量是否合格不承担举证责任。

五、工伤赔偿与产品缺陷损害赔偿比较

1. 两者的异同点比较

劳动者从事作业期间发生产品缺陷所引发的损害赔偿时,应注意工伤赔偿与产品缺陷损害赔偿比较。它们的共同点都表现为一种人身损害,构成侵权责任,但两者之间的区别点是明显的,主要在于:

(1)责任主体不同。工伤赔偿的责任主体是用人单位,包括企业和个体经济组织以及与受害人有劳动关系的机关、事业和民办非企业单位,而产品缺陷损害赔偿的主体是产品的生产者与销售者。

(2)主体之间关系不同。工伤保险的权利人和义务人之间必须有劳动关系,非劳动关系,不构成劳动法意义上的工伤。而产品缺陷损害赔偿的主体不受劳动关系限制。

(3)责任性质不同。工伤保险本质是劳动合同关系,主要是劳动保险法上的义务,而产品缺陷损害赔偿是侵权责任,是产品质量法上的义务。

(4)归责原则不同。工伤保险实行无过错责任,而产品缺陷损害赔偿实行严格责任。

(5)性质认定不同。工伤须经过劳动部门认定,而产品缺陷损害赔偿无须经过确认。

(6)赔偿时效不同。工伤赔偿的时效为1年,而产品缺陷损害赔偿时效虽为2年,但受到最大诉讼时效期间的限制。

(7)处理程序不同。工伤纠纷调解不成,须经劳动争议仲裁才能诉讼,而产品缺陷损害赔偿可直接通过诉讼解决。

(8)赔偿范围和标准不同。工伤赔偿,旨在保障劳动者的生活,其赔偿的范围仅限于人身伤害,并且给付金额受到法定标准的限制。而产品缺陷损害赔偿在于填补受害人的损害,赔偿范围包括所受损害和利益,最明显的莫过于可以主张精神抚慰金。

2. 赔偿协议的制作

产品质量赔偿达成意见后,应制作赔偿协议。赔偿协议应有"赔偿后双方无其他经济纠缠"等方面内容的约定,以防止"死灰复燃"重新引起诉讼。

六、贴牌生产合作中的产品质量责任分析

1. 贴牌生产合作的概念与基本形式

贴牌生产合作(Original Equipment Manufacturer,简称OEM)是指拥有产品品牌的生产者为了增加产品的产量和销售、降低上新生产线的风险或者为了

赢得市场时间,利用自己掌握的关键核心技术负责设计和开发产品,同时控制销售渠道,通过合同订购的方式委托其他具有生产资质和能力的同类产品厂家进行生产,并直接贴上自己的品牌商标。承接对产品进行加工任务的制造商被称为 OEM 厂商,其生产的产品就是 OEM 产品。

贴牌加工是自有品牌概念以来就已经存在的一种寄生现象。它起源于发达国家,起初是拥有自主品牌和市场优势的企业寻找合作伙伴共同生产,以此降低生产成本,提高品牌附加值。一些品牌企业有基于此,逐渐地将视觉和触角伸向发展中国家,并积极寻求代理人,即贴牌加工方,让他们只负责加工产品,再贴上自己的商标,以自己的商标名义进行销售,以实现"天下布武"的品牌目标。在品牌企业眼里,加工地就是自己的世界车间。而那些自愿为他人贴牌生产的代理人一般是些名不见经传的厂家企业,他们囿于技术、资金不足,不能自主研发,市场尚无立锥之地,放低身段,替人生产。

贴牌生产合作的基本形式有:

(1)当事人双方分别生产不同的部件,由一方或双方装配成完整的成品出售。

(2)由技术较强的一方提供关键部分和图纸,并在其指导下,由较弱的一方生产次要部件,并组装成完整产品,在本国市场或国际市场销售。

(3)由一方提供生产或设备,按各自的专业分工制造某种零部件、配套件或生产某种产品。在这种合作方式下,技术与设备按技术转让办法和买卖关系处理。

2. 贴牌生产合作的法律关系与责任认定

贴牌生产合作具有以下两大类基础性的法律关系:①购销合同关系;②委托生产关系。其实质是将购销合同关系与委托生产关系合二而一的契约式合营关系。

贴牌合作生产是契约式合营在生产领域的具体表现。通常通过合作生产合同和许可合同来明确各自的权利与义务关系。合同中应明确合作双方的合作内容、合作范围、合作各方的权利义务、技术资料的交付、机器设备、配套件和工具的交付、价格和支付、销售合作、侵权与保密、不可抗力、合同的生效、终止等。

我国《产品质量法》中,并未对生产者的概念进行严格界定。对于 OEM 产品,一旦产品出现责任事故,是由制造商负责还是由贴牌商负责,是一个值得思考的问题。对委托生产过程中的不合格产品,其产品质量责任究竟应当由委托方承担还是由受托方来承担,有两种观点:一是认为应当由受托的加工企业承担产品质量责任,理由是加工企业是该批不合格产品的实际生产者,是对所生产产品质量负责的第一责任人。二是认为应当由委托企业承担产品质量责任,理由是该批产品标注了委托企业的厂名、厂址,消费者对产品的购买和使用是出于对该企业品牌的依赖和产品质量的认可。

实际上,上述两种意见都有失偏颇。首先,委托方和受托方是基于委托合同而形成的共同生产主体,因此,有证据表明该产品为贴牌生产的,双方都可能成为责任主体。对于受害人所言,都可以将它们列为共同被告要求承担产品责任或产品质量责任;其次,在委托方与受托方之间如何分担责任,应具体情况具体分析。应当考察委托生产合同约定的双方权利义务,如果产品的质量缺陷是由于委托方在合同中提供的产品质量标准、原料配方、生产工艺、包装材料、储运方式的选择等因素造成的,那么理应由委托企业承担由此导致的产品质量责任,受托生产人免责;如果产品的不合格是因为受托人原因造成的,比如对生产条件、环境、设备的控制不力,对生产工艺的操作失误,对包装方式或储运方式的擅自更改,那么应当由受委托企业承担由此导致的产品质量责任。

第二部分 演练要点

一、本项目演练应注意的问题

1. 案件性质的定性

产品缺陷致人损害赔偿与产品质量责任追究是企业法务中经常会碰到的问题,如何分析案情,确定是否是产品质量侵权案件,如何进行索赔与理赔,专业性很强,需要通过实务操作来提高法务人员的职业技能。

准确把握案件性质是决定如何索赔的关键。应界定赔偿纠纷是由什么法律关系引发的。一般说来,当前的人身损害赔偿案件主要涉及医疗事故损害赔偿、雇员损害赔偿、工伤事故损害赔偿、道路交通事故人身损害赔偿、触电人身损害赔偿、消费人身损害赔偿、产品责任赔偿、环境污染损害赔偿、学生伤害事故赔偿、职务侵权赔偿、动物致人损害赔偿、一般人身损害赔偿等法律关系。

法律关系的不同往往决定着诉讼主体(即诉谁和谁诉)、审判案件准据法(即依据哪部或者哪几部法律判决)、举证责任(即由谁承担举证责任,举证不力由谁承担败诉后果)、受理的机构(即先到法院还是仲裁机构立案)四大方面的取舍;同时决定着合法的赔偿权利被法律保护的程度(即能够得到多少赔偿)。

2. 责任主体的确定

致害原因不同,责任主体不同。如是多因一果形成的损害赔偿,更不要漏列责任人;对赔偿竞合,则须进一步弄清是法规竞合还是责任竞合。切忌把法规竞合的不同责任人并列在一起,同时承担某一种责任,这样既混淆了不同责任,也不利于受害人获得全部赔偿。

应进一步查实致害原因,即受害人的人身伤害,是人为还是意外,生产者和销售者是否可免除责任。

3. 赔偿中竞合问题的剖析

遇赔偿竞合时,本着先易后难,分别主张不同的民事权利。当工伤赔偿与产品责任竞合时,权利人选择向谁主张权利,这取决于谁更有赔偿能力,以及赔偿数额大小,这对受害人能否实际取得赔偿至关重要。

4. 赔偿标准与赔偿数额的确定

产品责任赔偿中,对受害人不应忽视精神损害赔偿,在事故发生地与户籍所在地赔偿标准不一致时,宜向赔偿标准较高所在地人民法院主张权利,如果两者标准差别不大,则以方便受害人诉讼为原则选择受案法院。

二、本演练项目的演练要点

1. 产品责任纠纷的总体研判与诊断演练

结合具体案例,分析是产品瑕疵纠纷还是产品缺陷纠纷,分析生产者是否存在免责事由,如在不能确定存在免责事由的情形下,生产者或销售者应如何承担损害赔偿责任,并提出处理意见。

2. 产品质量纠纷索赔演练

结合具体案情,制作赔偿协议书,确定产品质量损害赔偿的标准、赔偿主体。在工伤赔偿与产品质量赔偿竞合时应分析比较两者在赔偿标准与赔偿数额上的差异。

3. 企业产品质量管理规章制作演练

结合产品质量纠纷中的民事诉讼举证原则,进行产品质量控制和纠纷预防,并将其内化为企业的规章制度。

第三部分　演练素材收编及演练组织

一、演练素材的收编

1. 演练素材收编要求

(1)精心挑选案例材料。此类实案在精选时应满足以下演练要求:一是可分组作法务谈判演练;二是具有较强的对抗辩论性;三是争议的焦点相对集中,但散发的问题又比较广泛,引发学生通过非诉讼方式来解决纠纷的兴趣。

（2）披露相关技术标准。产品质量纠纷中涉及相关的国家标准、行业标准问题,而这些标准具有较强的专业性,法科学生往往难以准确把握,也难以查找相关标准的出处,因此,在收编演练素材时,应就涉及相关标准的内容、产品质量纠纷中违反该标准的细节等作出必要的披露,这样,既便于学生演练,也便于学生识别纠纷的性质问题。

2. 宁波大学演练课程所采用的素材内容

（1）演练主旨:产品质量法中的产品责任。

（2）案情简介

1999 年 9 月 19 日 6 时 50 分,因宁波明日化学集团有限公司（以下简称"明日化学"）农药厂化工车间硝化工段操作间需硝化工段停车,作为明日化学操作工的张波在关闭硝酸转化流量计下阀时,因上海××阀门有限公司生产的阀门阀芯突然弹出,造成管道内大量的硝酸喷出,致使受伤后经宁波市中级人民法院法医技术检验鉴定所鉴定为四级伤残。

在张波受伤后,上海××阀门有限公司应明日化学的要求先后两次对出事的 Q41F-16P 阀门的材质经宁波、上海两地的有关权威单位进行化学成分测试,测试结果表明,由上海××阀门有限公司生产的 Q41F-16P 阀门材质中的钛含量偏低。

上海××阀门有限公司认为材质问题不会影响产品的正常使用,导致阀门阀芯弹出的原因在于张波的不当操作。上海××阀门有限公司提供的阀门是 1997 年 1 月 29 日发送的,至发生事故之日,时间为 32 个月,根据测试中心的推断,事故阀门腐蚀殆尽应在 1 年半以上,不可能使用 1 个月就发生事故。事故发生的直接原因是张波所在的企业使一只长期处于在役状态的失效阀门从未进行任何检查,疏于管理才导致事故的发生。另张波所在的企业缺少劳动防护措施,使张波的伤害进一步扩大。

张波在医治过程中花去医疗费 81759.33 元,住院伙食补助费 1020 元,误工费 5221 元,护理费 5301.72 元,伤残补助费 85120 元,住宿费 2080 元,鉴定费 150 元,合计 180652.05 元。

（3）演练材料

1）宁波明日化学集团有限公司农药厂化工车间出具的《关于张波同志工伤的情况介绍》1 份;

2）1999 年 9 月 19 日农药厂化工车间《化工硝酸岗位操作记录》1 份;

3）宁波市中级人民法院、宁波市第二医院法医技术检验鉴定所《致残评定书》1 份;

4)宁波市五金产品质量监督检验站《检验报告》1份；

5)上海××有限公司与宁波明日化学集团有限公司《产品供货合同》2份；

6)增值税专用发票5份；

7)宁波农药厂物资进库单5份；

8)上海××阀门有限公司产品说明书1份；

9)宁波市二轻工业研究所设计院化学分析报告单1份；

10)机械工业材料性能测试技术中心《检测报告》1份；

（4）演练内容

1)结合双方的观点和鉴定结论,分析认定上海××阀门有限公司存在产品缺陷的关键性证据和法律依据；

2)结合产品质量赔偿与工伤赔偿的标准,分析两者在赔偿范围和数额的差异；

3)分析张波向上海××阀门有限公司要求赔偿后是否还可以根据工伤认定向宁波明日化学集团有限公司农药厂要求赔偿。

二、演练活动的组织

1. 分组演练

可建议组成三个角色小组,即张波组、上海××阀门有限公司组、宁波明日化学集团有限公司农药厂组。

2. 演练活动的程式

张波组提出赔偿,既要求向上海方基于产品缺陷索赔,又要求宁波方基于工伤事故进行赔偿。围绕能否赔、能否同时赔展开法务分析,并提出索赔分析报告。

上海组围绕产品缺陷索赔要求该不该赔、赔多少等,在进行证据分析与法理分析的基础上提出相应的分析报告。

宁波组围绕能否具备工伤认定条件,要不要进行工伤认定,该不该进行工伤赔偿,如何处理工伤赔偿与产品缺陷赔偿之间的关系等问题,提出分析报告。

3. 演练活动组织

在各小组进行充分准备的基础上,在非诉讼法律行为模拟实验室进行演练交流。针对各组的分析报告进行能动性的辩论,以丰富各方的观点与立场。然后提出合乎司法实践的基本方案。

三、教师对演练活动的点评

本案涉及索赔事务中的两个关键性问题,即产品缺陷所致的人身损害赔偿

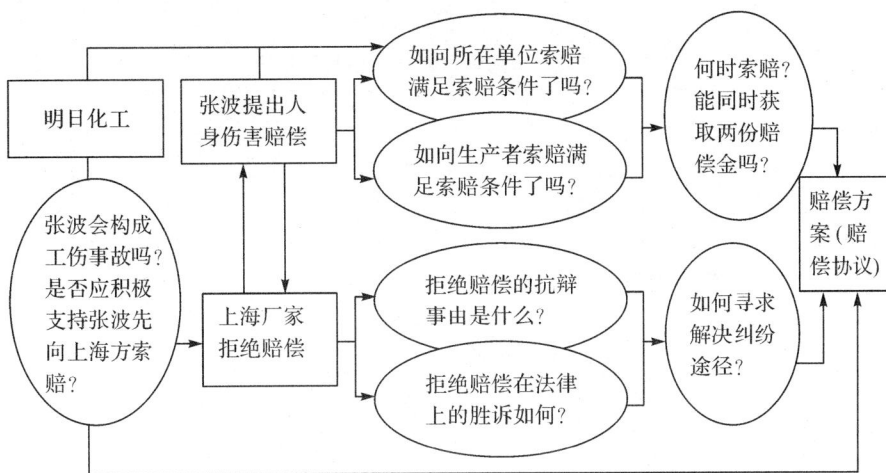

图 9-1　演练分析路径图

以及工伤事故中的工伤赔偿。

对于学生此项演练，任课教师应重点观察学生在以下几个方面的知识点把握与运用能力。

第一，能否构成产品缺陷致人身伤害事故？

第二，能否构成工伤事故？

第三，如果都能构成，能否同时索赔并获得两份赔偿？

第四，赔偿数额如何计算？

第五，该不该赔偿精神损失？

演练活动结束时，教师现场对各小组的演练表现进行点评，并将参与演练学生的评价成绩记入平时成绩中，因当课演练时间上的原因，部分未参加当课演练的学生，要求其课后提供纸质作业，或将自己的演练作业进入演练模拟系统内，由教师进行成绩评定。

对本项演练点评或成绩评定的观测点、作业分值列表如下（表 9-1）：

表 9-1　演练项目评定分值分配表

观测点	评定要点	权重（％）	分值范围			
			优良	中等	及格	不及格
1. 提炼焦点问题能力	(1)三方主体各自主张； (2)两种法律关系交叉； (3)集中的焦点性问题。	25	25以下～21	21以下～18	18以下～15	15以下
2. 运用法理与法规分析问题能力	(1)产品质量法的熟悉程度与运用能力； (2)劳动法的熟悉程度与运用能力； (3)查阅相关司法判例及对本案的借鉴能力。	25	25以下～21	21以下～18	18以下～15	15以下
3. 对个案材料的综合运用能力	(1)个案材料的熟练运用能力； (2)个案材料的分析、判断能力。	25	25以下～21	21以下～18	18以下～15	15以下
4. 综合解决问题能力	(1)各自主张的胜诉性研判能力； (2)通过非诉解决的赔偿方案(赔偿协议)制作能力。	25	25以下～21	21以下～18	18以下～15	15以下
总　分		100	100以下～84	84以下～72	72以下～60	60以下

3. 成绩登录

演练活动结束后,教师将参与演练学生的评定成绩记入平时成绩中。因当课演示时间上的原因,部分未参加当课演示的学生,要求其课后提供纸质作业,或将自己的演练作业进入演练模拟系统内,由教师进行成绩评定。

第四部分　辅助材料导读

一、案例评析

1. 案例一:析申春华与青岛崂山啤酒厂伤害赔偿纠纷案

析申春华与青岛崂山啤酒厂伤害赔偿纠纷案①

青岛市中级人民法院　范家强

【问题提出】1995 年 5 月 13 日 17 时左右,原告申春华在家中吃饭,不慎将写字台右橱门碰开,橱门将放在地上的一瓶崂山啤酒碰倒,引起爆炸,玻璃碎片击中了申春华的右眼球。经诊断为角膜巩膜破裂,眼球穿透孔。鉴定结论:伤残六级。原告申春华向市北区人民法院起诉,要求被告青岛崂山啤酒厂赔偿经济损失。被告辩称:原告的伤害是因为自己碰倒啤酒,属外力所致,并非产品质量存在问题。

市北法院经审理认为,被告作为生产厂家应当向消费者提供安全可靠的产品,对消费者负责。原告不慎将被告生产的瓶装啤酒碰倒即引起爆炸致伤右眼,说明被告的产品存在危及他人人身、财产安全的不合理危险。被告辩称不属质量问题,但未能提供所使用啤酒瓶符合国家标准的检验证明,故应承担民事责任。依照《消费者权益保护法》有关规定判令被告赔偿原告医疗费、护理费、误工费、残疾赔偿金等共计 101156 元。被告不服上诉。经青岛市中级法院审理认为:根据有关法律规定,产品侵权责任采用严格责任。本案中该瓶啤酒是否存在产品缺陷是关键问题。由于该瓶啤酒爆炸后失去了检验制造缺陷的条件,而上诉人又不能提供该批生产使用的啤酒瓶符合国家标准的证明,故上诉人应承担举证不能的法律后果,即使该瓶啤酒质量合格,对瓶装啤酒这种可能爆炸伤人的产品,上诉人也有义务按产品质量法的有关规定,加注警示字样。故上诉人或是承担制造缺陷责任,或是承担指示缺陷责任。上诉人认为该瓶啤酒没有缺陷不能成立,应依法承担赔偿责任。该案应适用产品质量法的有关规定。原审判决虽适用法律不当,但实体处理并无不妥。依法判决:驳回上诉,维持原判。

【判解研究】对于这一案件的实体处理,其结果是依法维护了受害人的合法

---

① 资料来源:范家强:《产品侵权责任若干问题研究》,载《法学》,1999 年第 4 期。

权益,体现了"谁受益谁负担风险"的罗马法原则。受理法院对该案裁判之理由涉及产品侵权责任的性质、概念、构成及民法理论的若干重要问题,实有研究的必要。

1. 关于本案适用法律的探讨

对于该案的裁判,在适用法律上一审法院与二审法院意见不一。笔者赞同二审法院的裁判意见。本案显系一起因产品缺陷致人损害引起的伤害赔偿纠纷,在法理上又称为产品侵权责任纠纷。所谓产品侵权责任,是指因产品有缺陷造成他人财产、人身损害,产品制造者、销售者所应承担的民事责任。产品侵权责任具有如下法律特征:①产品侵权责任发生在商品流通领域。产品进入流通领域之标志,是产品经过交易、转让等合同行为,由生产者之手转入消费者之手,中间可以经过若干流通环节,即批发、销售、仓储、运输等过程。②产品侵权责任并不是产品自身质量问题和自身损坏造成财产的损失,而是产品缺陷造成使用者的人身伤害或缺陷产品以外的财产损害。这个问题涉及产品侵权责任的性质是侵权责任还是合同责任。应当说,早期的产品责任属于合同责任,不属侵权责任范畴,直至各国立法普遍确认产品侵权责任后,它的性质才最终确定下来,即属侵权责任。就本案而言,原告所受损害系啤酒瓶存在缺陷而造成其人身的损害,而不是啤酒本身的价值损失,这也是产品质量纠纷与产品侵权责任的最主要区别。③产品侵权责任是物件致人损害的无过错责任。产品侵权责任之性质是物件致人损害之责任,这与国家赔偿责任、雇佣人赔偿责任等相区别。其次,产品侵权责任是"无论制造者、销售者有无过错,只要产品有缺陷并造成他人损害,就应当承担赔偿责任"的无过错责任。

我国《产品质量法》第31条规定:"因产品存在缺陷造成人身、他人财产损害的,受害人可以向生产者要求赔偿,也可以向产品的销售者要求赔偿。"依照该条之规定,产品侵权责任的基本赔偿义务主体是产品的制造者(生产者)和销售者,这两种赔偿义务主体不区分顺序,也不区分缺陷是由谁产生,受害人因产品缺陷遭受损害后,可以向该缺陷产品的生产者或销售者中的任何一方要求赔偿,也可以同时要求生产者和销售者共同赔偿,依其自主意志决定。本案的民事主体是消费者和生产者,而非消费者与经营者之间的法律关系,故应适用产品质量法的有关规定。一审法院适用消费者权益保护法显属不妥。

2. 关于产品侵权责任归责原则之探讨

依该案二审法院之裁判理由,"根据有关法律规定,产品的侵权责任采用严格责任的归责原则"。确立了产品侵权责任采用严格责任的归责原则,无论是对于司法实践或是民法理论的发展都具有重要意义。产品侵权责任之归责原则究竟采过错责任或无过错责任原则,在民法理论上一直存在分歧。一种意见认为,产品制造者、销售者之责任属于过错责任,即应采过错责任原则。此说以著名学者佟柔先生为代表,佟先生主编的法学教材《民法原理》,在论述特殊侵权行为时将产品责任排斥在外,表明作者认为产品责任属于一般侵权行为,而不是特殊侵权行为,当然应采一般侵权行为之过错责任原则。相反意见认为,产品制造者、销售者之责任属于严格责任或称无过错责任。责任之成立不以主观上有过错为要件,不论产品制造者、销售者有无过错,均应对产品所造成损害承担责任,多数民法学者主张此说。产品制造者、销售者的严格责任,是美国法院所创造的一项侵权法制度。严格责任思想之最早表述,见于1944年埃斯可拉诉可口可乐装瓶公司一案中泰勒(Traynor)法官的意见,但该意见未被采纳。1963年的格林曼诉尤巴电力公司一案,被公认为标志严格责任制度得以确立的里程碑。该案中,加州最高法院在判词中对严格责任规则作了准确的表述:制造商将其产品投入市场,知悉其将未被检查其是否有缺陷而使用,就此项有缺陷商品所肇致之损害,应负无过失责任。至此,确立了产品侵权责任的无过失责任,以后,美国从普通法中总结概括出来的《侵权行为法(第二次)重述》采纳严格责任原则,定为第402A条,在美国50个州中,有45个州根据《侵权行为法(第二次)重述》第402条,采用了严格责任。

自美国判例法确定严格责任制度以来,人类在产品侵权法乃至整个侵权行为法领域所取得的伟大立法成就,是由欧共体及其成员在1976年提出欧洲共同市场产品责任法草案,确认产品侵权责任。该草案经历三年的长时间讨论在1979年进行了修正,并于1985年以85/374号指令正式通过。指令规定,对于产品侵权责任适用严格责任原则,并要求各成员国必须在三年内修改自己的法律,使之与指令相一致。该指令已于1988年生效,现欧共体12个成员国均已按指令的要求制订了新的产品责任法或法律草案,实行严格责任。

我国长期以来并没有产品侵权责任的立法,在实务中也没有实行这一制度,原因在于新中国的民法理论原来主要借鉴原苏联的民事立法及民法理论,苏联民法并不采用产品侵权责任之立法例。改革开放的实施促进了我国商品经济的极大发展,各种家用电器、美容化妆品、各类饮料和医药、食品等的大量生产、销售,在满足广大消费者物质文化需要的同时,也发生了严重的社会问题。因产品缺陷对消费者人身和财产安全造成严重危害的情况日益突出,饮料瓶炸裂、电视机显像管喷火爆炸,电视天线和电热水器漏电、食品中毒等事件时有发生;一些厂商大肆粗制滥造,以次充好,以假充真,严重损害消费者利益。在这种背景下,制订我国产品责任法,加强对消费者的保护,开始受到民法学者和立法者的关注,中国民法研究积极借鉴大陆法系和英美法系的先进经验,在1986年制订《民法通则》时以第122条规定了这一先进的侵权法律制度。在此之后,1993年全国人大常委会制订了《产品质量法》，对侵权责任作了详细的规定，完善了我国的侵权责任制度。该法第29条第1款规定："因产品存在缺陷造成人身、缺陷产品以外的其他财产（以下简称他人财产）损害的，生产者应当承担赔偿责任。"这标志着我国已采取国际上的通常做法，步入世界产品立法的先进国家行列。我国实行社会主义政治经济制度，社会生产的根本目的是不断满足广大人民群众物质文化生活的需要。因而，保护消费者合法权益，即人民群众的人身和财产安全，是政府、立法、司法及企业界的头等重大任务，对产品制造者、销售者课以严格责任，以加强对消费者的民法保护，亦符合现代产品责任法的发展趋势。

3. 关于产品侵权责任的构成要件

构成产品侵权责任，须具备如下条件：

（1）须有缺陷产品。构成产品侵权责任的首要条件是产品存在缺陷，这也是本案争执的关键问题。何谓产品缺陷？《产品质量法》第34条作了界定，即指产品存在危及人身、他人财产安全的不合理危险；产品有保障人体健康，人身、财产安全的国家标准、行业标准的，是指不符合该标准。如何理解缺陷之具体含义，有学者指出：一是缺陷系一种不合理的危险，合理的危险不是缺陷；二是这种危险危及人身和他人财产安全，其他危险不认为是缺陷的内容；三是判断危险的合理与否或者判断某一产品是否存在缺陷的标准分为一般标准和法定标准。一般标准是一个善良人在正常情况下对一件产品应具备的安全性的期望。法定标准是国家和行业对某些产品制订的保障人体健康、人身和财产安全的专门标准，有法定标准的适用法定标准，无法定标准的适用一般标准。产品缺陷包括设计缺陷、制造缺陷和指示缺陷。设计缺陷是指产品在设计上存在着不安全的、不合理的因素。如原理错误，结构设计不合理，设计参数计算失误，安全系数不充分等。设计缺陷往往是导致产品存在潜在危险的根本因素。制造缺陷是指产品在加工、制作、装配等生产过程中，未达到设计精度要求，或不符合加工工艺要求，致使产品存在不合理的危险性。指示缺陷是指产品标识应附有警示标志或者中文警示说明而未按规定附有相应标识，致使使用人遭受损害。在本案中，被告青岛崂山啤酒厂生产的瓶装啤酒因爆炸造成了原告申春华右眼受伤的损害事实，被告"既不能提供该批生产使用的啤酒瓶符合国家标准的证明"，亦未"按产品质量法的有关规定加注警示字样或提供能够免除其侵权损害赔偿责任的其他证据"，受理法院按照"损害事实自证的原则"，推定被告生产的啤酒系存在制造缺陷或是指示缺陷，判令被告承担民事赔偿责任，符合法律规定。需要说明的是，产品责任法通用"缺陷"一语，区别于合同法上的"瑕疵"概念。合同法上"瑕疵"仅指产品规格质量不符合法定或约定标准，与"缺陷"是指对于使用者或消费者的人身和财产安全具有危害性是完全不同的。例如一台电视机，如果规格型号不符合约定，或没有图像，属于"质量不合格"，即"瑕疵"，买主可请求厂商更换、修理、退货或赔偿损失，属于违反合同责任。但是，如果显像管喷火、爆炸或天线漏电，造成人身财产损害，则属于有"缺陷"，受害人可依产品责任法使制造者或销售者承担严格责任。事实上，依合同法属瑕疵产品，而在产品责任法上属于有缺陷的产品。

（2）须有人身、财产的损害事实。产品侵权责任中的损害事实包括人身伤害、财产损害和精神损害。"人身伤害"是指因产品存在危及人身、财产安全的不合理危险，造成了消费者人体和健康的损害，包括人肢体的损伤、残废、灭失等以及身心的疾病、死亡等。依我国《产品质量法》第32条第1款之规定，因产品存在缺陷造成受害人人身伤害的，侵害人应当赔偿医疗费、因误工减少的收入，残废者生活补助费等费用；造成受害人死亡的，还应当支付丧葬费、抚恤费、死者生前抚养的人必要的生活费等。"财产损失"是指因产品缺陷致使侵害人侵犯了受害人财产权益所造成的损失，包括实际损失和间接损失。所谓精神损害是指由于缺陷产品致人损害给受害人所造成的精神痛苦和感情创伤。对于产品侵权责任是否包括精神损害，立法没有明文规定，但从立法与司法实践趋势看，应当是肯定的。

（3）须有因果关系。产品侵权责任中的因果关系要件，是指产品缺陷与受害人的损害事实之间存在的引起与被引起的关系，只有产品缺陷与损害事实间存在因果关系时，侵害者才承担法律责任。

4. 本案对民法因果关系学说的重大意义

无论依过错责任或依严格责任，均须确定加害行为与损害后果之间是否有因果关系，只有加害行为与损害后果间存在因果关系时，法律才追究行为人的民事责任，如果不存在因果关系，即使是故意的加害行为，行为人亦不对损害后果承担赔偿责任。在民法理论上，对于判断因果关系有不同的学说，各国及我国台湾学者大多采相当因果关系说，而前苏联及我国大陆学者多采必然因果关系说。按照相当因果关系说，如果某项事实仅于现实情况发生该项结果，还不足以判断有因果关系，必须在通常情形，依社会一般见解亦认为有发生该项结果之可能性，始得认为有因果关系。例如，受伤者被送入医院治疗，不幸医院失火被烧死。其伤害与死亡，于该案特定情形下不能说没有因果关系，但医院失火之事实属于意外，在通常情形不可能发生此结果，因此，不能认为有因果关系，如因伤后受风寒以致死亡，则在通常情形，依一般社会经验，认为有此可能性，因此应认为其伤害与死亡之间有因果关系。此说符合民法之公平原则，因而为多数学者及实务上采用。相当因果关系说，又称适当条件说，即适当条件为发生该结果所不可缺之条件，不独于特定情形下偶然的引起损害，而是一般发生同种结果之有利条件。在具体案件判断是否有相当因果关系时，应注意：①行为与损害之间不要求有直接因果关系，损害虽为间接之结果，如有适当条件，即应负责。②不要求损害行为必然发生。例如买入病牛而传染于他牛，如将病牛隔离即可避免传染，此他牛之传染非必然发生之结果，但亦应认为有因果关系。③苟基于适当条件所发生损害，其为通常发生之损害或为特别情形所生之损害，在所不问。

按照必然因果关系说，只有当行为人与损害后果之间是内在的、本质的、必然的联系时，才具有法律上的因果关系。如果行为与结果之间是外在的、偶然的联系，则不能认为两者有因果关系。我国大陆学者所以持必然因果关系说，无疑是受苏联民法理论的影响。前苏联学者认为，"因果关系永远是现象的这样一种联系，其中一个现象（原因）在该具体条件下，必然引起该种后果（结果）"。

相当因果关系说与必然因果关系说，两者的根本区别在于前者强调结果发生的"可能性"，而后者强调结果发生的"必然性"。且前者所强调的"可能性"取决于"社会一般见解"，"在通常情形，依一般社会经验，认为有此可能性"，即有相当因果关系，而后者强调的"必然"是"客观的"存在，与人的认识无关。所谓必然，是一个哲学概念，指不以人们意志为转移的客观规律。必然性指客观事物发展、变化中不可避免和一定不移的趋势，必然性是由客观事物的本质决定的，认识客观事物的必然性就是认识客观事物的本质。必然因果关系说的缺陷在于混淆了哲学上的因果与法律上的因果关系，以哲学上因果关系的概念代替法律因果关系概念。在司法实践中，严格贯彻必然因果关系说的情形表现为：①要求加害行为与损害结果之间有直接因果关系，不承认间接损害的赔偿；②要求损害行为必然发生，不承认非必然发生之结果的赔偿；③不承认偶然因果关系，否认因偶然性所发生损害的赔偿责任。若严格贯彻必然因果关系说将使许多无辜受害人得不到法律保护，违反民法基本精神和社会公平正义观念。法律的任务在于协调社会生活中各种利益冲突，维护社会公平与正义。从司法实务的角度讲，法官在裁判案件时，主要是依循社会生活的共同准则、公平正义和善良习俗，不了解这一点就无法理解民法时效制度、无过错责任制度、公平责任原则之应然。与必然因果关系说相反，相当因果关系说不要求法官对每一个案件均脱离一般人的智识经验和认识水平，去追求所谓客观的、本质的必然联系，只要求判明原因事实与损害结果之间在通常情形存在可能性，即要求法官依一般社会见解，按照当时社会所达到的知识和经验，只要一般人认为在同样情形有发生同样结果的可能性即可。因此，相当因果关系说不仅是现实可行的，而且法律维护社会公平正义之精神。

就本案而言，被告青岛崂山啤酒厂生产所使用的啤酒瓶存在制造缺陷或指示缺陷是致原告损害的原因，啤酒瓶爆炸致原告申春华右眼受伤是其结果，原告不慎将啤酒碰倒是致损害发生的适当条件。依相当因果关系说,因啤酒瓶存在不合理的危险,即缺陷,如果不是申春华不慎将啤酒碰倒,并不必然发生致申春华人身损害之结果,但依一般社会见解,存在缺陷的瓶装啤酒具有发生致人损害的可能性,因此应认定有因果关系,使被告承担赔偿责任,这与民法通则所确定的公平原则及社会公平正义观念完全符合。

本案之裁判虽未公开表明判断因果关系之理论依据,但从案件处理结果看,显然采纳了相当因果关系说。本案表明,我国司法实务接受了相当因果关系说,采取了与各国及我国台湾大多数民法学者相同的立场,这在理论与实务上将产生重大影响。

2. 案例二:钢结构有限公司与特种紧固件厂产品责任纠纷案评

钢结构有限公司与特种紧固件厂产品责任纠纷案评①

赵惠琳

(裁判文书:〔2005〕沪二中民四(商)终字第 813 号民事调解书)

【提要】本案系一起产品缺陷致损的侵权损害赔偿纠纷。双方当事人的争议焦点为:上诉人提起的是侵权之诉还是违约之诉?产品缺陷的判别标准是什么?上诉人对产品验收合格能否成为被上诉人免责的理由?如何确定侵权损害赔偿范围及赔偿数额?本文作者结合产品责任认定的相关法律理论对上述问题进行了探讨。供参考。

【案情】

上诉人(原审原告):上海冠达尔钢结构有限公司

被上诉人(原审被告):上海宝山特种紧固件厂

2001 年 1 月 11 日,上诉人与被上诉人签订一份加工定做合同,约定上诉人向被上诉人定购价款总额为人民币 44 万余元的紧固件螺栓 25 吨。签约后,被上诉人按约向上诉人交付了螺栓,上诉人采用抽检方式验收后,在其所承建的上海新国际博览中心地下预埋钢结构工程中使用了该批螺栓,后其中一枚螺栓发生断裂事故。上诉人遂委托检验部门进行鉴定,鉴定结论为:该枚螺栓在未使用前已存有裂纹,在安装及使用状态下,原先存在的裂纹尖端应力集中,使裂纹进一步扩展导致断裂。之后,工程总包方以及业主认为所涉标的物紧固件螺栓用于连接工程钢结构大厦主体与地面,事关公共安全并由政府强制干预,为慎重起见,对已经预埋于地面下的其余全部螺栓委托有关检验部门进行超声波探伤,并

---

① 资料来源:上海市第二中级人民法院网。http://www.shezfy.com/view.html? id=5480

对经超声波探伤后发现可能存有缺陷的三枚螺栓,从混凝土地面下开挖取出进一步进行射线检查,聘请专家评定,结果该三枚螺栓均为合格产品。嗣后,工程总包方委托有关工程公司重新在地面下补种了由被上诉人无偿提供给上诉人的四枚新螺栓,同时,拆除地下管道另行安排位置和走向,对开挖的混凝土地面重新予以整修。2005 年 3 月,工程总包方就一枚断裂螺栓所引起的全部经济损失向上诉人发出总扣款额为 35 万余元的工程扣款通知书一份。上诉人经与被上诉人交涉未果,遂诉至原审法院,主张被上诉人供应的产品存有缺陷致其财产损失,要求判令被上诉人承担 35 万余元的经济损失赔偿责任。

【审判】一审法院经审理认为,上诉人在验收时未对螺栓的质量提出异议,视为验收合格。上诉人对螺栓进行检验系抽检进行,因此,对上诉人而言,螺栓的质量问题仍然是存在一定风险的,上诉人在使用螺栓前有义务作进一步检查。上诉人发现一枚螺栓存在质量瑕疵后,对其余已埋设的螺栓全部进行探伤检测,并拆除已铺设的管道,要求被上诉人承担所产生的费用是不合理的。一审判决不予支持上诉人的诉讼请求。

二审审理过程中,经法院主持调解,双方当事人自愿达成调解协议如下:①被上诉人同意支付上诉人钱款人民币 50000 元;②一、二审案件受理费均由上诉人负担;三、双方无其他争议。

【评析】

1. 本案上诉人提起的是侵权之诉还是违约之诉

现代产品责任法取消了传统的"合同相对性"规则的限制,允许因产品瑕疵遭受损害的合同当事人向加害人(无论与其有无合同)提起侵权之诉,或者提起违约之诉。由于侵权责任与违约责任两类责任在法律上存在重大的差异,因此对两类责任的不同选择将极大地影响到当事人的权利和义务。本案中,被上诉人供应的螺栓中一枚存有裂纹,质量不符合要求,构成违约;但同时导致上诉人检测、开挖地面和重新铺设管道等,造成缺陷产品以外的其他损失,构成侵权。此一行为产生两种法律后果,存在责任竞合的情形,上诉人依法享有双重请求权。本案中,上诉人诉请的主要事实是针对被上诉人所供应的产品存有质量缺陷,要求被上诉人承担缺陷产品以外的其他各项财产损失,故上诉人作为合同受害方,已明确地选择了请求被上诉人承担产品侵权的责任。故本案纠纷应确定为产品侵权损害赔偿纠纷。

2. 本案系争产品缺陷的判别标准

我国《产品质量法》第 46 条对产品缺陷作了界定:"本法所称缺陷,是指产品存在危及人身、他人财产安全的不合理的危险;产品有保障人体健康和人身、财产安全的国家标准、行业标准的,是指不符合该标准。"我国《产品质量法》规定的是双重标准。将不合理之危险作为判断某一产品是否存在缺陷的一般标准,将产品的国家标准和行业标准作为认定产品缺陷的另一个标准,即国家标准或称强制性标准。

实践中,可能出现产品符合国家标准、行业标准,但仍因不合理之危险造成消费者人身或财产损失时,生产者或销售者应否负担损害赔偿责任? 从理论上看,有的学者认为,这种情况下不宜认定由生产者承担责任,理由为,标准既然由国家制订,国家对危险性之认识优于企业,因为标准认定不善造成消费者损害时,不应由企业承担,消费者应通过产品责任以外之途径救济之。有的学者认为,该种情况下生产者仍应承担产品责任,否则将不利于保护消费者利益,与产品责任制度宗旨相违背。

笔者认为后一种观点更符合产品责任之立法宗旨。理由如下:①以产品缺乏合理的、人们有权期待的安全性作为确定产品缺陷的判别标准,保持了同世界各国的一致性;②如果一种产品连基本的安全标准都不符合,则根本谈不上对人身、财产的保护;③国家某一强制性标准是国家在一定科技水平下制订的,不可能包含产品的全部安全性能指标;况且,市场上新产品不断出现,国家也不可能在所有新产品(尤其是涉及高新技术的产品)投入流通前,均制订相应的标准。因此,只有适用不合理危险标准,相应地提高产品的判断标准,才能体现法律的公平合理。本案中,系争螺栓在未使用前已存在裂纹,继而在安装及使用状态下,发生断裂造成了上诉人财产安全之损害,存有不合理之危险,应当被认定为是存在缺陷的产品。

3. 上诉人对产品验收合格能否成为被上诉人免责的理由

被上诉人辩称,上诉人作为重大工程的施工方,在办理产品验收手续时,因疏忽大意未能发现产品存有缺陷,在使用螺栓之前,亦未能进行产品质量检验,而直接用于地下预埋工程,显然对自身的财产利益安全未尽谨慎注意义务,对损害的发生,具有一定的过失。在民法上,对于这种过失行为,生产者一般可以提出减轻或免除责任的抗辩。但是,笔者认为产品责任毕竟有别于一般侵权的民事责任,它以给予产品受害人以特别保护为宗旨。只有当产品的缺陷以及危险性显而易见,任何具有正常认知水平的人均能发现缺陷并预防损害发生,而受害人由于轻信未加注意或没有采取预防措施以致损害发生,产品的制造者、销售者方得以受害人属于重大过失为由主张免责。由于现代工业产品具有高科技特点,买受人或使用者对于产品本身的构造或其中的危险因素缺乏专业知识,对整个生产过程了解甚少。因而他们对产品的品质优劣根本无法凭借自身的知识作出判断,缺陷产品难以防范,买到缺陷产品时,并不知道可能给他们带来的危害,因此,作为买受人或产品使用者只要对标的物的数量、外观、尺寸、表面瑕疵等方面的验收尽到了合理注意的义务,即不存在过失。

从本案的实际情况来看,被上诉人订约时对产品将被用于承载及固定一个巨大建筑物之用途是明知的,应当对产品负有高度品质保证的注意义务;而上诉人对被上诉人大批量交付的标的物依抽检方式进行验收,即已履行了依通常程序从速检查的验收义务。至于螺栓中经热处理涂锌下的细微裂纹肉眼是不可能发现的,而使用仪器对每一枚螺栓逐一进行检验更是不现实的,产品的材质只能依靠产品生产者来保证。因此,尽管产品经买受人验收合格,仍难以免除出卖人的责任。此外,在产品责任纠纷中,即使上诉人对产品未尽验收义务,对损害的发生与扩大也仅具有一般过失,在严格责任中,受害人在损害中的一般过失通常不能减轻加害人的责任。

4. 如何合理确定侵权损害赔偿范围以及赔偿数额

《产品质量法》第44条第2款规定:"因产品存在缺陷造成受害人财产损失的,侵害人应恢复原状或者折价赔偿,受害人因此遭受其他重大损失的,侵害人应当赔偿损失。"对于"其他重大损失,"理论上已达成的共识是,包括受害人的直接损失及可得经济利益的间接损失。笔者认为,依照产品责任法维护受害人利益的立法宗旨,受害人的经济损失应得到合理的考虑;而"其他重大损失"的法律规定,为审判机关合理确定损害赔偿范围,保留了一定的自由裁量空间。衡量"合理性"最主要的尺度为损害结果与侵权行为之间是否有因果关系及因果关系的紧密程度,即所谓原因力的大小。一般而言,在过错比例恒定的情况下,原因力的大小(因果联系程度)与侵权人对损失额的承担呈正比例关系:原因力越大(因果关系越密切),加害行为人所应承担的损失赔偿额就越多;如果原因力较小,加害行为人所应承担的赔偿范围应相应减轻,如果原因力极小(行为与损失无因果关系或因果关系极小),则加害人对该损失不承担赔偿责任。

本案上诉人诉请的损失为35万余元,包含拆补螺栓(四枚)费用7.6万余元;因补种螺栓(四枚)而拆除和重铺管道的费用17万元;各项检测费10.4万元。根据查明的案情,断裂螺栓和另三枚经超声探伤疑似缺陷的螺栓分布在不同位置,每一枚螺栓重新挖出再补种均导致周围一定区域内的已埋管道被拆除和重新铺设。然而,对其余全部已埋螺栓进行超声探伤及对三枚疑似缺陷的螺栓的开挖、检查和补种行为与被上诉人的侵权行为(提供的一枚螺栓有裂纹并断裂)并无必然的因果关系,与被上诉人行为的原因力较疏远。因此,除对断裂螺栓进行开挖、鉴定、补种属于该螺栓质量导致的必然损失外,其余已埋螺栓超声探伤费用和另三枚疑似缺陷的螺栓被开挖、检查、补种的费用均非必要。最终该案经法官主持,双方达成调解协议,被上诉人补偿上诉人损失5万元,符合"合理性"的相关要求。

3. 案例三:产品使用者及其雇员主张产品侵权赔偿案评析

产品使用者及其雇员主张产品侵权赔偿案评析^①

王志翔

【案例要旨】本案系因产品侵权而引发的产品责任纠纷案件。对于产品是否存在缺陷,产品是否存在缺陷的举证责任分配,以及雇员在职务行为中因使用缺陷产品而造成损害是否可以向产品生产者主张权利,是双方当事人争议的焦点。本案在审理中对上述问题予以深入的分析,对今后这类案件的审理进行了有益的探索。

【案情简介】2003 年 5 月 19 日,上海广成涂装技术工程有限公司(以下简称"广成公司")与泰兴市东成气泵制造有限公司(以下简称"东成公司")签订《工矿产品购销合同》一份,约定广成公司向东成公司购买旋涡气泵两台,2003 年 7 月 12 日上午进行开机调试时,其中型号为 XGB—10 的气泵突然发生爆炸,致使现场操作的周钢、朱仁官受伤。事发后,广成公司即将事故情况通知了东成公司。2003 年 7 月 14 日,东成公司法定代表人戴××查看现场后,双方在"产品质量存在很大问题,泵体碎裂主要是铸造质量差所引起的"等内容的《7.12 事故调查报告》上签字。后因双方对赔偿事宜未达成一致意见,广成公司和周钢、朱仁官诉至法院,要求东成公司进行赔偿。一审判决支持了广成公司和周钢、朱仁官的部分诉讼请求。东成公司不服,提出上诉,二审维持了一审判决。

【审判结论】一审判决:①泰兴市东成气泵制造有限公司赔偿上海广成涂装技术工程有限公司财产损失费 17100 元;②泰兴市东成气泵制造有限公司赔偿周钢医疗费等费用 149762.51 元;③泰兴市东成气泵制造有限公司赔偿朱仁官医疗费等费用 4090 元;④上海广成涂装技术工程有限公司、周钢、朱仁官的其余诉讼请求不予支持。

二审判决:驳回上诉,维持原判。

【评析意见】

1. 在无国家、行业标准的情况下,产品是否存在缺陷以善良人在正常情况下对产品安全性的期望为标准

我国《产品质量法》规定:"本法所称缺陷,是指产品存在危及人身、他人财产安全的不合理的危险;产品有保障人体健康,人身、财产安全的国家标准、行业标准的,是指不符合该标准。"根据该条规定,判断某一产品是否存在缺陷的标准分为一般标准和法定标准。一般标准是人们有权期待的安全性,即一个善意的消费者在正常情况下对一件产品所应具备的安全性的期望;法定标准是国家和行

---

① 资料来源:中华商检网。http://www.cta.org.cn/jdal/pcje/201008/t20100815_23928.html

业对某些产品制订的保障人体健康、人身和财产安全的专门标准,有法定标准的适用法定标准,无法定标准的适用一般标准。

就本案而言,东成公司制造的 XGB 型旋涡气泵存在产品缺陷。理由如下:

首先,东成公司制造的 XGB 型旋涡气泵并无国家标准,也无行业标准。东成公司提供的所谓产品质量标准,只是由其公司自行制订,并无任何法定效力。在此情况下,认定该旋涡气泵是否存在缺陷,就应适用认定产品是否具有缺陷的一般标准。本案中,广成公司在进行开机调试时,气泵突然发生爆炸,造成现场操作的广成公司雇员受伤及财产损失,故东成公司如不能举证证明气泵碎裂系因被上诉人操作不当,或由第三方原因引起,则其生产的产品违背了一个善意使用人在正常情况下对一件产品所应具备的安全性的期望,即不符合认定产品是否具有缺陷的一般标准。但东成公司在一、二审期间均未能提供能证明气泵碎裂系因广成公司操作不当,或由第三方原因引起的证据。故可认定其产品违背一般标准的要求。

其次,由广成公司提供的东成公司法定代表人戴××签字认可的"7.12 事故调查报告"也已明确:"经现场查看、检查,一致认为该产品质量存在很大问题,泵体碎裂主要是铸造质量差所引起的,厂方代表也承认这一点"。东成公司认为该份调查报告是其法定代表人在受胁迫的情况下签字认可的,非其真实意思表示,但未提供任何证据予以证明。

2. 因产品存在缺陷造成侵权的举证责任属于法定的倒置情形

要明确因产品存在缺陷造成侵权的举证责任,首先要明确该种侵权的责任性质。对因产品存在缺陷造成侵权的责任性质,学理上存在两种观点:一是推定过错责任说。此种观点认为,只要因产品缺陷造成损害,产品生产者若不能举证证明自己不存在过错,就推定其有过错。二是无过错责任说。其观点是,因产品存在缺陷造成的侵权为无过错责任,即产品生产者有无过错并不影响责任的成立,过错并不是归责事由。我们认为,从《民法通则》第 122 条的条文内容看,因产品存在缺陷造成的侵权并不适用过错推定。因为该条文并没有允许产品生产者以证明自己没有过错而免责。这一点,将第 122 条与第 126 条的规定加以比较就十分清楚。《民法通则》第 126 条规定的建筑物等不动产致人损害的民事责任是一种过错推定责任,该条明文规定,"证明自己没有过错的除外"。另外,从世界各国产品侵权责任的发展趋势来看,各国一般都采用无过错责任,因此,因产品存在缺陷造成的侵权应是无过错责任。在明确了因产品存在缺陷造成侵权的责任性质是无过错责任后,本案中,双方当事人的举证责任应作如下分配:作为起诉方的产品使用者广成公司及周钢、朱仁官只要承担证明有人身、财产损害的事实及该损害事实系因使用产品生产者生产的产品而造成的举证责任即可;作为应诉方的产品生产者东成公司则应适用举证责任倒置的规定,就法律规定的免责事由承担举证责任。但东成公司在一、二审期间均未能提供其具备法定的免责事由的证据,故东成公司应就此承担举证不能的不利后果,就其生产的存有缺陷的产品所造成的侵害,向广成公司及周钢、朱仁官承担侵权赔偿责任。

3. 产品使用者的雇员有权向产品生产者主张赔偿

本案上诉人东成公司主张周钢、朱仁官作为广成公司的员工,应依据劳动合同向广成公司主张赔偿而无权向其主张赔偿。因周钢、朱仁官作为广成公司的员工,确是在为广成公司工作期间受到的伤害,故该伤害应为工伤,周钢、朱仁官据此可依据双方之间的劳动合同向广成公司主张工伤赔偿。同时,周钢、朱仁官的伤害系在使用东成公司的缺陷产品时产生,双方之间形成了侵权损害赔偿关系,周钢、朱仁官亦可据此向东成公司主张侵权损害赔偿,这属于请求权的竞合。此时,周钢、朱仁官就享有了两种不同性质的请求权,其可根据最大限度填补自身损失的原则,自由选择一种请求权行使。但需注意的是,周钢、朱仁官不能同时行使该两种请求权,因为两人提起诉讼的目的是为了最大限度的填补损失,如同时行使两种请求权,就可能在实体上超越了填补损失的范围,而从中获得利益,构成权利的滥用,此为法律所不允许。故从本案来看,周钢、朱仁官作为受害者选择以侵权之诉向缺陷产品的生产者东成公司主张赔偿,并无不当,依法应予支持。

第十讲 劳动争议法律事务演练

第一部分 教师讲解

一、劳动合同与劳动合同法

1994 年,我国颁布了《劳动法》,将劳动关系以立法的形式确立下来;2007年,我国又颁布了《劳动合同法》(2012 年修订),它从劳动合同的订立、履行、变更、解除和终止等多个方面,明确了劳动合同双方当事人的权利和义务。2008年,国务院还颁布了《劳动合同法实施条例》。《劳动合同法》、《劳动合同法实施条例》进一步完善了我国的劳动合同制度,是我国劳动和社会保障法律体系建设中又一新的里程碑。

《劳动合同法》主要适用以企业为主体的用工单位,同时扩大了劳动法的适用范围。《劳动合同法》第 2 条规定,中华人民共和国境内的企业、个体经济组织、民办非企业单位等组织(以下称用人单位)与劳动者建立劳动关系,订立、履行、变更、解除或者终止劳动合同,适用本法。

《劳动合同法》还可适用事业单位。《劳动合同法》附则规定:"事业单位与实行聘用制的工作人员订立、履行、变更、解除或者终止劳动合同,法律、行政法规以及国务院另有规定的,依照其规定;未作规定的,依照本法有关规定执行。"

实践中,事业单位人员的构成是公务员或参照公务员管理的人员、实行聘用制的人员、一般劳动者。由公务员或参照公务员管理的人员不适用《劳动合同法》,一般劳动者适用《劳动合同法》,实行聘用制的人员则部分适用。如何理解部分适用? 主要是考虑到事业单位实行的聘用制度与一般劳动合同制度存在一定差别,《劳动合同法》在"附则"中规定:"事业单位与实行聘用制的工作人员订立、履行、变更、解除或者终止劳动合同,法律、行政法规以及国务院另有规定的,依照其规定;未作规定的,依照本法有关规定执行。"这意味着扩大了《劳动合同法》的调整范围。

二、建立劳动合同关系应关注的问题

1. 签订书面劳动合同

《劳动合同法》要求用人单位与劳动者签订书面的劳动合同。实践中，不少企业，特别是经济相对比较发达地区的非公有制企业，往往不愿与劳动者签订书面劳动合同，更不愿意签订无固定期限的劳动合同。《劳动合同法》以及国务院颁布的《劳动合同法实施条例》进一步采取四项措施：

（1）规定劳动关系自用工之日起建立，并非劳动合同签订之日建立。只要有事实的劳动用工，劳动关系即产生。书面劳动合同主要起证据作用。

（2）如果用人单位未在自用工之日起一个月内订立书面劳动合同，用工单位就要付出违法成本。即在自用工之日起一年内订立了书面劳动合同的，那么，应当在此期间向劳动者每月支付两倍的工资。如果用人单位自用工之日起满一年仍然未与劳动者订立书面劳动合同的，除在不足一年的违法期间向劳动者每月支付两倍的工资外，还应当视为用人单位与劳动者已订立无固定期限劳动合同。

如用人单位已尽到诚信义务，而因不可抗力、意外情况或者劳动者拒绝签订等用人单位以外的原因，造成未订立书面劳动合同的，不属于《劳动合同法实施条例》第 6 条所称的用人单位"未与劳动者订立书面劳动合同"的情况。

（3）签订劳动合同前用人单位须履行告知义务。这一规定的目的是为了充分保证劳动者知情权。所谓告知义务，是指用人单位招用劳动者时，应当如实告知劳动者工作内容、工作条件、工作地点、职业危害、安全生产状况、劳动报酬，以及劳动者要求了解的其他情况；法律也规定，用人单位有权了解劳动者与劳动合同直接相关的基本情况，劳动者应当如实说明。

（4）正式工和非正式工的划分被视为违法。正式工和非正式工这种用工制度安排可追溯到计划经济下国家对个人的身份控制，随着我国市场经济体制的建立以及企业用工制度的改革，已经被作为特定年代的产物而被废除，但所谓的用工制度的特色却在一些企业中遗留了下来，同时被赋予了新的含义。一些企业，尤其是一些国有老企业与自然垄断企业，它们将老的职工划定为正式工，就像八旗兵一样被保存下来，享受利益集团中的高利益分配，正式工的工资水平大大高于市场水平，而大量招聘的员工为非正式工，使其工资进入市场化，以拉低整个企业的人均成本。这一做法与《劳动合同法》规定的相关制度相悖。《劳动合同法》要求同工同酬，如果用人单位将一部分职工视为正式工，而将一部分职工视为非正式工则被视为违法。

2. 劳动合同条款

《劳动合同法》规定了劳动合同必备条款，与《劳动法》相比有较大变化。

(1)增加了部分必备条款。①增加了用人单位的名称、住所和法定代表人或者主要负责人,劳动者的姓名、住址和居民身份证或者其他有效身份证件号码等条款。理由是,这些内容是劳动关系双方主体的基本情况,应当在劳动合同中明确。②增加了工作地点条款。理由是,在实践中,劳动者的工作地点可能与用人单位住所地不一致,有必要在订立劳动合同时予以明确。③增加了工作时间和休息休假条款。理由是,为了在法定标准基础上,进一步明确该劳动者具体的工作时间和休息休假安排。④增加了社会保险条款。理由是,依法参加社会保险和缴纳社会保险费是用人单位和劳动者的法定义务,无论用人单位与劳动者是否约定、如何约定,均不能以约定排除法定。增加社会保险必备条款,可以强化用人单位和劳动者的社会保险权利义务意识。⑤增加了职业危害防护的条款。《职业病防治法》规定,用人单位与劳动者订立劳动合同时,应当将工作过程中可能产生的职业病危害及其后果、职业病防护措施和待遇等如实告知劳动者,并在劳动合同中写明,不得隐瞒或者欺骗。为了做好与《职业病防治法》相关规定的衔接,促进该条款的落实,《劳动合同法》中增加了职业危害防护的必备条款。

(2)取消了部分必备条款。①取消了劳动纪律条款。理由是,劳动纪律属于用人单位规章制度,《劳动合同法》第4条已经对用人单位制订、修改劳动纪律等规章制度的程序作出了规定,没有必要在劳动合同中由用人单位与劳动者个别约定。②取消了劳动合同终止的条件条款。理由是,劳动合同终止是法定行为,只有符合法定情形的,劳动合同才能终止。防止用人单位规避劳动合同期限约束,随意终止劳动合同。③取消了违反劳动合同的责任条款。理由是,为了防止用人单位滥用违约责任条款,《劳动合同法》规定只有在依法约定的培训服务期以及竞业限制条款中,用人单位才能与劳动者约定违约金。

《劳动合同法》实施后,使得劳动合同文本也发生较大的变化。用人单位与劳动者签订劳动合同时,可采用示范性文本,也可由用人单位草拟劳动合同或用人单位与劳动者共同协商草拟劳动合同,但无论是示范性文本还是由用人单位、劳动者草拟的劳动合同文本都应充分体现劳动合同法的立法精神。

3. 劳动合同无效的情形

《劳动合同法》规定,劳动合同无效或者部分无效的情形主要有,"用人单位免除自己的法定责任、排除劳动者权利的";雇用童工的劳动合同。这里着重就童工的认定及雇用童工的法律责任作一分析。

所谓童工是指未满16周岁,与单位或个人发生劳动关系、从事有经济收入的劳动或从事个体劳动的少年、儿童。我国《劳动法》第15条规定禁止用人单位招收未满16周岁的未成年人。第94条规定:"用人单位非法招用未满16周岁的未成年人的,由劳动行政部门责令改正,处以罚款;情节严重的,由工商行政部门吊销营业执照。"在使用童工方面,2002 年由国务院颁布的《禁止使用童工规定》第 10 条规定:"对使用童工的单位或个人,劳动行政部门应当责令其立即将童工送回原居住地,童工被送回原居住地所需费用,全部由使用童工的单位或个人承担。"第 11 条规定,违反规定使用童工的单位或个人,对被送回原居住地之前患病或者伤残的童工应当负责治疗,并承担治疗期间的全部治疗和生活费用。

4. 劳动合同的期限

劳动合同短期化是我国劳动领域日益严重的现象。无固定期限劳动合同在国际上是一种劳动关系的常态,而有期限的劳动合同则是一种特例。在法务实践中应认真甄别固定期限劳动合同、无固定期限劳动合同、以完成一定工作任务为期限的劳动合同的基本特点与要求。

表 10-1　三类劳动合同对照表

劳动合同类型	基本特点与要求
固定期限劳动合同	(1)劳动合同终止时,用人单位应当向劳动者支付经济补偿金,但用人单位维持或者提高劳动合同约定条件续订劳动合同,劳动者不同意续订的除外; (2)与用人单位订立较长期限的固定期限劳动合同的人员,在用人单位裁员时,有优先留用资格。
无固定期限劳动合同	(1)劳动者在该用人单位连续工作满 10 年; (2)用人单位初次实行劳动合同制度,且离法定退休年龄不足 10 年; (3)用人单位与劳动者已连续订立两次固定期限劳动合同; (4)如果用人单位自用工之日起满一年没有与劳动者订立书面劳动合同,该种情形视为用人单位与劳动者已订立无固定期限劳动合同; (5)用人单位在裁员时,应当优先留用与本单位订立无固定期限劳动合同的人员。
以完成一定工作任务为期限的劳动合同	(1)该类合同在约定的劳动任务完成之时即告终止,不存在续签问题; (2)有权要求用人单位支付劳动报酬、提供劳动条件、劳动保险、福利等待遇,有义务完成约定工作任务并遵守单位内部规章制度; (3)此类劳动合同不得约定试用期; (4)此类劳动合同因任务完成而终止时,可以不支付经济补偿金。

为应对这种短期化现象,《劳动合同法》主要采取了以下两条措施:

(1)鼓励用人单位续签无固定期限的劳动合同。

其一,设定条件,对符合条件的,应当签订无固定期限的劳动合同。《劳动合同法》明确规定除劳动者提出订立固定期限劳动合同外,如果劳动者在该用人单位连续工作满10年的;用人单位初次实行劳动合同制度或国有企业改制重新订立劳动合同,劳动者在该用人单位连续工作满10年且距法定退休年龄不足10年的;连续订立二次固定期限劳动合同,且劳动者没有《劳动合同法》第39条和第40条第1项、第2项规定的情形,续订劳动合同的,用人单位应当与劳动者订立无固定期限劳动合同。

其二,规定违法成本。如果用人单位违反法律规定不与劳动者订立无固定期限劳动合同的,法律规定,应当自订立无固定期限劳动合同之日起,用人单位应向劳动者每月支付两倍的工资。

其三,规定用工成本。法律规定,除用人单位维持或者提高劳动合同约定条件续订劳动合同,劳动者不同意续订的情形外,在固定期限劳动合同期满终止时,用人单位应当依法向劳动者支付经济补偿金。

我国《劳动合同法》积极推行建立无固定期限劳动合同关系。但是对于订立无固定期限的劳动合同,只要符合法定的解除条件的,劳动合同同样是可以提前解除的。因此,应在劳动合同中认真研究违约解除条件问题。

5. 试用期制度

滥用试用期用工是近些年我国不少企业的常见现象。《劳动合同法》在试用期上有三个突破。

(1)明确限制了试用期限。劳动合同期限3个月以上不满1年的,试用期不得超过1个月;劳动合同期限1年以上3年以下的,试用期不得超过2个月;3年以上固定期限和无固定期限的劳动合同试用期不得超过6个月。为防止企业任意规定"试用期"、对劳动者"一再试用"现象的发生,立法还规定,①同一用人单位与同一劳动者只有约定一次试用期,也就是说因换岗等工作条件、环境发生了变化,只要还是同一个企业内工作的,就不能再签订试用期;②"不得设定试用期约定"的条件;③将试用期纳入劳动合同期限。

(2)明确规定了试用期工资。规定劳动者在试用期的工资不得低于本单位同岗位最低档工资或者劳动合同约定工资的百分之八十,并不得低于用人单位所在地的最低工资标准,防止试用期成为"白用期"。

(3)明确规定了对试用期遭解雇的保护。只有劳动者被证明不符合录用条件、惩罚性解雇、劳动者患病或者非因工负伤度过医疗期后不能从事原工作也不能从事安排的其他工作、不能胜任工作经培训或调整岗位仍不能胜任的等情况才能被解雇。原《劳动法》中适用的因重大客观情况发生变化和因为经济性裁员而解雇,在《劳动合同法》中取消了。并且,用人单位解雇时有义务向劳动者说明理由,仅凭一句"不符合录用条件"是不能解雇劳动者的。这意味着用人单位仅凭喜好解雇劳动者的时代已经过去,无论在招聘还是试用时都需要以规范的"录用条件"为依据。

(4)对用人单位规定了相应的法律责任。在法律责任中规定,用人单位违反《劳动合同法》规定与劳动者约定试用期的,由劳动行政部门责令改正;违法约定的试用期已经履行的,由用人单位以劳动者试用期满月工资为标准,按已经履行的超过法定试用期的期间向劳动者支付赔偿金。

6. 劳动合同违约责任

早在 1996 年,劳动部在《关于企业职工流动若干问题的通知》中规定,用人单位与职工可以在劳动合同中约定违约金。

为了防止用人单位滥用违约金条款,保护劳动者的自主择业权,《劳动合同法》规定,除劳动者违反服务期限和竞业限制协议外,用人单位不得与劳动者约定由劳动者承担违约金。即只有在两种情形下,用人单位可以约定由劳动者承担违约金:

(1)在培训服务期约定中约定违约金。用人单位为劳动者提供专项培训费用,对其进行专业技术培训的,可以与该劳动者订立协议,约定服务期。劳动者违反服务期约定的,应当按照约定向用人单位支付违约金。违约金的数额不得超过用人单位提供的培训费用。用人单位要求劳动者支付的违约金不得超过服务期尚未履行部分所应分摊的培训费用。

(2)在竞业限制约定中约定违约金。就此问题,我国《劳动合同法》规定的基本内容有:①用人单位与劳动者可以在劳动合同中约定保守用人单位的商业秘密和与知识产权相关的保密事项。②对负有保密义务的劳动者、高级管理人员、高级技术人员可以约定竞业限制条款,内容可约定竞业限制的范围、地域、期限,以及可以约定在解除或者终止劳动合同后,在竞业限制期限内按月给予劳动者经济补偿。③用人单位与劳动者的约定不得违反劳动合同法的限制性规定,如对竞业限制人员的限定,仅限于上述三类人员;竞业限制期限不得超过 2 年等。④对竞业界定为:上述规定的人员在解除或者终止劳动合同后,到与本单位生产或者经营同类产品、从事同类业务的有竞争关系的其他用人单位,或者自己开业生产或者经营同类产品、从事同类业务。劳动者违反竞业限制约定的,应当按照约定向用人单位支付违约金。

除以上两种情形外,用人单位不得与劳动者约定由劳动者承担的违约金,或者以赔偿金、违约赔偿金、违约责任金等其他名义约定由劳动者承担违约责任。对于约定由用人单位承担的违约金,《劳动合同法》没有作出禁止性规定。

　　这里有一个问题应提起注意,用人单位支付给劳动者在职期间的"保密津贴"能否被认定为竞业限制经济补偿金。在实践中,用人单位误用这两个概念的情形比较多。其实,这两者有本质的区别。保密费是用人单位对劳动者承担保守用人单位的商业秘密而给劳动者的津贴;竞业限制补偿金是用人单位对劳动者履行竞业限制义务的补偿。简言之,竞业限制义务比保密义务要高,即竞业限制义务是要求劳动者在保密的同时不能从事与用人单位相竞争的业务。

　　此外,两者的强制程度不同。保密是劳动者对用人单位忠诚义务的自动延伸,是任何知道用人单位商业秘密的人的法定义务,因此保密费可发可不发,即使用人单位不支付保密费,知道商业秘密的劳动者同样具有保密义务。而竞业限制经济补偿金是必须发放的,否则会涉及劳动者的择业生存问题。因为,竞业限制毕竟是对劳动者离职后一定时间内重新择业的限制,立法所关注的是劳动者的择业权与用人单位竞业限制两者之间的利益平衡。

三、履行与解除劳动合同应关注的问题

1. 用人单位可以即时解除劳动合同的法定情形

　　《劳动法》规定了四种情形:①在试用期被证明不符合录用条件的;②严重违反劳动纪律或者用人单位规章制度的;③严重失职,营私舞弊,对用人单位利益造成重大损失的;④被依法追究刑事责任的。

　　《劳动合同法》规定了六种情形,其中新增加了两种情形:①劳动者同时与其他用人单位建立劳动关系,对完成本单位的工作任务造成严重影响,或者经用人单位提出,拒不改正的;②《劳动合同法》第26条第1款第1项规定的情形(以欺诈、胁迫的手段或者乘人之危,使对方在违背真实意思的情况下订立或者变更劳动合同的)发生,致使劳动合同无效的。

2. 用人单位在提前通知或额外支付工资的前提下可以解除劳动合同的情形

　　《劳动合同法》规定了三种情形:①患病或非工伤,医疗期满后失去劳动能力;②不能胜任工作,经过培训或者调岗仍不能胜任工作;③客观情况发生重大变化,导致劳动合同无法履行,经双方协商,未能达成变更协议的。

　　此类解除有两点需要关注:

　　(1)在性质上属于用人单位预告后单方解除。规定了30日的预告期,通过预告期,一方面可以使对方有较充裕的时间来考虑单方解除劳动合同是否合法,以便采取相应的救济措施;另一方面也可以让对方有较充裕的时间重新选择用人单位。

　　(2)需向劳动者支付经济补偿。即额外支付一个月工资。

3. 用人单位不得解除劳动合同的情形

《劳动法》规定四种情形：①患职业病或者因工负伤并被确认丧失或者部分丧失劳动能力的；②患病或者负伤，在规定的医疗期内的；③女职工在孕期、产期、哺乳期内的；④法律、行政法规规定的其他情形。

《劳动合同法》规定了六种情形，其中新增加了两种情形：①从事接触职业病危害作业的劳动者未进行离岗前职业健康检查，或者疑似职业病病人在诊断或者医学观察期间的；②在本单位连续工作满 15 年，且距法定退休年龄不足 5 年的。

4. 劳动者可以单方解除劳动合同的法定情形

分两类情形区别对待：

（1）提前通知解除的情形：劳动者解除劳动合同，应当提前 30 日以书面形式通知用人单位；劳动者在试用期内提前 3 日通知用人单位。这是劳动自由的法律保障，更是劳动者根据人格独立和意志自由的法律表现。此类解除没有经济补偿。

（2）可以随时通知解除的情形：①未按照劳动合同约定提供劳动保护或者劳动条件的；②未及时足额支付劳动报酬的；③未依法为劳动者缴纳社会保险费的；④用人单位的规章制度违反法律、法规的规定，损害劳动者权益的；⑤用人单位以暴力、威胁或者非法限制人身自由的手段强迫劳动的。此类解除有经济补偿。

5. 劳动合同可以终止的法定情形

《劳动法》规定，劳动合同期满或者当事人约定的劳动合同终止条件出现，劳动合同即行终止。

《劳动合同法》规定了六种情形：①劳动合同期满的；②劳动者开始享受基本养老保险待遇的；③劳动者死亡，或者被人民法院宣告死亡或者宣告失踪的；④用人单位被依法宣告破产的；⑤用人单位被吊销营业执照、责令关闭、撤销或者用人单位决定提前解散的；⑥法律行政法规规定的其他情形。

6. 劳动合同解除或终止时用人单位和劳动者的附随义务

《劳动法》对此未作规定。

《劳动合同法》规定，用人单位应当在解除或者终止劳动合同时出具解除或者终止劳动合同的证明，并在 15 日内为劳动者办理档案和社会保险关系的转移手续。

劳动者应当按照双方约定，办理工作交接。用人单位依照《劳动合同法》规定应当向劳动者支付经济补偿金的，在办结工作交接时支付。

7. 违法解除、终止劳动合同的责任

《劳动法》规定，由劳动行政部门责令改正，对劳动者造成损害的，应当承担赔偿责任。

《劳动合同法》规定，劳动者要求继续履行劳动合同的，用人单位应当继续履行；劳动者不要求继续履行合同的，用人单位应当依照法律规定的经济补偿标准的 2 倍向劳动者支付赔偿金，用人单位支付赔偿金后，劳动合同终止。

四、劳动合同解除或终止的经济补偿

1. 需要支付经济补偿金的情形

《劳动法》规定了 10 种情形，分别是：

(1)用人单位以暴力、威胁或者非法限制人身自由的手段强迫劳动的；

(2)用人单位未按照劳动合同约定支付劳动报酬或者提供劳动条件的；

(3)克扣或者无故拖欠劳动者的工资，导致劳动者辞职的；

(4)用人单位拒不支付劳动者延长工作时间工资报酬，导致劳动者辞职的；

(5)用人单位低于当地最低工资标准支付劳动者的工资，导致劳动者辞职的；

(6)经劳动合同当事人协商一致，由用人单位解除劳动合同的；

(7)劳动者患病或者因工负伤，医疗期满后，不能从事原工作也不能从事由用人单位另行安排的工作的；

(8)劳动者不能胜任工作，经过培训或者调整工作岗位后仍不能胜任工作的；

(9)劳动合同订立时所依据的客观情况发生重大变化，致使劳动合同无法履行，经当事人协商不能就变更劳动合同达成协议的；

(10)用人单位濒临破产进行法定整顿期间或者生产经营状况发生严重困难。

《劳动合同法》规定了 16 种情形，其中新增加的情形或与《劳动法》表述有所差异的有：

(1)未按照劳动合同约定提供劳动保护或者劳动条件的，导致劳动者辞退的；

(2)未及时足额支付劳动报酬的，导致劳动者辞职的；

(3)未依法为劳动者缴纳社会保险费的，导致劳动者辞职的；

(4)用人单位的规章制度违反法律、法规的规定，损害劳动者权益的，导致劳动者辞职的；

(5)因本法第 26 条第 1 款规定的情形致使劳动合同无效的，导致劳动者辞

职的；

（6）法律、行政法规规定劳动者可以解除劳动合同的其他情形，导致劳动合同辞职的；

（7）用人单位以暴力、威胁或者非法限制人身自由的手段强迫劳动合同的其他情形，导致劳动者辞职的；

（8）具备法定情形而进行经济性裁员的；

（9）除用人单位维持或者提高劳动合同约定条件续订劳动合同，劳动者不同意续订的情况外，劳动合同期满后终止固定期限劳动合同的；

（10）用人单位解散、被吊销营业执照或者责令关闭，导致劳动合同终止的；

（11）法律、行政法规规定的其他情形。

2. 经济补偿金的支付办法

计算经济补偿的普遍模式是：工作年限×每工作一年应得的经济补偿。《劳动合同法》及有关国家规定对工作年限及经济补偿标准作了明确的规定。

（1）工作年限的计算

劳动者在用人单位工作的年限，应从劳动者向该用人单位提供劳动之日起计算。如果因各种原因，用人单位与劳动者未及时签订劳动合同的，不影响工作年限的计算。如果劳动者连续为同一用人单位提供劳动，但先后签订了几份劳动合同的，工作年限应从劳动者提供劳动之日起连续计算。如劳动者甲自 2008年在某企业工作，期间劳动合同一年一签，一直工作到 2012 年。最后一份劳动合同期满后终止，用人单位依法支付经济补偿时，计算的工作年限应从 2008 年算起，共 4 年。总之，本条"在本单位工作的年限"的规定，不能理解为连续几个合同的最后一个合同期限，原则上应连续计算。

根据劳动部 1996 年《关于终止或解除劳动合同计发经济补偿金有关问题的请示的复函》中规定，对于因用人单位的合并、兼并、合资、单位改变性质、法人改变名称等原因而改变工作单位的，其改制前的工作时间可以计算为"在本单位的工作时间"。

（2）经济补偿标准

《劳动法》规定，根据劳动者在本单位工作年限，每满 1 年（不满 1 年的按 1年计算）支付劳动者 1 个月的工资作为补偿。劳动者患病或者非因负伤，医疗期满后，不能从事原工作也不能从事由用人单位另行安排的工作而解除劳动合同的，还应发给不低于 6 个月工资的医疗补助费，患重症的增加部分不低于医疗补助费的 100％。

《劳动合同法》规定为：①经济补偿按劳动者在本单位工作的年限，每满 1 年支付 1 个月工资的标准向劳动者支付。不满 6 个月的，向劳动者支付半个月工资的经济补助；②劳动者月工资高于用人单位所在直辖市、设区的市级人民政府公布的本地区上年度职工平均工资3倍的，向其支付的经济补偿金的标准按职工月平均工资3倍的数额支付，向其支付经济补偿的年限最高不超过12年。这是《劳动合同法》首次规定对劳动者补偿。

按《劳动法》规定，劳动合同期满或者当事人约定的劳动合同终止条件出现，劳动合同即行终止，用人单位可不支付劳动者经济补偿金。国家另有规定的可以从其规定。而按《劳动合同法》规定，经济补偿，就是劳动合同解除和终止时，有一段时间劳动者在没有工作、寻找工作、失业期间需要获得一些物质的帮助，基本生活能得以保证。补偿由两部分组成：失业保险和企业要支付给劳动者的经济补偿。

(3)经济补偿的工资基数确定

《劳动法》规定，经济补偿的工资基数标准是指企业正常生产情况下劳动者解除合同前12个月实得月平均工资。在劳动者患病或者非因工负伤、客观条件发生重大变化、经济裁员三种情况下，劳动者的月平均工资低于企业月平均工资的，按企业月平均工资的标准支付。

《劳动合同法》规定。月工资是指劳动者在劳动合同解除或者终止前12个月的平均工资。劳动者月工资高于用人单位所在直辖市、设区的市级人民政府公布的本地区上半年度职工月平均工资3倍的，向其支付经济补偿的标准按职工月平均工资3倍的数额支付。

3. 补偿年限

根据《违反和解除劳动合同的经济补偿办法》(劳部发〔1994〕481号)之规定，经劳动合同当事人协商一致，由用人单位解除劳动合同的，经济补偿金最多不超过12个月；劳动者不能胜任工作，经过培训或者调整工作岗位仍不能胜任工作，由用人单位解除劳动合同的，经济补偿金最多不超过13个月。在《劳动合同法》下，此两种情形经济补偿已经没有12个月的限制了。

4. 针对高工资收入者的计算封顶

《劳动合同法》规定，劳动者月工资高于用人单位所在直辖市、设区的市级人民政府公布的本地区上年度职工月平均工资3倍的，向其支付经济补偿的标准按职工月平均工资3倍的数额支付，向其支付经济补偿的年限最高不超过12年。需要注意的是，《劳动合同法》仅对高收入者经济补偿作了补偿年限和补偿基数的限制，对普通劳动者未作限制，只要劳动者月工资不高于用人单位所在直辖市、设区的市级人民政府公布的本地区上年度职工月平均工资的3倍，就不存在"3倍"和"12年"的计算封顶。

5. 拒不支付经济补偿金的责任

《劳动法》规定,除全额发给经济补偿金外,还须按该经济补偿金数额的50％支付额外经济补偿金。

《劳动合同法》规定,由劳动保障主管部门责令限期支付,逾期不能支付的,按应付金额50％以上100％以下的标准责令向劳动者加付赔偿金。

五、劳动者违反劳动合同时的利益返还与赔偿

1. 劳动者违反劳动合同时特殊待遇的处理

实务中,一些用人单位为了留住专业人才与经营管理人才,往往会给予其关乎个人生活重大事项的特殊福利待遇,比如房子、汽车、住房补贴等。与此同时,这些用人单位也往往会与这些享有特殊福利待遇的员工约定服务期,并明确约定在服务期内因劳动者的原因与用人单位解除劳动合同的,该项特殊福利待遇相应退还。由于《劳动合同法》仅仅规定了提供出资培训的才可以与员工约定服务期,因而在实务中有人认为,用人单位对上述特殊待遇的约定得不到劳动合同法的保护。其实,从公平性的角度出发,用人单位在劳动报酬之外给劳动者提供特殊福利待遇,应属于民事法律调整之范畴,在符合合理性的前提下,应认定此种特殊福利待遇的给付是一种"预付"性质,相对应,在劳动者未按照约定期限付出劳动的,用人单位当然可以一定比例要求返还。

2. 劳动者对用人单位造成"重大损失"的认定及赔偿

根据《劳动合同法》第39条的规定,劳动者严重失职,营私舞弊,给用人单位造成重大损害的,用人单位可以解除劳动合同。对于所谓的"重大损害"主要包括三个方面:①财产方面的经济损失;②知识产权方面的损失;③商业信誉方面的损失。

实践中,往往有用人单位在解除与劳动者劳动合同后,在结算与劳动者报酬的同时将尚未支付给劳动者的工资折抵劳动者给用人单位造成的损失,劳动纠纷由此而生。劳动者以用人单位未支付工资为由起诉用人单位,用人单位在诉讼中以劳动者给用人单位造成重大损失抗辩,拒绝支付工资。对于用人单位是否可以因劳动者造成损失直接抵扣劳动者工资事宜,《劳动合同法》并未作出规定。

从法理上讲,劳动者因严重失职,徇私舞弊给用人单位造成严重损害的,用人单位有权要求其在造成的损失范围依法合理赔偿。因此,如果劳动者自愿与用人单位协商一致就损失赔偿达成协议,则法不予干预,应该予以尊重,这是权利自由处分的表现。如果用人单位的规章制度或劳动合同已就劳动者给用人单位造成损失的赔偿问题作出规定或约定,并告知劳动者该注意事项的,则用人单

位也有权抵扣劳动者工资报酬,但是必须保留劳动者适当的生活费用,至少不能低于当地最低生活保障水平。

相反,如果劳动者不愿与用人单位就损失事项进行协商,规章制度与劳动合同也未就相关事项作出规定或约定,则用人单位无权直接将劳动者工资予以抵扣用人单位损失。这是因为,劳动者工资报酬与劳动者造成用人单位损失是两个不同的法律关系,用人单位直接抵扣劳动者工资没有事实和法律依据,其抵扣行为严重侵害了劳动者的合法权益,用人单位应该依法足额支付劳动者剩余的工资报酬。用人单位如果对损失有异议,要求劳动者赔偿损失的,用人单位可以另行通过法律途径解决,由劳动者予以赔偿。

六、劳动维权的法律途径与基本技能

1. 劳动合同关系的唯一性

劳动者如有工作能力与体力,可以同时兼职做几份工作,但劳动关系具有唯一性。一个劳动者只能与一家用人单位形成劳动关系,其余均为劳务关系。劳务关系不受《劳动法》保护。

北京法院曾审理过马女士诉某保洁公司纠纷案。马女士到保洁公司工作前,已与另一用人单位建立了劳动关系,属全日制劳动者,且单位已为其缴纳社会保险。马女士利用其下班时间兼做另一份工作,即又与保洁公司签订"劳动合同"。因与保洁公司发生纠纷,马女士向法院起诉,提出按《劳动法》支付解除劳动合同经济补偿金、加班费等诉讼请求。法院审理后查明的事实是,马女士已经与其他一用人单位建立了劳动关系,就以劳动关系具有唯一性为由,驳回了马女士全部诉讼请求。

2. 劳动关系、雇佣关系、派遣关系的甄别与界定

(1)劳动关系与雇佣关系。劳动关系与雇佣关系的区别点在于:①用工主体不同。劳动关系的主体是用人单位和劳动者。雇佣关系的主体是雇主和受雇人,而且雇佣合同的雇主只能是自然人。②法律干预程度不同。劳动关系的用人单位支付报酬不得违反法律、法规的强制性规定,而且在劳动保护、社会保险福利、女职工特殊保护等方面,法律均作出具体规定;雇佣关系的劳动报酬则主要由合同双方自行协商,法律不过分干预。雇佣合同的签订遵循合同法,私法自治,契约自由。③适用法律不同。劳动关系属于劳动法调整;雇佣关系属民事关系,由民法和合同法调整。④解决纠纷的程序不同。劳动纠纷采取仲裁前置程序,先仲裁、后法院审理;雇佣纠纷当事人可直接到法院诉讼。

按最高人民法院《关于审理劳动争议案件适用法律若干问题的解释(二)》,下列纠纷不属于劳动纠纷:①劳动者请求社会保险经办机构发放社会保险金的

纠纷;②劳动者与用人单位因住房制度改革产生的公有住房转让纠纷;③劳动者对劳动能力鉴定委员会的伤残等级鉴定结论或者对职业病诊断鉴定委员会的职业病诊断鉴定结论的异议纠纷;④家庭或者个人与家政服务人员之间的纠纷;⑤个体工匠与帮工、学徒之间的纠纷;⑥农村承包经营户与受雇人之间的纠纷。其中④中的家政服务人员(仅指从中介机构招用而来的家政服务人员),以及⑤、⑥均具有雇佣关系的属性。

(2)劳动关系与派遣关系。近些年来,劳务派遣在我国发展迅速。由于缺乏必要的规范,这种用工形式已经成为一些企业逃避责任的重要途径。针对劳务派遣行业的混乱状况,《劳动合同法》主要作出以下几点规定:①规范劳务派遣单位的设立。劳务派遣单位的设立应当依照公司法,注册资本不得少于50万元。②规定劳务派遣行为的规范化要求。劳务派遣单位应当与被派遣劳动者订立二年以上的固定期限劳动合同,按月给被派遣劳动者支付劳动报酬;被派遣劳动者在无工作期间,劳务派遣单位应当按照所在地人民政府规定的最低工资标准,按月向其支付报酬。③限定劳务派遣岗位的范围。法律规定劳务派遣一般在临时性、辅助性或者替代性的工作岗位上实施。④规定劳动者受到伤害时的责任承担。现实当中,在被派遣劳动者合法权益受到侵害时,劳务派遣单位与用工单位常常出现"踢皮球"、推责任的现象。针对这一问题,《劳动合同法》规定,对于给被派遣劳动者造成的侵害,用工单位与劳务派遣单位承担连带赔偿责任。

《劳动合同法》堪称我国第一部针对劳务派遣的国家立法,毫无疑问将会对我国劳务派遣用工的规范发展产生重要影响。

3. 经济补偿金与赔偿金的区别

在劳动争议纠纷案件中,经常遇到劳动者要求用人单位支付经济补偿金和赔偿金。经济补偿金和赔偿金能否合并适用,是实务工作的一个难点。经济补偿金和赔偿金是两个性质不同的概念,它们有联系也有区别。

(1)支付的事实依据与性质不同。经济补偿金适用于用人单位依法解除或终止劳动合同的情形,而赔偿金适用于用人单位违法解除劳动合同的情形。用人单位符合《劳动合同法》的相关规定,合法与劳动者解除劳动合同的,支付经济补偿金。用人单位违反《劳动合同法》的规定,违法与劳动者解除劳动合同的,支付赔偿金。可见,支付经济补偿金是用人单位合法解除劳动关系应承担的法定义务,具有补偿性质;而支付赔偿金则是用人单位违法行使劳动合同解除权时应当承担的法定责任,具有惩罚性,两者性质完全不同,若同时提出这两项请求显然不符合法律规定。而且,《劳动合同法实施条例》第25条也规定:"用人单位违反劳动合同法的规定解除或者终止劳动合同,依照劳动合同法第八十七条的规定支付了赔偿金的,不再支付经济补偿。赔偿金的计算年限自用工之日起计算。"

(2)支付的法律依据不同。经济补偿金的支付依据为《劳动合同法》第46条规定;而赔偿金的支付依据为《劳动合同法》中主要是第87条的规定,另外,还涉及第36条、第37条、第38条、第39条、第40条、第41条、第44条的相关规定。在违反上述法条的任何一种情形的情况下,用人单位与劳动者解除或终止劳动关系的,即需要向劳动者支付赔偿金。

用人单位解除劳动合同包括依法解除和违法解除两种。用人单位依法解除劳动合同时是否要向劳动者支付经济补偿金,要视情况而论。①因为劳动者存在《劳动合同法》第39条列举的过失情形,用人单位行使劳动合同解除权的无须承担补偿责任;②存在《劳动合同法》第40条规定的情形,即劳动者身体状况的原因、工作能力的原因以及客观情况发生重大变化导致劳动合同不能履行的,用人单位可以提前30天通知解除劳动合同但需给予经济补偿金;③用人单位无理由提出解除合同,经与劳动者协商一致的,需支付经济补偿金。除上述三种情况外,用人单位提前解除劳动合同均属违法。

(3)支付数额与标准不同。赔偿金标准是经济补偿金的两倍。赔偿金按照《劳动合同法》第47条经济补偿金标准2倍的计算方法予以计算。

根据《劳动合同法》第47条规定,经济补偿金的标准为:"经济补偿按劳动者在本单位工作的年限,每满一年支付一个月工资的标准向劳动者支付。六个月以上不满一年的,按一年计算;不满六个月的,向劳动者支付半个月工资的经济补偿。劳动者月工资高于用人单位所在直辖市、设区的市级人民政府公布的本地区上年度职工月平均工资三倍的,向其支付经济补偿的标准按职工月平均工资三倍的数额支付,向其支付经济补偿的年限最高不超过十二年。"《劳动合同法》第97条规定:"本法施行之日存续的劳动合同在本法施行后解除或者终止,依照本法第四十六条规定应当支付经济补偿的,经济补偿年限自本法施行之日起计算。"因此,劳动合同到期终止不续签支付经济补偿金的,只计算劳动者2008年1月1日以后在用人单位的工作年限。

(4)两者适用程序不同。在适用经济补偿金的情形下,用人单位直接向劳动者支付经济补偿金;适用赔偿金的情形下,也就是说用人单位违法与劳动者解除或终止劳动合同的情况下,用人单位可能面临继续履行劳动合同而不支付赔偿金的法律后果。很多用人单位宁愿支付赔偿金,也不希望恢复劳动关系。但是,根据《劳动合同法》第48条规定,用人单位违反本法规定解除或者终止劳动合同,劳动者要求继续履行劳动合同的,用人单位应当继续履行;只有劳动者不要求继续履行劳动合同或者劳动合同已经不能继续履行的,用人单位才应当依照《劳动合同法》第87条规定支付赔偿金。在司法实践中,用人单位应对其解除、终止劳动合同的理由提供充分的证据,不能提供充分证据的,应认定为解除、终止合同不当,属于违法解除、应当支付赔偿金。在用人单位拒绝支付或者对赔偿金数额有异议时,可以采取向劳动行政部门检举、投诉,提起劳动争议仲裁等救济途径。对仲裁不服的,还可向法院起诉。

4. 劳动关系相关证据材料的保存

在劳动合同发生争议时,为分清责任,保存相关的证据材料至关重要。主要的证据材料有:

(1)劳动合同文本。它是明确劳动者与用人单位权利义务的重要依据,是确定劳动者与用人单位是否存在劳动关系的重要证据之一,劳动者应妥善保存好自己留存的那一份劳动合同。

(2)有关书证和物证。如:招工登记表、工资支付凭证或记录、缴纳各项费(包括社保费)记录、考勤记录。这对认定事实劳动关系非常重要。

5. 企业劳动规章制度效力的认定

按最高人民法院《关于审理劳动争议案件适用法律若干问题的解释(二)》(法释〔2006〕6号),通过民主程序制订的规章制度,不违反国家法律、行政法规及政策规定,并已向劳动者公示的,可以作为人民法院审理劳动争议案件的依据。这条司法解释实际上赋予了依法制订的用人单位规章制度具有法律效力。

有效的劳动规章制度必须同时具备三个要件:①经过民主程序制订。②不违反国家法律、行政法规及政策规定。如:对员工给公司造成的损失可设立赔偿规定,但这些规定不得违反法律规定;企业规章中可以对员工设定书面警告、记过、扣工资或奖金、降级或降职、降薪、停工、辞退、开除等处分或处理,但应依法设定。③已向劳动者公示。

劳动规章制订程序通常有:①由用人单位法定代表人或负责人提出草案;②提请职工代表大会或全体职工讨论修改;③由职工代表大会或全体职工审议通过;④报送劳动行政部门审查备案。是否送交劳动行政部门审查备案,并不影响规章的效力。

内容合法是指,将法律、法规、政策的条款具体化,使它们具有可操作性。但不能与现行法相抵触。如不能规定6天工作制,不能规定要求劳动者在签订劳动合同时提交保证金等。劳动规章制度、要规范员工的行为,可以有处罚规定,对员工给公司造成的损失也可设立赔偿规定,但这些规定不得违反法律规定。企业规章中可以规定的对于员工的处罚方式通常有:书面警告、记过、扣工资或奖金、降级或降职、降薪、停工、辞退、开除等应依法设定。

针对向劳动者公示,实践中较为有效的做法有:①将规章作为劳动合同的附件,做到人手一册,在劳动合同中专款约定"劳动者已经详细阅读,并愿遵守用人单位的《劳动规章制度》";②将规章交由员工阅读,并且在阅读后签字确认;③在厂区公共区域将规章内容全文公告,并且将公告的现场以拍照、录像等方式记录备案;④召开全体职工大会或者组织全体职工进行集中学习、培训,让员工在报到表上签名。

实践中,劳动争议案件的处理往往会遇到这样的情形,即既有内部规章制度、又有双方签订的劳动合同,在这种情况下,司法机关或仲裁机构是认同内部规章制度还是认同劳动合同?规章制度、集体合同和劳动合同都是司法机关或仲裁机构处理劳动争议的重要依据,以何者作为依据将直接导致裁判结果的差别,对当事人的权利义务也势必产生重大影响。最高人民法院在《关于审理劳动争议案件适用法律若干问题的解释(二)》(法释〔2006〕6号)第16条指出,用人单位制订的内部规章制度与集体合同或者劳动合同约定的内容不一致,劳动者请求优先适用合同约定的,人民法院应予支持。因此,司法实践中应以劳动者的请求作为适用规章制度或劳动合同的前提,劳动者要求优先适用劳动合同约定的,法院应当支持。

为了避免规章制度与合同约定不一致导致适用依据的混乱,用人单位应当保持规章制度和合同约定的一致性,有必要时可在劳动合同中约定:规章制度作为本合同附件一并执行,劳动合同条款与规章制度的规定不一致时,劳动合同条款自动失效,以规章制度为准。

6. 工伤事故认定

工伤认定应按照《工伤保险条例》第14条至第16条的规定进行。工伤、视同工伤者,构成工伤事故责任的基础事实;不得认定为工伤的,不属于工伤事故。

按照《工伤保险条例》第14条规定,职工有下列情形之一的,应当认定为工伤:①在工作时间和工作场所内,因工作原因受到事故伤害的。这是典型的工伤,包含了认定工伤的全部要素,而且都是典型的表现形式。②工作时间前后在工作场所内,从事与工作有关的预备性或者收尾性工作受到事故伤害的。这种工伤认定的关键之点在于工作时间的延伸,将工作时间的前后认定为工作时间,其必要条件是从事的工作必须是与工作有关的预备性或者收尾性工作。③在工作时间和工作场所内,因履行工作职责受到暴力等意外伤害的。例如,在银行工作时遭受劫匪攻击造成损害,不论是不是为了保护银行财产,都应当认定为工伤。④患职业病的。凡是患职业病,均与工作有关,一律认定为工伤。⑤因工外出期间,由于工作原因受到伤害或者发生事故下落不明的。其基本要件是因工外出,以及由于工作原因受到伤害或下落不明。⑥在上下班途中,受到机动车事故伤害的。其基本要件是上下班途中的时间,因意外机动车事故遭受损害。如果劳动者在上下班途中遭受的损害是由第三人暴力或自身原因造成的,用人单位没有责任,则应由第三人承担赔偿责任或自己担责。⑦法律、行政法规规定应当认定为工伤的其他情形。

按照《条例》第 15 条规定,在工作时间和工作岗位,突发疾病死亡或者在 48 小时之内经抢救无效死亡的;在抢险救灾等维护国家利益、公共利益活动中受到伤害的;职工原在军队服役,因战、因公负伤致残,已取得革命伤残军人证,到用人单位后旧伤复发的,都视同工伤。所谓视同工伤,实际上并不是工伤,由于与履行工作职责有关,为了更好地保护职工权利,将其作为准工伤对待。

申请工伤认定的主体。分为:①用人单位;②职工或者其直系亲属。

用人单位申请的,应当在职工发生事故伤害或者被鉴定、诊断为职业病,所在单位应当自事故伤害发生之日或者被诊断、鉴定为职业病之日起 30 日内,向统筹地区的劳动保障部门提出。如果有特殊情况,经过劳动行政部门同意,该期限可以适当延长。如果用人单位未按照前述规定提出工伤认定申请的,工伤职工或者其直系亲属、工会组织可以提出申请,其期限是 1 年。这样的规定有利于保护职工的合法权益。

工伤认定的基本程序有:企业(或个人)提出工伤报告(申请)→劳动行政部门调查取证→作出认定通知。

7. 劳动争议协商、调解与仲裁

(1)有些劳动争议案件,劳动者可以向劳动行政部门投诉予以解决。对于案件事实清楚,双方对案件的事实不存在争议,劳动者不必再走调解、仲裁、诉讼的劳动争议处理程序,可以直接向劳动行政部门进行投诉,由劳动行政部门依法进行处理。如拖欠或者未足额支付劳动报酬、工伤医疗费、经济补偿金或者赔偿金等行为。

(2)有些劳动争议案件可通过法院的支付令解决。如拖欠劳动报酬、工伤医疗费、经济补偿金或者赔偿金事项达成的调解协议等,劳动者可以直接向当地人民法院申请支付令予以解决,不必走仲裁与诉讼程序。

(3)劳动仲裁与诉讼解决争议的基本特点

2007 年我国颁布了《劳动争议调解仲裁法》,我国劳动争议调解与仲裁的基本特点有:

1)"一调一裁两审"。"一调一裁两审"的制度将仲裁作为诉讼的一个前置程序,不经仲裁,当事人不能直接向人民法院提起诉讼。

2)用人单位的特殊举证责任。涉及"与争议事项有关的证据属于用人单位掌握管理的"由用人单位举证。

3)推举代表参加调解、仲裁或者诉讼。由于集体劳动争议案件往往涉及众多劳动者,可能十几人、上百人。规定 10 名以上的劳动者可以推举代表参加调解、仲裁或者诉讼活动。当事人必须推举他们之中的劳动者作代表,而不能推举当事人之外的人。

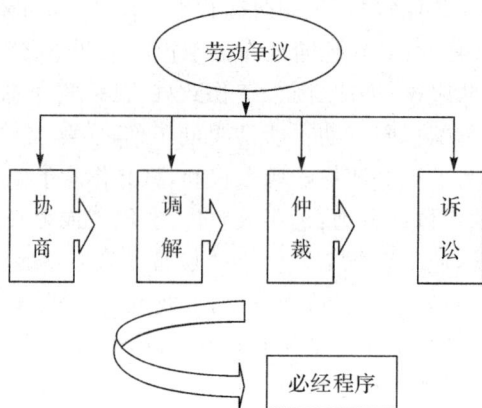

图 10-1 劳动争议处理流程图

第二部分 演练要点

一、劳动合同维权演练的重点

我国的劳动合同法律制度具有"三条底线"。其一,用人单位与劳动者建立劳动关系应当订立书面劳动合同;第二,用人单位向劳动者支付劳动报酬不得低于最低工资标准;第三,同工同酬。这三条底线,就是三条红色警戒线,无论是谁,踩上了这三条红线,劳动者就可以拿起《劳动合同法》这一法律武器,起而维权。因此,演练的重点也可以围绕这三大问题展开。

二、演练活动应把握的几个重点环节

1. 劳动合同与民商事合同异同性

要认识劳动合同,可从劳动合同与民商事合同的签订制度、履行制度、解除与终止制度、违约责任制度、纠纷处理制度等方面展开分析。使学生对劳动合同制度的熟悉与把握建立在比较分析的基础上。

2. 演练活动内容的设计

(1)可针对劳动合同关系的双方主体,即用人单位与劳动者之间权利与义务关系设计演练的方案。

(2)可针对三部与劳动关系相关的法律(《劳动法》、《劳动合同法》、《劳动争议调解与仲裁法》)设计演练的方案。

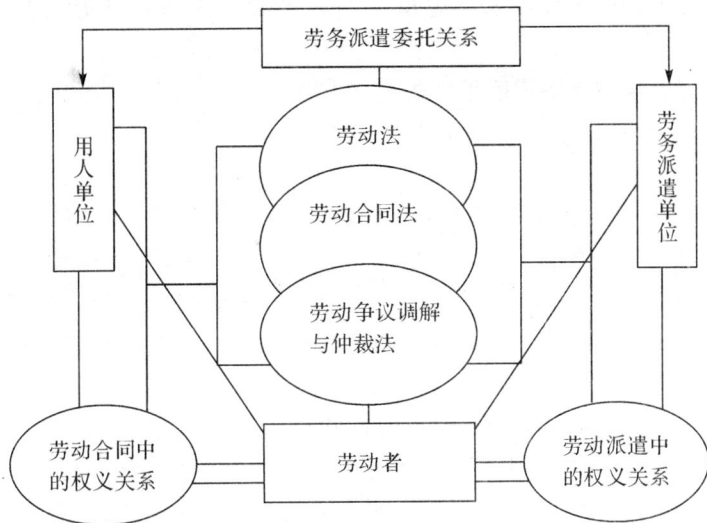

图 10-2　劳动合同关系与劳务派遣关系示意图

第三部分　演练素材收编及演练组织

一、演练素材的收编

1. 演练素材收编要求

(1)精心挑选案例材料

此类实案在精选时应满足以下演练要求:①围绕劳动合同争议相关问题;②具有进行法律分析的必要;③分析的问题具有一定的复杂性。

基于上述要求,一是在选材上,可以是涉及劳动合同签订、履行纠纷的实案材料,也可以是涉及劳务派遣中各方权利与义务争议性问题的实案材料,还可以是涉及工伤认定与赔偿相关问题的实案材料。二是具有较强的可分析性,从而使学生在演练时会从多种途径去思考相关的问题,最终在综合比较中落实到一个较为清晰的法律结论上;三是可分析问题的焦点相对集中,但散发的问题又比较广泛,学生在作法律分析时需要对相关专业领域进行认真的学习与思考,引发学生梳理法律关系、提出解决问题对策的兴趣。

(2)演练素材应强调原始性

可作为演练的材料是未经过加工的在当事人之间业已形成的相关业务材料。

2. 宁波大学演练课程所采用的素材内容

(1)演练宗旨:劳动合同解除条件以及企业规章制度的效力。

(2)案情简介

侯××于 2006 年 9 月 25 日进入菲尔创纳特种纤维产品(宁波)有限公司(以下简称菲尔创纳公司)上班,从事操作员工作。双方签订了劳动合同,合同约定月薪为人民币 1591 元,一年共支付 12 个月的薪酬和以 1 个月合同工资为固定额度资金(或称为第十三薪),固定额度资金和当年度第 12 个月份的工资同时发放。

由于公司生产操作需要佩戴安全镜,在该公司制订的《员工手册》中关于"个人行为"章节中,规定"下列行为在公司内是严厉禁止的……"这些行为包括赌博、偷窃、打架斗殴以及安全眼镜未佩戴等行为。在对于赌博、偷窃、打架斗殴等行为的分节规定里,都有"违反者将立即解雇"等处罚措施的规定,而安全眼镜佩戴行为栏中并无该行为需要解除合同的相关规定。

菲尔创纳公司发现侯××在从事操作工上班期间没有按照规定佩戴安全眼镜,认定其违反了公司的安全规章制度,在生产主管部门与其本人三次沟通要求其佩戴的情况下,却仍然拒不执行。2011 年 11 月 25 日,菲尔创纳公司以侯××违反公司规定为由,解除了与侯××的劳动合同。侯××于当日办理了离职手续。侯××认为,菲尔创纳公司作为规章的制订方应将规章制度制订得明确清晰,在此规章中没有明确规定解除劳动关系的条件,应当认定不可以解除劳动关系。

2012 年 2 月 23 日,侯××向菲尔创纳公司提出请求,要求菲尔创纳公司支付违法解除劳动合同赔偿金 34738 元,年休假工资 5220 元及 25%补偿金 1305元,拖欠的一个月工资 3158 元(即第 13 个月工资)。

(3)案情素材提供(复印件)

1)劳动合同;

2)员工手册及员工工作交接表;

3)全体员工会议纪要及签名;

4)解除合同公告;

5)工资发放单。

二、演练内容

1. 分组演练

可以 2～3 人为工作小组，形成演练方阵，开展用人单位与劳动者是否可解除劳动合同的谈判。也可以分成工作小组，就劳动者侯××向工作小组提出法律咨询要求，由工作小组完成 1 份法律意见书；或由用人单位向工作小组提出法律咨询要求，由工作小组完成 1 份法律意见书。

2. 演练内容

重点可放在劳动合同的解除条件、经济补偿金标准与数额、规章制度制订的法定要求、本案提起劳动争议仲裁的基本方案等方面。

3. 演练活动组织

各小组的角色定位为：劳动者侯××的委托人，用人单位的委托人，专业法务机构的专业律师。

整个演练活动应围绕劳动法、劳动合同法、劳动争议调解与仲裁条例的相关规定，最高人民法院的相关司法解释以及本案的案情、各方的焦点问题展开。

三、教师对演练活动的点评

1. 教师点评

演练活动结束时，教师现场对演练表现进行点评。

教师对本次演练活动的点评可放在以下方面：

(1)对劳动合同纠纷焦点问题的分析能力(分值 20 分)；

(2)对劳动法相关法律的准确运用能力(分值 40 分)；

(3)对劳动争议纠纷解决的基本途径的综合运用能力(分值 20 分)；

(4)对劳动争议解决方案的设计水平(分值 20 分)。

对本项演练点评或成绩评定的观察点、作业分值列表如下(表 10-2)：

表 10-2　演练项目评定分值分配表

观测点	评定要点	权重(%)	分值范围			
			优良	中等	及格	不及格
1.对劳动合同纠纷焦点问题的分析能力	(1)纠纷的成因分析；(2)纠纷焦点问题的提炼；(3)纠纷类型的概括。	25	25 以下～21	21 以下～18	18 以下～15	15 以下

续表

观测点	评定要点	权重(%)	分值范围			
			优良	中等	及格	不及格
2.对劳动法相关法律的准确运用能力	(1)对本案法律关系的梳理; (2)对本案适用法律的把握; (3)对本案双方抗辩理由可行性分析。	25	25以下~21	21以下~18	18以下~15	15以下
3.对劳动争议纠纷解决的基本途径的综合运用能力	(1)劳动争议解决途径的分析; (2)选择非诉解决的可行性分析。	25	25以下~21	21以下~18	18以下~15	15以下
4.对劳动争议解决方案的设计水平	(1)劳动争议解决的方案; (2)处理协议的草拟。	25	25以下~21	21以下~18	18以下~15	15以下
总分		100	100以下~84	84以下~72	72以下~60	60以下

2. 成绩登录

演练活动结束后,教师将参与演练学生的评定成绩记入平时成绩中。因当课演示时间上的原因,部分未参加当课演示的学生,要求其课后提供纸质作业,或将自己的演练作业进入演练模拟系统内,由教师进行成绩评定。

第四部分　辅助材料导读

一、司法解释

1.《最高人民法院关于审理劳动争议案件适用法律若干问题的解释》(法释〔2001〕14号,2001年3月22日由最高人民法院审判委员会第1165次会议通过)。

2.《最高人民法院关于审理劳动争议案件适用法律若干问题的解释(二)》(法释〔2006〕6号,2006年7月10日由最高人民法院审判委员会第1393次会议通过)。

3.《最高人民法院关于审理劳动争议案件适用法律若干问题的解释(三)》(法释〔2010〕12号,2010年7月12日由最高人民法院审判委员会第1489次会议通过)

4.《最高人民法院关于审理劳动争议案件适用法律若干司法解释(四)》(法释〔2013〕4号,2012年12月31日最高人民法院审判委员会第1566次会议通过)。

二、案例评析

赵某要求用人单位经济补偿案

赵某从1979年到永泰化工厂工作。1997年赵某患病,经治疗2年未见好转。1999年4月医疗期满时,赵某已无法从事原工作,该厂为其调换了两次工作岗位,赵某仍不能胜任。化工厂遂解除了与赵某的劳动合同,且拒绝给赵某任何待遇。赵某认为化工厂不应解除劳动合同,且应给自己相应的待遇。

本案涉及的法律问题:一是事实劳动关系的概念;二是用人单位能否因职工患病医疗期满后而解除劳动关系。

1. 赵某和永泰化工厂之间的纠纷具有劳动争议性质

赵某和永泰化工厂之间形成了劳动法律关系。根据《劳动法》第16条规定,劳动合同是指劳动者与用人单位确立劳动关系、明确双方权利和义务的协议。劳动法律关系是劳动者与所在单位(用人单位)依据劳动法律规范,在实现社会劳动过程中形成的权利义务关系。它有如下特点:主体双方具有平等性和隶属性;劳动法律关系具有国家意志为主导、当事人意志为主体的属性;具有在社会劳动过程中形成和实现的特征。从本案案情来看,赵某从1979年起一直在永泰化工厂工作,双方之间签有劳动合同,应当在双方之间形成了比较固定的劳动关系。《劳动法》第19条强调:"劳动合同应当以书面形式订立。"根据案情介绍,永泰化工厂单方解除了与赵某之间的劳动合同,因此,赵某和工作单位之间存在着劳动法律关系。

所谓劳动争议,是指劳动关系当事人即劳动者与用人单位之间因劳动权利、义务的争执引起的纠纷。在我国,20世纪90年代以来,先后颁布施行了《企业劳动争议处理条例》、《劳动法》、《仲裁法》等法律法规,国务院劳动行政部门根据法律法规的授权制订了有关规章,最高人民法院根据审判实践的需要出台了一系列司法解释,解决劳动争议,平息劳动争议当事人之间的纠纷。在赵某因病不能胜任岗位要求的情况下,双方因解除劳动关系是否正确及是否应给相应待遇,产生了矛盾,劳动争议由此产生。

2. 永泰化工厂解除与赵某间的劳动关系于法有据

合法劳动关系成立后，并非一成不变，正如普通合同有解除情况一样，劳动合同在出现无法维持情形时也要解除。所谓单方解除权，是指当事人依法享有的，无需对方当事人同意而单方决定解除劳动合同的权利。单方解除权性质上为形成权，即不需由对方当事人同意便可发生法律效力的权利。劳动合同的单方解除包括以下几层涵义：被单方解除的劳动合同是依法成立的有效劳动合同；单方解除劳动合同的行为必须在被解除的劳动合同依法订立生效之后、尚未全部履行之前进行；劳动合同的单方解除是合同单方的法律行为；劳动合同单方解除的实质是劳动合同一方当事人提前终止劳动合同的法律效力，尚未履行完毕的劳动合同约定的权利义务关系到此即告结束。对于解除劳动关系，有以下几种情况：按照《劳动法》第 23 条规定，劳动合同终止导致劳动关系的自然解除；按照《劳动法》第 24 条规定，用工双方合意解除劳动关系；过失性辞退和非过失辞退导致劳动关系的解除；按照《劳动法》第 27 条规定，经济性裁员和企业富余职工辞职导致劳动关系解除；按照《劳动法》第 32 条规定，劳动者主动提出解除劳动合同导致劳动关系的解除。

但是，劳动关系的解除既涉及劳动者的就业机会和生存权利，也影响到用人单位的生产经营，单方解除不当，就会破坏劳动合同效力和尊严，损害对方合法权益，因此特别是对用人单位单方面解除劳动关系的情形，我国劳动法律法规都作了严格的限制，所以劳动立法重点规范单方解除。我国《劳动法》关于劳动合同的解除规定了 9 个条文，其中第 25 条、第 32 条共有 8 个条文都是关于单方解除问题的。由此可见劳动合同单方解除的重要意义及立法的关注程序。同时我国《劳动法》第 29 条规定了不得解除劳动合同的若干情形：①劳动者患病或者因工损伤，医疗期满后，不能从事原工作也不能从事由用人单位另行安排的工作；②劳动者不能胜任工作，经过培训或者调整工作岗位，仍不能胜任工作；③劳动合同订立时所依据的客观情况发生重大变化时，致使原合同无法履行时，经当事人协商不能就变更劳动合同达成协议的。并且《劳动法》第 26 条规定，在非过失性辞退情况下，用人单位解除劳动合同情形，应当提前 30 日以书面形式通知劳动者本人。

从本案看来，1997 年赵某患病，经治疗 2 年未见好转。1999 年 4 月医疗期满时，赵某已无法从事原工作，该厂为其调换了两次工作岗位，赵某仍不能胜任。因此，永泰化工厂根据《劳动法》第 29 条规定，在赵某患病医疗期满后，不能从事原工作也不能从事由用人单位另行安排的工作，在赵某缺乏履行劳动合同的劳动能力的情况下，单方解除了劳动合同，应当说是有法律依据的。

3. 永泰化工厂不予赵某经济补偿金不当

所谓解除劳动合同的经济补偿是指单方解除劳动合同后,用人单位依法一次性给劳动者的经济上的补助费用。《劳动法》第一次用法律形式规定用人单位向劳动者支付经济补偿金的问题。《劳动法》第28条规定:"用人单位依据本法第24条、第26条、第27条的规定解除劳动合同的,应当依照国家有关规定给予经济补偿。"劳动部发布的《经济补偿办法》(该办法与《劳动法》同时生效)及解释性规定,对经济补偿金在何种情况下应当由用人单位向劳动者支付给予了进一步说明。现实中存在着劳动关系解除的五种情形,如合意解除劳动合同、过失性辞退解除劳动合同、用工单位经济性裁员时、《劳动法》中未规定劳动者主动提出解除劳动合同应当进行经济补偿金、劳动合同终止后用人单位应否向劳动者支付经济补偿金问题。

根据我国现行法律和行政法规的规定,用人单位给劳动者的经济补偿主要包括两个方面:一是生活补助费。二是医疗补助费。实行解除劳动合同经济补偿制度,是为了使劳动者在被解除劳动合同以后,寻找新的工作以前,基本生活开支有必要的保障,或者继续其治疗疾病有必要的费用。经济补偿的实质是用人单位依法对劳动者给予必要的社会保障的义务。它不是赔偿金,也不是违约金。但并非所有被解除劳动合同的劳动者都可以享受用人单位的经济补偿,从《劳动法》第28条的规定可以看出,用人单位对因劳动者违纪违法而单方解除劳动合同的情形不予经济补偿。

赵某是因病不能胜任永泰化工厂分配的工作,为此,该厂将其辞退,按照《劳动法》规定,是一种非过失性辞退,依据《劳动法》第28条规定,用人单位应按规定支付经济补偿金。关于非过失性辞退用人单位向劳动者支付经济补偿金的标准,应依照《经济补偿办法》第6条、第7条、第8条规定执行。而永泰化工厂却不给予任何待遇,是违反《劳动法》规定的。《劳动法》规定了用人单位在何种情况下应当支付劳动经济补偿金,但对具体计算方式没有明确。劳动部在《劳动法意见》中明确规定,有关经济补偿金的支付按《经济补偿办法》执行,即经济补偿金的工资计算标准,是在企业正常生产情况下劳动者解除合同前12个月的月平均工资。因为,劳动者的劳动权是宪法赋予公民生存权最基本的构成部分,劳动者的择业自由权是劳动法赋予公民的基本权利,单方解除劳动合同,就可能使劳动者处于失业和生活来源、医疗费用无着落的状态,基于宪法、劳动法对公民生存权、劳动权保护的需要,国家要求用人单位在劳动合同解除的同时,必须给予劳动者一定的经济补偿,以保障劳动者的合法权益。

4. 解决问题思路

赵某和永泰化工厂之间建立了明确的劳动关系(有案例中明示的劳动合同

为证),赵某因患病且医疗期满无法从事原工作,并且在该厂为其调换了两次工作岗位的情况下仍不能胜任。永泰化工厂遂根据《劳动法》第26条、29条规定,解除了与赵某的劳动合同,符合法律规定。但是,永泰化工厂拒绝给赵某任何经济补偿金待遇,违反了《劳动法》第28条规定,即"应当依照国家有关规定给予经济补偿"。

附　录

附录1　课程实验教学大纲

《非诉讼行为演练》实验教学大纲

一、课程基本情况

课程编号:027F20A

学分:2　　　周学时:2　　　　总学时:68(含课外学习时数)

课程类别:专业选修课

适用专业:法学

先修或同修课程:民商法学、经济法学、行政法学、劳动法学

所属团队/团队方向:法学

课程负责人:郑曙光

二、课程性质与教学目标、任务

课程性质为实训课。在任课教师作必要讲解和指导的基础上通过演练(实操)方式完成。

本课程开设的目的在于有效地培养学生分析问题、解决问题的能力,并养成良好的法律职业素质。

考虑到法学学科的性质及非诉讼法律行为的特点,本课程涉及的内容主要是法学应用性学科类,主要为民商法与经济法。

三、教学方法与基本要求

教学方法:采取演练教学法。即在教学大纲指引下,由任课教师制订教学计划和教学日历,在此基础上,确定一定数量的演练项目,下发演练素材,逐一进行要点讲解,然后要求学生分组在非诉讼行为实验室进行演练和讨论,将演练成果

制作纸质文本或电子文本。每次演练结束,任课教师进行点评与总结,指出演练中存在的问题,帮助学生改正。

基本要求:在安排演练项目时力求"精"和"点",按一些实践性较强的学科(主要是民商法和经济法学科)来设计和组织相关的演练项目。

学生成绩以每次演练(实操)成绩来评定。

四、主要内容及学时分配

章 节	基本内容	课堂教学学时数（节）		要求课外学习学时数（节）
		讲解、点评时数	集中演练、讨论时数	
第一讲	法务谈判演练	2	2	3
第二讲	法律意见书制作演练	1	2	3
第三讲	商事合同争议事务演练	2	2	3
第四讲	企业产权交易法律事务演练	2	2	3
第五讲	公司法律事务演练	2	2	3
第六讲	特许经营法律事务演练	1	2	3
第七讲	外商投资项目法律事务演练	2	2	3
第八讲	不动产买卖及租赁法律事务演练	2	2	3
第九讲	产品责任法律事务演练	1	2	3
第十讲	劳动争议法律事务演练	1	2	3
	总结与成绩评定	2		

五、考核及成绩评定方式

序号	考核方式	成绩比重（%）
1	法务谈判演练	10
2	法律意见书制作演练	10
3	商事合同争议事务演练	10
4	企业产权交易法律事务演练	10
5	公司法律事务演练	10
6	特许经营法律事务演练	10

序号	考核方式	成绩比重(%)
7	外商投资项目法律事务演练	10
8	不动产买卖及租赁法律事务演练	10
9	产品责任法律事务演练	10
10	劳动争议法律事务演练	10
合计		100

六、教材及参考书目

1. 郑曙光编:《非诉讼法律行为演练指导书》(自编讲义);

2. 郑曙光编:《非诉讼法律行为演练素材汇编》(自编讲义);

3. 郑曙光等主编:《商法经济法案例评析》,吉林人民出版社,2004 年版。

撰写人:郑曙光

审核人:

制订时间:2010 年 12 月

附录2 课程调查问卷

《非诉讼法律行为演练》课程调查问卷

姓名：_____ 学号：_____

说　明

(1)请同学实事求是地评价该课程相关问题。

(2)在以下供选回答中,同意的打√,不同意的打×。在"其他(由同学自己概括)"部分,可由同学自由回答。

(3)该调查问卷在最后一次演练活动结束时(约第16周)上交。

1.《非诉讼法律行为演练》为我校率先开设,在全国其他法学专业中目前尚无此类课程,你认为在本科法学专业课程设置中,开设此类课程有无必要?

A.□有必要

B.□没有必要

C.□可设也可不设

2. 如你认为有必要,必要性是什么?

A.□有利于培养法律职业的素养

B.□有利于缩短学校与社会实践的差距

C.□有利于深化理论知识

D.□有利于理解"法律的生命在于经验"这一命题

3. 你认为,《非诉讼法律行为演练》是一门理论课程还是实验类课程?

A.□是一门理论课程

B.□是一门实验类课程

4. 当初你选择选修这门课程时是基于什么考虑?

A.□课程的名称吸引我来学一学

B.□信任任课教师

C.□理论课学得比较多了,该实践一下了。

D.□其他(由同学自己概括)

5. 经过一个学期的课程学习,你认为选修这门课值得吗?

A. □值得

B. □不值得

C. □无所谓

6. 《非诉讼法律行为演练》课程所涉及的内容,你学得很轻松还是有难度?

A. □学得很轻松

B. □觉得有难度

C. □其他(由同学自己概括)

7. 你认为,选修该门课程后,在平时比其他专业类课程所花的时间如何?

A. □明显偏小

B. □明显增加(增加的比率是 10%、20%、40%、50%、70%,100%,150%,200%)

C. □差不多

8. 你认为,《非诉讼法律行为演练》课程所涉及的演练项目的安排是否可行?

A. □可行

B. □不可行

C. □太偏重民商法与经济法的内容,应增加一些其他学科的内容

9. 你对任课教师的评价是:

A. □教学认真,但效果一般

B. □教学不认真,效果也不好

C. □教学认真,效果较好

D. □任课教师既要收集演练素材,又要组织演练教学不太好做,但总体效果较好。

10. 你认为,评价《非诉讼法律行为演练》课程任课教师最重要的是什么?

A. □要有丰富的法律实践经验和具有组织演练教学的能力

B. □要有丰富的法律实践经验和融通的法学理论功底

C. □要有分析问题和解决问题的能力

D.□其他

11.《非诉讼法律行为演练》课程学习过程中,你比较注重于:

A.□查找相关案例与有关示范文本,以供演练时参考

B.□查找相关的法律与法规,以作正确的判断

C.□查找相关的理论文章,从他人的观点中来丰富自己的观点,以便作出准确的判断

D.□老师是如何分析问题的,老师思考问题的方法论

12. 当一个学期课程快要结束时,你认为,这门课程学习后最大的收获是什么?

A.□了解了法务工作的基本内容

B.□体味到法律职业素养对开展法务工作的重要意义

C.□从老师中学到了驾驭处理复杂的法务纠纷的能力

D.□使自己增加了今后走向社会,处理法务问题的信心

E.□没什么收获。

D.□其他(由同学自己概括)

13. 凭你一个学期的学习体会,你认为,这门课程在今后的教学活动中有开设的必要吗?

A.□有

B.□没有

C.□无所谓

14. 你认为开好这门课程并形成特色,最重要的是什么?

A.□有理论与实践经验的师资

B.□有一套系统的教学演练素材、实验指导书

C.□应强调教与学的互动,老师的讲解和演练活动的互动

D.□演练的方法可以多样,不应局限于讨论。

15. 你对担任本学期任课教师或课程建设提出二项宝贵的意见和建议是:(由同学自由回答)

A. _____

B. _____

后　记

　　《非诉讼法律行为演练》系我为本科生开设《非诉讼法律行为演练》课程而编著的,2005 年获准列入浙江省新世纪教改项目,2011 年获准列入校教材建设项目,由宁波大学法学院资助出版。

　　《非诉讼法律行为演练》作为我校法学专业一门实践性课程,开设于 2005 年,至今已有 9 年,已为 9 届本科生开设,至今共开过 13 次课程。

　　在本教材出版前,选课学生使用的是我的讲义稿《非诉讼法律行为演练教学指导书》,并编印供各讲使用的演练案例素材。在本教材出版时,没有将演练的素材附后出版,只是在各讲列举了演练素材的清单。

　　九年课程教学生涯,感悟有三:

　　其一,这门课程开设有必要。当法科学生到了大三的时候,教育部规定的法学专业 16 门核心课程大多已学了,各学科的知识点与知识体系基本掌握了,但我总觉得学生还欠缺些什么。欠缺的就是综合运用知识解决实际问题的能力,欠缺的是实战操作的能力,欠缺的是非诉讼法务的运用技能,欠缺的是团队合作意识。要解决这些欠缺性问题,仅仅通过实习环节、法律诊所和模拟法庭教学是难以完全解决的,需要开设一门课程来加以弥补,那就是《非诉讼法律行为演练》。它能较好地解决上述四个问题。

　　其二,这门课程想开好很难。《非诉讼法律行为演练》运用的是一种以演练为核心的情景式教学方法,它通过教师讲解、演练素材设计、学生分组演练交流、教师点评为阶段性教学环节,将全新的情景式教学方法展示给学生,落实于课程教学。其教学之难在于,一是教学方法创新难。传授给学生的主要不是法学学科各自的知识点,而是将各门学科知识综合运用,以问题为导向培养学生分析问题与解决问题的能力,这就要求任课程教师具有多学科知识的教学经验与知识驾驶能力。二是提供的演练案例难。可以用作演练的案例需要由任课教师精心挑选,至少应满足以下条件,即真实性与鲜活性,提供的演练素材须是未经加工的原始材料;便于学生分组演练,形成不同角色组员之间的对抗性;争议的焦点相对集中,但散发的问题又比较广泛,引发学生通过综合分析来解决问题的兴趣。三是实务运作要求高。如果任课教师没有法官、律师、仲裁员履职的经历,在思维方式与处理问题的实务能力上很难达到开课水准,这就要求开课教师最好是双师型(律师＋教师)教师。为了挑选本教材中的十大演练案例素材,我将近20年来担任仲裁员时所接触的案例,做兼职律师时所碰到过的非诉讼案例精选出来,形成教学案例,让学生直面这些鲜活的素材去分析、去概括、去总结。

其三,这门课程不追求统一程式。作为一门演练课程,它的基本要素有三,一是针对非诉讼法律行为展开,二是由任课程教师收集与提供演练素材,三是组织学生进行演练。至于演练什么内容,是否照搬本教材所设计的十个演练项目内容,我认为不应有固定的程式。非诉讼法律行为,主要涉及民商法、经济法领域,但行政法领域同样也可以组织演练,宪法学领域也可以组织演练,如模拟选举与模拟立法等,关键在于开课教师是否有了这一领域的长期性实务积累。但从教学时数考虑,作为一门课程,涉及各学科领域的演练项目以不超过10项为宜。

在开设本课程的每个学期,我经常会问选课的学生,已经选过本课程的师兄师姐们可能已告诉过你们了,选修这门课,平时占用的时间多,你们愿意吗?你们选这门课程基于什么考虑?学生们回答得也很坦率,有些学生回答,是基于好奇性,毕竟为我校率先开设嘛;有些同学回答是平时演练成绩记录课程成绩,最终没有期末考试这很好;大部分学生认为能学到一些其他课程所学不到的东西。面对选课学生数的增加,我更有信心将这门课程开设好。

作为尝试性课程,没有前人的经验可借鉴,其中得与失、成与败除了自己感悟,还需要更多人来评判,也包括选修了这门课程的学生。

我在授课时,总会给我的学生们讲起,世界上最远的距离就是从心到手,宏伟的蓝图从美丽的理想付诸实践而成为现实往往是件不容易的事,这段漫长的心手之间的距离因其漫长而演化成为人类追求的道路,也成为我们每个人职业生涯追求的目标。我们曾经感慨,没有翅膀,那还是会飞的鸟吗,我们今天还要感慨,那想飞的鸟儿何时能长满丰盛的鸟羽? 也许,这是从心到手,从理论演绎到实务驾驭的另一种表述。

郑曙光
2015 年秋

图书在版编目（CIP）数据

非诉讼法律行为演练 / 郑曙光编著. —杭州：
浙江大学出版社，2015.11
ISBN 978-7-308-15328-7

Ⅰ. ①非… Ⅱ. ①郑… Ⅲ. ①法律－中国
Ⅳ. ①D92

中国版本图书馆 CIP 数据核字（2015）第 269320 号

非诉讼法律行为演练

郑曙光　编著

责任编辑	余健波	
责任校对	诸葛勤	
封面设计	周　灵	
出版发行	浙江大学出版社	
	（杭州市天目山路 148 号　邮政编码 310007）	
	（网址：http://www.zjupress.com）	
排　　版	杭州好友排版工作室	
印　　刷	富阳市育才印刷有限公司	
开　　本	710mm×1000mm　1/16	
印　　张	26	
字　　数	509 千	
版 印 次	2015 年 11 月第 1 版　2015 年 11 月第 1 次印刷	
书　　号	ISBN 978-7-308-15328-7	
定　　价	58.00 元	
